U0963781

Treasures for Scholars Worldwide

南洋文库·编辑委员会

主　编　庄国土

副主编　李一平　范宏伟

委　员（以姓氏汉语拼音为序）：

白蒂（意大利）　包乐史（荷兰）　范祚军　李晨阳
李明江（新加坡）　李塔娜（澳大利亚）　廖文辉（马来西亚）
刘　宏（新加坡）　聂德宁　施雪琴　苏尔梦（法国）
孙来臣（美国）　吴崇伯　吴小安　杨晓强　于向东
袁　丁　张振江　钟智翔

闽侨古今名贤事略选辑

林金枝◎编

GUANGXI NORMAL UNIVERSITY PRESS
广西师范大学出版社 ·桂林·

图书在版编目（CIP）数据

闽侨古今名贤事略选辑 / 林金枝编. —桂林：广西师范大学出版社，2018. 5
ISBN 978-7-5598-0686-4

Ⅰ. ①闽… Ⅱ. ①林… Ⅲ. ①华侨—名人—生平事迹—福建 Ⅳ. ①K828.8

中国版本图书馆 CIP 数据核字（2018）第 032574 号

广西师范大学出版社出版发行
（广西桂林市五里店路 9 号 邮政编码：541004
网址：http://www.bbtpress.com）
出版人：张艺兵
全国新华书店经销
广西广大印务有限责任公司印刷
（桂林市临桂区秧塘工业园西城大道北侧广西师范大学出版社集团有限公司创意产业园内 邮政编码：541100）
开本：787 mm × 1 092 mm 1/16
印张：24.75 字数：300 千字
2018 年 5 月第 1 版 2018 年 5 月第 1 次印刷
定价：128. 00 元

如发现印装质量问题，影响阅读，请与印刷厂联系调换。

整理说明

本书为厦门大学南洋研究院(原厦门大学南洋研究所)林金枝教授于1984年根据当时所收集到的诸多文献资料选编而成,所选编入本书的人物,都是历史上或当时仍健在的闽籍华人华侨的杰出人物,因当时条件所限,该资料选编仅油印了若干册,未能充分发挥其学术价值。鉴于本书所选编的资料仍具有重要的学术价值,我们在征得林金枝教授同意后,将本资料集加以整理,作为厦门大学南洋研究院"南洋文库·文献"系列的一种正式出版。

本资料编成时间在1984年,距今已30余年,林金枝老师为原书所撰写的前言、辑入本书的资料,个别用词、语句、概念与今天的通用表述已有了较大的差别,这既有语言习惯随着时间流转而出现变迁的因素,也与资料本身形成于不同历史时期、不同语言习惯环境中有密切关系。为了尊重文献本身原有的时代与历史特征,我们在整理中尽量不做过多的改动,如对林金枝教授撰写的前言,除了改正个别明显的错字,规范了个别表述,补充了撰写时间之外,基本未作其他改动。此外,我们对选入本书的资料,除对明显的错别字、不规范表述统一作了更正和规范,以便于使用者参考之外,对不同条目间因节录自不同来源的资料所造成的个别表述不一致、用字有异的情况,不再做统一处理。

本书因系资料选编的重新整理,原书所据用的各种资料如今已无法一一寻到原件进行互核,故对在资料转抄摘录、不同语言互译中出现的失误与错误,亦盼读者惠予指正。

前　言

福建是我国的主要侨区，旅居海外的华侨和外籍华人有五六百万人，约占全国华侨、华人总数的三分之一。

在世界各地，几乎到处都可以找到闽侨和外籍闽人的踪迹，这种现象的产生，是有其历史背景和社会原因的。

中国是世界著名的文明古国，随着对外交通和贸易的发展，很早以来就有人侨居国外。福建从唐末开始，就有人移居海外，宋元以至明末清初，历代都有人移居国外。但福建华侨急剧增加并形成现有规模，还是鸦片战争以后的事。在鸦片战争以前，福建旅居海外的华侨估计为数还不到十万人。

西方殖民者入侵，中国逐渐沦为半殖民地半封建社会，福建东南沿海地区许多破产的贫苦农民和城市小手工业者不得不冒着生命危险，远渡重洋，到东南亚各地谋生。另外，国内频繁的政治动乱，也使一些人逃到海外。据调查估计，到第二次世界大战前夕，福建在海外的华侨已达二百八十万人。时至今日，估计祖籍福建的华侨和外籍闽人已达五六百万人。

由此可见，闽侨旅居海外的历史尽管源远流长，但是重要的阶段是在近代和现代。因此，对闽侨名贤人物的选择也应以近代和现代为主。

长期以来，闽侨和当地人民和睦相处，共同劳动，对侨居地经济和文化发展起了重大作用。同时,闽侨与侨居地各族人民共同反抗外来侵略,和当地人民同患难,共命运,并肩作战,为当地的民族独立运动做出了重大贡献。特别是在东南亚地区,成百上千的优秀华侨儿女为此英勇牺牲,出现了许许多多值得歌颂的人物。

华侨在海外受尽殖民主义者的百般凌辱和剥削,成为"海外孤儿",殷切盼望祖国繁荣富强,保护他们的正当权益,使他们的父兄子女能够安居乐业。他们对祖国和家乡有着深厚的感情和血肉联系。长期以来,闽侨支持祖国革命和救亡运动,在历史上也做出了重大的贡献。热爱祖国是华侨的光荣传统,"振兴中华"这个响亮的口号,就是孙中山先生在海外华侨中首先提出来的。在民主革命时期,从辛亥革命到北伐战争,从抗日战争到解放战争,都有许多华侨和国内归侨、侨眷一起踊跃参加。他们有的舍生忘死,抛头颅,洒热血,气贯长虹;有的慷慨陈词,激扬文字,唤起民众;有的出钱出力支持革命,赈济同胞。他们为祖国的独立、自由前仆后继,在中国革命史上写下了许多可歌可泣的篇章。

福建籍华侨对支持我省的经济和对家乡兴办教育公益事业也起着积极的作用。旧时福建对外贸易有大量入超,对外财政收支的不平衡主要靠侨汇来弥补。华侨投资福建建设事业,据调查统计,从 1871 年到 1949 年共投资 4000 个企业,资金达一亿四千万元(折算人民币)。他们在本省经营的项目有不少是近代新兴行业,如工厂、铁路、公路、银行、市政建设等,对于促进福建地区工农业生产,充裕物资供应,促进城市经济的发展,改善人民生活以及繁荣侨乡经济都起着积极的作用。

在社会主义革命和社会主义建设时期,福建华侨和国内广大归侨、侨眷一样,同样发挥了重要作用。新中国成立三十多年来,数十万的归国华侨和数百万的侨眷,在各条战线上做出了应有的贡献。在祖国辽阔的土地上以及在福建十二万多平方公里的土地上,到处都有归侨、侨眷用自己的智慧和勤劳的双手,为建设祖国而忘我劳动。同时,福建的海外侨胞也从各方面支援福建的建设,并为促进祖国统一事业做出了不懈的努力。在我们伟大的祖国以及福建建设的丰碑上,铭刻着广大归侨、侨眷以及海外侨胞的光辉功绩。

为了缅怀闽侨在历史上对国内外政治、经济和文化各方面所做的重大贡献,也为了今后进一步激发闽侨以及海外闽人关心和支持祖国和福建的四化建设,我们编著了《闽侨古今名贤事略选辑》一书,为八闽华侨志士立传,以便让广大归侨、侨眷、海外侨胞以及外籍闽人,了解闽侨名贤事迹的一斑,对广大华侨、侨眷、归侨也是一种鼓舞,使他们的爱国主义精神能够更加发扬光大。这就是我们编著本书的目的和动机。

本书共收录三百多位闽侨名贤的古今人物,每位人物字数长短不一,有的数千字,有的数百字。全辑分三个部分共三十多万字。本辑的第一部分《闽侨历史贤人选录》,收录了二百多人。闽侨在海外,有对侨居地经济和文化发展做出贡献的历史人物;有与侨居国人民共同反对外来的侵略,为当地民族解放运动做出贡献的英雄人物;有为保护侨民利益而受华侨爱戴的华侨领导人物;有传播中外文化和交流生产技术的使者以及为当地人民和华侨好施行善的慈善家等等。闽侨在国内,我们收录了有像"华侨旗帜,民族光辉"的陈嘉庚先生这样的伟大人物;有民主革命时期,跟随孙中山先生从事革命活动的陈楚楠、黄乃裳、杨衢云、邱菽园、颜子俊、郑成快等革命人物;有在大革命时期为革命牺牲的李南金烈士;有抗日民族英雄李林和沈尔七、陈村生等英雄人物;有爱国爱乡的黄奕住、胡文虎、尤扬祖等知名人士;还有在新中国成立后抢救国家财产的陈克繁烈士等等。

本辑第二部分《永爱中华志不渝》。收入的人物有数十位。介绍了来自新加坡、马来西亚、印度尼西亚、泰国、缅甸、菲律宾、日本和美国等国家的归侨,他们在海外的身世、童年和回到祖国后的学习、生活、工作。有助于读者了解归侨在祖国各地的真实情况 。在这些人物中:有认真贯彻党的政策,热心为归侨、侨眷和国外侨胞服务的侨务工作者;有老来赤心更韶然的老干部和离休的老归侨;有为四化建设倾注心血的科学家和在科学技术岗位上刻苦攻关、做出优异成就的科技工作者;有忠于党的教育事业、呕心沥血为祖国培养英才的人民教师;有全心全意为病员服务的医务人员;有活跃在社会主义文艺园地的作家和文艺工作者；有慷慨捐资兴办教育的热心人士；有艰苦创业、取得良好经济效益的华侨农场的先进人物。众多的爱国人士、先进人物汇集在一起，真可以说是“群星灿烂，河汉生辉”，表现出海外赤子热爱祖国的一片忠心。当前，我们正处在一个继往开来的时代，这是一个英雄辈出，大有作为的时代。在这个时代中，还有许许多多战斗在祖国和本省各条战线的广大归侨的模范人物和先进事迹，他们都值得我们高度赞扬。由于条件的限制，我们未能收入，特此致歉意。

本辑的第三部分《当今海外闽侨、外籍闽人名人选辑》，收入了当今海外闽侨、港澳闽人以及外籍闽人的知名人士数十人。在这些人物中，有的还保留了中国籍成为华侨；有的是港澳同胞，他们还是福建人；有的已加入了外籍，参与了当地的政治活动成为外籍华人。但不管如何，作为华侨和作为闽侨，或在港澳的闽人，他们一定会发扬闽侨先贤热爱祖国、热爱家乡的精神来支持福建的四化建设。我们相信，作为一个外籍华人或外籍闽人，他们是福建人的亲戚或有对祖籍的特殊感情，同样也会关心福建的建设，这也是可以预期的。

1935年上海商务印书馆出版郑贞文编著的《闽贤事略初稿》一书，很有福建乡土特色。该书选入八闽贤才志士五十多人，简介八闽从古代到近代的历史名人志士，突出了坚持民族正义，充满爱国主义精神的感人事迹。我读了之后，很受感动。我想，福建华侨如此之多，历史又那么悠久，如果能编出一本像四十多年前郑贞文先生那样的书，来为八闽华侨爱国爱乡的志士立传，对于丰富和充实福建华侨史、福建乡土史料也是大有好处的。

本辑收录的闽侨名贤人物，只局限于近年来国内出版发行的《华声报》、《福建日报》侨乡版、《福建侨乡报》、《厦门日报》、《温陵》、《晋江侨讯》等刊物以及我国香港的《地平线》和《南洋英属海峡殖民地志略》《星马人物传》等书。可以说，收集的资料是不完整的，是有遗漏的。同时由于我的理论和业务水平的限制，在人物和内容的组织以及编排上定有许多错误之处，敬希读者批评指正。

林金枝

1984年

目　录

闽侨历史贤人选录

永爱中华志不渝——在各条战线战斗的归侨

当今海外闽侨、外籍闽人名人选辑

闽侨历史贤人选录

一、古代名侨(宋至鸦片战争)

1.宋代长乐邑人谢升卿，侨居安南成了陈朝太祖

在宋代,随着泉州港的兴起、福建与海外贸易的发展,闽人因贸易往来而居留在海外不归者,已有所见。谢升卿就是其中的一个例子。

谢本系福建长乐人,原是一个科场失意的知识分子,曾流落到广西邕州,在边界进行贸易,被当时越南的官僚陈孝招赘为女婿,从此改名为陈承,他是越南陈朝太宗皇帝、陈朝太祖。像他这样的知识分子,在越南发迹者并不多见。但是流寓在越南的华侨,被招去做赘婿,却是不少。正像宋郑所南《心史·大义略叙》所说的,宋亡,"诸文武臣流离海外,或仕占城,或婿交趾"。宋末周密《齐东野语》卷十八记载谢升卿事甚详,现摘录于下,以供研究参考:

安南国王陈日煚者,(父)本福州长乐邑人,姓名为谢升卿①,少有大志,不屑为举子业,间为歌诗有云"池鱼便作鹍鹏化,燕雀安知鸿鹄心",类多不羁语。好与博徒豪侠游,屡窃其家所有,以资妄用,遂失爱于父。其叔乃特异之,每加回护。会兄家有姻集,罗列器皿颇盛,至夜,悉席卷而

① 历来引用此文,均未指出漏一"父"字,因此误以为陈日煚即谢升卿本人者屡有所见,如黎正甫《郡县时代之安南》附录"安南国王陈日煚考"便是这样。

去，往依族人之仕于湖湘者。至半途，呼渡，舟子所须未满，殴之，中其要害，舟遽离彼岸，谢立津头以俟，闻人言舟子殂，因变姓名逃去。至衡，为人所捕，适主者亦闽人，遂阴纵之。至永州，久而无聊，授受生徒自给。永守林岊亦同里，颇善遇之。居无何，有邕州永平寨巡检过永，一见奇之，遂挟以南。寨居邕、宜间，与交趾邻近，境内弃地数百里，每博易，则其国贵人皆出为市。国相乃王之婿，有女亦从而来，见谢美少年，悦之，因请以归。令试举人，谢居首选，因纳为婿。其王无子，以国事授相，相又昏老，遂以属婿，以此得国焉。自后，屡遣人至闽访其家，家以为事不可料，不与之通，竟以岁久难以访问返命焉。其事得之陈合惟善佥枢云。

（林金枝）

2.郑所南与八茶罐

印度尼西亚爪哇岛西北部有一个地方叫做八茶罐，名字很怪。据当地人说，它的来历有一段故事。

南宋末年，福建省连江县有个姓郑的人，聪明博学，曾应博学鸿词科。宋亡之后，也发誓不降元，改名为郑思肖，“思肖”就是“思赵”，赵的繁体从走从肖，因宋皇室姓赵也，他又名郑所南，亦表示忠于宋室，不北面臣事元人。据说，他每逢时令节日，必向南号哭，他的居室必向南，听到蒙古语，必掩耳疾走。

郑所南有两件事是很著名的。一是他的《心史》，那是他在宋亡之后隐居江苏时所作的诗集，里面的诗充满民族思想与对故国沦亡的悲愤。因为当时无法发表，乃用铁函封固，投入一古井中秘密收藏，等待后人发现。一直过了四百年，到明朝崇祯时，承天寺住持命人修浚古井，才发现那个铁函和他的《心史》，所以后人称它为《铁函心史》或《井中心史》。另一件是他善画兰，著有《兰谱》一书，他画的兰与众不同，是有根无土的，表示国土沦亡，已无土了。

以上两件事是很多人都知道的，至于印尼的八茶罐与他的关系，据印尼的传说，郑所南在宋亡后隐居，其间行踪无定。后来，他回家乡福建，从泉州出国，搭帆船前往印尼，在爪哇岛西北岸登陆，那里就是后来的巴达维亚埠。

郑所南到印尼后，想找一块地方辟为园林，但那里的土地是土酋所有。他知道土酋很喜欢饮中国茶，便用八个瓷罐装满茶叶送给土酋，为谒见之礼。土酋大喜，热诚招待他，他向土酋诉说初抵印尼，立锥无地，土酋慨然把他的属土划出纵横一里的土地相赠。郑所南把那一块地辟为园林，把地名定为“八茶罐”以作纪念。因福建话的“茶”音读如“tea”，外国人把它译作 Petekoan，沿用至今。后来，该地变成一个华人市场，华侨在那里开设了一间八茶罐中学。

（郑树荣）

（摘自《广东侨报》1982 年 10 月 15 日）

3.跟随郑和下西洋的刘孟福

1978 年永春县文化馆的同志在文物普查过程中，发现有一部族谱记载着该县人民与东南亚友好往来的历史见证的资料。

永春城关《留安刘氏族谱》中有这么一段记载，说：“孟福……生建文己卯年（1399）……年三十三，在南京当军，从官往番邦，故在思门哒唠。”

查证《明史》卷八记载：“洪熙（仁宗年号）元年（1425）二月戊申，祭社稷，命太监郑和守备南京。”①则刘孟福“在南京当军”，其南京最高统帅即郑和。“（宣德）五年（1430），帝以外蕃贡使多不至，遣和及王景弘遍历诸国……凡历二十余国，苏门答剌与焉。”②则刘孟福“从官往番邦，故在思门哒唠”（即苏门答腊之对音），与《明史》记载相符。

考郑和先后七次出使东南亚各国，有三次到达苏门答腊。第一次在永乐三年（1405），第二次在永乐十三年（1415），第三次是在宣德五年（1430），也是郑和第七次和最后一次出使东南亚各国，返航时是在宣德八年（1433）回到南京的。③

---

① 《明史》卷八，本纪第八仁宗，见开明书局铸版页 7908。

② 《明史》卷三二五，列传卷二一七外国六，“苏门答剌”条见开明书局铸版页 7918。

③ 据祝允明《前闻记》（记录汇编本卷 202）。

以上材料说明，刘孟福是于宣德五年跟随郑和出使南洋各国，到苏门答腊的。刘三十三岁（宣德六年，1431）在苏门答腊访问时殉职。从而说明刘为中国人民与南洋各国人民友好往来，献出了自己的生命，也是福建人民和东南亚各国人民友好往来的一种历史见证。

（林金枝）

4.菲律宾和乐岛的木头公墓

在菲律宾西南部有个美丽的群岛，叫做苏禄（Sulu）群岛，以盛产珍珠而闻名于世。这个群岛古称苏禄国。至少在元代以来，我国就与当地有了友好往来的政治与贸易关系。对此，在中国文献里，除了汪大渊的《岛夷志略》外，《明史》《续文献通考》《东西洋考》《西洋朝贡典录》《明会要》《厦门志》《海国图志》《大清一统志》等著述，对于苏禄的情形，皆有详细的记载和许多民间的传说。木头公就是其中的一个。

木头公，泉州人，本姓白，“木头”是他的名字，“公”是菲律宾华侨对他死后的尊称。他的坟墓是在苏禄群岛和乐岛的海滨，至今菲律宾华侨仍向他进香叩头。

说起木头公，跟明代郑和下西洋有着直接的关系。明朝永乐七年（1409）郑和下西洋时，曾率领舰队经过菲律宾岛的凌牙鄢湾、马尼拉湾以及苏禄群岛等地。当时有许多人跟随郑和船队下西洋，白木头便是其中的一个。

关于白木头死在苏禄群岛，有二种不同的说法。据菲律宾女作家马拉马格（Maramag）的记述，苏禄的木头公是富有神奇性的。据和乐岛（苏禄群岛中的一个大岛）华侨林天新（Tim TianSeng）说，木头公原为明朝皇帝派遣赴马六甲视察当地华侨的一位使者。当他乘舟赴马来半岛南部时，不幸所乘之船在和乐附近海域为大风所击沉。木头公及其随从人员即漂至和乐（Folo）登岸，他们准备在和乐把船修理好再行前往。可是木头公在和乐岛居留的时间内，却与和乐岛妇女相恋，待船修好，他不愿再去，即留在和乐，是为和乐岛第一位华侨。以后，木头公忽然失踪了，那里的华侨为纪念他,特将他遗留下来的个人物件埋葬在一起,便成为这个木头公的衣冠冢。每年农历十一月,华侨多往扫墓。

另据刘芝田《菲律宾华侨史话》的记载说:"白木头是郑和下西洋船队的一个驾驶员。当他们船队停泊在苏禄群岛和乐岛的海岸时,白木头离船登陆往附近的深山幽谷去探险,不幸在一个深林里中了瘴疠的毒,也可能被毒蛇咬伤,即踉跄逃返泊舟的海滨,支持不住,便跌倒在地上死了。郑和便把他的尸体葬在苏禄群岛的和乐岛,该墓至今犹存,叫做'木头公墓'。"

随着年月的推移,闽南一带华侨到苏禄谋生的人日益增多。到了清乾隆五十六年(1791),苏禄华侨商人柯祉、蔡添二人为纪念跟随郑和三宝太监下西洋以及白木头公开拓和乐之功,便为他建立墓碑。民国六年(1917),苏禄中华商会会长陈尼姑重修木头公墓,勒石墓侧,以后又相继开辟马路以通墓地,便利行人。至今苏禄华侨每逢清明前后,还是络绎不绝地前往木头公墓祭奠,以缅怀这位往苏禄群岛开拓的华侨先驱者。

(林金枝)

5.蕃薯传闽种植的陈振龙

提起蕃薯(俗称地瓜),这是人们都非常熟悉的,在福建各地的沿海和山区都普遍种植,以供主粮或粗粮之用。但是,蕃薯并非土长,它在福建种植传播,却有一番来历。

据说,蕃薯的原产地是在美洲中部的墨西哥或哥伦比亚一带,相传是由新大陆的发现者哥伦布把它从美洲传入欧洲的西班牙。当时欧洲人都把它当作补肾的药物。后来西班牙人又把蕃薯传入非洲西北部的摩洛哥和亚洲的菲律宾等地。葡萄牙人也把蕃薯传入现在的马来西亚一带。哥伦布发现美洲新大陆是在十五世纪末,而西班牙侵占菲律宾是在十六世纪中叶,前后相距只七八十年之久。

蕃薯传入福建,始于明代。传入的时间及来源地,根据历史记载,有三说。一为从菲律宾传入说。据何乔远《闽书》的《蕃薯颂并序》中说,蕃薯,原产吕宋(今菲律宾),“万历中,闽人得之”。《长乐县志》则进一步指出,蕃薯是由长乐人陈振龙由吕宋携种来闽传植的。明万历侍御苏公琰《朱薸疏》也说,在万历甲申乙酉(1584—1585)间,漳潮之间有岛曰南澳,温陵洋舶道之,携其蕃薯种归之。二为从日本传入说。据《亦园胜牍》记载:“蕃薯,明季来自日本,先到泉州,初甚贵重,作馈赠之物。”《闽小纪》也有说及:“蕃薯初种于漳郡,渐及泉州,渐及莆,近则长乐福清皆种之。”三为从文莱传入说。据《同安县志》的记载材料说:“蕃薯以种得自番国,有来自文来国中,种名文来”,“种之经年,一颗可得十数斤,尤宜于山麓墙阴,浯洲所产独多。”

蕃薯来源各说不一,但从上述记载有几点是可以肯定的。其一,福建的蕃薯是由国外传入的。其二,蕃薯是由华侨携种回国种植的。其三,传入的时间是在明朝万历(1573—1619)以后,距今约有四百年之久。

相传蕃薯初传到泉属地区(即今晋江地区),首种于晋江县境,东石灵水传说是蕃薯传入最早种植的一个地区。蕃薯初传入时,并没有被人们当作主粮看待,而被看作异地花草,种在书斋园圃中,或作为小盆景,以供玩赏。后来,农民发现可作粮食之用。到此时,蕃薯种植才转到劳动人民中。由于具有耐旱和高产的优点,明清时代的泉属各县,即今晋江、南安、安溪、惠安和同安等地,有许多农地不适于种水稻的,都种了蕃薯。万历年间,时值泉州大饥,粮价飞涨,泉州依靠蕃薯活命的十之七八。

由于蕃薯“不与五谷之地,凡瘠卤沙岗,皆可以长”,而其作用“可熟食,亦可生食,亦可酿酒”。这样一来,蕃薯的种植地区普遍推广到福州及全省各地。《闽产录异》记载说,万历甲午(1594),福州饥荒,巡抚金学曾莅任“始教民种蕃薯”,以度荒年。从那以后,福州大种蕃薯。到了清朝道光年间,何则贤等人建“先薯祠”于福州乌山,祀巡抚金学曾,并附祀长乐陈振龙及其子孙,后祠废。今福州乌山风景区中的“先薯亭”,则是解放后,在灵石岩亭旁造起来的,它是取何则贤先生之意的,以纪念华侨先辈携蕃薯入闽之功劳,也是中外经济交流的一种历史见证。

华侨传入的蕃薯,不但在福建种植、开花、结果,而且还传播到国内其他一些地方。根据《退思堂文集》记载,河南巡抚“尝春天请募闽人赴豫,教各郡县之农种之,以备旱潦”。可见,蕃薯为我国之粮食生产开辟了一条广阔的道路,为农业生产的提高起了很大的作用,这一切都有着华侨引种的一份功劳,因此是值得人民永久缅怀的。

(林金枝)

6.闽南华侨郑芳扬等人在马六甲

明代郑和下西洋,开辟了中国至亚非等国的航线。此后,闽南一带人民沿着郑和走过的路线,前往东南亚各国谋生者日益增加。又由于郑和下西洋,五次经过马六甲,因此,自明代以来,闽南华侨旅居马六甲者已为数不少。

葡萄牙统治马六甲时代,即有华侨甲必丹的设立。根据现有资料,马六甲最早的华侨甲必丹,大多由闽南华侨担任。马六甲首任甲必丹为郑芳扬。郑又名启基,生于明隆庆六年(1572),卒于万历四十五年(1617),葡人称之为 Tin Kap,即郑甲的对音。郑原籍福建漳州,为当时华侨中的首富。马六甲最早最古的一个寺院——青云寺,为其所首创。今亭内尚有其神主,其坟墓在三宝山的南坡,至今仍受后人凭吊。

继郑芳扬之后任马六甲华人甲必丹者,为李君常。李是厦门人,明末南渡,曾在马六甲建一颂德碑,今马六甲山与唐布郎山的华人公墓,墓地即为其所购买赠送的。现在,青云寺内还保存他的遗像,后来以他有功于华侨社会曾于清康熙二十四年(1685)为之树立颂德碑。这块碑,可以说是马来亚华人树立的首块纪念碑,是马六甲华侨史上值得珍视的一个遗迹,同时也是闽南华侨早期在马六甲旅居的一个历史见证。

继李君常之后任马六甲的甲必丹者,即李的女婿曾其禄。曾别名六官,福建厦门人。马六甲的青云寺,即为其所建。六官于康熙四十三年(1704)建立大殿,殿上刻有“青云古迹”四个大字。六官生于明崇祯十六年(1643),卒于康熙五十七年(1718),今寺内有其塑像,自称为“逃难义士”。六官去世后,其子继为甲必丹。其后为陈承阳、蔡士章。蔡氏于清乾隆末年，与广东太学生胡德寿等合建一宝山亭于三宝井旁，以为祀祭之用，至今犹存。

（林金枝）

（载《福州晚报》1983 年 11 月 8 日）

7. 首任吧城甲必丹苏鸣岗

吧城，即吧达维亚的简称，今印度尼西亚首都雅加达是也。

自明代起，华侨已大量移居爪哇各地。按马欢《瀛涯胜览》一书记载，在十五世纪之初，已有不少华侨居于爪哇的万丹（《明史》称下港）杜板、新村以及苏鲁马益（今泗水）等地。十五、十六世纪时代的吧城，尚未见有华人移居之记载。

吧城的兴起与荷兰殖民主义东侵印尼直接有关。明万历二十三年（1595）荷兰人开始抵达万丹，万历三十年（1602）荷兰东印度公司成立，把吧城当作入侵印度尼西亚的重要据点。为了开发这个城市，荷兰殖民者从中国招募去大批苦力和手工业者，并将招募中国工人当成一件重要任务。他们认为没有比华侨工人更适合去开发吧城的了。因此，华侨在吧城的人数日益增加，并和当地的爪哇人一道参加吧城的建设工作。

到了 1619 年，荷兰殖民者燕·彼德逊·昆（Jan Beters Zoon Coen）占领吧城，是时吧城的华侨约有四百人，荷兰殖民者为了巩固其殖民统治以及达到一定的政治目的，于是采取“以华制华”政策，设立甲必丹制度。同时任命苏鸣岗为首任吧城甲必丹。

苏鸣岗，原籍福建同安，万历八年（1580）生，念过私塾，由于生活所迫，弱冠南渡，乘帆船至西爪哇的万丹谋生，初营商业，不期年，稍有获利，迁居吧城，通晓马来语和葡萄牙语，深得荷兰东印度公司总督的赏识，遂于 1619 年 10 月 11 日任命他为甲必丹，当其就职时，年纪约 40 岁。

苏就任吧城甲必丹后，荷兰殖民者给了他一些特权，特许以数种专利，包括赌博及铸币。并让他参与殖民统治者的政治活动，担任荷印评政院议员。他虽显赫一时，却一直继续推行贸易，作为商人的经纪，保持中华民族刻苦耐劳、勤俭朴素的本色,劳碌终生。

苏鸣岗虽然为荷兰殖民者效劳,但他任职甲必丹期间,在解决华侨内部的纠纷和维护华侨合法的正当权益方面做了不少工作,如解决华侨聚居在低洼之地的恶劣居住条件以及向荷兰当局争取减少华人的工作时间,因此得到侨胞的支持和拥护,担任"甲必丹"达十几年之久。

1635 年苏鸣岗辞去"甲必丹"职务,决意离爪哇回到中国。1636 年 7 月离开吧城,准备取道台湾直抵厦门,但事实上,他到台湾为止境,不敢回返厦门,因为当时的封建政府有禁民出洋贸易和居洋之罪,怕回国被当作违令而受处置,因此,苏鸣岗在台湾逗留三年以后,仍不敢回来,复于 1639 年重返顺城,说明了华侨当时处于"海外孤儿"的悲惨地位。

1644 年 4 月 8 日,苏鸣岗病逝于吧城,时年 54 岁。当时吧城的报章有载云:"华人老甲必丹鸣岗之死,特许其寡妻留其尸于屋内一二月,从华人之习俗,待其墓之成,但须小心照料,恐其尸气四溢。"可见,他的葬礼完全是按他的出生地同安的风俗习惯办理。墓前竖立石碑,记着"同(安)吧邑明甲必丹苏鸣岗墓",说明直至他逝世之时,他也没有数典忘祖,没有忘记他的根来自祖籍同安,至今苏鸣岗墓冢巍然尚存。

(林金枝)

(载《福建日报》1983 年 12 月 1 日)

8.甲必丹——*颜二夫妇*

三百多年前,在今天印尼雅加达(荷兰殖民统治时代叫做吧达维亚,简称吧城),自 1602 年荷兰占领以后,华侨移居该地者日益增多,从事商业经营和城市开发工作,当时荷兰殖民者既要华侨出卖血汗,又担心华侨会"造反",危及他们的统治,于是沿用葡萄牙人的制度,采取"以华制华"的政策,在华侨中选择一位有号召力的华侨做"甲必丹",协助荷兰殖民者治理华侨,职责是维持治安,解决纠纷,还可兼理民事诉讼。虽然大权仍操于荷人之手,但甲必丹是荷兰殖民政府与华侨之间的中间人,对华侨社会关系至大。在荷兰统治吧城,采用甲必丹制度时期内,有数十个甲必丹，但夫妇双双任职甲必丹者，只有颜二夫妇，在华人甲必丹制度史上也是绝无仅有的。

颜二，其名不详，因为排行第二，人人都叫作颜二。他原籍福建漳州，因家境清贫，在 1620 年左右，弱冠南渡，先在他的哥哥颜大在爪哇东部锦石开的土产商店帮忙家务。颜二为人勤慎诚实，心地忠厚，那时他才二十来岁，相熟的人都称赞他年少老成。

由于颜二勤奋好学，不但学会了当地语言，而且也熟悉锦石附近情况。不几年，他离开哥哥店中，自为生计，买些货物下乡贩卖。他和人交易，态度和善耐心，如或现钱不足，可以暂时记账。因此他的顾主——乡间开杂货店的小老板，当地做工的工人，都喜欢和他交易，因此营业大有进展。

在锦石乡下，颜二结识了一当地巴厘姑娘，并和她成亲。姑娘本来叫作什么名字，不得而知，因为她嫁得颜二为妻，以后侨胞都称她做颜二奶，她嫁了颜二后，助理店务，使得颜二商业蒸蒸日上。

颜二奶起初不懂说中国话，但不消一年半载，便会和颜二用漳州话对答，由于她勤学好问，不数年，颜二奶不仅能说流利的闽南话，并能看中国书，能用中国字写信和记账，她已经完全中国化了。

1645 年，距离颜二离开家乡二十五年之后，颜二经一吧城远亲介绍，由锦石迁居吧城继续经营土产生意，由于经营得法，企业日渐兴隆，更兼颜二为人谦和诚实，以热诚待人，不到多久，非但业务发达，在商业上也有声誉，同时对于吧城华侨的公益事业，只要能力所及，无不乐于帮助，为社会事业尽力。当时，不但侨胞对颜二抱有好感，连驻吧城的荷兰总督，也得尊重颜二的为人，终于在 1649 年，因大受华侨的拥戴，推他为吧城第三任的华人甲必丹。

颜二任甲必丹后，事务繁忙，这其中得颜二奶相助不少。颜二有时忙得不能分身，颜二奶总是代她丈夫跑官场，办公差，处理华侨事务，无不办理妥当完善，深得侨心。颜二奶通晓华文、华语，和华侨相处融洽，有时侨胞有事径直不去找甲必丹，都找这位甲必丹夫人。因此，她的声誉和地位和颜二一样得到大家的尊敬。

颜二在任甲必丹的十二年内(1649—1660)勤劳负责,从未偾事。当时在商业的交易贸易上常有一种争执,就是市场上所用的斗、称、尺等度量衡工具,均无一定标准,一些投机或不法的商人,总是从中敲诈,纠纷争执不时而生。颜二处理这种争执多了,就规定了度量衡标准,统一尺的度数、斗的形式、称的重量,他亲自订立规章,建议荷印殖民政府采取施行。

以后,颜二又订立规则,每年在一定时间内,凡有称的商人须携称到验,照规定度数的订为合格,加盖上一个官方戳记,准许通用,不合格的,概不许使用。其他如斗、尺也是一样。这种办法实施以后,市场减少许多纠纷,人人称便。至今印尼设立度量衡局专司其事,实起源于颜二任甲必丹期内的建议。

颜二于1660年逝世后,荷印殖民政府要求颜二奶暂行代理甲必丹职务。事实上,在颜二任甲必丹期内,她几乎成为甲必丹的代理人。她在代理期中,全力为侨胞服务,成绩极为优异,她在平时处理公务,严正而且明快,深得大家道善。半年之后,政府正式授予她任甲必丹之职,为吧城全体华人代表。当时在各地殖民政府中,任妇女为甲必丹者殊为罕见,颜二奶实为第一人。

颜二奶任甲必丹后,专心一意为华侨社会尽职,替侨胞做了不少工作。

有一次,吧城华侨住宅区起火,风势大,延烧甚烈,她亲自督队扑灭火灾,抢救灾民。被焚的住宅区,正是华侨贫民聚居之所,火灾过后,有数十家付之一炬,灾民无家可归,流离失所。颜二奶向侨胞募捐进行资助,自己也腾出房屋,安置灾民,出资供他人膳食,达数月之久。

颜二奶在任甲必丹时,特别同情年老贫苦的华侨妇女,她经常关怀她们,遇到她们年青无法生活或死亡之后,她总是慨然捐助。

颜二奶六十岁时,时值1670年,也是她任甲必丹的第八个年头。她上书荷兰政府,请求退职,政府准其所请。为褒奖她在任内的服务功绩,颁布给她奖状奖章。

颜二夫妇死后,吧城侨胞对他们的所作所为,永记在心。

(林金枝)

9.甲必丹——许芳良

许芳良,漳郡人也。为吧城甲必丹。性旷达,有雅量。闽果有棕梨者,佳品也。不可多得,唐帆间有携一二枚至者。大者百金,小亦数十。芳良市两枚。付其门客蔡锡光,盖将以荐诸巴酋。锡光误以为常果,剖而供之。芳良徐曰:"此诚故乡中珍果。"悉呼其客及家人共尝之。安汶有丁香油,用玻璃瓶实之,价值百金,锡光拂几误碎之。香闻远近,不可隐,以实告之。芳良曰:"生毁有数,何必较也。"巴中宴客,食具多用玻璃,一日宴客,婢失手尽碎之,长跪请死。芳良曰:"无须,但云我误碎可矣。"盖巴中法度,御婢仆极严,仆则自行管束,婢则细君主之,不如是则婢殆矣。有许姓落魄为佣,时巴中诸许皆贵显。芳良每以自炫,有云佣者姓许,芳良即招之曰:"既系子侄行,到巴(城)当即见我,何自苦为也。"录用之,不数年,竟成巨富。其雅量如此,不能毕举焉。

(摘自温雄飞《南洋华侨通史》第270—271页,1929年上海东方印书馆印)

10.甲必丹——黄井公

黄井公,漳之漳浦人。性朴讷,胸无宿物。初为三宝垄甲必丹,以诗酒自豪,不受约束,遂遭谴谪。又以课项亏损,竟困囹圄。或为井公谋,以人所负于己者,告诸土酋,使偿己债。井公曰:"缘我一人,而累及众人,吾宁死不为也。"众感其义,愿为之助,各敛金而出之。长子绵光在巴(城)奋志经营,竟致小康,乃奉井公归养巴(城)中。筑园于清漪之沿,日与二三游侣,啸咏自适。人皆以为忠厚之报云。

(摘自温雄飞《南洋华侨通史》第270页,1929年上海东方印书馆印)

11.隐元——传播黄蘖文化的使者

继唐代鉴真之后,明末清初的隐元禅师——福清县黄蘖山万福寺的住持,对促进中日文化交流起过重要作用。

隐元禅师俗姓林,名隆琦,福清县上迳乡东林村人。生于明万历二十年(1592)。二十六岁出家黄蘗山万福寺。出家后,曾邀游国内名山宝刹,深研佛学,四十岁时,住持福清黄蘗山万福寺。属佛教中禅宗的临济宗。隐元勤奋好学,刻苦自励,是一个通晓佛学、学问渊博的高僧。他和他的弟子木庵、即非和尚是黄蘗宗的三大书法家。他所著的语录十卷,传到日本,为日本禅林中最盛的京都妙心寺的僧侣所争相传诵。

隐元到了中年,已成为具有高度文化素养的名僧,名声远扬。清顺治十一年(1654),隐元以六十三岁的高龄,应日本长崎华侨寺院兴福寺住持逸然的四次诚恳邀请东渡日本。隐元到日本(时值德川幕府实行锁国政策),使沉寂多年的日本佛教界为之一振,许多日本名僧相继趋其门下。隐元也深得日本政府和佛教界、文化界的礼遇。日本宽文二年(清康熙元年,1662),隐元请得寺地山城宇治,创建黄蘗山万福寺,从此而开黄蘗宗,成为日本黄蘗宗的开山鼻祖。

隐元东渡日本,对中日文化交流做出重大贡献。随着隐元在日本开法建寺,先进的中国文化更加大量地传入日本,主要有:建筑、雕塑、书画印刻、医药、音乐等,在日本形成了“黄蘗文化”。黄蘗山万福寺是当时日本人才荟萃和人才辈出的地方。现在,日本崇奉黄蘗宗的僧众达二千五百多万人,在日本全国相继建有黄蘗山万福寺分寺五百多座,是日本佛教界的一支盛宗。隐元东渡十九年后逝于日本,终年八十二岁。1973 年日本黄蘗山万福寺为了纪念隐元逝世三百周年忌辰,出版了《黄蘗文化》以及介绍隐元的专著。1979 年末,日本黄蘗宗友好拜塔访华团专程来到福清黄蘗山万福寺拜塔谒祖,使隐元的事迹更加广泛流传。

(朱育平)

(摘自《福建侨乡报》1983 年 9 月 8 日)

12.龚廷彩与中菲友好

我国很早就与菲律宾的古苏禄国有着友好往来的历史。仅据《明史》记载,在明朝永乐朝中,苏禄国就派其使团四次来我国进行友好访问。但是,后来,因“海道未谙”“沧溟实阻”“指南无道”,再加上西班牙殖民者经常骚扰吕宋海道，苏禄国和中国的往来处于艰难之中。因此，苏禄国很想寻找一些“熟海之人”亲当向导，继续沟通苏禄国同中国的海道。

清朝康熙五十一年(1712)泉州华侨龚廷彩去菲律宾的吕宋岛经商，因亏本，无法回国，遂留居吕宋。雍正三年(1725)由吕宋再到苏禄经商。苏禄国王母汉末母拉律林看他“虽为商贾，而品行端方”，“幸来船指南之有人，识重洋别道之可通”(见《福建通志》卷二六九)，所以非常高兴，遂于1726年(清朝雍正四年)委派龚廷彩为正使(喇嗻禄达)、苏禄国人阿石丹为副使(巴禄达)、旅居苏禄的华侨杨佩宁为“通事”(翻译)，携带苏禄国王的信件，率领苏禄国官员人等十一人，华侨舵工、水手三十一人，前来我国进行友好访问。该使团于雍正四年七月初五日从苏禄群岛开船，原计划从浙江省的宁波登陆，因龚廷彩是我省泉州府城人，想顺便探望故乡，所以改从泉州湾登陆，他们于同年七月二十五日到达泉州湾的日湖港(即现在的晋江县祥芝公社石湖港)，并向清政府的晋江县照会，经获准，进入泉州湾内港，知县叶祖烈亲自上船检验，并奏报雍正皇帝。雍正皇帝遂下旨令：“闽省起送来京之时，着沿途地方官护送照着；应用夫马、食物，着从厚支给，以示朕加惠远人之至意。”并随遣布政司经历沈士升陪送进京，受到盛情接待。(见《清实录·世宗实录》卷四九)

1732年(清雍正十年)，苏禄国王母汉末母拉律林又派龚廷彩到福建，带来苏禄国王的照会，反映该国远祖东王巴郡葛叭答剌于明永乐十五年(1417)率领使团前来中国访问时，在归国途中，不幸病故，安葬于山东省德州地方，其坟墓距今已三百余年，废堕已久，请求清朝政府加以修葺，并对存留在该地守陵的子孙给予周恤。雍正皇帝接到苏禄国王照会后，立即交代礼部行文山东巡抚饬查。并令山东巡抚转饬德州地方官：“清查苏禄国王墓址，所有神道、享亭、牌坊等项，修饬整理；于安、温二族中，遴取精通文墨者各一人，为奉祀生，给予顶戴。”(见《清实录·世宗实录》卷一三二)。

苏禄国王对龚廷彩这两次率领使团前来访华，都出色地完成了任务很满意，曾给予龚廷彩很高的奖赏。中菲两国就此开始了频繁的友好往来。据《清实录》等书记载，从清雍正四年(1726)龚廷彩带领苏禄国使团来访问到乾隆二十七年(1762),苏禄先后十次派遣使节访问中国,每次都受到清朝政府的友好和热情的接待。乾隆五年(1740),中国商船在苏禄海上遭风遇难,受到当地人民的积极救援。同年九月,苏禄国王还专门遣使护送这些遇难人员回中国,乾隆皇帝认为苏禄国这种友好态度“甚属可嘉”,饬令福建等地方官员对其使节要“加意照看”。乾隆六年(1741)苏禄船只在中国沿海沉没,清政府也马上派船把遇难获救人员送回苏禄。中国和苏禄的友好关系一直到1851年(清咸丰元年)西班牙殖民者侵占和乐岛后才再次中断。

(郑炳山)

(载《福建侨乡报》1981年7月16日)

13.清代华侨有国归不得

——吧城侨商陈魏、杨营、陈倚老挈眷返漳受害的事例

清代前期,政府对人民的出入国采取锁国政策,华侨既不能出国,也不许回国。如华侨一旦定居海外之后,返国时就要受清政府种种限制和迫害。薛福成《出使奏疏》中说:“中国出洋之民数百万,粤人以佣工为较多,其俗虽贱,视之尚能听其自便,衣食之外,颇积余财,至今滨海郡县稍称殷阜,未始不藉乎此,闽人多富商巨贾,其俗则待之甚苛,拒之过峻,往往拥资百万,羁栖海外,十无一还,而华民无依恋故土之思也。”

1733年侨居吧达维亚(今雅加达)的闽籍华侨陈魏、杨营挈眷返归漳州就是令人痛心的一个事例。他们回国之时被官府捉拿,原议“杖一百徒三年”,后改勒“捐谷一万三千石”了事。

下面摘录雍正《朱批谕旨》第五十五册中,关于陈魏、杨营二人的口供,对于了解他们本人的经营遭遇以及当时吧达维亚华侨商人的海上贸易和生活情况 ,很有帮助。

陈魏供称:“犯生向在广东贸易,于康熙五十三年(1714)买有茶叶货物在广搭船往噶喇吧,五十五年(1716)娶了妻室杨氏,原是福建人。本年犯生回至广东,买了磁器等货复往吧国,卖完了货又卖布匹,稍有利息。

原去的船已回棹了，随于五十六年(1717)奉禁出洋，船只稀少，回来不得，并不是甘心久住番邦。自蒙万岁爷天恩开了洋禁，雍正七年(1729)才得回到家里，住了三年，十年(1732)上在苏州捐了监生，又买茶叶等货仍在广东搭船到噶喇吧。原是做生意的人，不能歇业，历次往来上税照票俱托船户料理的，家中尚有老母兄弟，常寄银信回家养赡。今年春间，妻室不在了，留下三个女儿，因无子买了两个番妾，两个小番使女。四个番仆，都是当着荷兰番官明白买的；带了些番米行李同家眷回归故土，侍奉老母，永为盛世良民，并无违禁货物。起身的时节，夷目甲哔丹配了郭佩的船。本年五月里到大担门外，犯生因今次未曾请得牌照，汛口盘诘严谨，为此雇了小船由大担外洋回家。犯生从前羁留外邦实非得已，并不是甘心住在番邦的，若忘了故土的人，于今就不挈眷回乡了，只求详察。"

杨营供称："小的原在同安县做生意，雍正六年(1728)正月在广东将本银三百两买了些茶叶磁器，搭船到噶喇吧，娶了妻室郭氏，是中国人，原要随船回来的，小的因染了病，至八年(1730)五月里仍回广东，买了货，于九年(1731)正月又往吧国，这几次出洋的纳税照票，就是船主代为料理的。小的有个哥子杨课，原在吧国娶有嫂子，生下两个侄儿，上年哥子不在了，小的娶的妻室生了两个儿子，一个女儿，年纪尚小，又买了一个乳妈，三个番仆，俱系番官说定身价买的，连嫂子侄儿共十一口，向番目甲哔丹说明搬眷情由，他配给了高凤的船，于今年六月里到了大担门外，因没有照，怕塘汛查验，雇了一只小渔船，由大担外洋到家，就被本县拿了。小的原是守分良民，自雍正五年(1727)奉恩旨开了洋禁，漳泉的百姓得到番地做生意，如今家给人足，无不感戴国恩，不但小的不敢忘本，即现在外邦的，俱有思归之念。小的因愚蠢无知，这次误犯私渡禁令，只求超释。"

乾隆间，有闽侨陈倚老者，经商于爪哇，富积百万，曾任华侨雷珍兰，后以系念祖国，于乾隆十四年(1749)，携眷归里，营居置产，为当时闽省驻防将军及督抚所闻，即行照例奏报，诏令远戍极边，资产皆没入官。这又是另一个有国归不得的生动事例。

（林金枝）

14.郑怀德与《嘉定通志》

越南《嘉定通志》(1820年成书)是一部记载越南南圻(今越南南方)地区的疆域沿革、城池建设、物产商贾、水利交通、风土人情等方面情况的地方史书。对于这一地区的开拓者——旅居越南华侨的事迹,也有比较详尽具体的记载,因而成为研究十七世纪至十九世纪初越南南圻社会历史、地理和越南华侨历史的不可缺少的重要的历史著作。这部著作的问世,很快地引起了当时国内外的极大注意。从越南明命朝(1820—1841)起,凡封建朝廷派到南圻担任要职的官员,无不先读此书,然后上任。实际上以后越南编纂的国家历史,诸如《大南实录》《大南列传》及《大南一统志》等,《嘉定通志》都成为这些官书的重要典据。

这一位《嘉定通志》编纂者,是旅居越南的福建籍华侨郑怀德。

郑怀德,生于公元1765年,死于公元1825年。原籍福建长乐。他的祖父郑会时,因不堪清朝的"变服剃发之令,留发南逃",来到越南南圻,"客于边和镇福隆府平安县清河社"。他的父亲郑庆,是一个多才多艺的知识分子,曾在越南朝廷当过六品官。郑怀德由于其母"严督从师",无论经、史、子、集,"必求竟读",因而很快进入仕途。

郑怀德入仕途三十多年,从内政到外交,从文教到军务,都历任重职,深受越南阮世祖(即嘉隆帝)及圣祖(即明命帝)的倚重。明命六年(1825),郑怀德去世,"帝悼惜不已","辍朝三日,命官赐祭"。至嗣德三年(1850),即郑怀德死后二十五年,又被列为"中兴功臣",由朝廷出面祭祀。郑怀德编纂的《嘉定通志》,对越南文化事业做出了重大的贡献。

(林金枝)

(载《福建侨乡报》1982年11月25日)

15.蒋可树建功于泰国

被泰国人民传颂的繁荣仁廊府的大功臣蒋可树,系福建漳州人,生于清嘉庆二年(1797),二十五岁出国,先侨居马来亚,后移居泰国。

"仁廊"是潮语译音,泰语称为"拉廊",是"美丽"的意思。在泰国大城皇朝末期,拉廊府乃是一片原始森林,荒无人烟,蕴藏着取之不尽的铜、锡矿产。当时,蒋可树向泰国政府申请开矿探锡的专利权,获得了泰皇的恩准,他拿出了全部家财,致力开采锡矿,经数十年苦心经营,使拉廊成为泰国的重点矿区之一,对泰国的经济发展做出了重大的贡献,受到了泰皇的器重,册封为"銮叻打纳色蒂"(专司管理税务的官员)。后又封为"銮拉廊"掌管拉廊行政。到了泰皇第四世,又御封可树出任拉廊府第一任府尹(地方长官)。他改用泰国名字为"打耶喃隆赐乍呢"。

蒋可树治理拉廊府达四十六年之久,对地方建设有卓越成就,他去世后,泰皇感其功绩,又御封蒋可树之子哥森功(泰名),继任拉廊府尹。到了泰皇叻打纳哥信第五世,为纪念蒋可树的丰功伟绩,泰皇特地在拉廊府的改拉空通山(金钟山洞),为蒋可树立传树碑,皇上亲手御写了蒋可树一生业绩。

(林明波)

(载《福建日报》1983 年 11 月 20 日)

16.许泗漳在泰国

泰国西海岸面对印度洋的麟郎地区,历史以来,以盛产锡矿著称。在开发这个地区中,有个著名的华侨叫许泗漳,他是福建省漳州府人。

清朝嘉庆十五年(1810),许泗漳时年二十五岁,因受封建官吏和地主阶级的残酷压榨,加上连年灾荒,困于生计,背乡离井前往马来亚槟榔屿谋生。后来,他在马来半岛沿岸经商。公元 1845 年,他得知泰国麟郎地区有丰富的锡矿,就召集大批华侨到该地开采锡矿。他们初到麟郎时,那里还"草昧未开",只有七十户人家。经开发以后,"居民遂成数千户",逐渐繁荣起来,由于许泗漳开发麟郎有功,被泰国政府封为"麟郎总督大郡侯"。

许泗漳的大儿子许心广袭了父亲的职位,当了麟郎的酋长,二儿子做了弄旋的酋长,三儿子是克拉酋长,最小的被称为"最年青最伟大的儿子",名叫许心美,做了董里的酋长。许心美办事认真,颇有魄力,又能讲一口流利的泰语和华语。他当了酋长后,着眼于市政府建设,兴修公路,讲究清洁卫生和治安工作,做出了不少成效。1892 年,许心美被泰国政府提升为靠印度洋西部诸省的最高行政长官,首府设在普吉。许泗漳家族成为泰华社会中很有名望和地位的家族。

(郑炳山)

(载《福建侨乡报》1981 年 6 月 18 日)

17.《海岛逸志》一书中的陈历传略

王大海《海岛逸志》一书中,记载了漳州华侨陈历旅居印度尼西亚三宝垄的某些经历,现将其大意摘录下来:

陈历,漳州石美人,字豹卿。乾隆时,往三宝垄访其堂兄甲必丹陈映。甲必丹者,自荷兰人占领爪哇后,以吧城为都会,竭力经营之,称爪哇为内部,他岛为外部。内部委任华人为官,名甲必丹,陈映使豹卿佐领其事。及映卒,遂袭其职。王大海游三宝垄,见土番贵官往候豹卿,队马数百,整肃而来,至栅门外则下骑。入门,则膝行而前,豹卿危坐,俟其至,乃少欠身,其威炎有如此者!豹卿富甲一方,置大地一区于葛剌巴(即吧达维亚),名三宝垄土库。华船初到,客有欲往三宝垄者,则进其土库,并有船护送。至三宝垄悉皆收录,用才委任,各得其宜,华夷均领其资本。彼本经商,贾帆数十,发贩州府。其豪侠仗义,足为模楷。

(林金枝)

二、近世侨贤（鸦片战争至辛亥革命）

1.闽南小刀会和华侨陈庆真等人

第一次鸦片战争后，在国内封建地主阶级和外国资本的剥削压迫下，闽南城乡出现了大批饥寒交迫的无业游民，加上连年灾害，社会矛盾十分尖锐。1853 年在闽南爆发了小刀会起义。

闽南小刀会，是归国华侨和贩洋者发起组织的民间反清秘密会社。当时闽南，每年有二十万人流落南洋谋生。有一些人后来返回祖国，在故乡从事各种职业，其中许多人从事航运或商业活动，形成一种贩洋力量，这些人是小刀会的中坚力量。

小刀会的创始人是华侨陈庆真，同安县店前村人，出生于新加坡。鸦片战争后，回国在厦门英人商行当职员，1850 年 7 月，他和王泉等在厦门五祖庙建立小刀会。很快，小刀会的活动几乎遍及整个闽南，震撼了清政府。1851 年 1 月，陈庆真不幸被捕牺牲，小刀会组织遭到严重破坏。

1853 年 3 月，太平军攻占南京。这时海澄县归侨江源、江发两兄弟，再度倡组小刀会，并在海澄、龙溪、同安一带活动。据《福建通志》卷十七第六页记载："小刀会者，同安万兜社人黄得美为首。初，海澄县民江源与其弟发，以无赖武断乡曲。源归自外洋，购有洋小刀数百柄，遍赠同类，结为小刀会。”据查，闽南小刀会的首领之一黄德(得)美，其父黄宝斋，也是印度尼西亚三宝垄的华侨。据1853年驻厦门的美国领事柏克豪斯(Backhouse)说：“以黄位为首的厦门小刀会的最高领导部自不用说，乃至中层领导人，半数是由新加坡回来的。”足见归国华侨参加这支著名的农民起义队伍并担负领导职务之多。后因事机不密，江源、江发两兄弟被海澄县知县杀害。

清政府的暴行，更加激起了小刀会众的愤怒，他们前仆后继，再推黄德美、黄位(均同安县人)起来当闽南小刀会首领，并于清咸丰三年(1853)阴历四月发动起义。他们首先攻打当地民愤最大的灌口粮馆、巡检署和都司城寨，继而一鼓作气于四月初六攻破海澄县，初十日又攻陷漳州，击毙兵备道兼摄知府事文秀、总兵曹三祝，起义的烈火迅猛蔓延，闽南各县的人民纷纷响应，“自七月至十月”，清军盘踞的“长泰、同安、安溪、漳浦、平和之琯头、诏安之铜山及石码、厦门、云霄皆相继失守”(《同安县志·小刀会匪事略》)。小刀会起义军得到广大人民的拥护，迅速发展壮大，进攻厦门前夕，已拥有一万多人，并拥有战船四十余艘，“龙艚”十余艘。闽南小刀会的胜利，吓坏了清朝政府，赶快调集了兵勇二万余名，糜费饷银十八万余两，由前任浙江提督李廷钰率领，福建省巡抚王懿德亲自坐镇泉州指挥，于同年九月底进攻厦门，围剿起义军。清军在厦门登陆后，立即进行疯狂的惨无人道的烧杀抢掠，大肆屠杀起义军战士和无辜群众，“割下来的人头和耳朵则多得像钮扣，比比皆是”。《福建通志》关于这场战役的记载是：“是役也，阅七十三日，历四十八战，擒斩及坠海死者以万计。”可歌可泣的闽南小刀会起义就这样在清政府的残酷镇压下失败了。但是反帝反封建的革命火种是扑灭不了的，部分小刀会会员退出厦门后，继续以漳浦的盘陀岭、云霄的岳坑为据点，坚持斗争；一部分则由黄位率领，退到海上继续斗争。其中有数百人后来就被迫无奈到东南亚各国定居成为华侨。如《福建通志》所载：“黄位窜安南(即今越南)，不能获。”据厦门大学南洋研究所1958年调查的材料说，闽南小刀会失败后，有一船从厦门逃往马来亚的起义军战士就有成百人之多。起义军首领黄位当时有六个儿子，就有五个儿子逃居国外。旅居印度尼西亚经营糖业的著名华侨黄仲涵是黄位的孙子。

（侨友）

（载《福建侨乡报》1981年9月17日）

2.慈善家陈笃生

1819年2月6日，新加坡成为英国的殖民地。开埠之初，只有华侨三十人。五年以后，骤增百位，1824年政府发表的统计，已有华侨三千三百多人，然而当年的英国殖民地政府，只知道驱使华侨拼死拼活建设新加坡，而对华侨的生死疾病不闻不问。1944年初新加坡的《自由西报》，就曾发表评论，指责殖民政府无视华侨疾病的罪过。

新加坡第一家华侨医院，是由华侨陈笃生倡议创办的。他祖籍海澄县（今龙海）。1798年出生在马六甲，以经商致富。为人乐善好施，华侨"贫而无力者资助之，老弱殁而不能殡者代为掩埋之"，人们称之为"慈善家"。他目睹新加坡贫侨缺医缺药的惨状，选择珍珠山脚兴建贫民医院，独捐全部建筑费七千元。

1844年5月25日，贫民医院动土奠基。在他的推动下，热心公益的华侨组成董事会，捐献基金。贫苦华侨到该院就诊，一律享受免费。1867年，陈笃生的夫人又捐资兴建一座女病房，使这个华侨贫民医院，更臻完善。

（洪卜仁）

（载《厦门日报》1982年7月28日）

3.同安洪思返等人开发巴眼亚比渔港

巴眼亚比（Bagan Si Api-api）是印度尼西亚苏门答腊东北岸的一个拥有数万人口的小埠，同马来西亚的巴生港只隔着马六甲海峡，遥遥相望。

巴眼亚比位于罗甘河下游，原是一片荒凉的沼泽地带，如今它不仅是印尼有数的渔港，而且已发展成为世界上最大的渔场之一，与挪威的卑尔根(Bergan)、荷兰的艾莫伊登(Ijmuiden)齐名。

其实,这个渔港的兴起与同安渔民的移居有着最密切的关系。

大约在一百多年前,亦即在鸦片战争以后,由于外国资本的入侵,加速中国农村的破产,迫使中国东南沿海农民纷纷漂洋过海,外出谋生。当时同安县不少渔民南往暹罗的南部宋卡去捕鱼,后来有一部分渔民由于巴眼亚比渔类资源的丰富而去那里定居下来。

同安洪姓渔民在定居巴眼亚比渔港的过程中,有着一段美好的传说。原来,同安渔民是先在苏门答腊的姑模(Kubu)一带进行捕鱼的,并把捕获的鱼产品运往马来亚西部的港口出售。马来人对他们说:"这里鱼虾虽多,但是比不上我们家乡呢!"到了晚上,马来人指着对岸有火光的地方对同安渔民说,我们那里的鱼虾比这里还要多得多。同安渔民听了非常高兴。于是就把渔船按着马来人指点望着对岸有火光的地方驶去。到了对岸海域,把渔网一撒,果然鱼虾比别的地方还多。于是这些渔民就从枯苏移居到这里定居捕鱼,这个地方便是现在的巴眼亚比(Bagan Si Api-api)。其实,按照马来语"Bagan"是作"对岸"之解,而Api就是火的意思,巴眼亚比就是指对岸有火的地方。

关于巴眼亚比渔港的开发,《同安县志》三十六卷人物录垦荒篇曾作过详细的记载。该书说:"清同治间翔风十三都,洪思返、洪思良、洪思沐、洪志魁、洪尔城、洪尔藩、洪思柱……共十一人,在洋业渔,于风顺帆转之时,遥望火光烛天,咸以为异,冒险寻至其地。见山川秀丽,鱼虾充满,因筑草庐其间,以收渔利,海产之多,为外洋冠。后获利渐丰,以次建筑屋舍,人烟稠密,户口数万,遂成贸易市区,是地开垦,由邑人航海寻得之。"

由上可见,巴眼亚比是在清朝的同治年间(1862—1874)之后,由同安翔风(即今新店公社洪厝大队)洪思返等十一个渔民于一百一十年前前往开发起来的。以后它的发展,也是与同安华侨、闽南华侨的移往和辛勤劳动分不开的。

由于同安翔风渔民在巴眼亚比的定居,以后亲携亲,邻带邻,翔风的渔民带了许多乡亲到巴眼亚比来,继后,别乡村的人也相继前往。再后,与同安邻近的金门以及闽南各县的人也随之而来,就这样,经过数代繁衍,巴眼亚比便成为一个以华侨(或华人)为绝大多数居民的渔港。

直至第二次世界大战后,巴眼亚比的华侨(华人)说的仍是数代前通行的闽南话,妇女所用的装饰品如手环和手镯等的雕刻图案,也保持着古老的闽南式样。荷兰统治印尼时期,派往巴眼亚比的官员必须通晓闽南话,否则要通过翻译,才能工作,甚至在印尼独立以后,派往巴眼亚比任职的官员,如果不懂得闽南话,也是开展不了工作的。

同安华侨、闽南华侨及其后裔同巴眼亚比当地人民携手并肩,披荆斩棘,流血流汗,在谱写出开辟世界渔港的壮丽篇章中,有着他们不可磨灭的一份功劳。

(林金枝)

4.陈金声纪念喷泉——在新加坡的一位华侨领袖

十九世纪中叶,在新加坡的福建华侨中,有一位杰出侨领名叫陈金声。他一生对新加坡公益事业做出了不少贡献,至今当地华人仍缅怀着他。

陈金声(1805—1864)出生于马六甲,他在新加坡最突出的贡献,是改善当地居民供水问题。新加坡开埠后数十年间,居民饮水,长期靠当地马来人用牛车把水送入市区出售。1857 年 11 月,陈金声带头认捐一万三千元巨款,提议新加坡殖民政府兴建自来水水库,由麦里芝引水到市镇,但当局置之不理。迨至 1862 年新加坡发生严重旱灾,兴建自来水水库工程又被重提出来,可是,陈金声捐献的巨款已被殖民政府耗费殆尽。及至 1877 年,建成第一项自来水工程时,陈金声已去世十三年了。新加坡人民为了纪念他,在伊丽莎白女皇道上建造了一座陈金声纪念喷泉。这座喷泉是 1882 年 5 月由新加坡市政局长史哥脱(Thomas Scott)主持揭幕典礼的。

陈金声纪念喷泉是一座三层的铁质喷水池,高十余尺,形状如一古式花瓶。喷水池的底部用英文刻写:“此喷水池为市政当局所建,以纪念陈金声先生献款捐助新加坡自来水工程。”

陈金声还兴办不少公益事业,如大世界前的金声路是他铺设的;“崇文阁”和“萃英书院”这两间早期的华文学塾,他是主要的捐款者兼创办人，这两所学塾推动了华人学习祖国民族文化；他还在新加坡河上，独立修建一座桥，至今仍称"金声桥"；他对新加坡的陈笃生医院也有很大的协助。

（林金枝）

（载《福建日报》1983 年 8 月 28 日）

5.国际知名的陈金钟

1890 年 2 月，清政府派往英国、法国、意大利、比利时的使节薛福成在日记中写道：当他路过新加坡时，会见了一个既是经营粮食的华侨商人，又是暹罗的钦差大臣兼驻英属海峡殖民地的总领事。这华侨，名叫陈金钟。

陈金钟原籍海澄县，1829 年出生在新加坡。他是新加坡"福建会馆"的首任会长，又是第一个被发展为英国皇家亚洲学会会员的华侨。陈金钟热心社会公益，曾经捐款扩建陈笃生平民医院，投资倡办丹戎百葛船坞有限公司，推动新加坡造船业的发展。1874 年，他受聘为新加坡莱佛士博物院图书馆委员，为新加坡的文化事业操过心，出过力。对祖国的慈善事业，他也颇为关心。例如 1890 年华北发生空前未有的饥馑，他独捐四千元赈济灾民。

陈金钟一生中多次参与国际性活动。1873 年间，暹罗和马来亚的霹雳发生纠纷，他从中调解，促使双方进行和平谈判。他以暹罗钦差大臣兼驻新加坡总领事的身份，接待过参观访问新加坡的各国贵宾，成为享有时誉的国际知名人物。

1892 年 2 月，陈金钟病逝，政府用金钟的名字命名一座山和一条街道，以纪念这位曾经为新加坡的繁荣做出贡献的华侨。

（洪卜仁）

（载《厦门日报》1982 年 9 月 1 日）

6.华侨航运业鼻祖邱忠坡

太平天国运动失败后,旅居东西亚的闽南华侨日益增多。当时,已经有英国、德国、荷兰、西班牙等外国汽轮定期航行厦门、香港和东西亚各港口,而清政府的招商局还没有在厦门设立机构。

有个名叫邱忠坡的华侨,原籍海澄新垵乡(今厦门杏林公社新垵大队),年青时在家乡务农,三十二岁才南渡新加坡,开设“安美号”经营华洋杂货致富。

邱忠坡具有爱国爱乡思想。他看到当时的航运操纵在外人手中,不但利权外溢,而且有损国体,就集中自己的所有资本,于1875年筹备创设万兴轮船公司,建造和购置七八艘汽轮,航行东西亚各港口和香港、汕头、厦门之间,与外国轮船角逐竞争。其中有一艘汽轮,取名“漳福建”号,专门行驶厦门、新加坡航线,华侨简称之为福建船。

邱忠坡以个人资财创办万兴轮船公司,并非单纯为了追求利润,而是带有发展祖国航运事业的愿望,得到华侨的支持。不少华侨出国或回乡,拒搭外轮而等候“漳福建”,反映了广大华侨爱国爱乡的思想。

(洪卜仁)

(载《福建日报》1982年9月29日)

7.倡建星洲双林寺的刘金榜

新加坡旅游胜地双林寺,是马来半岛建筑最早、规模最大的中国式丛林。双林寺的倡建者是刘金榜,他的原籍是南靖县。

清朝同治年间,刘金榜抵达星洲,以经营中国道地药材起家。当时新加坡还没有侨办的银行,小本商人,常有借贷无门之叹。他看中金融行业,于是集中资金,开设“福南银号”,以“低息放贷,手续简便”为号召,招揽业务,颇受华侨社会的欢迎。

刘金榜发财致富之后,热心社会公益事业。他是中华总商会发起人之一,并任福建会馆董事,英国殖民政府也选他为华民参事局参事和保良局董事。

光绪年间，华侨佛教徒深以新加坡没有佛寺为憾，他主动献出金吉路地皮，倡建双林寺，首捐巨资，延聘国内名师巨匠南渡兴工动土。双林寺的雕梁画栋完全仿照闽南古刹模式，壮丽宏伟。寺内雕塑的佛像，栩栩如生。从此，中国高超的建筑艺术和精湛的雕塑艺术，扬名于东南亚。

（洪卜仁）

（载《厦门日报》1982 年 1 月 12 日）

8.东南亚最早种植橡胶树的陈齐贤

在东南亚种植橡胶树的第一个人，是原籍漳州龙溪县的马六甲华侨陈齐贤。

橡胶树老家在南美洲的巴西。1876 年以前，东南亚还没见过橡胶树。这年，新加坡植物园园长，英国人力里从南美获得种子二十余粒，经实验室育苗成功，到处劝人试种，而响应者仅陈齐贤一人。

陈齐贤从植物园移苗后，细心培植，认真观察并记录橡胶树成长的全过程。通过三年的辛勤劳动，他得出马来亚的气候、土壤适合种植橡胶树的结论。他起先在马六甲购地四十英亩试种，嗣后又扩大种植面积达三千英亩，都获得良好的收成。接着，他又将橡胶树种子移植新加坡的杨厝港，并邀请林文庆、李俊源、曾江水等闽南华侨合资经营。从此，华侨开始在新、马大规模种植，并成功地移植于印尼和泰国。

《南洋年鉴》写道："今日马来亚的繁荣，齐贤之功未可埋没。"在新加坡的中巴鲁区，至今还有一条以陈齐贤的名字命名的"齐贤街"，纪念他为繁荣马来亚经济做出的贡献。

（洪卜仁）

（载《厦门日报》1983 年 1 月 19 日）

9.菲华名将刘亨赙

编者按：在菲律宾人民反抗西班牙殖民统治，争取独立的斗争中，有一位被称为"鲍王"（将军）的华侨名将，菲名叫做何塞·伊格纳西奥·宝华。在许多华侨史著作中，他又被称为侯亚保、侯宝华或侯夏鲍。但是他的真实姓名究竟是什么？原籍何处？史书都没有弄清楚。

最近，郑珊瑚先生为了此事，特地到福建省的厦门、晋江、泉州和南安等地去调查，得到了第一手材料，并经过中国东南亚研究会理事、北京大学历史系周南京先生对其所得到的史料和照片作了查对、鉴定，确认何塞·伊格纳西奥·宝华就是刘亨赙。

现在，把郑珊瑚先生记述刘亨赙历史的一段文字刊载于此。

铁铺学徒当将军

过去，由于译音、谐音或传闻的错误，许多历史学家和史料，把与菲律宾人民并肩反抗西班牙殖民统治的华侨名将何塞·伊格纳西奥·宝华（Jose Ignacio Pawa）称为侯亚保、侯宝华、侯夏鲍。其实，他的真实姓名是刘亨赙。

据《南安刘林乡刘氏族谱》记载，刘亨赙的父亲叫刘元来，母亲叫陈营娘。那是个典型的中国农民家庭，生活相当贫困。刘亨赙有一个伯父叫刘元系，清朝时在菲律宾马尼拉开设铁铺，加工和出售铁器。刘亨赙十八岁（清光绪十六年，1890）时，与南安县高盖仙都村黄惜娘结婚，数月之后，因家中生活贫困，无以为生，其父刘元来就让他跟随伯父刘元系前往菲律宾马尼拉谋生，并在马尼拉的一家铁铺当学徒。当时菲律宾属西班牙殖民地。菲律宾人民非常不满西班牙殖民当局对他们的奴役和剥削。刘亨赙对此深表同情，并从朋友那里，认识了菲律宾反抗西班牙殖民统治的秘密组织“卡提普南”的一些会员如潘塔利昂·加西亚、奎列尔莫·马桑凯、何塞·图利亚诺·圣地亚哥、普罗戈比奥·法尼法秀（安德列斯·波尼法秀的兄弟）等人。

1896年菲律宾爆发反抗西班牙殖民统治的独立战争，刘亨赙应菲律宾革命军总司令阿奎那多之约，参加菲律宾革命军，初任步兵中尉。不久因革命军缺乏军械，而他又是铁匠出身，善于制造兵器，便被任命为由他倡建的兵工厂厂长。他对供应菲律宾革命军武器弹药，有很大贡献。当前线局势吃紧时，刘亨赙又被调往前线作战。由于他勇猛过人，又善谋略，相继被提升为上尉、少校、中校。1898年9月26日，菲律宾共和国总统阿奎那多授予他准将军衔。

屡建战功升副帅

刘亨赙在战斗中,总是身先士卒。在一次战役中,起义部队陷入敌人包围。刘亨赙沉着指挥,亲自组织掩护后退,使万余名菲律宾人民和三千多华侨免受殖民者的杀害。又一次,当西班牙殖民者在甘马邻省大肆屠杀华侨时,刘亨赙闻讯,立即派大队骑兵驰援,使两千多名侨胞获救。《南安刘林乡刘氏族谱》的《刘亨赙传略》中记载:"当时我华侨居于菲岛者数以万计,皆赖公力,得以保全。"应该是指这些史实。

1899 年,刘亨赙被任命为菲律宾革命军南线副司令官,即《族谱》中所谓"众嘉其能,举为副帅"。

菲律宾人民反抗西班牙的独立战争,后来被美国取而代之。战争结束后,刘亨赙也随革命的遣散而返回比科尔和马尼拉经营商业和农场,并被任命为议员和退伍军人协会负责人。

传说和赞誉

我们在调查关于刘亨赙的史实时,听到了刘亨赙家乡老一辈人士和一些菲律宾老归侨讲述他的传说和故事。民间传说,刘亨赙在反抗西班牙统治的战争中,作战非常勇敢,似有"神明保佑","刀枪不能伤其身"(这当然是颂扬刘亨赙的一种迷信说法)。又说刘亨赙在光绪末年曾返乡省亲,为其母亲陈营娘庆祝六十寿辰。由于他在菲律宾已经把辫子剪掉了,要按当时家乡风俗为其母亲拜寿,便临时做了一条假辫子。串在红缨帽下,戴在头上去向母亲拜寿。

1926 年 4 月 23 日,刘亨赙于菲律宾逝世。菲政府及人民缅怀他为菲律宾的独立建立的功勋,特为他举行国葬,灵柩上覆盖着菲律宾国旗,下半旗致哀,全体上下议院议员参加送殡。现在居于南安刘林乡的菲律宾老归侨刘衔书,当年在菲律宾曾与许多同乡华侨参加了刘亨赙的葬礼,还记得这件事。

刘亨赙参加菲律宾独立战争,做出卓越贡献,受到菲律宾人民的赞扬和尊敬。菲律宾历史学家格雷戈里奥·赛德说:"何塞·伊格纳西奥·宝华是菲律宾争取自由斗争的真正英雄。"另一个菲律宾历史学家提奥多罗·阿贡西洛说他“比许多菲律宾人更加菲律宾人”。维拉卡洛斯·克里·洛戈在《何塞·伊格纳西奥·宝华将军》一文中说:“何塞·伊格纳西奥·宝华将军是菲律宾为自由而斗争事业中的著名人物,他虽然是中国人,但理应受到我国人民的纪念,因为他在反抗西班牙和美国的战争中把他的命运同菲律宾起义者结合在一起。”

(载《地平线》1982年6月)

附:刘亨赙考

侨居菲律宾的华侨刘亨赙,是菲律宾独立战争时期的一位著名的军事将领。但几十年来的中外有关史籍,对其传说纷纭,记述不一。例如,1939年新加坡出版的《南洋年鉴》载:“(侯)亚保闽之厦门人。”1895年,“菲人高举独立之旗,亚保率众如约助我,屡建伟功”。1898年12月美国宣布对菲的侵略战争后,亚保所部悉遭解散,“未几亚保离菲返厦,销声无闻”。

又,最近《新加坡南安会馆五十周年金禧纪念刊》载:“侯夏鲍将军……在故里,因打抱不平,被举为‘三合会’首领。”

《历史学》1979年第4期的《中国和菲律宾的历史关系》一文中,也将刘亨赙的姓名写成“侯宝华”。

据上所述,侯亚宝、侯夏鲍、侯宝华是否同属一人?真实姓名叫什么?籍贯在哪里?……作为华侨史的业余爱好者的我,早曾对此进行过调查、考究。几经周折,1962年底终于在南安县找到了一些重要材料。

南安县码头公社刘林乡的群众回忆:该乡曾有一位华侨参加菲律宾推翻西班牙殖民统治,建立功勋,当了菲律宾人民起义军的副总司令兼南路总指挥,被当地人民和华侨尊称为“赙(鲍)王”。由此线索,顺藤摸瓜,我又找到了一张这位“赙(鲍)王”在菲当上军官后的油画像,并将之寄往北京大学,请有关同志帮我把它与中外史书上所刊载侯亚保、侯夏鲍、侯宝华等人的照片加以鉴定,结果答复是:“同属一人,脸形、五官都相同,只是油画像略瘦略老些”,“估计这是画于1902—1905年间。”那么,“赙(鲍)王”是谁?据《南安刘林乡刘氏族谱》载:“亨赙公,字图琼,号纯清,又名扶西。”“少时侨居南洋之菲律宾,时菲民苦受西班牙帝国之压迫,方图革命”,被“举为副帅”,“当时我华侨居于菲岛者数以万计,皆赖公力得以保全,故史称为侯赙将军”。

由上史实,我认为可以肯定如下几点:

一、刘亨赙是他的真实姓名。原来史书上称之侯亚保、侯夏鲍、侯宝华等均因谐音、译音或传误而异。为尊重史实和统一名字,建议今后史学者和史料一律按其族谱及其在家的真实姓名称之刘亨赙或侯亨赙,因为该村刘、侯是同宗同姓。

二、刘亨赙是南安刘林乡人,不是厦门人。过去有些史籍称其厦门人,也许是因厦门曾是华侨出入的必经港口而将之泛称之故。

三、菲律宾人民反抗西班牙殖民统治的胜利果实被美国窃取后,刘亨赙虽有情绪消沉,离开部队,从事经商,后退居于亚眉省黎示示备埠,亡于菲岛,菲律宾当局和人民还为他举行隆重葬礼,他并无“离菲返厦,销声无闻”。

至于刘亨赙在家乡时有无参加反清的“三合会”组织,迄今还没找到有关史实,尚待发掘考证。

(郑炳山)

(载《厦门日报》1980 年 11 月 5 日)

10.创办华侨义冢的杨尊亲

西班牙统治菲律宾期间,实施所谓“以华制华”的“甲必丹”制度。在历任的华人甲必丹中,能够受到侨胞们崇敬并垂名后世的寥若晨星,杨尊亲是其中的一个。

杨尊亲原籍南安县,出生于 1843 年,年少时迫于生计,渡菲充当苦役,后以业商致富。他为人刚直尚义,善于言词,侨胞之间每有争端,只要他出任调解,往往事遂寝息。因此,被西班牙殖民政府选中任甲必丹。他担任甲必丹时,力求为侨胞办点公益事业。其时,不少离乡背井的贫侨,老死异城而无葬身之地。1878 年 4 月,他出面向各界华侨募捐,筹款一万四千元,购买马尼拉天主教会的旷地,创办义冢。为侨胞去世后提供墓地,并建造崇福堂,纪念有功于华侨社会的先贤。

菲律宾中国古式建筑的崇福堂，经过 1962 年和 1963 年的重修、扩建，目前是菲律宾旅游的名胜区之一。侨胞们在崇福堂为杨尊亲塑像立碑，以怀念他的功绩。

（洪卜仁）

（载《厦门日报》1983 年 1 月 5 日）

11.马尼拉的唐人街——王彬街

菲律宾马尼拉最热闹、最繁华的王彬街，是马尼拉华人区一条著名的唐人街。这条街道的命名，是马尼拉华人典故中值得追述的一件事：

王彬街，原名沙其里斯地亚（Sacfstia）街，原是马尼拉华侨聚居的一条古老街道，已有几百年的历史了。提起王彬街，得从罗曼王彬说起。罗曼王彬是菲律宾华裔，原籍福建，祖父是华侨，名叫王彬，早年往马尼拉经营蜡烛生意，娶菲律宾妇女为妻，生子西门王彬。罗曼王彬是西门王彬的第二个儿子。他的母亲是侨生女。罗曼王彬出生于 1847 年。二十六岁时，开始经营铁器、木匠用具。三十五岁那年，还创办一间专卖美术用品的商店，标明售价，货真价实，在商场上享有一定声望。1898 年，罗曼王彬的商店遭受火灾。他凭着商场的良好信用，继续复业，苦心经营，生意又发达起来，并于 1911 年还建成一座五层大厦，成为马尼拉的富商。

罗曼王彬关心菲律宾民族的命运，从各方面支持菲律宾谋求独立民族志士的革命活动。他的店铺成了菲律宾革命党人，特别是革命知识分子常聚集开会的场所。在 1896 年的菲律宾革命和 1899 年菲律宾抗美战争中，罗曼王彬以大量物资援助革命事业，他为革命一度被捕入狱。出狱后，继续支持革命。

罗曼王彬非常热心公益事业，他任过菲律宾军人及战争难民救济协会会长，对救济菲律宾军人伤难尽最大的力量。他对马尼拉社会保护儿童工作也给予积极帮助。建立菲律宾总商会，他也是一位有力的开创者。他还支持菲律宾独立教会。因此，他在马尼拉社会上颇有声望。罗曼王彬于 1912 年逝世，死后三年，马尼拉市议会为缅怀他对革命的贡献，遂将华侨聚居的沙其里斯地亚街改为王彬街，以纪念罗曼王彬为菲律宾争取民族独立所做的贡献。1973 年菲律宾观光部、马尼拉市政府和菲律宾华商联合会共同协议决定,在王彬街建立王彬铜像和纪念碑,以志王彬勋绩,又可美化唐人街,吸引外国的观光游客。马科斯总统和夫人决定把王彬街定为马尼拉市的旅游中心。在马科斯夫人倡导下,经过美化清洁运动,使弯曲、凌乱的王彬街,成为整洁的街道。街口还竖立“亲善门”、“中菲友谊门”、王彬像纪念碑等。

(林金枝)

(载《福建日报》1981 年 11 月 31 日)

12.侨贤陈谦善在马尼拉的事迹

菲律宾的华侨和华人近百万,百分之八十祖籍福建,其中绝大多数是闽南人,居住在菲律宾首都马尼拉的约占一半。在历史上,马尼拉的华侨有许多著名人物,侨贤陈谦善就是其中的一个。

凡是到过马尼拉的人,如果对华侨社会稍加关注的人,大家都知道有一块面积很大办理完赙的华侨义山坟场和一间近代化设备完全的崇仁医院,这就不能不使华侨想起侨贤陈谦善先生的名字来。因为这与他的赞助是密切联系在一起的。至今在崇仁医院南端还有陈谦善穿着清朝花翎官服的铜像纪念碑,这个铜像是 1910 年由菲律宾华侨以“华侨诸同胞”的名义公立的。

一、出身贫苦,旅菲致富

陈谦善先生名聚良,别号乐峰。华侨叫他为陈最戈。1844 年生于福建厦门禾山岳仙社,1901 年卒于马尼拉。陈氏的出身是很贫苦的,因此自少失学,目不识丁。当他成年的时候,适值西方殖民者大肆开发南洋群岛,在中国各地大量招请华工,很多乡人都应招前往,他便随乡人同往至菲,在马尼拉为人雇工,因他为人谨慎忠诚,勤俭刻苦,所以获得雇主的信任。后来他得资独自经营商业,获利颇丰,成为富商。陈氏幼年失学,到马尼拉后工作余暇便努力学习西班牙文,经过长期苦心研读,终于学会了西班牙语文,由于熟谙西班牙语文的关系,以后便不断与西班牙人来往,使他成为菲律宾华侨社会和西班牙殖民当局的红人。他平时乐善好施,解决纠纷，深为侨胞爱戴，所以无形中便成为华侨社会的领袖。西班牙殖民政府便利用陈氏的才干和威望，委托他为甲必丹，以便管理华侨事务，达到“以华制华”的目的。

二、不畏权势，怒斥殖民官吏

陈谦善就任甲必丹后，虽为西班牙在菲律宾的殖民官吏效劳，但在调解华侨之间的纠纷和维护华侨的正当权益方面，也做了不少有助于华侨利益的事，因此得到华侨的支持和拥护。

当时，在马尼拉，西班牙殖民官吏横行四至，华侨生命财产无甚保障，有时胥吏警察对华侨随便拳足交加，使之遍体鳞伤。陈就任甲必丹后，经常为华人争平等权利。有一日，他“巡于道，见警察之横暴索贿殴人者，迳前执而呵之，问此华人触犯者何罪，所根据者警章何条，遂扭而俱至政府公署，君述其故”。同时，他还理直气壮地说，华人既有纳税守法的义务，如果华人有不法或抗拒纳税的，应该责由甲必丹来处理，不应纵容警吏，随意枉法殴人。当时西班牙殖民政府虽想袒护官吏，但见陈谦善正气磅礴，不畏强权，反为他所慑，不得不改容相待，立即把警吏革职讯办，以平民怒。此后，西班牙殖民官吏便有所顾忌，对华侨的压迫剥削，不得不稍为收敛。

三、乐施行善，兴学赠医

陈谦善自少来菲，常以不识中国文字为一件最痛苦的事，便立志兴学，来教育失学的儿童，对于下一代华人的华文教育，极其关心，表现了海外赤子热爱中华文化的爱国精神。当他的儿子陈纲年幼时，便从菲律宾把他送回福建家乡延聘名师，令其专攻科举之业，后来他果然入京参加会试，进士及第。旋至1894年4月捐资创办义务私塾，不收学费专收华侨子弟入学，当时学生二十余人，这就是今日吕宋中西学校的前身，义塾的一切费用开支，都由陈谦善设法募筹。学校除教授侨童西班牙语与英文外，还向国内聘请教师，来菲授课，专授四书四经，旁及尺牍应用文字，以维系中华文化。后来学校迁至王彬街善公所上课，从此校务蒸蒸日上。今天马尼拉中西学校的校舍日益发展，学生达数千人，济济跄跄。菲岛侨校教育之得有今日成就，实与陈谦善奖励兴学有关。

陈氏在马尼拉的义举,最著名的要算创办崇仁医院了。当时,马尼拉埠华侨虽为数不少,但以贫穷的人数居多,常感有疾无法就医之苦,陈谦善鉴于此,于是向华侨募捐兴办崇仁医院于1819年,最初因限于财力,仅设中医部分应诊,侨胞可免费赠医施药,贫苦华侨,确实受惠不少。后该医院由侨胞努力捐募,不断扩大,现已成为有最新式设备的一个医院。

马尼拉华侨之有义山(用作华人坟地),远在数百年前,但到了十九世纪末,已不够用了。陈氏遂于1891年向华侨募捐建筑新的义山,专替侨胞义务安葬,如遇贫苦的侨胞不幸死亡,还得施棺赠地,使侨胞骨灰不至暴弃荒郊。

在西班牙统治菲律宾时代,崇仁医院和义山,都是由甲必丹负责掌理,陈谦善曾二任甲必丹,贡献特多。美国统治菲律宾后,甲必丹制度废除,由善举公所负责管理,今日马尼拉义山与崇仁医院办理之完善,同侨称便,饮水思源,回思先贤之功,怎能不使人肃然向往,怎能忘记陈谦善之功劳?

陈氏死后,旅菲华侨因感陈谦善先生生前的恩德,遂纷纷发起募捐,为他铸造铜像,并勒石碑,记述他的事迹,以垂不朽。他的铜像在清宣统二年(1910)完成,特建筑在他倡办的崇仁医院里面,俾后人永远缅怀。

(林金枝)

13.吴增与斥“普渡”诗

提起吴增这个名字,闽南侨乡一带许多人都熟悉。他的一首斥“普渡”诗,现在读起来,还是不无裨益的。这首诗写道:“流俗多喜怪,不怕天诛怕鬼害,七月竟作盂兰会。盂兰会,年年忙,纸满筐,酒满觞,刳鱼鳖,宰猪羊,僧拜忏,戏登场,烟花彻夜光。小乡钱用数百万,大乡钱用千万强。何不将此款,移作乡中蒙学堂。”

吴增原籍南安,随其父迁居泉州,家境贫寒。他刻苦自学,光绪年间中举人,后又中进士,任内阁中书。在京城他看到清政府腐败无能,便弃官回泉州,后往游菲律宾。他在菲期间,为侨胞撰联、演说,被指控为语讯清廷,被当时清政府驻菲领事馆迫令回国。归国后,他以教书卖文为生。

吴增对泉州一带的官府和陋俗深恶痛绝，著有《泉俗刺激篇》，收有诗歌四十六首。这首斥“普渡”诗，便是其中一首。

“普渡”这个陋俗，在闽南一带也称“盂兰会”，据说已有一千多年历史。历史上僧官神棍多利用这个陋俗，蛊惑群众，危害社会。在旧社会，闽南一带，十年九旱，民不聊生。每逢阴历七月，神棍就蛊惑各村轮流做“普渡”，有的乡村，除了七月“正普”外，还要做八月“重普”，此外，还有“水普”“火普”等。贫苦群众迫于封建势力，告贷借债做“普渡”，要救“地狱亲人于倒悬”，自己却先陷入“倒悬之苦”。到时，物价飞涨，设宴酬客开销甚大；演戏聚赌，地痞流氓聚众闹事，广大群众深受其害。吴增诗中所说“小乡钱用数百万，大乡钱用千万强”，决非危言耸听。新中国成立后，“普渡”逐渐被破除，但近年又沉渣泛起，对其危害，决不可等闲视之。

（李建成）

（载《福建侨乡报》1983 年 8 月 35 日）

14.首创印尼侨校的陈金山

凡是谈论印度尼西亚华侨教育史的著作，无不提及陈金山的名字。陈金山原籍海澄县，1873 年出生在雅加达。

十九世纪末，印尼华侨社会只有传授封建教育的私塾。荷兰殖民政府歧视华侨，拒华侨子弟于学校门外。1900 年，康有为旅游经过雅加达，倡议华侨组织中华会馆，兼办学校。陈金山觉得他的意见很好，即与李兴廉、丘燮亭等闽南华侨一起，积极进行筹备，这年的 6 月 3 日，中华会馆在雅加达的八帝贯成立了。

陈金山从他的祖父算起，侨居印尼已经三代了，然而并没有数典忘祖。童稚时，他就入私塾攻读汉文。青年时代，又到新加坡接受英语教育。随着年龄和知识的增长，他对华侨办学的重要意义，有较深刻的认识，于是利用侨胞在中华会馆聚会的机会，鼓动鸠资创设华侨学校，得到热烈的响应。1901 年 3 月 17 日，印尼第一所华侨自办的“中华学校”诞生了。

由于陈金山的推动,印尼各埠华侨也纷纷办起中华学校。为促进华侨教育事业的发展,陈金山摒弃商务,致力教育工作,经济上受到很大影响,而他泰然处之,毫不后悔地说:“此办教育者应有之精神也”,体现了他对华侨教育事业的忠诚。

(洪卜仁)

(载《厦门日报》1983 年 2 月 2 日)

15.新加坡华侨建筑家林露

南安是福建有名的侨乡,根据族谱记载,早在明代,南安人就开始远渡重洋到东南亚各国谋生。现旅居海外的华侨、华人及港澳同胞达数十万人之多,著名的华侨人物很多,新加坡华侨建筑家林露就是其中的一个。

南安人最早何时移居新加坡,目前已无史可稽,不过在清朝道光九年(1829),丹戎巴葛青山亭却有卅一位姓名不详的南安人合葬坟墓,可见南安人南来新加坡的历史至少有一百多年了。

林露,字志义,又名林文龙,南安南厅后埔村人(今满山红大队)。由于家境清寒,因生活所迫,于清朝末年南渡新加坡谋生,从事建筑兼营制瓦业,设永盛兴、华林行,经营树胶土产,生意起色,颇有成就。1908 年发起重建新加坡凤山寺,总理其事,从设计到施工,都亲自过问。建筑材料由林露从中国运来。至 1913 年 5 月宣告竣工,前后费时近于五年,总共耗资五万六千余元。

新加坡凤山寺,是仿南安的凤山寺而建造的。南安凤山寺,位于诗山文章山下的凤凰山上,古称郭山庙,始建于后晋天福三年(938),迄今已有千年历史,寺内供奉广泽尊王郭忠福,俗称郭圣王。郭圣王,南安人,他诞生于后唐同光初年(923),平生事亲至孝,后人皆以孝子称之。传说后晋天福三年八月廿二日,牵羊携酒登凤凰山,坐古藤而“化神”,乡人建庙祀之。

凤山寺在闽南各地及海外者很有影响,东南亚有许多国家的华侨集中居住的埠头都仿造此寺。新加坡建造的凤山寺,就是受其影响的。新加坡凤山寺建立年代为道光丙申年(1836),创立者是南安人领袖梁任癸。到了同治七年(1868),由于该寺经过三十年的光阴,遭受风吹雨打,椽梁倾损,乃由蔡鹏南、傅成沅、洪协发等人发起重修,规模较旧庙宏大。光绪三十三年(1907),英政府为了在新加坡进行市区改建,乃令凤山寺他迁并给予五万元的赔偿。于是林露负责发起建造新庙。

林露之所以成为新加坡的著名华侨建筑家,倒不是由于建成了凤山寺,而是在于他承建新加坡维多利亚纪念堂而闻名于世的。当时,新加坡政府决定在政府大厦右邻建一座二百多英尺高的维多利亚纪念堂(Victoria Memorial Hall),由市民捐资建造,以纪念英国维多利亚女皇。要星洲各建筑商进行投标承包,结果,林露以低价标来营造。当时引起新加坡建筑商尤其是外国建筑商同行的嫉忌,予以抵制,不予合作,拒绝借给新式的建筑工具。林露不为困难所屈,采用古老的中国传统建筑技术——即采用架棚古法,奠基石即逐层而建。1905 年,维多利亚纪念堂建成,该堂一部分为大会堂,一部分为戏院。堂顶装有大时钟,俗称大钟楼。该堂直立在新加坡市中心,成为新加坡宏伟的一座建筑物,是招揽游客观光游览的好地方。因而林露的建筑技术不但震惊了新加坡的建筑界,而且也轰动了西欧的建筑界,林露名声也因而大振,建筑业务蒸蒸日上。

华侨出国的悲惨经历和在海外的苦难处境,使他们怀念故土的田园庐墓,依恋家乡的父母妻儿,形成了华侨爱国爱乡的思想。林露也和许多华侨一样,热爱自己的故乡。林露曾于民国时代在其出生的故乡南安南厅后埔村建筑一座华丽宏伟的宫殿式大厦,共九十九间,系钢筋水泥建筑,洋砖细瓦,漆画交辉,屹立于山乡之间。抗日战争期间,泉州中学内迁到南安时,曾借用这座大厦进行办学,容纳过七百多人,所以乡人中流传这么一句话"有林露富,无林露厝",正是形容林露厝的规模与宏伟。他曾数度捐官,所捐最高官衔为福建花翎道。

林露有子十八人,其中以十一子林谋盛最为聪颖,有正义感,痛恨日本帝国主义,积极参加抗日战争,不幸殉难牺牲。新加坡华侨各社会团体曾为林谋盛烈士举行公祭,以示悼念。

(林金枝)

16.印尼糖业大王——黄仲涵先生生平

第二次大战之前,东南亚的华人社会出现了不少民族资本家,其中最突出的,要算是黄仲涵了。他是糖王、银行家、航业巨子,集富贵荣华于一身,是个家喻户晓的响当当人物。

要谈黄仲涵,当然要述及他的建源公司,而建源公司的奠基者,就是仲涵的父亲黄志信,所以还得从黄志信说起。

建源公司创办人黄志信

黄志信祖籍福建同安,于 1858 年离乡背井,南来移居爪哇北岸的三宝垄,时年廿三岁,正是豪气干云的年青小伙子。他知书识礼,干劲十足,经过了几年的辛勤劳动后,便积累了些少的资本,开创了建源公司。建源公司开始时经营中国与印尼之间的土产生意,从中国贩运来咸鱼、茶叶、丝绸与药材等物品,然后把印尼的糖与烟草转运回中国去。由于他经营得法,奠定了建源公司的坚实基础。嗣后,公司兼营典当业、邮信、鸦片等生意,财源更加广进。

华人做生意,一向墨守成规,子承父业,少有创新。其缺点是资金少,组织欠严密,用人讲究裙带关系。这一来,生意难于进展,更不用说跟西方财雄势大的财团争一日之长短了。然而,黄志信却能打破常规,破旧立新,聘用专才,使公司的组织与管理现代化。此后,选贤任能,勇于创新,便成了建源公司坚守不渝的信条,这也就是该公司成功的重要因素之一。

子承父业,大展鸿图

黄志信有三个儿子,仲涵排行第二,1866 年出生于三宝垄,年廿岁时便协助父亲掌管公司业务,成为父亲的得力助手。他善用头脑,目光锐利,眼见当时经营甘蜜等土产有厚利可图,便扩展公司业务,兼营印尼土产,鸿图大展。

到了本世纪初期,荷印政权逐渐将势力扩展到外围岛屿(爪哇以外的岛屿,如苏门答腊、婆罗州与西里伯斯等)。随着经济的开发与人口的增长,外围岛屿与爪哇的贸易关系渐行密切。外围岛屿人民所需要的米粮与日常用品,亟需爪哇方面的供应;而外围岛屿的农产品也要运抵爪哇的商港,再转送到其他地方去,这种新的贸易情势的出现,给建源公司提供了大展拳脚的机会,从而带给该公司巨大的财富,进一步巩固了公司的基业。

爪哇是盛产蔗糖的区域,这里的糖业加工远在十六世纪就发展起来。廿世纪初叶,印尼国内的市场,呈现出一片蓬勃的景象,当然吸引了黄仲涵的注意。他承受了父亲的大业遗产,便投资到糖业的经营中。到了欧战前夕,建源公司已拥有二间大规模的糖厂,各雇用工人数千人。欧战期间,世界糖价暴涨,建源公司更因此大有斩获。等到欧战结束后,建源公司已拥有九间规模巨大的糖厂了。公司糖业的扩展,固然要归功于黄仲涵独见的眼光,善于因势利导,但另一方面也是由于其在商场上的铁腕政策。商场上做生意,竞争激烈,在利害冲突之际,更是尔虞我诈,损人利己,在所不惜,这就是所谓"商战精神"。黄仲涵的"商战精神",发挥得淋漓尽致。当对方毁约之际,黄仲涵绝不容情,诉诸法律,以求解决。在这种情况下,建源公司接收了三间大规模的糖厂。

改进经营,投入竞争

当建源公司糖业鼎盛之际,每年糖产量高达廿万吨,除了供应印尼国内市场总消费量的百分之六十以外,还供应到世界各地的市场去。于是建源公司的分行遍设世界各地。其中包括:上海、香港、新加坡、曼谷、加尔各答、孟买、伦敦、阿姆斯特丹等地。

在我国糖业市场上,建源公司面临荷兰及日本巨大糖产公司的竞争。其中尤以荷兰的糖业公司为甚,它们历史悠久,在殖民地政府的庇荫下,无论在外汇市场、航运业与保险业各方面,均具有庞大的势力,但黄仲涵并没有被吓倒。他认真研究了这些大公司的经营方式,发现它们的成功之道,不外乎是财力雄厚,组织严密与生产及管理的现代化。他于是就在这些方面进行努力,改善公司的业务。

黄仲涵事业的成功,在于敢面对现实,突破华商的传统的藩篱,代以科学的经营方式。他重金聘用外籍技师,采用先进的制糖方法,不惜耗费巨资购买现代化的设备,同时也采用种种方法,使雇员忠于职守,为建源公司卖命。

由于糖业的扩大经营、资金的流转与糖产的运输，建源公司诚然要向银行业与航运业扩展。

向银行业和航运业进军

黄仲涵最初与友人合租了三宝垄轮船公司，1912 年，他承顶了该公司全部业务，改组为协荣茂轮船公司。开始时有轮船五艘穿航于爪哇与新加坡之间。嗣后，又增购四艘，通航印尼各地，俨然成了航业巨子。

黄仲涵虽热衷于事业的现代化，可是并没有完全摆脱迷信与传统习俗的羁绊。他深信"风水"之说，认为"风水"协调则万事顺遂，连购买一辆新车或一座洋房，都要征求"风水"先生的意见。据传，他在雅加达的办公室决不允许随意变动，而公司的新建筑物也必须环绕其办公室而修建。

仲涵总共有八位太太，生下廿六个子女（男女各十三）。建源公司生意规模大，分行遍设世界各地，正需要众多可靠人手来掌管及发展业务。因此他对子女期望甚高，也对他们管教很严，他们大多数都受高深的教育，并没有使黄仲涵失望。

热心教育，创办莱佛士学院

第一次大战结束后，荷兰殖民政府以建源公司获利甚巨，要谋以重税，黄仲涵遂往新加坡寄居，并改籍成为英籍民。他在新加坡寄居时，对教育很是热心，曾捐助星币十五万元，作为莱佛士学院的创办费，又捐献星币十万元，充作建筑华侨中学大礼堂之用，这座礼堂嗣后命名为黄仲涵纪念堂。此外，新加坡道南小学的校舍，也有赖于黄仲涵的慷慨解囊，才得以顺利完成。

1924 年，仲涵病逝于新加坡，享年五十八岁。遗体由家人运回三宝垄安葬。为了迎接灵柩，其家人不惜耗费巨资建了一艘大龙舟。出殡那天，素车白马，送殡的行列长达数里，可谓极尽哀荣。其墓志铭曰："其人有异算奇谋，握许多轮船银行，地皮产业，鼎鼎大名惊宇宙。此地如龙盘虎踞，最难得山峦拱卫，潮海潆洄，隆隆吉穴向乡邦。"仲涵可说当之无愧。

黄仲涵去世后，业务由其众多儿子继承，其中尤以长子宗孝负最大责任。卅年代初期，经济不景气笼罩全球，建源公司深受打击，幸大家合作，才度过了危机。战后，印尼宣告独立，建源公司的营业，受到印尼政府新政策的限制。1961 年，印尼政府以该公司逃漏重税，接收了公司的财产，归由政府经营，盛极一时的建源公司，至此便销声匿迹了。

（崔贵强）

（载《地平线》1979 年 2 月）

17.《永春县志》有关李士祚、郑安邦的记载

《永春县志》记载该县华侨李士祚和郑安邦二人旅居新加坡和越南的情况，现摘录于此。

李士祚，字继如，永春董埔人（即今达埔）。寓南洋四十余年，凡设立会馆学校，多所赞助。妻黄氏，性慈善，奉佛好施。祚没后移新加坡，创立华侨医院，李氏首捐万金焉。其卒也，印光法师铭其墓。

郑安邦，字蓬舫，永春县人。豪迈善交游，久居南洋，为各地侨民所倚重。安邦族兄昭明，生长外洋，精法文，后寓越南堤岸。法人夷越南为殖民地，苛遇华侨，昭明常与之抗，虐为稍纾，宣统初卒。

18.南洋最早的侨报和报人薛有礼

华侨旅居南洋群岛一带，大约始于唐宋，而盛于明清。到了鸦片战争以后，由于国外资本的入侵引起中国自然经济的解体，农民和手工业者纷纷破产，以及西方殖民主义者掠夺和开展南洋经济的需要，大量招募华工，因此使得南洋地区的华侨急剧增加。据估计，在十九世纪末叶，当时居住在南洋一带的华侨已达二百万人以上。

由于华侨人数的增加，为华人服务的报刊才应运而生。南洋的华文杂志，以梁亚发创办的《察世俗每月统记传》为最早。

梁亚发（1789—1874），广东高明人，是华侨在南洋第一个布道者和华侨杂志的首创者，也是新加坡活字印刷的鼻祖。他为了布道和印刷书籍、杂志，曾被马来亚殖民政府官方打过三百大板，他所编印的《劝世良言》，曾对太平天国革命运动有过很大的影响。

清嘉庆乙亥年(嘉庆二十年,1815),梁亚发和英国传教士马礼逊在马六甲创办《察世俗每月统记传》,这是华侨在南洋第一份具有新闻性质的中文刊物,该刊以传播基督教义为主,每期发行五百至一千份,主要销往马来亚和新加坡一带。

《叻报》是南洋华侨创办的第一家日报。它是在梁亚发创办《察世俗每月统记传》六十五年之后,于1881年才在新加坡出现的。这家华文报纸比上海的《申报》迟了八年,却较《新闻报》早十三年。该报自1881年到1932年,足足维持了五十一年的悠久岁月。在那赤道的文化沙漠里,《叻报》的出版,是值得人们赞美的。

《叻报》的创办人为薛有礼,有礼别名崇仪,祖籍福建厦门,父亲生长于马六甲,后来移居新加坡,生下有礼和他哥哥有义,兄弟二人,同在汇丰银行当买办,是个十足的峇峇(当地侨生的),后来有礼改行办报,搞文化事业,而且办的是中文报纸,和中国一些文人学士揖让往来,这在当年新加坡的华侨社会里,确是一件非同小可的事。《叻报》出现后,新加坡人都把薛有礼当作舆论权威,便由《自由西报》(英文)号召,推薛为新加坡市议员,这是一个名利双收的衔头,在他人求之不得,而有礼却不肯接受,一心一德办他的《叻报》。

《叻报》创办以后,极受外人重礼,当时南洋各地殖民政府的报告,占了不少篇幅,洋行的广告也特别多,每日出八开六张,版式略如早期的《申报》,首页为社会和政府的布告,有二页到二页半的综合新闻,中外新闻和本坡消息,混合并列,其新闻来源是多方面的,除新加坡本地自行采访外,多转载港沪报纸,欧洲电读,有时由新加坡《海峡日报》(英文)供给,但较少转译外报。

继《叻报》之后,马来亚各地渐有报馆之设立,但为数还不多。1889年10月9日《叻报》的社论《朝廷重报感说》里提到"……首推敝馆,时则光绪七年(1881),岁在辛巳。继之者为《星报》,则今之《新报》,又次为《天南新报》。槟城有《华洋新报》,继之者为《屿报》,此两报开设未几,均以事中辍,今则闽商林花鐕所创槟城《新报》,生涯鼎盛,闻望日隆。若吉隆(坡)亦有南洋《时务报》,旋开旋闭……"

薛有礼以一个侨生,创办中文报纸,五十年如一日,居然不至于中辍,这实在难能可贵。可是他的成就，不能不归功于《叻报》主笔叶季允先生，他俩共事二十余年，从无间言，终季允之一生，替《叻报》鞠躬尽瘁，死而后已，不仅是报林佳话，在中外报学史上也是少见的。

自戊戌政变(1898)到辛亥革命后，南洋各地的华侨报业得到了发展。当时各地的侨报大都成为国内不同政治派别的舆论工具，不断开展笔战，而革命派的侨报居于优势地位，在动员华侨资助祖国革命方面起过重大作用。同时，在促进中外文化交流、增进中国人民和南洋各国人民的友谊方面也做出有益的贡献。

(林金枝)

19.闽侨在菲律宾最早创办的华文报
——《警锋新闻》报

闽侨薛有礼于1880年在新加坡创办了《叻报》，这家报纸不但为新加坡华文报的开山祖，在整个东南亚，也是最早的华文报。

菲律宾华侨最早创办的一家报纸，叫做《华报》，它创刊于1888年，比起中国最早的报纸——《申报》(创办于1872)迟了十六年，比新加坡的《叻报》也迟了八年。

《华报》是由粤侨杨继洪(别号汇溪)出资创办的，并得到了当时华侨甲必丹陈谦善(福建厦门人)的帮助。杨是当时甲必丹的秘书和联络员，为侨界当时的杰出人才，他通晓中文、英文和西班牙文三国文字，华侨当时称他为“三枝笔都会写字的”。杨自己任社长、编辑兼翻译数职，另聘陆伯州为社外记者，兼撰述论文。初由一家粤侨印务公司承印，后来自己自置铅字，每天出四版，纸为十六开。该报因发行量少，经济上得不到支持，出版不到一年就停刊了。

1889年以后到辛亥革命以前，菲律宾华侨社会中，又相继出版了《岷报》《益友新报》《岷益报》和《警锋新闻》等家报纸。但这几家报彼此存在的时间都不长，大约只有一年就停刊了。因此当时马尼拉华侨有一句刻薄的话，形容华文报的存在，说什么“有对年，无三载”，就是形容华文报纸存在时间的短促。

菲律宾早期华文报中，值得一提的是闽侨王汉全、陈三多创办的《警锋新闻》报，这家报纸的创办，孕育着一段爱国的故事。

1908 年，清政府为着宣慰华侨，派遣工商部侍郎杨士琦乘坐当时中国最大的一艘铁甲战舰“海圻”号到南洋各地“慰问”华侨，该舰悬挂着一面黄龙旗，在马尼拉海湾飘扬，菲律宾华侨看了，格外亲切，自然非常欢喜。可是当时马尼拉有一家西班牙文的报纸叫作《商报》（El. Comercio）的，看到华侨这样热烈的表现，不禁红眼，随即该报发表一篇讥笑侮辱中国政府和华侨的文章，讥笑“海圻”号是“捞沓”做的，意即用马蹄铁做成的，不堪一击等等。当时马尼拉的华侨对此十分愤慨，大家团结一致抵制订阅该报（当时该报的订户，以华侨店铺的订户居多数），并向西班牙殖民政府提出抗议，致使该报发行量大受打击，《商报》为挽回局面，以辞退写这篇讥笑华侨文章的主笔为让步，要求华侨商店续订该报但并无结果。

通过这个事件，马尼拉的华侨意识到要有自己言论阵地的重要性，因而便想恢复、出版华文报纸，作为华侨的精神粮食。在同侨的一致要求下，便于 1908 年由马尼拉中华商务局（即中华商会的前身）出面鼓吹招股，集资八千余元，承购从前《岷益报》遗留下来的铅字和印刷机器，便创办起《警锋新闻》报。

《警锋新闻》报的总经理是王汉全，经理是陈三多（厦门人，陈谦善的儿子），总编辑是当时任中西学校校长的施健盦，又聘请福州籍华侨郭公阙为社外记者，每周撰写论文，寄来登载。该报每日刊行二大张，共八版。

由此可见，《警锋新闻》创办的动机是出于爱国心，而且内容方面都比以前创办的《华报》《岷报》《益友新报》等报充实，照理应该可以维持下去，但由于当时阅报风气不盛行，商家老板也认为看报费时误事，订阅份数始终不多，合计马尼拉郊区农村也只能推销四百多份，以致一再亏本，股东们也没有人再投资，这份报纸仅维持一年多，又复倒闭停刊了。

（林金枝）

20. 福州华侨林守驷撰写沙捞越第一本华文书

林守驷，原籍福州，生于清光绪六年（1880），卒于 1965 年，林于二十世纪初,因受闽清华侨黄乃裳先生的影响,南渡沙捞越诗巫(华侨称新福州)参加垦殖工作。后离垦场,服务于沙捞越政府任至高级文员三十多年。林氏英文、华文造诣很深,为当时沙捞越知名人士。日本侵略沙捞越期间,林出于正义感,不为日人服务,遂解职归田。第二次世界大战后,诗巫福州公会成立,林孚众望,被选为第一任主席,1948—1949年,又续任该会第二任主席。1957—1962年间,又连续被选为第五届、第六届和第七届的名誉主席。由此可见,林在沙捞越尤其在诗巫华侨中名望是很高的。

由于林以文员身份,长期参加政府工作,对沙捞越情况了如指掌,兼以精通英文、中文,平时收集不少资料,遂于1926年2月写成《砂罗越国志略》(砂罗越,现译为沙捞越,为马来西亚的一个州)一书。1926年8月,上海商务印书馆代为印刷出版发行,该书的出版,成为华侨撰写的第一本有关沙捞越的华文书籍。

该书为三十二开本,共154页。全书分上下二篇,上篇分国土志、开国志、王统志、气候志、古迹志、交通志、种族志、人口志、教育志、宗教志以及风俗志。下篇分职官志、立法志、司法志、财政志、军警志、职役志、外交志、邮务志、电政志、路政志、航业志、农业志、垦务志、渔业志、商业志以及物产志。每志简单明了。

《砂罗越国志略》是当时全沙捞越华文小学采用的课本。居住在该地的老一辈华侨,该小学的大多念过这本书。不但如此,该书在1926年到日本南侵沙捞越前夕,也为沙捞越各小学普遍采用。

1951年3月16日,诗巫福州公会出版《诗巫福州垦场五十周年纪念刊(1901—1951)》,他写了《半世纪来的新福州》一文,都是译自《沙捞越宪报》的有关历史,资料性强,对了解新福州华侨开发诗巫垦场的历史,很有参考价值。

(林金枝)

(载《福州晚报》1983年12月6日)

21.闽清华侨许元双开发沙捞越蒲悦的功劳

闽清黄乃裳开发沙捞越的诗巫(华侨称为新福州),这是很多人都知道的事实。许元双开发沙捞越的蒲悦也是一个拓荒者的典型例子,这似乎懂的人就很少了。

许元双,也是闽清人。他在家乡原是一个农民,听说黄乃裳到了新福州,为乡亲找到一块垦殖土地,便十分向往。所以在二十五岁时,就跟亲朋南渡来沙捞越。初到诗巫时,那里大片的土地被先来的福州先民开发了。于是他到吉晋去,以种菜为主。后来他从别人那里了解峇南很适合于耕种,便于1920年到峇南去。开始,他在那里找不到适合耕种的地方,也以种菜为生,并且继续在那里勘察。后来,终于在人迹罕至的丛林地带——蒲悦区,发现土地很肥沃,适合垦殖。因此,他模仿黄乃裳的做法,决定招引乡亲前来开发蒲悦,他的想法得到当地统治者拉者的同意,因为拉者目睹福州人开发诗巫的苦干精神,所以不但批准许元双的垦荒之请,还承认他为蒲悦的港主。

1926年,许元双从诗巫招来了从福州来的第一批乡亲五十多人,进行垦荒。1927年,许又亲自回家乡闽清招来了第二批乡亲三十多人。以后,陆续从别处迁到蒲悦峇南的共有四百多人。这些初来的垦荒者虽然水土不服,常得病,主要是患虐疾,但华侨的吃苦精神终于坚持下来,将丛林辟成胶园。他们除了种胶树以外,还种蔬菜、瓜果,饲养家禽,采取以短养长的办法,经济情况逐渐好转。1932年,当地拉者看见垦场开始收割树胶,特建一条公路由蒲悦垦殖区通往丹章里望,便于土产运出。1935年,许元双又首倡办华南学校,便于当地华侨子女入学,传播中国文化,于是一个渐趋形成的福州人新的聚居地,在原来的荒芜的森林旷野地带出现了。

其实,沙捞越许多福州人的垦场,差不多像黄乃裳开发诗巫一样,先由一个或一批先行者开路,然后招引后来者,招引国内的乡亲开辟出来的。许元双开发蒲悦也是这样一个典型。

蒲悦垦区至今已有四十多年历史了,经过侨胞的艰苦奋斗和不断开拓,今日它已变成一个农业发达的富庶地区,许多侨胞加入了马来西亚国籍，他们与当地人民一起，参加建设沙捞越，继续做出自己的贡献。许元双开发蒲悦的功劳，将永远为当地华侨和华人以及当地居民缅怀惦念。同时，也会载入开发沙捞越蒲悦的史册之中。

（林金枝）

（载《福建日报》1984 年 1 月 11 日）

22.闽清华侨刘子钦创办诗巫第一家华文报

诗巫是马来西亚沙捞越第三省会所在地，也是沙捞越的第二大城市，华侨叫作新福州，它是在八十年前闽清华侨黄乃裳率领闽清、古田、闽侯等地华侨到该地从事农业垦殖以后发展起来的一个城市，目前人口已发展至十几万人，福州籍的华侨和华人居多数。

诗巫第一家华文报是《诗巫新闻日刊》，它创刊于 1939 年 7 月 1 日，系由华侨刘子钦（1912—1965）独资创办的。刘原籍闽清六都板中乡，他早年毕业于集美学校，壮岁南渡，在沙捞越泗里街泗庐中学任理化教员。抗日战争爆发后，他有强烈的爱国心，积极参加南洋华侨筹赈会工作。刘先生为什么创办报纸呢？据刘先生自己回忆，“当时海外华侨拥护抗战之心，愈来愈烈，而当时诗巫没有日报刊物”，侨胞们每晚拥集于少数收音机旁边听抗战消息，刘有鉴及此，遂于 1939 年 7 月 1 日发行《诗巫新闻日刊》。

《诗巫新闻日刊》是小型报纸，创型之初，还没有铅字，用手抄在报纸上油印，纸张单面油印，犹如学校的考卷一样，开始是油印四开四版，每日发行 300—500 份。该报创办时，刘子钦身任社长兼编辑，其编辑室印刷所以及重要用具概借用于诗巫华侨商业俱乐部，当时报纸的内容甚为贫乏，没有地方新闻。国际新闻全靠收音机旁收听的，最后交抄写员用蜡纸抄写，至于副刊设有“社会科学知识讲座”“自然科学知识讲座”“小朋友茶话会”以及“奔流”等版面，该报初刊时，为单面印刷。以后才改为双面印刷。

由于创办人原系理科教师，既未受过正规的新闻教育，也未参与报馆工作，实只凭着一片爱国之情，凭着“初生文犊”的一点勇气在干；工作很累，每晚孜孜达旦，在所不惜。他认为只要有裨于抗战，稍尽为侨胞服务心情，便什么都不以为苦。

《诗巫新闻日刊》出版仅一个月，诗巫另一家相同性质的《鹅江日报》创刊，社长黄鼎州，编辑刘孝善，也都是华侨。由于当时诗巫人口不多，加以交通不便，且当时人力、物力有限，而两家报纸同时在诗巫刊行，双方竞争激烈，于 1940 年 6 月 1 日，两家报纸经过商谈合组易为《华侨日报》，正社长兼经理为刘子钦，副社长兼编辑为刘孝善。

在诗巫，继《华侨日报》后，先后创办了《大同日报》《婆罗州日报》《砂州日报》以及《马来西亚日报》等等。

从 1937 年 7 月《诗巫新闻日刊》刊行至现在，业经四十多年，刘子钦先生也已作了古人，但刘子钦先生发起办报不畏艰难的精神，不但为诗巫报界后人所敬佩，他的爱国之心，也为华侨、华人后辈所景仰。

（林金枝）

（载《福州日报》1983 年 12 月 31 日）

三、《南洋英属海峡殖民地志略》一书有关闽侨人物资料摘录

编者按：本节所选的名侨事略，都是选自宋蕴璞《南洋英属海峡殖民地志略》（北京南洋蕴兴公司印刷，1930年出版）一书中的名人传部分。

作者宋蕴璞，曾于二十世纪二十年代到新加坡、槟榔屿和马六甲等地进行实地考察，对不少华侨的家庭出身、出国原因、海外经历以及爱国（主要是参加辛亥革命活动）爱乡和对侨居地的社会教育文化等公益事业的贡献做过调查，写成专题，定为名人传。这些人物资料（大都是清末民初人物），对研究新加坡、马来西亚华侨近代史以及福建华侨近代史有较高的参考资料价值。因此，编者用较大篇幅选入本书。选入时，编者对某些地方作了删略。现分（甲）新加坡、（乙）槟榔屿和（丙）马六甲三部分编排如下。

（甲）新加坡名侨

1.（侯西反） 侯君西反，闽人也，弱冠南来，商于吉隆坡，又三年徙居新加坡，初受开源兴号聘任总司理。七年春，乃与友谋开嘉美号、兴记号等商店数处，又于彭亨设有丰美、丰泉等号商店数处。其中有为合股公司者，有为一己经营者，气势连合，营业蒸蒸日上。君于是卓然有商业大家

之目。及民国十年(1921),南洋商业不振,经济界顿形拮据,不得已逐渐收盘,敛华就实。现所存者,只彭亨美丰号耳。然商业盛衰无常,每随时势为转移。以君之才识,不患无恢复时也。君幼读书,明大义,对侨胞公益事,热心提倡,不遗余力。先后与同志倡办嘉东育才学校、南安会馆、树胶公会等。于嘉东女子学校及星洲幼稚园创办之初,亦奔走赞成之,曾任育才学校正总理、南安会馆会长等职,又任南明学校副总理有年,捐资尤巨。

2.(林金殿) 林君金殿,字成嘉,闽之同安人。年十三,侍父至新加坡。稍长,徙安南,因无所事,仍返星洲。又曾历游巫属各埠,终以星洲为工商繁盛地,久居焉。初操划船业,既有积蓄,遂以次置驳艇、中舡数十艘,小轮船又数艘,设办事处曰吉祥号。年来更购屋宇地段板木绞等,所值不下数十万,始以资本闻于时矣。君幼读书乡塾,尚不及二年,第以天资颖异,公余勉学,至能观书阅报,且能自撰信札。性沈毅寡言,乐助人之危急,与人交披肝沥胆,相见以诚。而于贫寒之士,恒多方周恤之。盖君起自寒微,故对之尤若别有情愫也。其于教育及诸公益,亦极热心赞助。新加坡幼稚园及通德学校、南洋工商补习学校均捐多金,举为董事。又若爱同学校、南洋华侨中学校、厦门青年会、厦门雅化学校、岭南大学、同安启智学校亦皆捐巨款。内而国内各处水灾,外而日本震灾,皆有捐助,其慷慨好义类如此。又南洋工商补习学校年前开募捐游艺会,君担任财政员,且捐巨款,及第二次月捐征求团又任名誉队长,并将月捐增至二十元。又因该校所欲建筑之校地,极力觅购,迄难成就,慨然以房屋二所捐助之。其房在碧城实得力门牌三十六、三十七号,面积九千余方尺,建筑费三万余元,与校舍正相接近,故君举以赠之。该校自得此为校舍,规模大为扩充,将来之进步,殊未可限量,然非得君始终赞助之力,曷克臻此,故详述之,用告世之关心华侨教育者。

3.(薛武院) 薛君武院,字秀岚。闽思明县庵兜乡人,星洲之殷商也。年二十六,始南渡,至荷属西里伯之万鸦老埠经商。越六稔,与叔文林合资,共营万益兴于新加坡,今垂二十余载,业大发达,获利亦巨。因知银行为吾侨急务,乃与同志等合创华商银行。事既成,众推君为总理。数年来,该行得利甚厚,君之力为不小矣。营种植,垦有大树胶园于叻之牛笼律，凡千余衣吉。其他不动产业亦巨，现以大富有闻矣。君于国家社会，极为热心，曾任新加坡中华总商会副会长、华侨中学道南学校财政、爱同学校副总理、南洋女学校董事。辛亥改革之捐，不下千金。云南起义，亦捐巨资。至南洋华侨中学之倡办，捐银二千。福建赈济，捐银一千五百金。厦门英华书院，捐银五百。禾山高等专门学校捐银三千。中国女学校，捐银五百。此外若爱同学校也，道南学校也，红十字会以及各处水灾善事之捐，亦皆多数。

4.（赵文烟） 赵君文烟，闽南安潘山之镇尾人。年十五，乃从商，凡十四载。如新加坡初受聘为泰丰号要职。又二年，与同志合股，开茂成公司于叻之大坡，嗣诸股友志图别业，咸让股于君，因改号曰嘉成，专营灰业，八九年中，均获巨利。为人广交游，素贵名流……其尤可敬者，发起戒烟医病社，既输巨资，又费经营。社中冗杂，丝来线去，事多躬亲，人皆服其不惮烦劳焉。

5.（陈庚辛） 陈君庚辛，字子金，号天清，福建同安集美人。年十七，南来缅甸属之良党埠，任事于新德兴商号。凡八年，未忝厥职，卒以结婚辞职回国。后南渡至新加坡，任米业经理于陈嘉庚公司……。民国十三年（1924），又自开里记土产杂货号于巴双，营业日进。性慈祥，乐义举，二任闽南公所总理，数任华商公所董事，一任福建公冢总理。尝发起巴双华侨接生医院，于社会教育公益及辛亥革命，尤多输将焉。

6.（杨古杰） 杨君古杰，字笃豪，福建金门湖美中保社人，为人急公好义，秉心公亮。少就父攻书，以家贫，旋农作。十七岁南来，随戚友至新加坡为伐木业。凡二年，回国省亲。未几，邀友杨水车合置捕鱼船，从事渔业。俄移吉礁佐林梨为商。逾年，复辞职回国省亲，林不能留也。嗣又操伐木业于双巴埠，有得利……进而为新加坡出水客，尝以货物配寄星洲、香港等处。在巴双港口，开有全振裕号经营杂货及火柴海味。又设裕祥砖窑，业大振。民国前，幕巴双为新兴商埠，足以扩张商业，因移居之。从事于建筑业，并立板木厂，发行大宗建筑料，又与友叶汉水、陈能显、杨碹石、陈尧阶、陈金生等，合办振利火炭公司于巴双港口。至是，始大富。君于国家社会之利益也，兢兢业业以图之，曾发起巴双华侨树胶公会，又倡办闽南公所。至华商公所及中华女学校、中华学校、华侨夜学、青年会、闽公冢、华侨接生医院，皆努力捐巨金以成立，国内慈善事业，尤力为之，不能一一志也。

7.（傅芙蓉） 傅君芙蓉，福建南倒桥人。少失怙，事母孝，见客南洋归者悉捆载，心怦怦然动，乃禀命而行。然抵星洲后，举目无亲，入工厂，求为学徒。人爱其精勤谨慎明达，争相教导，时年甫十三。迨十九岁，艺成，发轫便包筑屋宇，以能选工择材，良结构，美装饰，故为业主所欢迎。近星洲之丁加奴，石马丁宜及美哩诸商埠，闻其名，招往承办者，不计数。槟城名埠，英政府亦请其造桥筑车务馆，惠罗、英美两大公司，皆聘君建筑。毛广一埠，填海成岸。至抽油所办事楼、劳工厂，亦概归一手承办。前后工作垂二十年矣。益以所开之长兴布店、树胶郊，岁计皆盈，获利几百万矣。君富而好礼，财能聚能散。年来捐巨款于桑梓，设筑岩学校，又捐巨款于星洲之爱同、育才、南洋、南华、南明、工商等学校，更能耐劳任怨，均董其校事。大善既举，小善亦为，时备药品施赠。为人寡言心慈，尤可钦式云。

8.（林秉祥） 君负奇才有大志，富建设毅力。弱冠，理丰源航业，为二十九艘船务主任。壮岁，遍观国内名胜，周览日本风景。返星洲，遂创米油二较。时德商亦设一油较，号民冬，资本机械胜君倍蓰，相与角逐者四年，后竟为君有。迄今巫来由群岛椰油价格，操纵犹在君手上，越数载，再建一米较。复为铁厂锵局大股东，更缔造士敏灰厂。至若航业，初仅三艘，君乃擘画图维，苦心孤诣，至今奄有大小轮船十余艘，侨界称尊。其得力尽在训练船员，不得毫丝薄待乘客，贫病衰老，船单卸免，厦门、汕头、香港、仰光所开之船头行，亦均能体其美意以行事。英德战事起，华工须返国，新加坡华民政务司直接与君商酌，将由其轮船以运返，君承命而措置咸宜。金融为市场命脉，银行乃商界关键。广益银行办理未妥，递遭失败。政府暨其股东委托君为收盘人，君载稽部籍，催收账项，结局摊回四数，溢过股东所望。然而君终以我华人之不克振作银行为可耻也。爰集同人，博采群议，经营数月，而华商银行成。君被膺为总理后，复自开和丰银行，分行遍设于麻坡、马六甲、吧辖、槟榔屿、巨港、香港，发达迅速，进步惊人，猗欤盛哉。家乡闽、漳、龙溪、浒茂广置田宅，设医局，建织造厂、电火局。振兴男女学校十有余所，凡欲入学概免费。闽省长知其贤，礼聘再三。大总统奖以三等嘉禾章，交通部聘为顾问，公债局请为参议，英政府授为太平局员、参议局员，淇漳山第一任董事，总商会举为董事。各保险公司，咸以主席董理相强。民国未成立前，创设福建保安捐，首题巨款，以为之倡。水疫旱灾凡百慈善事业，靡一回蔑与焉。故北京红十字会特奖红十字徽章以旌其善。此其所谓侨界明星者也。

9.（林连贵） 林君连贵，福建诏安山外乡人，于西历一千八百九十一年生于新加坡。幼聪慧，异常见，故父辈多奇之。先攻汉文，嗣攻英文于礼佛大学。五载寒窗，始得毕业。然君固有志于新学者，不期父竟鹤化，家遂中落，因就星洲工部局水火部记席两稔，倡办密多利亚摩多架公司为总司事。又三年，被聘为衣是利树乳公司买办，继则一跃而为栈主兼买办，重职于佛力哇打好树乳有限公司。十余年来，克勤克忠。该公司之所以能获巨赢者，君之力也。为人孝友，复急公好义，慷慨轻财。于祖国文学，虽未尝习之，然甚尊重之。且具有莫大之志愿，将欲振兴而普及之。每思独力创一中华义学以容纳许多贫寒子弟，卒以所谋经济未达目的中止焉。惟与同志等，共创中南学校，初捐五百金，以为开办之费，复捐五百金，以为附设师范之用。往年与同志鉴于建筑校舍之不可以容缓，乃发起建校筹款会，从事募捐。君则被推为该会总干事，除自捐千金外，复与同志等奔走出募十余万金。今该校校舍巍巍，千秋万岁，君之功为不少矣。此外如星洲篮豆巷之回禄灾也，君则创（小小振济会）演戏筹款以赈之。如平民学校之经济未充也，君则认年捐数百金以充之，如振东学校筹款会之演剧筹款也，亦捐巨资以予之。至捐医院，助水灾，及其他诸善举，为者尤多，不能尽记。

10.（丘国瓦） 丘君国瓦，闽海澄新安社人。年十七南来，父本星洲良贾，开张益成米郊。依之学商，懋迁之术既精，父遂授其专权，业益发展，计二十年获盈无算。仰光久已置分号曰益成栈，以籴粜专权任其子思春君，后又置橡树园二千余亩于吧株巴辖及居銮、新山、麻坡、星洲等处，屋业不动产亦不少。至各有限公司及银行买股颇多，尤以华侨银行、华商银行、和益轮船公司、环球饼干公司为独巨。君爱国如家，视人如己，故施贷周给之事，时优为之。辛亥国体改革，与众倡组同盟会，捐款不下万金。此外二次三次革命，亦捐不少。保安之捐，奔驰鼓众，心疲于役，而不以为劳,亦得募十余万金。民国成立后,遂致力于教育。叻坡华侨中学及道南爱同等学校,始终维持,凡捐万余金。各学校各团体,推举为董事者数十处。祖国官绅,赠徽章,贡颂词,不计数矣。

11.(陈延谦) 陈君延谦,字逊南,闽同安溪埔店人。成童之年,南来仰光。未几,回国,再来求学。年十七,重莅新加坡置身商界。迨二十五岁,始与友人共设裕源号。时南洋树胶之种植,方在萌芽。侨人少有注意于此者,君独具卓识,每谓地球虽大,产胶之地,欲求如马来半岛之适宜者甚少,且以世界之大,用胶如是之广,胶价终无至大败。已而购地栽种,经营不已。不数年,果获大利。又知我国商业之不振,缘由于银行之不设,毫无收放之处,有以致之。于是商之星中富商林秉祥君等,遂共发起华商银行。嗣又与众发起华侨银行,当该二银行之组织,颇尽心力焉。君又羡西人股份合资之有限公司。其商业颇有大利,华人多不知为此。于是以次提倡之,合资有限公司,凡六七家,君不过中人产耳。所谋皆遂,所倡皆成,人谓诚信公忠,有以致之也。君既有余资,每思富贵不归,如衣锦夜行,于是收缩商业,归里,略置不动产。兼以考察各省商务之盛衰,至各处名胜几踏遍,风景尽领略。更为本乡设学校,及补助一切公益,乡人皆以为德。无何,再渡星洲重建树胶生意,兼任华侨银行总司理。性好读书,商余之暇,手不释卷,年方四十余,正当有为。惟君一生所以最抱憾者之事业,为航业是也。每谓行当有以谋成之,怀抱之宏阔,有如此者。君之积善甚多,略举之,如石叻道南学校、爱同学校均其所发起,且任董事,又捐巨资,同安医院、鼓浪屿华英书院、南洋华侨中学、日本水灾、浙江竞志女学校,莫不捐资数千元。其他辛亥前后,每次革命,助资不下万金。且在星洲书报社演说,关于建国方针及保安捐事,凡六阅月之久,君望隆星岛,传声南洋。叻中各团体推君为总理董事者,多不可数,为社会所钦敬云。

12.(陈辉相) 陈君辉相,字炳辉。福建永春岵山乡人,十七岁,作客新加坡,二十岁,移住雪兰莪之古毛。初亦侘傺,后渐腾达,启有万裕号,贸易锡米杂货。旋又招工开掘锡矿,筑厂造炉熔锡。三十年间,获利数百万。四年分支号于星洲,曰万福兴,仍交易大宗锡及树胶,获利尤巨。查其现有产业,凡数百万金,大抵以星洲屋宇、橡树园居多。家乡亦置有田园建筑物及一切产业。性好善,新加坡华侨中学校捐金千元,泉州培元学校、永春育贤学校、星洲道南学校、实业学校、工商补习学校、爱同学校、古毛竞明学校,各有巨捐。各处灾祲公益,亦多输将。永春会馆历任财政员,曾被举正总理,保赤宫为财政员。古毛竞明公立学校为君所发起,曾一度为正总理,亦尝为财政员。

13.(汤祥藩) 汤君宗濴,字祥藩,福建永春城内人。冠前二年,南渡新加坡,始为小商,继操航海业,凡七八年。直至三十二岁,始与人合资,开泉成号,并买置胶树园二百余亩,以资本家闻矣。为人胸怀坦白,休休有容,蔼蔼宜人……至于衣食分人,灾患拯恤,计事量力,有求皆应焉。

14.(佛陀转道师) 转道上人,父黄汲水。原籍福建晋江县稼穑者,以笃行称于里闬。师自幼性真颖异,悃幅无华,读书绝慧。然恬漠养志,仕版厌登,有疑其所志者,辄曰齐家治国非素志,走贾行商不关心,农乎工乎吾其未学,諰諰吾其皈依阿弥陀佛耳。顾其时,父母双存,未获自由信教。年十九始毅然在漳州南山寺落发为僧,已而缁衲杖锡,遆遞担簦,周游全国名山灵城,一心屏气,访谒宿僧高衲,以成其道。然到处山林添色,僧俗欢迎,师固谦克,每谓己之所学,属于辟支声闻小乘者,自度而已。若普济众生之大菩萨众,实未升堂入室。闻者以其谦巽,益敬重之。民国八年(1919),上海有倡佛教会者,师为奔走鼓吹。闽南之有分会,亦师所提倡。时师为佛教总会会员及闽南佛教会议员。名益噪,游益远。闻南洋佛教方兴,同志日众,乃只身南来。既到新加坡见青山绿水,饶有景光,栖止之。未几,自建普陀寺于丹戎巴葛地方,自是得所,方便大开。举凡施舍,事力所能致者,靡不为之。滇南鸡足山,原为迦叶尊者之道场,以僻处穷野,故不为施主檀那所重视,年久寺宇风雨摧残,蠹鱼耗损,目殆不忍睹矣。既而该寺特派山虚云僧前来劝化,师导之向各处庵庙及诸商业家捐题,卒得巨资以去。今该山寺凌耸巅际,藏经满楼,师之力也。宁波孤儿院专收纳孑立之幼儿女为教养,然人多费困,该院傅君愍焉忧之,躬走南洋代群儿请命于华侨。但人地均疏,无人介绍,师为之介绍,与诸侨商筹谋,果也。傅君得藉是如愿以偿矣。至于虑佛教之凌夷,欲佛教之彰明,到处倡建兰若以栖僧侣,止纳淄流,尤自谓僧分所当为者,功不泽世也。

15.(陈礽义) 陈君礽义,字尊宜,福建永春岵山人。幼英隽卓越,寒窗攻苦,凡九载,善文牍。成童,至厦门为父帮理新永兴旅店,多所擘画,该业因之以丕振。逾九年,即伸张其商业于国外,相继开张永兴号于新加坡及昔加密、马六甲等处,营业皆以树胶、椰肉、白米诸土产为大宗,专营祖国汇兑及经营树胶园数百衣吉于昔加密、吗咯巴篓等地方。起家于商业,君亦其一人,品性沉默谦和,推诚待人,曾输巨资于星洲各社团学校及厦门幼稚园、青年会、泉州培德女学校。历任新加坡树胶公会董事、永春会馆议员、保赤宫董事云。

16.(林隆江) 林君水,字隆江,世居福建永春大卿乡。少贫寒,性亢爽,交友以质直名,人多乐与为友。中年南渡,以传达洋客银信为业,星厦一航飘蓬,泛梗黄金,两袖盖累累矣。自是营商肆,置胶园,若新加坡之同成兴客栈,若埔莱港之成立及其他种种之拓业,莫不勃勃以兴,蒸蒸而上。尔时,君之际会日隆,声名益噪,复与同乡至友李道君等,合组南春树胶公司,以其哲嗣立宗君任副经理。靡如弗适,置业愈丰,而君则以萍泊半生,霜飘两鬓,夕红弥宝,榆境自珍矣。君虽幼年失学,而临事识大体,洞机要,尤长于词令,凡有争者,遇君数言立决,排难解纷,常人所难,君独易为。在星与已故实业家林推迁君交最稔。推迁君固以鲁仲连著闻于时者,惠庄莫逆,相得益彰,有必然欤。社会公益尤热心,设于星洲永春会馆内之鼎新学校,即为君于七年前一手所创办者。该校之名誉总理,如郑奕良、李俊承诸君等,又皆为君之同乡稔友,频年经费维持,不吁社会,君家乔梓,致力独多也。星洲社会年来为教育慈善事业,出而演戏筹款者,肩摩踵接,风起云兴。君靡役不任名誉总理,靡任不倾囊以输,实之所至,名亦随之。星洲华商总会华侨中学校等,竞以名誉职员相推绳,而乐得君之资助焉。

17.(王金练) 王君金练,福建同安西湖塘乡人。幼家贫,无力攻读。顾君广交士类,情好欢洽,益友多闻,遂明义理,而抱负亦高,不甘久守乡井,因来法属之摩尔士埠,时年仅十六耳。始君之南渡也,数日而逾星洲,既抵高浪雾,居留政府医生,忽下令不许登岸。羁留三十余日,盘费已罄,不得已仍折回星为苦力工,莫可言状。如是者四年,汗积百余金,乃回国省亲。未几复来星,与乃弟合资开设协兴隆,业麻袋,凡二三十年,溢巨万。逮民国十二年(1923),增创协振兴,仍业麻袋。君于商业外,又购地种树胶,颇为得利。品性率易,人己无所畛域。乐为人排难解纷,遇有相争相持者,得君一言,莫不立解。且爱人利物之心,凡求助于君者,莫不立应。如南洋华侨中学、星洲婴儿保育会、同安医院、厦门教育会俱各捐金一千。此外如道南学校、爱同学校、南洋女学校、光洋学校以及红十字会各处灾赈诸善事等,或千或百,无不前呼后应。历任福建会馆及南洋华侨中学、道南、爱同、南洋女学等校董事,同德书报社职员、同济医院总理。辛亥前,曾入同盟会于星洲,与张永福、陈楚南等,同时发起,对于团体之改革,奔走不遗余力,捐资达数千金,诚南洋之高士也。

18.(洪高兴) 洪君高兴,福建思明县草仔安乡人。父为厦门名商,年十二,从母兄南来新加坡。在新攻读英文,升入大学。毕业后,乃出任缎葛兄弟公司记席。凡两载,乃转任BI轮船副船主,航行于仰光、槟城、香港、日本等处。又一年,被聘为星洲华商银行掌柜职。继则南洋树乳公司也,振成丰树乳较也……均历任总司理。因营树胶业获大利,自开复成公司。未几,忽失利停办。乃就EA吧吧有限公司买办职,为该公司立善规,启利源,人多称之。性轻财重义,尤热心慈善事业。尝谓人曰,金钱为世界之流质物也。君现为振东学校正会长,该校一度演戏筹款,君首捐巨资焉。公立南洋女学校亦捐巨资,为副总理。此外如醒民公立学校、南洋补习学校、树胶公会、华里阁、华阳阁等,或为正副总理,或为重要董事。君不辞其劳瘁,其于各学校各社团各灾赈,尤多捐资,诚南洋慈善界杰也。

19.(李天来) 李君天来,福建晋江仙店乡人。年十三,南来新加坡,肄习商学于乃父之泉益商号。孜孜揣摩,旋擢为掌柜职,时年仅十五耳。十余年来,善于积贮信息,操赢制余,得以置产巨万,而设商栈于沙捞越矣。为人爱国而热心教育事业。尝与同志王世贞、郭福来、庄鼎贞、庄丕南等,发起创办南洋工商补习学校于新加坡,以为教育一般年长失学之工商侨人,前后输助捐款不下二千金。尤好群,知晋江邑众之宜有友助扶持,朋心合力之机关也,因与同志萧志来等十余人,发起而创办晋江会馆,慨捐千有余金,以为基本,会馆以立。至道南、爱同、培德、南洋女学校等,尤输助多资。他如晋江培德学校之题捐,惠给留学者之资斧,以及赐贫赈乏,敬寡恤孤之举,均乐为之。于是名望益著,允当众心,众因推之为晋江会馆财政员、南洋工商补习学校及诸校董事,洵足敬也。

20.(黄云沛) 黄君云沛，字照然，福建同安锦鲤人。七龄，随庶母南来新加坡，就学于教会学校及道南学校，后父命之帮理合发商业。越四载，乃邀同岳父汪振望及汪顺发、汪水藤等，合创仁成油厂，自经理其事。未几割让股友，而与岳父及黄文成、杨正忠等，合谋事业，集资再开裕美椰干茨粉号，自创办至今，凡九载矣。为人富于干才，素抱大同主义，于社会尤多提倡，曾被推为南卢学友会副总理。民国九年(1920)，华北水灾，中学经济困乏，及十一年(1922)潮汕之灾事，均与该会张建坛等同志，发起演剧筹款，以赈灾民而维教育，诚善举也。

21.(林作雨) 林君作雨，字淑恭，福建同安溪边保人。幼慧异，好读书。年十六，能文。初任簿书职于厦门庆祥香港郊三年，归同安任振隆号事，顾才气骏逸如君，终以家乡跼天蹐地，未易掌高蹠远为忧。爰与堂兄治平南来新加坡任书记于建隆兴号，甫四年，回国完婚，旋复重来。此来初任金裕美记席，嗣金德和聘之为总经理，在事勤慎，日虽百机，造次便了，东家倚之如干城。然终以依人作嫁，无由发展。未几，乃邀仝治平开张协隆源号，方一载，治平忽谢世，时嗣侄某，志有他图，以全业归君。二十年来，辛勤役役，靡懈经营，业遂丕振。为人有谋有猷，尤方正敢言。星洲社会，或有纠葛，经君短长，立付冰释。暇隙则观书阅报，搦管摛章，一触时事，遂藉报发挥。尤笃志教育，为义散财，星洲爱同学校之成立也，初发起之，继维持之，前后捐资，不下数千金。至中华女学校，幼稚园、道南学校、南洋华侨中学、同安教育会、同安救济捐，以及各处善团等，受君惠者，尤更仆难数。历任中华商会会董、爪亚公司总理、爱同学校、中华女学、幼稚园、华侨中学及各校董事云。

22.(王声世) 王君声世，又名安章，闽桃源之厚德乡人。年二十三岁，南渡，在吉隆埠经营矿业。凡数年，得大利，捆载归。性爱国顾种，知鸦片足以亡国灭种也，心深痛之。因与同志十数辈，组织一去毒社于其乡。君则栖栖皇皇为戒烟之运动，众共举之为干事长，成绩笃著。久之，又恐乡中遭兵匪不能安宁也，复创保安会于永春，又被举为会长。后该会改为县议会，又被举为议员，又商会之副会长。然是时之当局，争权夺利，竟置人民于不顾，地方大乱。不得已，匆匆携眷南避，顾君虽远离宗邦而履南土，然其一片爱国之心，仍时存焉。何以见之？见之于汇资回国，独办厚德学校；见之于乡籍创平粜局，与众募三千余金，汇回国。今君在星洲开有安记栈布匹号兼营国货，不杂外物，意在挽回利权也。其他商业，亦有多处，有合资公司者，有一已营业者，要皆腾腾发达。君昔为同盟会会员，永春会馆及鼎新学校亦尝为董事云。

23.(苏妈英) 苏君妈英，福建惠安苏坑人，七岁父故，为农作以奉母。未几，母又令终。乃决意远游，即走新加坡为建筑业，包办工程之居留政府，前后凡二十余年。以富有建筑学，名于新加坡沙捞越及芙蓉一带，人咸称为良工程师。其尤可志者，西历 1907 年，成新加坡大铁桥；1922 年，成新加坡海滨之战事纪念碑，开幕英储至，亲与握手，以道谢之。至沙捞越战事纪念碑以及各官署洋楼，犹不止数十百处，皆出其目营心匠。穷极工作，每一至落成，则均输焕一新焉。资性慷慨而好善，曾任新加坡南洋华侨中学及爱同学校董事，惠安公会会长云。

24.(李清垄) 李君清垄，字春波，福建同安城外西驿保乡人。年十八，南来新加坡佐父治锦利商业。父以君才堪大任，擢为司理职权。二十年来，该号已获赢数十万矣。民国九年(1920)，又与同志合股开张成利米郊及锦成九八土产号。性爱国，尤热心社会，于家乡灾难，辄输巨资。同安之救济，捐助资三百。同安南洋公立学校，数年来，积捐至千金。至星洲爱同学校、兴亚学校、道南学校以及各商团灾赈等，亦多捐资焉。

25.(叶玉桑) 叶君玉桑，字雪亭，福建同安南门外溪边乡人。于弱冠之年，南至新加坡。初任合春号簿书职。越年，升总司理。凡七载，为陈嘉庚所闻名，延置之日新号司理席，又八载。终以傍人门户为不自由，遂出自开大山、大川二黄梨场。迨西历 1914 年，复与陈嘉庚君合资，将其宿创之日新、日春、恒新、新利川等号，并归日新为合股公司。乃 1919 年，陈君忽抽股脱离关系。君于是再邀同陈水蚌、张两端、杨六使三君入股。就日新公司备资本，开振成丰树胶号，购置三较机造胶，运送美国等处发卖。云集万商，寻趁雄厚。南洋巨商名贾，咸企羡之焉。君既富矣，益㧑谦恬退。内而六亲股友，外而社会团体，待接赤诚，礼遇丰渥。惟辛亥团体之改革，则认为天经地义，与同志盟后，对于除满倒袁民国回粤诸役，力为运动。赞助第三次革命，躬为劝捐员，除自捐数千金外，复募侨众六七万金，汇云南民军司令部为糈饷。时星洲同志，以敬是园为革命机关，君适为总理。君于民国七年(1918),与三数同志,倡办南洋中学校于星洲,至星洲书报社、同德书报社,君亦为发起之最早者。星洲各校,如道南、南洋、爱国、中华、工商等校,皆以千百为输助者,各学校各团体捐之资董其事者,至难记载。君实既至,名亦归焉。我政府曾赐之以六等嘉禾章,海内外显达名人,以词章翰墨为题赠者,其类尤蕃云。

26.(陈海松) 陈君海松,字大森,福建金门岛籍……西历1893年,生于新加坡。少警拔有识,中英文并皆精通,毕业于密多利亚英校后即创开新茂林板厂。旋又辟丰壤五百余亩,从事树胶之垦艺。十余年来,已富埒陶白程罗矣。性廉洁,不喜饰,非钓名违道干誉,顾豪爽慷慨,好为慈善教育事业。历董枋木公会,丹绒禺学校亦躬任总理,并题捐一千五百金,以为经费。禾山学校亦慨助五百金,以为基金。他如南洋女学校、南华女学校及星洲各校各善团,亦多输资。年三旬余,所为事业已如此,前程远大,实不可限量矣。

27.(张崇崧) 张君崇崧,字子岳,闽南靖人,为已故殷商善庆君长子。十四岁,来新加坡佐父治商,弱冠后一年涉东印度之泗水埠,与其戚炎开、煜开等,共创设远记商号于泗,该号买卖糖米为大宗,每年出入,尝千万金。民八之年,复在新开元记号交易大宗树胶,航业尤多扩充,置轮船多艘,行驶各岛。为人好义如其父,星洲之南洋中学校之初筹办也,捐金数百,众举为校董事。星之南洋女学校亦多所捐金,众举为董事,一度为副总理。中华女学校曾任财政。中华商务总会亦捐多金,亦任会董。又潮汕水灾,亦捐千金。其他坡内外学校及诸团体,捐资颇多。然君沉默,善尝自隐。亚洲保险公司之成立,乃君邀同志所发起。君现为董团中主席,岁计所入,颇为不赀。为华侨挽回利权,亦足多也。

28.(王文选) 王君文选,字昭明,福建同安珩山乡人。读书八载,能文。年十六,适父殁,所遗合成米店业乏人料理。既数年,值乡中疫气流行,君乃离家南避,始到星洲。道南学校聘之为司事。未几,转任谦益米郊树胶厂等司理,以俭约积资,与薛中华、苏妈英、吴清诰、林箕当等,合资开大东树胶较公司,初赢后亏,五年停业。继与甘清泗开设实力树胶较公司,年余,甘忽谢世,又停业。复与陈廷献合股作志成,仍业胶较。未几,让业与陈,自开瑞芳号许多年。坎坷淹滞,起踬无常。至是始伸其志,飞鹏千里矣。为人秉心公亮,尝为商众谋利益。知南洋出产惟树胶最大宗,星洲尤为商贾辐辏之区,树胶交易,万不可无统系机关,爰与陈延谦、陈清锐等,共发起树胶公会。此会成立以来,有益胶业家不少。君一身数役,商隙则致力于国事社会,星洲之同盟会、同德书报社及道南、工商、爱同等学校,均捐资与事。若夫排难解纷,恤资济困,尤视能力所能及者为之,亦星中一名誉人也。

29.(陈鸿鹰) 陈君鸿鹰,字宾燕,福建永春东关乡人。十八岁往德化县,佣于某商号,任簿书职。然鸾凤枳枝,终非所愿栖。才数月,辞去之。而同兄兴南渡日里,始在某烟园服役。俄游民里,俄纳武汉,俄又游棉兰、吉隆坡、槟榔屿,到处历任商号,非书记即买卖手,糊口而已,非良遇也。最后星洲瑞丰盛船局东林推迁君,稔知君才,聘为司理,凡三年。而君终以篱下寄人为茕茕,既而辞职,与族侄某开东关公司,营业纯大宗土产杂货,兼营九八,尤为外埠所信托,每日出入巨万。君襟素柔直,爱国如家。对于设教育才之事,极为专心致志。星洲南华女校及爱同学校,君均为发起者之一,爱同之谋建设校舍也,君尤力为奔走运动以成之。该二校及鼎新、振东等校,同德阅书报社皆为董事,施济之事力所能及,无亲疏,一也。

30.(张金荣) 张君金荣,字晋国,福建南安东房乡人。幼失怙恃,依其祖父母以成立,随其叔父,客新加坡。先是,其叔固开有新万隆商号。君到,即在该号练习商事。既三四年,始游槟城,未几,归国,又三四年,重南来峇株巴辖,任某硕莪厂工作。年余弃去之。自备微本,入山巴寻蕃人,收买藤条。土蕃所处地皆危险,君不避虎狼疠瘴,以逐什一,自非富有冒险性者,曷敢履此,时君年方十八耳。君在辖颇多建树,顾为时运所抑轧,终不能吐气扬眉。既而返星,初亦甚侘傺困屈。最后与友共开源春公司渐获利,友适有所他图,咸让君业,自尔益不受羁轭,而可自由发展矣。性刚强爽直,一生不说软话。然亦人格及动作能履实,有以副之。年将及四旬,居尝追悔先时举动,多乖未当,故所谋事业尝失败云云。盖觉悟语也。年来志在为善,星洲书报社、幼稚园、嘉东育才学校、爱同学校、行余励志社、通俗白话剧团、厦门青年会学校、星洲工商补习学校、南安会馆、南安进化学校、南安诗山思明学校、潮汕水灾、祖国诸灾赈,要无不捐资以促其成焉，亦奇人也。

31.（王信辉） 王君信辉，字云峰，福建永春蓬壶乡人。读书十载，能诗文。年二十六，南来至新加坡图为商。既至，乏资本，事不能举，因为书佣于某店，宾主甚相得。然抱负素高，志在独立，乃将历年之俭积金，自开设民生栈，及今凡十余载。入利既多，乃扩充他业，并及种植，置橡树园百亩于昔加密地方。文律亦有板柴业，号森林。家资已极丰赡矣。性喜急人之急，救人之危。屡捐资助学校及中外灾赈，尝任星洲永春会馆、实业学校及各校董事，福和亦为总理云。

32.（郭梅生） 郭君梅生，字梅南，世居福建惠安县北门。弱冠偕友南渡，佣星洲万隆索类店。初为杂工，嗣为经理。薪金红利，年赢颇巨。凡一二十年，孜孜兀兀，为该店立宏远规模，其忠荩真足多也。君既度自力足以建树，乃辞去万隆职，与友人某共开张益隆号贸易，仍以油索类为大宗，销流至广。会计尝盈，殖产巨万。君胸怀宽大，待人接物，蔼蔼宜人。惠人侨星者，素涣散，无互助心。君忧之，与邑人许济侯、苏妈英、何衍品、黄永祺、谢荣西、许吉成等，倡设惠安联合会并附设学校于其中。四出劝募，得二万余金为基本，该会遂成立。惠侨近来之能知敦睦联谊者，君之力实多。外此福建会馆、工商补习学校及各学校，皆有捐资，而济困扶危，亦随量行之云。

33.（黄廷福） 黄君廷福，福建同安县石尾乡人。生于荷属廖内，读书六载。从父至新加坡，转学于英华学校。未几，以父年老力衰，黄成茂商业，正乏佐治。于是弃学而治商矣，时年甫十六耳。越八年，遭父丧，以父无遗，竭诚奋勇，立志商战，于九八货一途，尤扩而充之。十数年来，溢息亿万计矣。民国六年（1917），复与东兴号诸同志合股，增设和成兴米郊。至新成茂之树胶较，乃陈煦士、陈春源、黄深沪等所创，君亦认巨股。半生碌碌，至是始告厥成功。为人守正持重，爱人喜施。星洲各学校之得君资助者，有爱同、道南、华侨中学等，犹有可纪者，婴儿保育会、潮汕水灾、各处灾祲及社会公益，概无不量力捐助。

34.（蒋德九） 蒋君德九，字丽谋，福建同安澳头乡人。年十五，随叔南渡新加坡，为德丰号记室。旋游苏门答腊、巴东辖之光务埠，蔡菜叶君聘之为记室。越年，重返星洲，就职于益春、协德两商号。凡三年回国，与王女士结婚。旋复来星,此来与其父共启复兴号,君自理其事,又三载,以事往游三巴垄,期年归,与林义顺、陈楚南等,合资垦辟树胶园于三巴渡,该园面积至八千余吉之巨大。一部种黄梨,自设厂制造,运销欧美洲。至民国八年(1919),以事让股于友,自开蒋德成号。时槟榔屿、三巴垄等处商店,多来交易。复创德美黄梨厂于柔佛新山,甫欲发展,适土价降价,遂被影响。无奈于民国十年(1921)各业相继收盘,今仅从事于树胶之种植,顾天纵多能,商术弥精,益以名行修励,古道立身。虽半生起踬不常,老来终享厚福,年来盈息之骤,富有万钟。君为辛亥前同盟会会员,我国革命数次,输资不少,孙、汪等革命巨子,均与友善,褒章颂词见赠,为类甚蕃,捐资于教育及慈善事业尤夥。星洲爱同学校助千金,南洋华侨中学助五百金,中华女学校、通德学校、马巷启智学校及各处灾赈,捐助甚多。尤著者,澳头培基学校以经济缺乏,故停办多时,君继办之。前后凡输四五千金,亦甚巨矣。综计君平生爱国兴学,慷慨输金,华侨中可钦者也。

35.(陈四美) 陈君四美,字清标,福建思明县禾山乡人,廷梧翁之第四哲嗣也,西历1887年正月二十五号,生于新加坡。十六岁,毕业于礼佛学校,旋任丰裕轮船记席。十九岁,为丰远轮船总巡,二十一岁升为船主。二十六岁始至新加坡经商,启号永美,获息甚巨。越年,又创永美树乳火较,按星洲之为火较最先者,一荣业,其次君也。今则仿此而经营者众矣。君于此较而外,又启和美号专营建筑料椰干等,营业亦盛。又买树乳园百余衣吉于星洲,至是称殷富矣。生性急公好义,星洲各校、各善团以及各处灾赈等,均捐以巨资焉。历任怡和轩财政员,又为倚南亭总司理。至中华总商会及伟其里会、中华俱乐部等,均为会员,现年四旬余,正鼎盛有为时也。

36.(张成昆) 张君炎,字成昆,福建晋江十都之潘经塘边乡人。六岁就读,共七载。乃转学建筑,八年而精其术。时年二十二,因走南洋新加坡,专包工程于居留政府。凡二十九载,为英政府所深信,凡政府有何项工程,均许承办。其尤可记者,如星海山街大洋楼,乃西历1921年成立者。星梧槽地方之陈笃生大医院,乃西历1922年成立者。星皇家山脚地方之二马加兰大土库及巴西班章地方之章任泉大洋楼等,乃西历1925年成立者,皆君所建筑者也。君固仁者也,最热心于社会及公益,星振东学校受惠二百金，晋江会馆受惠一千金，红毛桥佛宫之修葺，亦受惠五百金。众以君好善为可敬，星洲各团体，曾举君为名誉会长或总理云。

37.（庄锦发） 庄君锦发，字伯珩，世居于福建福清之江阴乡，幼就学于乡，后以家贫辍学。未冠，南来新加坡，初为佣工，继任救火局工员。未几，改任新怡隆洋货号外务职。期月，该号改为新瑞隆制箱厂，因升为总司理。君因擅长商术，为该箱厂，颇多擘划。松林火锯公司闻君贤，亦聘为助理员。至西历1918年，该公司改为新松林火锯公司，君乃与林义顺、周祺豆、殷雪村、黄兆珪、林顺美、陈深水、邹毓贤等合资经营之，又入股于联合公司，亦火锯业也，今则以素封闻矣。君既富有，喜济困助贫，于社会为尤力。星洲培青学校之建筑校舍也，曾捐巨金。历任该校名誉总理。福清会馆曾为董事，中华总商会为会员，基督教教友云。

38.（郑泰裕） 郑君泰裕，字世垂，福建永春县之羌连坑人。年十三，弃读经商，凡二年，稍得息。终以不能人展骥足为忧，因循海南来，抵新加坡，为郑君所拔识，任以新万源号总司理。在事精勤，东主深倚重之，凡十二载。以亲老归国省视，逾年复至星洲与同志郑烈君合资，开设泉泰隆商号。

39.（陈文烈） 陈君文烈，福建同安县禾山人。西历1878年，生于马来半岛之新加坡，卒业于星洲礼拜大学之第六号位，名列第二。弃书后，即业商。凡数年，改任缎士密洋行大书记四年余。时段西越洋行司理闻君贤且能，求君就其大记席。君固辞不获，任之，几已十年。终以自创商业为前途，复发根本辞之。而自创陈烈成号，营大宗藤业，乃运往各国发售，约八载，溢利无算。后以各商寄货，均喜以陈文烈三字以冠之。君以为然。故于民国十二年（1923），将陈烈成号改为陈文烈有限公司，盖从各商意也。年来其营业之进步，已鹏飞千里矣。除此号外，又曾附股于法国之 Societe Lorraine do Roting files Se Have 及星洲林和昌有限公司。该公司兼任其为董事，此外如亚细亚有限制酒公司亦为股东之一。

40.（颜宗敏） 颜君宗敏，福建思明人。西历1880年生于南洋英领之新加坡。幼肄业于礼佛英文学校。与同志合资共创庆兴公司，专营树胶土产业，自为股东兼经理，今已历九载，其营业之发达，大有鹏抟万里之势。性高洁，一生无嗜好，复沉毅寡言。言必有伦有脊有秩有序，人以是乃益重其品格。其对于社会慈善公益事业，则有求必应，莫不慷慨输将。南洋华侨中学校、南洋工商补习学校、道南学校均捐巨资。他如婴儿保育会、星洲幼稚园及日本水灾、各处灾赈、学校善团等，均各捐数百金以为助，如君者诚可风矣。

41.（萧志来） 萧君志来，福建晋江水门吾保乡人。幼贫，读书三年，便弃而学贾。年十七，遭父丧。家计益窘，遂转学为圬镘业。然度生活而已，无蓄积也。年二十八，乃只身南适新加坡从事于建筑之工作，信用一著，名望渐孚。遂得与当地政府及坡中大商家，包办建筑公署房屋等。二十余年来，从君手造之洋楼，不下几百处，以次获盈，数达巨万。自置屋业，亦达十余间。更于民国十一年（1922），与陈清祥等十八同志，合资开联合板锯厂二处，会计尤多赢。为人谦和宜人，慷慨任气。于国家则同欲济事，于乡党则友助扶持。星洲之有晋江会馆，乃君与庄乔木、李天来及二十余乡侨所创始，经众举君为总理。后人心益倾向，馆务益发达。建筑馆舍之议案通过，慷然捐基金四千。尤弘振国学，陶冶童蒙，输资于振东学校、南洋工商补习学校、中国女学校、婴儿保育会及各学校等，或千或百，略不少吝焉，侨南士君子，以是钦之。

42.（邱国珍） 邱君国珍，字思修，闽海澄县新安乡人。父德道，为日里著名侨商。君于西历 1873 年 8 月 5 日，生于槟城。年十四，受父令，如日里之笼葛埠，任亚片公司掌柜。越八年，始辞职。而任乃父所创之德记、德兴等十余号之总管，凡十余载。因父逝世，乃收盘焉。嗣其堂弟邱清德，知其品学兼优，乃聘为江栈号外务职，计十余载，不忝其职，乃擢升至万德盛盐公司总司事。前后七载，溢息甚巨。迨该公司期满收盘，乃与清德君合资，共创联珍公司于新加坡，营九八及盐业，皇皇发展，真有可惊。今和丰、华商二银行，均入巨股矣。心存恤人，尝捐有余，以补不足。曾两任同济医院总理，历任爱同学校协理员，对于医院、学校及一切灾赈诸善举，赞助颇多。曾见爱同学校与清德君合捐千金。此外如崇德学校、道南学校、南洋工商补习学校，均认特别捐，或月捐，以维持之，亦南洋善士也。

43.（吴继辇） 吴君继辇，字瑚珊，福建思明县金门岛人，年十四，因叔出洋，乃随之行。既至新加坡，在英文学校研习英文。后习商于捷兴商号，该号为君之姑丈所设。君于商务，均翼翼小心，日虽千绪万端，罔有遗漏。故为君之姑丈之倚重，遂任之以总司理，十余年间，获利无算，君以结婚回里。事毕，乃复南来。此次与其姑丈大汪君合资，开设怡茂号，营米鱼杂货、树胶、胡椒等业。君为股东兼司理，凡十九载，获息百余万。民国九年(1920)，又与同志邱思永、郑姑悦等合资，创益成号于叻之中街，营九八树乳鱼米业。又与开怡利号，认巨股于华侨银行，荷属槟港俱有怡茂分号，及置屋宇胡椒园，今则事业以成，令闻以昭矣。君既富有，知宽惠以德乃仁者之所有事，故凡以慈善事业告者，无不立应。华侨中学校初办，曾捐五百金，爱同学校捐一千金，道南学校捐五百金。此外如南洋工商补习学校及其他各校及诸善团，受助尤多。各处灾赈，祖国光复，输资亦巨。盖君为同盟会之健者也。

44.(李道泽) 李君道泽，字浩然，福建永春达埔乡人。中年，南渡新加坡，居星洲才一载，即与林隆江、李祖丰等君共创南春公司，时在甲寅(民国三年，1914)四月。营业以设厂置较机，制造树胶及代邻埠商店买卖土产庶货等。交易有常，出入至巨。迨戊午年(民国七年，1918)正月中，有抽股者，遂再招李俊承加入，已而谋得事成，所业蒸蒸日上。天性温良，不以富贵骄人。复爱国兴学，籍乡达新学校以困于经费致停办，君与其公子铁民出谋发虑，继中兴之，年捐二百金。至于星中各校，捐资与事者，如嘉东育才学校，如爱同学校等，在在踊跃资助不已云。

45.(庄倍仲) 庄君倍仲，福建福清县之沙塘人。幼贫务农，年将冠，以乡友邀，乃遵海而南。既抵新加坡，即在英人商店，研究造饼工艺，凡十载。勤谨所事，为英人所敬重。该号非他，乃星洲著名之域多利亚也。君业此，于今二十六年矣。君为天主教信徒，对于教规，遵守颇笃。君捐资于新加坡培青学校五百金，该校举为名誉总理。福清会馆亦举会董，各社团相继举为名誉总理者尤多。

46.(董光纯) 董君光纯，福建金门人。弱冠后，来新加坡操建筑业，颜其号曰金永和，三十载于兹矣。民国八年(1919)，又与同志黄文顺合资，开设永茂及金茂兴二号，均以营土产九八业。至永茂树胶公司，华侨、华商二银行，均列名股东。树胶园及一切不动产亦多建置。致富之骤，颇为神速。对于国事社会，耿耿热血。曾入同盟会，与诸同志勠力于革命事业。清祚既废，袁氏窃国，誓扫荡仇耻，与同志合智并力，助云南起义军饷千金。各处义军，亦多辅助。因知立国之要，在于兴教树化。故于教育事业，捐资提倡，不遗余力。至施贷周急，推食解衣之事，君以为细事，不注意，故略之。君为中华总商会会员、金门会馆董事、怡和轩会友、倚南亭总理，云南唐督以其功，亦赠徽章云。

47.（王海水） 王君海水，字台云，闽南安二十八都象运金柄乡人。幼在乡就读，以家贫弃学。年十九，受父兄命南来新加坡。父固星洲名贾，开设瑞德号，因依之习商，既精于懋迁术，父遂付以专权，业愈扩张。复与同志启益安米号。越数年，同志皆让业，君乃自经营之。因又与李文泉、王明泉、李超龙、王嘉禄、陈聘三、陈祥珍等，合启瑞和饼干公司。自亦开垦树胶园三百余亩于新山及新加坡等处，遂以素封闻。生性好善，又能力行。星洲南安会馆会董、南明学校董事、嘉东育才学校董事。各处善举校捐，输将亦多，为同盟会会员，对于国事，多所奔走，亦爱国份子也。

48.（薛金练） 薛君金练，字浩然，闽南安之潘山人。三岁丧父，至可怜也。母蔡氏育之。及长，就学后，与堂兄南渡新加坡任事于长茂常号。越三年，该当业以期满收歇，而君则转任某估衣铺总司理，前后九载，能商之名以成。时积蓄颇富，乃启金生、金瑄号于叻之大马路。九年之间，会计皆赢。为人急公好义，于社会尤为热心。南安会馆为董事、南明学校为校董。至举君为名誉会长者尤众，会馆募基金，曾捐二百金，南明学校募经费，亦捐巨资。此外各学校之以经费困难求助于君者，无不量力捐助，为同德书报社社员，素为人钦敬。

49.（林戊午） 林君戊午，福建思明人，为鼎玉翁之亢宗子。兄弟凡六，君居第四。幼聪明好学，寒窗攻苦者凡八载，毕读四子六经。年十七，即南渡新加坡开设美南号经营商业，贸易极巨，垂今近二十年矣。数年前，又分号于荷属，获资尤巨。君品性清静贞正，乐善好施，未曾以富贵骄人，谦谦之君子也。于排难恤孤之举，尤多焉。星洲之同济医院为平民而设，君独捐多资，历任该院总理。星洲幼稚园亦为发起之一，并捐千金。若爱同，若兴亚，若南洋华侨中学、道南工商诸学校，则各捐资以为董事。至于救灾抚邻，以及输资于社会公益者，颇难枚举，亦南洋华侨中之慈善家也。

50.(林立宗) 林君本,字立宗,号道生,福建永春大卿乡人,为新加坡殷商林隆江君肖子。雅性豪爽,文辞可观。年十六,随父商于新加坡,以善贾被聘为同成兴号司事。凡七年,乃改任南春树胶公司司理。十余年来,穷日之力,日事奋斗,为公司开利源,增声价。更与同志李俊承、周献瑞、蔡宝泉、李道泽等,合资组织南春树胶制造厂股东团,亦共推君司理其事。又集股经营树胶巨园于柔佛之吗咯,开设春成商业于柔佛之埔来港。众以君少年乐善,因举之为永春会馆董事、嘉东浚源学校董事,为同德书报社社员、星洲诸团体及国内外慈善教育灾赈等,亦尝捐资而参事。

51.(杨万庆) 杨君万庆,字国贤,福建漳州龙溪石马东山乡人。年十三,随兄南渡至星洲。日则就学于英校,夜则攻读汉文。四年间,中西文字,造诣均深,且能属文。年十七,弃书而就航业,航行于中国沿海各大商埠。时盖任万兴轮船主也,凡八载。乃启绵和有限公司于新加坡,为主席凡三十年,营业颇为发达。外此若东方矿务有限公司也主席之,利兴机厂也主席之,门那汉土煤矿业有限公司主席之。

52.(梦观上人) 梦观上人,号如是,生长于闽之莆邑。年二十二,遂决然皈依三宝,依莆之近天寺为僧。翌年,转广化寺,得具足戒缁衲。遂周游浙东,谒南海普陀并四大名山。访搜师傅,研究经典,梵行精修,东南诸名寺,争延主席。历任闽垣法海寺、延郡慈林寺住持。时年已三十矣。南渡后任星洲天福宫、槟城天公坛、观音寺、广福宫诸忏悔事务。立规章,举百废,海外禅风,为之一振。素好游山水,名胜之区,多其履迹。由是兼精眼科,并奇难症医法。医不受费,愈不受谢,佛门以慈悲为本,方便为门,若上人者,良不愧为佛门弟子矣。

53.(沈飞龙) 沈君飞龙,字德良。壮岁旅南洋英属之新加坡,以洒削造金之艺精。到新后,遂创制造金银器物为生。启号金建昌,入利颇丰。为人娴于辞令,张永福君曾介绍之任振武戒烟社演说员,每一开讲,听者千百人,无不动容鼓掌,真有希腊金冠演说之价值。甲午(光绪二十年,1894)以还,知满人腐败无用,非根本解决,无以图存。时恰孙、黄、汪、宋诸人倡革命,遂在星洲暗结同志,到处鼓吹革命。适康梁之徒,方倡保皇机关于星洲。革命之运动,颇生阻力。而君百折不回,猛勇直进,终能压倒康党。当清光绪暴卒,保党人在叻开追悼会,君邀同志大开宴饮,几与保党大冲突。辛亥光复,除竭力鼓吹侨界输财助饷外,自亦捐巨金为助云。

54.(陈武烈) 陈君武烈,籍闽海澄。生于星洲,父纯道,星中名商,祖金钟,官暹官英。在南洋华侨中,最为隆望。君性温婉,无圭角气,童蒙就外傅,先攻汉文,嗣读英文,两娴熟之。好栽培人才,星洲机关如崇文、崇正、崇本、道南诸学校,皆曾为学董,并捐巨资。君慷慨挥霍,好交游士类伟人。辛亥前一二年,孙逸仙、汪精卫等南来过新,尝寓其家,待之尤厚。君实至名归,英政府赠三洲府海峡殖民地太平局绅,暹国王以其祖父有功,亦欲畀君以位。君力辞弗受。

55.(张来喜) 张君来喜,字景廉,闽之澄海南片埠乡人。二十余岁渡海,旅星洲营商业。年二十二,入同盟会。愤清政之日非,惧神州之及溺,奋不顾身,与同志林义顺君携《革命先锋》三千余册,入潮州运动朋侪,起义于黄冈,占其城邑。黄冈当闽粤要冲,城既危殆,闽粤满吏,并以兵攻党人,血战旬余,以众寡悬殊,死伤甚夥。功虽未就,而大义已可千古而不磨。至今姑嫂桥边,莲花山麓,缅怀遗迹者,莫不扼腕欷歔,而不知身与其事如君者,犹徘徊北望,叹民族主义,虽达素志,而民权沦没,光大正未知何时也。黄冈之役,既不得志,君乃逃亡香港,同志余记成,为香督扣留。君与张永福、冯自由、林义顺等设法谋救,待以国事犯判释,遂返星洲重理旧业。广州、钦廉、武汉讨袁诸役,身虽羁旅南荒,而指囷助饷,国民等捐,无不竭尽其力。今君年近知命,为美森黄梨制造公司之东人,以其商余时,任南洋女校、同德书报社、星洲幼稚园诸董事,乐善广交,诚笃不苟云。

56.(陈东岭) 陈君东岭,字秀松,祖籍闽思明县。君自幼居于星洲,年既二十九,揣摩既精,商术亦富,乃投资以营瓷器,享大利。然自奉俭约,蔬食敝衣,安之若素。至于仁民惠物之事,动捐巨帑,不稍靳惜。观其祖国灾祲,辛亥光复等输将,及华侨诸商举,不为君所发起,便为君所赞成,益可知矣。已而遐迩同誉,众遂推为崇正学校总理,及崇本女校总理、中华女学校协理、南洋华侨中学校协理。若福建会馆协理及顺天宫正总理二席,在他人居之,固多陨越而生嫌疑。君乃矜而不争,群而不党。凡事俱归纳于正轨,夫谁不敬服耶。

57.(蔡木豆) 蔡君木豆,福建海澄下仓社人。幼随父客新加坡学商于合茂店,凡三四年,竟为某洋行所聘,又供工头职,十余年而始出,自创大中信局,南洋所称信局者,系受理华侨信托书信银代寄祖国者。信用广而往来速,顾客多,利无穷焉。该信局开办三年,信用大著,日见发达。君天性爱人利物,于教育尤素所关心。籍乡下仓人口万数,久不设学校。子弟闲废,势如瞽者。君虑而谋诸蔡君新义等,遂组织崇仁学校焉。该校现在生徒已达三四百人,君首终输资数千元,众以经济关系,因举君总理财政。尤有可纪者,数年前,内地水灾,同时告七省。君除自捐数百金外,复四出奔走,各处劝捐,将款交薛中华君代汇灾区。其振兴教育、嘉惠难民,有如此者。君为辛亥革命之同盟分子,国体变更之际,曾助资焉。

58.(留鸿石) 留君鸿石,闽之同安人。年二十三,只身南渡新加坡寄迹友人处。亡何,万兴号东奇其品德容貌,聘为万兴经理。未数年,而股东方面以资本问题,竟歇业焉。时幸稍有薄积,乃与林推迁君合资开张瑞盛号,规模颇大,买卖亦宏。又八九年,市面经济大恐慌,横遭牵累,无奈收盘。年四十二,得友助,再启汇通号,专以接兑土产及代邻埠购办货物。十余年来,事业之隆盛,真有一日千里之势也。君素爱国,甲午(光绪二十年,1894)以还,会内地孙中山、黄克强、宋教仁等南来大倡革命,遂与同志欢迎之。未几同盟会成立,闽侨方面入会者,初仅四人,君其一也。君既入会,每在张永福君晚晴园讨论办法,佥谓入手宜借力于文字之鼓吹。适《革命先锋》《新广东》《浙江潮》《鹃声》《民报》等书先后邮来,君遂与同志互相捐资,以次翻印散播四处。复创《总汇报》于星洲为党人机关,乃该报主笔理事等。志道不同,遂使党宣布退股,另组《中兴日报》,聘汪精卫、胡汉民、田桐、居正、陶成章诸革命家主笔。其间言论既正,全侨感动。但值河口革军新败,党人逋逃来叻者,均聚集《中兴报》。《中兴报》财政固乏,增此巨费,殊不能堪。君于是与同志醵资以供其刍米房赁,匪值此也。辛亥元旦,广州新军反正,3 月 29 日黄克强等攻广州督署,8 月武汉起兵,全国光复诸役,君靡不与事捐金。至闽光复倡保安捐于新中,凡筹二万元,亦君奔走力也。大功告成,一若不知曾与其事者然,虽经大总统、督军等旌奖状章,不以为荣也。君素乐培植后进,居闲尝曰:“欲国家富且强也,必国民多数具有道德技能。然欲致是,舍教育未由其道也。”已而星洲道南、爱同二学校，除捐巨金外，年费又各捐百八十元。他如崇福、崇文、南洋女学校等，亦各有捐题。此但指教育言。至祖国诸灾，南洋诸慈善团体之输将，以周贫恤困，扶颠持危，亦无不各尽其力，与众共成。总上以观，其爱国家急公义如此，华侨中所见罕矣。

59.（丘品三） 丘君品三，福建晋江人。二十九岁，南来槟榔屿任万宜美、万联美二商店书记。清末携眷回梓，旋只身再出。此来任石助马如轮船司理，亦一度任司马师、周秦等轮船之司理。该二船系川行慕娘、仙子港、沙捞越等处者，于君颇多营利。民国五年（1916），在星洲募股开张振协丰土产郊，约二年。诸股友忽生意见，乃自开张振秦酒业，获利尤巨。为人慷慨和煦，乐成人美，有困穷者，周济之。相争者，排解之。不得职业者，荐拔之。于叻故得和事佬称。英文粗识，中文善尺牍。辛亥改革之役，奔走募资，以助民军忙甚，亦有功于国之一也。现更任星洲爱同学校协理，星洲、福州、福华杂货公司正总理，商会会员云。

60.（石学能） 石君学能，字智远，闽思明禾山坡美社人，廷挺翁之长子也。翁为星洲米商，曾一任万福兴号司理。以是生君于新也。幼入崇工学校肄业凡七年。毕业，即与同志车蚵螺、沈俊记合启成昌锯木公司股东团。以君才华超卓，共推为总司理。因君善贾，故历年营业，大进不已。今且为星洲巨号矣。性爱国，前曾入同盟会于星洲，深以满清政治非即根本改造而实行革命不可。故我国数次革命，君虽未能回国从军，然输饷不遗余力焉。尤热心社会公益，星洲之南洋工商补习学校除认年捐外，又与车君合捐五百金，神道学校亦与友合捐二百元。至于英国医院所助尤巨。君为同德书报社社员，以文俱乐部司理云。

61.（林祈祝） 林君祈祝，福建长泰人。父长顺，为新加坡丹绒巴葛工团总巡，母汪氏因生君于是焉。毕业于英华书院，出任某洋行簿书五年，从事建筑工程，包办事业，垂二十余年，以直谅著名于时。自开林祈祝牙行公司，交易树胶锡米等股票。又有附股于华侨保险有限公司。居留政府以君望重，因于西历 1923 年，推之为议政局员，星洲华侨亦举之为中南学校名誉总理，工商、华中、爱同、道南诸学校董事，林氏宗祠总理。祖国文化事业，极热心提倡及奔走云。

62.（黄添福） 黄君添福，字枫福，先世居福建同安埔仔乡。父商于星洲,设肆万隆。生君于新,时在西历1889年旧历九月初十日。至十一岁,在万隆号习学商业。君固明目达聪,见微知著者。故居店不十年,遂任司理。时其弟某亦晓事而能干,君以连气同枝,权利宜无问题,爰以全权让弟。自出设号瑞隆,贸易中外各样烟枝,兼诸企业,家资渐以丰赡。赋性伉直,合群爱国,特具热忱,与族人发起星洲江夏堂,捐银千二百金。历任该堂职董。对于各学校,亦多捐资,福华杂货公司推为正总理云。

63.(苏守厅) 苏君守厅,福建同安苏厝鲎壳坑人。年十五,辍学南渡新加坡,为父佐业。凡四五年,循循述职。嗣自开万和土产杂货号于彭亨之关丹,颇得厚利。因进而购置椰园及诸不动产业,遂以富闻。赋性敦厚,交友温颜逊辞,尤能品格自持,诚实待人,是以高士名流咸归之。复急公好义,关丹多闽侨而无会馆,乡情梓谊,以是隔阂,君忧之,因集同志而倡办之。是谓福建会馆成立以来,历任庶务会董。若商办学校、中华总商会、华侨学校亦均列名为发起,历任董事员。至捐教育,赈灾黎,助医院,惠贫穷,在在竭力以图,踊跃以趋,亦南洋慈善者之一也。

64.(林深泽) 林君深泽,字永远,福建南安柯内人也。父县城,游新加坡,以西历1879年冬生君于是焉。毕业礼佛大学,历 Hillty & Co 簿书、掌柜、收赈等职,后受父命出任成丰公司簿书。未几升总司理,凡十余年,卒得集资开鼎盛兴商号。凡四年,折股出,而自设新德春,营九八粮食,并包办兵营。先颇溢利,嗣以欧战事起,各货飞涨,影响所及,蚀资至三四万。故不获已,又歇业焉。已而理万丰有限公司事,继则开张丰春商号。三年来,其业既振,乃相继开办分栈于吉隆坡、巴都巴辖、占碑、英德其里等处,及扩充其鱼米杂货土产。历被举为凤山寺受托员、九龙堂总理、南安会馆会董、龙德会受托员。于南明、道南、爱同、工商诸校及社会慈善事业,尤多解囊资助之云。

65.(黄奕根) 黄君奕根,福建南安埔头社人。幼贫,年十七,奋然南来新加坡,未几,开福龙号,年结皆盈,遂渐兴办多业。惜皆折阅,最后与黄贞石、黄则建等,开建源兴酒业号于小坡二马路,乃得志焉。曾由建源公司捐资于黄氏江夏堂五百金,又捐南安会馆巨金,曾入同盟会,系郑聘廷君所介绍,并任江夏堂正司理云。

66.(卓亚文) 卓君亚文,又名文荣,祖籍福建南安二十八都芸头乡。

父业商，为乡中强豪所欺，乃徙居南洋新加坡，因生君于是焉。君少学于英文学校。未几，父鹤化，乃弃书就工职于英商之刺都剌暗板厂，凡十二年。卒以当事某英人谢世，因改就万山征税员。又九年，被聘为某榷税公司收账员，又六年。入亚片公司为掌柜，已而以俭蓄资，开张文荣商号于新山埠，经营食物、屋料、石山等巨业。……至公益慈善事业，尤力提倡举办。新山宽柔学校之建校，捐特别捐，前后凡输数万金。又与同志共倡华侨公所并捐巨金，新加坡之礼佛大学校捐一万金，南安会馆一千金，汕头水灾一千金。此外居銮、华培二校捐以及各处医院慈善教育捐也，或千或百，多不可胜纪。英政府以其资望素孚，畀以议政局议员职。1920 年，当地政府特奏英皇，赐以宝星焉。历任新山宽柔学校总理，新加坡南安公馆等董事云。

67.（颜长贵） 颜君长贵，闽海澄县人。字珩祥，为星洲名商永成君之季子也。生长于星洲，考英文颇渊博。性豪爽有义气，交游多诚厚，天性纯孝，父没无改其道。三十年前，父在新以独立建一英文学校熏陶华侨子弟，君维护之不已。但该校华文一科，自来不设，因语其朋辈曰："吾父每年不惜万金而创此校，余当继其未竟之志。"并增中文科，扩其校室，虽每年多费数千元不惜也。闻者韪之。君爱国亲群，对于内地外洋，凡华人慈善公益，靡不跃然兴起而捐巨资。最近安溪澳江桥之修造，捐金二千元。同安医院亦捐金三千，通德学校经济能维持首终，亦出君之力为多。众因举君为名誉总理，其慷慨豪迈多类此也。

68.（梁作舟） 闽之南安人，字珩丰，旅居新加坡凡二十余年，嗣迁宋卡。始君之居新也，好为公益事业，该坡所成立之商会、振武戒烟社、书报社等，多与其事。徙宋卡后，尤努力，宋之正德学校、公益书报社及青年会等，俱参与发起。颇能画能诗，《陈修园医学三十六续》，研究尤有心得，曾自制药酒发售。至若国事之关心，则当孙中山居叻时，曾得萧某介绍，面陈大计者屡，孙曾称之为能，此亦足多矣。

69.（林妈宝） 林君妈宝，字楚仁，福建海澄人。乃星洲瑞丰盛轮船局主人，为已故林君推迁哲嗣。推迁君固富而多产，临终遗嘱，以君为承管人，既而遗大投艰，日理百十事，心算口占。为人机警，意思深长。数年前，胶价大跌，地价随之。而君对于胶价及地价云："目前虽如此低落，然不久必升其值。"后果二者皆渐涨价,不止数倍也。天质尤弘厚,有蔼蔼吉士称,星洲林氏九龙堂,举之为总理。其他各学校、各法团,列名誉推职员者,颇难胜纪。有胞弟曰妈地,风概豪爽,为辛亥革命驻厦同盟会中坚人物,现佐君治业云。

70.(林发成) 林君发成,家福建安溪蓬莱崇善里。因父商于星洲以生君焉。十三岁,父殁,承管遗业,最后开达春杂货店于星之六条半石森律。一二十年来,以次建置胶田房屋及不动产颇多。曾提倡明新学校,躬任财政,数月捐资出力,不自知其劳苦。至安溪会馆、培英学校、爱同学校等,亦各有捐资。安溪会馆一度任评议员,为人慷慨好义,济困扶危之事,尤足多也。

71.(萧保龄) 萧君保龄,闽人。以西历1883年生于星洲。父财发,久任该埠洋货公司司库之职,后改途业米。萧君毕业中学,欲留学欧美而苦家贫。时英女皇有奖学费之举,凡南洋英属每年中学毕业生会试冠军,由政府资送英国留学。君乃于1902年赴试,成绩极优。惜于预备时期,曾分其光阴精神以担家务,致试卷未能冠军,难偿壮志。而家计日艰,遂毅然辍学,以与老父分忧。初为化学家助手,继执教鞭。嗣任律师书记,股份经纪人,保险代理,公司收盘人等事。终则襄助组织联东保险有限公司、华商银行及和丰银行。现任和丰银行总司理之职。曩星洲华商,知有限公司之利益者甚少。该三公司之成立,于华侨界,辟一新纪元。而南洋华人银行之首扩充其营业于祖国及荷属欧美者,厥惟和丰银行萧君之力也。君好学多能,暇辄研究文学、银行学、教育及社会问题。运动冠侪辈,精足球、网球、游泳、音律及白话剧,今年逾不惑,尚称网球能手。凡慈善教育以及种种有益社会事业,君皆赞助,不遗余力。曾被选为华侨体育会义务庶务员,华侨英文女校义务财政员,星洲及南洋童子军联合会义务庶务兼财政员,华侨游泳会及英国籍华侨职合会副会长等职。君豁达大度,蔼然可亲。生长蛮荒,少求国学之机会,深以为憾。乃力勉子弟及诸侨生,补习国学文字,以为效力祖国之预备。窃谓吾国银行家,在国内者首推上海之陈光甫先生,在南洋者其惟星洲萧保龄先生也。二君俱在壮年,其所以贡献于吾国银行业及商业者,方兴未艾,前途远大,谨拭目以观厥成。

72.(曾春水) 曾君春水,福建思明禾山人。生长于南洋新加坡,毕业于道南学校。初从商,即为裕源树胶较所聘,任较内总管。三年,改任福建胶店买手要职。未几,该号停业,乃任巴生陈嘉庚公司总经理。在事谨慎持重,各界钦佩。故中华学校、中华女校均推为总理,闽南公所为董事,树胶公会执财政,其他法定团体,亦曾担任职员焉。

73.(韩福隆) 韩君福隆,福建福清东张乡人。少贫,无力读书。年十四,随族人渡南洋之新山埠佐父治商。未几,充麻坡暗牌差,凡三年。父故,徙星洲为某机关英文书记,凡三年。又移任工部局,又三年。有蓄,且得友助,遂与友某开福源商号于笨珍埠,自为总理事,营业树胶杂货。值发创之始,虽未大展,然谋已如泉涌,势已如转规矣。曾为培青学校福清会馆司理员。至福清华侨小学校亦多资助,并为劝捐数百金充经费。培青学校福清会馆尤力为兴滞补弊,故能臻于完善焉。君未曾入英文学校,以涉猎记问之勤勉,至为英文书记,真奇才也。

74.(陈日墙) 陈君日墙,字杒雕,福建永春丰山兜人。年十六,始弃书而逐什一。弱冠后,以南洋为天府,因走新加坡,启号泉丰,营业以树胶布匹为大宗。以君之商才,二十年奋斗,自成雪属一巨肆,更进而经营树胶园数百衣吉,益添花锦上,左右逢源矣。天性伉直俭朴,待友和蔼,有隐德。慈善公益,一输数千金,不求人知也。曾发起永春会馆,历任主席,为逸园俱乐部首领、福建会馆主席、国民两等学校总理、商余别墅主席、中华商会会员。年六十健康如壮年云。

75.(吴士基) 君姓吴名士基,字址卿,闽诏安县人。父易周,板木名商。壮岁,南来新加坡。初任某木厂书佣。未几,即升司事。旋招股建筑泉松美锯木厂,岁计利益既丰,家因富饶。君性刚而寡欲,质直而好义。一生最恶嫖赌烟酒及一切不道德之行为,厂中所雇用诸工,偶有染是,必直斥其非,或旁征曲引,以启其悔悟心。尝曰:"嫖赌烟酒为终身精神上大地狱。四者嗜其一,不惟终身无积蓄可言,人格幸福,且剥夺尽矣。"君术擅鲁班,艺亚杨潜,尝亲引墨绳以建筑屋宇,匠心独运,无美不臻。又好读书,商事余闲,手披百家,口吟六艺。报纸新闻,西欧译本,尤嗜阅如食色。辛亥前数年,即入同盟会。内地同志,凡有所谋举,君必捐资以应其费。而以辛亥光复全国及民国二年(1913)云南唐蔡起兵诛袁二事为最忙碌。

君对于社会之劳绩，若星洲书报社，若同德书报社，若商会、星洲火锯商务会社有限公司、南洋女学校及赈灾会等，或为其发起，或为所赞成，或代募款，或担任职员，总总林林，胥能任劳任怨，有始有终。君现年四十三，春秋富盛，前途发达，方兴未艾也。

76.（许耀宗） 许君耀宗，字德辉，福建同安锱江人。年二十，南渡至新加坡。任职于永义成号，凡数年，升总经理。又三年，适该号收盘，乃转任盈丰总司事。克忠克悫，数年如一日。曾与人合资开设瑞发商号。未几，弃去。另与同志开协昌公司，经营凡十有三年，赢息颇巨。卒因股友相继谢世，君复年老，经理为难，因停业焉。为人勤俭克己而好施，于社会公益事业，尤为尽心尽力。南洋华侨中学捐千金，爱同学校与友舍捐千金，道南学校四百，同安锱江光华学校捐基金五千，至兴亚学校、南洋工商补习学校以及国内外之学校、医院、灾赈等，尤题捐以巨款。

77.（何怀清） 何君怀清，字履洁，福建思明禾山何厝社人。年十六弃书航于台湾顶，下港为船主，颇著声华。越三年，南渡吉连丹、丁加奴一带，仍操航业，嗣就新加坡隆发号，聘为经理。年余，薄有蓄，因与友颜高兴合资开张晋成号，营鱼盐海错。未几，颜别业，割归君，改号源晋成，于今四十余年矣，溢达百万。既饶富，遂以次置田园帆船等产业，又为其兄置园数万值于家乡。尤畏天悲人，星洲有同济医院，君实发起者之一。又尝任总理与财政，倡募资，建业产，为久远计，曾与友某合捐五千金焉。厦门乐施社亦君所发起，尤尝为总理，为筹数万金，建业产，为经常费。至于各善团、各赈灾，以至于施贷周济，为事至多，不胜枚举矣。

78.（周卓林） 君身材短小精干，胆量尤豪，通中西文，勇于任事，原籍闽南晋江，而生长于思明，素有革命思想。前清厦绅开追悼曾少卿会于前圆宫，君竟持克强河口檄文，《扬州》《嘉定》二书，当众演说，至于痛哭流涕。厦防分府闻而欲捕，乃走南越。翌岁，秘密回厦，肄业英华学院，院长洪显理荐往缅甸任美以美会教员。遂入同盟会，课余四出演说，侨胞多为感动。辛亥武昌起义，与同志徐赞周君谋入滇响应。众举君与吴镇福、曹羡携巨款去。时滇抚李经羲，戒备极严。曹吴到瓦城畏葸不敢进。君曰："革命岂怕死，我其独行矣。"越晨，吴追至，乃易缅装，冒险直入，借宿巡防营中，共清兵谈笑道欢。及至千崖，约土司刁安仁抵腾越，结张文光。

9月上澣，腾越光复，推文光为都督，君为外交。安仁不服，张刁争雄。君竭心力劝刁退让，始得相安。未几，蔡锷起义，恢复全滇，君乃返厦组织北伐队。清帝退位，和议告成，上京为缅华侨代表，选举国会议员，遂留京师进大学。宋案发生，湖口事起，上海华侨联合会电促南下。抵申次日，即携款往金陵接济黄克强。秋七月南京独立，取消回沪，复带款赴吴淞助居正。战争方酣，道途梗塞，幸《大陆报》英访员捷克孙，携君由南翔步行入吴淞。至则居正已退守嘉定，爰假难民匍匐返沪，全款八千完璧交会。癸丑(民国二年，1913)之岁，袁氏窃国。君复南来为林义顺司库。适李烈钧等齐聚星洲谋倒帝制，往来文件，君实密为传达之。当地政府派警搜索，将捕君去，义顺极言君为国事，不关星洲治安。及见英将官，陈明事实，方告无罪。民党健者，君其一也。

79.(洪神扶) 君姓洪，名神扶，字孝持，号佑康，福建南安岑兜乡人。幼年南渡星洲，任书佣于和和公司。旋改任和祥号，凡五稔。店东吴文权优其才器，擢为经理。又数年，以所俭积之资，邀同和美公司王振煌及和和公司等合股开张两和公司，股东团共推君总司其事。历十余年，颇多溢息。乃民国十一年(1922)王振煌忽谢世，两和公司因而歇业。始君之树两和也，于民国七年(1918)，另有与人合作糖米九八货商号(南商凡人能代人卖货置货，抽扣百元之二元，为九八商)，曰孚信。会有香港中华圣教会之创建，慨然捐金数百。又约数友合捐二千元为发起石叻中学开办费，中学以成。此外各小学如幼稚园，如道南，如南洋，如南明学校，亦各捐资，又任董事。爱同学校且捐千五百金，南安会馆亦捐五百金，籍乡洪氏宗祠捐千余金。至赈灾恤贫力之所及者，无不乐为之助云。

80.(杨廉溪) 杨君仁泉，又名联源，字廉溪，号有源，福建永春北门外白马山麓人。弱冠，至新加坡任经纪于允昌者九月。旋之吉隆坡任崇发职二年。入彭亨卜间埠任协源掌柜者，又四年。卒至芙蓉之武来眼埠，自开福源杂货布匹号，并树胶园之种植，凡数百衣吉，诸不动产业亦巨。民国十四年(1925)，令子振汉与陈团相等，合开瑞兴源树胶公司于吉隆坡，营业甚盛。二十余年来，荣荣然，得怀金乐矣。前光绪间，尝一度回籍，建业数万金，以示弗忘故国。为人朴厚而孝亲，富国家思想。尤好合群，公义所在，常勇为之。前清末叶，曾为同志谢文宾、林君、郑卿显、郑卿林、杨升科、颜章受等,发起中华学校于武建,校基金凡捐三千余金,历任总理,不辞其劳。星领事胡维贤赠以“培植群英”。又与同志发起福建公所,慨捐千五百金为倡,历任董事长。杨氏公所捐二千金,任名誉总理。永春会馆捐五百金,历任会董。武策群书报社历任总理财政。此外如籍市立学校、厦门桃源学校以及祖国平粜等,亦均投巨资焉。

81.(许扶尧) 许君扶尧,字道翼,为辛亥同盟会会员,福建金门珠浦人。读书十载,能文。南来马来半岛之新加坡,任簿记席于许顺美号。三年,被聘为沙捞越属古晋埠顺源安掌柜,凡五载。进支翼翼,未曾陨越。嗣以该号折股,乃回新加坡经理源顺丰号,已十余载于兹。为该号赢息数十万金。近年曾与同志合资开张顺昌盛九八郊,尤发迹。雅性高洁好施,曾输资以助爱同、工商诸校及国内外诸善举。民国十年(1921),又与同志陈金典、李振殿、谢天福等,发起新加坡幼稚园,令闻令誉昭著一时矣。

82.(李肇基) 李君肇基,字冠山,福建同安林厝乡人。十五岁时,遭家不造,父母双亡,弃读南来新加坡,任协利簿记席六年。转任万兴行,又三年。商务之精娴,已如布射僚丸矣。时协兴号东陈心鉴知其才,聘为总经理。十年间,公私各有盈蓄,已而与友凑股,开恒利号,业大宗海错土产及受理邻埠信托,兑置各货物,垂业二十年。平生功业,胥在辛亥革命。当孙中山先生游新地,君及诸同志,相会于东陵,自是组同盟会主盟人属之君。武汉、福建光复后,孙督道仁来电告乏饷,君与陈先进及五六同志,四出劝募得万金汇应。星洲书报社多同志份子,中间缺费停办,君与郑聘廷等,谋中兴之。至同德书报社、振武戒烟善社、中华女学校、华侨总商会、牙笼中华学校、厦门李氏宗祠、同安巷南学校等,皆捐巨资,并为董事。若赈灾恤邻,衣人食人,劝人善,戒人恶等,其余绪耳。

83.(李悟民) 李君悟民,字华光,福建闽清县二都乡人。父忠寿,为安南名商。故君卒读后,即随其同赴东京。在父意,不过欲其漫游海外,以增进其视察力,而扩其眼界耳。顾君亦以是有得焉。未几,复随叔忠清游新加坡,至则立志从商,任事于福兴商号六载,而以能商闻于市矣。年十八,自启华通土产号于星洲,同志刘横川等,均附股焉。凡十年,卒不幸,因欧战影响而歇业,转任于福顺美号。曾一度往诗莪等处,不遇,重来星任振丰商号总司理。该号经君经营,发达不已。天性爱国,其在诗莪坡也，鼓吹辛亥革命，不遗余力，卒称同盟会健将。尤急公好义，若发起新加坡南洋工商补习学校及福州会馆、敦本学校等，其功尤伟。至捐助于南洋华侨中学校、道南学校及星洲各学校、各善事等，尤为竭力。乃闻望藉甚一时，故侨众举之为树胶公会议董、星洲商务总会会员、福州会馆董事。

84.(陈实隆) 陈君实隆，字瑞图，闽海澄三都岭上人。幼读书于乡校。既长，至南洋英领沙捞越属之加帛埠，治理乃祖父所启之协成商号。时年仅十八，而商才天授，所谋皆赢。旋游新加坡，见其处为南洋商务之总汇也，因创协振成九八号于元顺街。未几，招友叶有添君合资共营。又一年，业大扩充。复招吕亚回君合股，更大发达。时君为股东兼经理，民国十四年(1925)，因叶吕两君志图别业，乃将全业让君。已而君于商业之外，又兼树胶之种植，地在诗莪，甚为发达。生性谦谨而诚实，爱国而好义，赈恤之事，尝能量力以为，社会上莫不钦敬君之为人也。

85.(陈水抽) 陈君水抽，字子麦，福建厦门山场人也。读书十载，勤学能文。以父早逝，乃于十九岁来新加坡治理信发号。盖君父之遗业也。凡四年，回国结婚。旋复渡南洋为振发成米较及扩充各商业。初入息颇丰富，卒然折阅綦巨，乃放弃焉。既而往荷属巨港，任事于兴源号，盖为林推迁君所识拔也。又二年，则与友合资，共倡星洲汇通商号，君被推为总司理。十余载，溢利颇巨，乃以西历 1920 年，胶价大降，同业多亏折，而号亦不免焉。于是股东团议欲增资，以为救济，君则战战兢兢，不敢轻进，以鉴于前辙之覆也。因让股于友，而自立福南发号于叻之衣箱街，以九八及大宗之吧东暹罗烟等营业。五年以来，以君之大展擘划，则以累资巨万矣。禀性爱国，于辛亥改革之役，竭力以助民军饷。盖君亦为当日同盟会中十余同志之一也。复仁民爱物，仗义疏财，国事社会，所助尤多云。

86.(殷雪村) 殷君雪村，生于福建思明之鼓浪屿。九载，入福音堂义学肄业。十一岁，复在泉州教会义学校肄业。年十四，乃学医于厦门同昌药房。约年余，徙居台湾，仍学医于某药房。既年余，回福州仓前山入鹤龄英华书院肄业。凡五年半毕业，来新加坡府堂，充闽语之传译员，时君已弱冠矣。然君志在学医以济人，大才小任，终非素志，时星中有林志义君，深以君为致远之士，助其学费，就学于美国支根大学二年，转入加拿大涂兰道大学校，又二年，毕业医学专科试考得列名第二，赏银质奖章，时论荣之。盖该大学，自来考试，未有东亚得夺取第二名者也。最后在英京伦敦大医院复考取英国国家毕业文凭，遂返新加坡售医。与林文庆合资开九思堂西药房，后林君赴德国，应万国医会开会，乃将该药房归君独自营业。君医艺既精，名亦日著。稍富之后，乃复与友人创办森林板锯厂及集股创联东保险公司、华侨保险公司、华侨银行等事业。以医起家，致富巨万，求之南洋，异数也。君于民国二年(1913)，入国民党，对于国事，颇多赞助。光复后，曾与张永福、陈楚楠、陈祯祥诸君子，发起福建救济捐，募款十万金回省。星洲中华商务总会为发起人之一，并为协理。复与总领事孙士鼎等，发起振武善社、戒烟所为华侨戒烟，君任义务医生。其他南洋华侨中学及各学校、各慈善团体，多有捐资。又西历1920年时，米价高昂，被举为星洲平粜局副主席，星之医学校亦为参事，政府亦举为癫人院调查员。1911年至1913年时，连任为工部局员。1920年，为太平局绅，贤者多劳，为华侨中不可多得者也。

87.(杨以炽) 杨君以炽，字日灿，世居于福建闽县之南园村。幼颖悟。就傅五载，便能属文。逮冠字后，始奋志抵新加坡。已而经商七载，辄多屯踬。遂学医于施汉章。……及民元之年，施以年老终。君乃自创新寿春堂于叻之必其林街。仍业医药，名益噪。自制有追风虎骨膏、花柳骨痛药水、万应蟾蜍拔毒膏、少林氏铁打丸等，发售颇称灵验。为人重厚少文，注重教育慈善事业。星洲各学校、各社团，多推君为名誉会长。又尝任南洋、工商、养正、幼稚园等校董事。福州会馆更任财政。至于赈灾恤患之事，常捐有余而补不足，以是时誉日隆焉。

88.(黄奕寅) 黄君奕寅，福建南安千金庙乡人。成童辍学，后放洋抵三宝垄，任日兴商号庶务，凡十余年。东主黄奕住以其才可用，擢之来星洲任日兴支店，承日兴号总司事。又九年，乃辞去之。而与友合资开成美公司，业糖及九八货，岁计所入，不啻倍蓰。天性峭直，不逆不亿。尤勇于为义，曾捐千金于爱同学校，捐二百金于南洋工商补习学校，又捐多金于南安会馆及南明学校各学校。各慈善机关，并为董事。至于国民党亦列为党员。辛亥前后，对于国事，尤多助资。

89.(孙叔玉) 孙君叔玉，福建闽县东巷人。父子善，历任新加坡报穷司局查数官，君年十二，即随母南渡，至新加坡省亲。在新又进英华学校肄习英国文学。勤学数载,卒得毕业于该校之第八号也。因出任事于美国书房凡数阅月,继被聘为正旗英国轮船公司买办。十七年来,娓娓廉谨。凡事忠悫,尤富干才,人皆叹服。数年前,尝与友吴佛吉、陈福安合资创办吴佛吉印务公司。为人和平,喜合群,广交游,中外名流咸归之,为嘉东游泳俱乐部、SC.RC 俱乐部、南洋互助会等会员、华侨公会董事。于社会公益,尤多资助云。

90.(叶清沙) 叶君清沙,字师濂,福建同安岭下铺前人。家资颇饶,幼读书三年,父命弃之,而佐治商。然耽古笃学,商余之暇,辄就乃兄攻苦。既长能文,遂适厦门任逊记洋行簿书职。越二三年,丁内外艰,辞职奔丧。未几,同邑春源药材行聘之为司理。年三十一,出自开三春药材行,始可藉手。会同城大西门忽遭回禄,延烧铺户百余,君业亦被殃及。时年三十六,乃毅然长征,南渡星洲从事于商业簿记佣,约十数年。嗣为邱国瓦、留鸿石、陈延谦等所器重,引以为友,曾一度任南洋树乳公司书记兼监督。惟在新《国民日报》司总账最久。在事勤勉,同事莫不敬爱之。星洲《南洋商报》东主陈嘉庚以其报务熟识,聘为总经理。已而驾重就熟,称体裁衣。为人谦和孝友,绝嗜欲,克勤俭,公益事业,随力而为云。

91.(洪光腾) 洪君光腾,家于福建南安英都乡。幼家贫,稍读书,即弃而之厦门,在许龙珠所设之商店供职,凡十六年。东家待之虽厚,但以依人作嫁,无发展地,遂毅然买舟渡星洲为协发商店佣工。凡四五年,稍有积聚,芒芒然归。未几,再渡星洲。时协盛号东知君沈厚守正,聘任司理兼财政。历数年,又蓄五六百金,出自开德泰酒店,垂业数十年。嗣英政府取消其酒照,遂改为卖烟二廊,号国泰,顾二廊业利至微,因君之敦朴善居积,自足以致富。今胶园已置数百亩,房屋三十余间。君虽将及九十,而容貌犹壮,动止闲雅,与善士王嘉禄为忘年友,情好款密。得善则相劝,遇恶则相规。时以为益友。星洲南明学校,君以千金为开办费而成之,籍乡英都学校亦捐金三千,南安会馆捐金一千。至于粟枯赈乏,济困扶危,不胜纪载矣。

92.(周献瑞) 周君献瑞,字郁文,福建南安庄顶乡人。于冠年,南来至新加坡,初佣作于某估衣店,嗣任书记。于协利九八行、裕源号、大东公司等,均尝聘为买卖职,亦一度为兴源公司股东兼司理。最后与人合资开南春树胶厂及购树乳园于柔佛地方。且君抱负不凡，笃志典学，藏书之富，卷达数千。尤爱国，当星洲同盟会成立，曾由革命中坚人林镜秋君介绍入会，对于革命事业之宣传，曾共谢坤林、何心田、郭渊谷诸子，组织露天演说团。听其言者，无不感动。对于某国不平等之二十一条，尝使其子炳炎派传单于星众。为推销国货之运动，已而引起当地政府之注意，召君告戒焉。

93.（叶有添） 叶君有添，字晦岩，福建同安刘五店人。父商于星洲，故君生于是。幼肄业于道南学校，父捐馆于籍乡时，君才胜衣耳。凶耗传来，立买棹奔丧，躄踊泣血如成人，远近称孝。既而尽礼葬祭，乃亟入乡立之光华学校肄业。既毕业，乃重渡星，管理父遗之盈丰号商业。才数年，业愈扩大。廛闬由是著能商名矣。资禀慈祥恺悌，尝以不能博施济众为憾。民国元年（1912），捐助原籍光华学校经常费千二百金，并捐基金一万元，捐助同安教育会二千金。此外如星洲幼稚园、南洋女校、工商补习学校、同安救济捐等，在在慷慨助资焉。

94.（张家两） 张君家两，字两端，福建同安板桥乡人。父乃帝商于暹罗。年十六时，适父鹤化，曼谷吉利号乏人继理，君遂弃书南来。而与陈水蚌、叶玉桑、杨六使等，合资开张日新公司及振成丰号。日新公司制造罐头黄梨，发欧洲售卖，设厂二，一在柔佛之新山，一在星洲之牙笼。振成丰制造树胶，在星置较厂三，一在监光加薄，一在海南山，一在牙笼。各厂规模綦大，工人千数，诚为南洋商业之至大者。为人热心于国事社会，辛亥革命，在星加入同盟会，助资于民军不少。尤倾心于教育，民国四年（1915），倡办东安板桥浒井学校。而星洲道南、爱同二学校，南洋女校、南洋工商补习学校、星洲幼稚园、华侨女校、南洋华侨中学校、泉州培元学校、同安杨宅某校、星洲中华商务总会等，均由公司题名捐巨资焉。君守正持重，修辞立诚，曾为人排解纷难，片言而尽释其嫌怨。至为富不骄，喜气迎人，其余绪也。

95.（杨六使） 杨君六使，福建龙溪人。年十一岁，随亲南来星洲。复入英国东方学校攻英文，凡四年。后为星洲瑞盛号英文书记，旋升经理。未几，该号歇业，转任谦益号总司事，计十七年。得利无算，以汗积金，入股该号。数年抽出母利，与叶玉桑、张家两、陈水蚌等，共开日新公司。嗣由日新公司又分出支号曰振、成丰两巨号，营业专以设厂置较，制造黄梨树胶为大宗。公司规条，尽美尽善。诸股友，尤各秉心光亮，或司买卖，或司会计，或司巡检，因才推任，皆都洽称。尤同心同德，和气一团。名为股友，实如手足。君性扮谦，旷兮若谷。对于华侨所倡之中文学校，无不力予赞成。星洲各校，由日新公司题名，或由振成丰题名，捐款独多。复敦宗睦族，特爱同气连枝，厦门杨氏自治会捐金一千五百元。至于拯灾恤患，尤随事乐输，不稍吝焉。

96.（蔡仪卿） 蔡君仪卿，号小卢山人，福建同安人。幼业儒，能文。早失怙恃，伯兄某固甚友爱，乃家庭间，嫂也不贤，遂离家往鹭江糊其口焉。年二十三，归家，欲求学，终以环境不克所愿。遂兴南渡之思。既到星洲，始也动多屯踬，继与友人合资设商号，曰福同源。荷属之吧城复置有支店，仍以母店之号为号。总事人为股友陈君诗吟，诗吟君在吧有君子称，二君友谊若管鲍。君性格柔惠且直。辞气慷慨，戚友邻人，偶有轇轕，而诣君前争辩曲直者，尝片言折之。有当货财弥缝方了事者，无吝啬也。近年来，对于国事社会，恒以其阅历著为议论，以警觉国民。至若兴学育才，慈善公益，凡可以造福国民者，虽劳瘁而勿辞，捐资无吝惜。君于国土难忘，家乡均念云。

97.（陈汉庆） 陈君汉庆，福建思明县县后乡人。父日暹，久居星洲，创有同成磁器号。八岁，随父来星。在星攻中文，二年后，入礼佛英文学校攻英文。又五年，辍学，后在同成号司出入银钱，以勤俭为父所信任，旋升司理。同发成号，亦为君所经营，均极振作。专业大宗磁业及中国、日本、欧洲诸出品，利既多盈，遂从事实业种植。年来，除多置屋宇业外，更置乳树园于星洲、马六甲、宁宜，凡四百左右衣吉。另与婶氏合资设开成栈于马六甲，该处种植业进支，皆归该号掌理。君为谋起辛亥革命者之一，当孙中山先生初次来星也，会之于敏静园，遂入会同盟。自是内地每次军兴，君必捐资助饷。满清既倒，民国成立，无丝毫矜伐意，一若忘其当年有兴事者也，真足令人敬仰。君盱衡我国之孱弱，外侮之频仍，知非亲同种结团体，无可补救者，爰挂名于拜六社，并入同德书报社，入星洲书报社。至星中各学校及祖国诸赈济事，亦无不一一捐资焉。

98.（张振初） 张君振初，闽海澄三都人。十五岁，南来星洲。未几，即赴荷属一带经商。凡数载,卒得回乡结婚。嗣复至星洲,启福振隆九八商业于玻璃后街。三十年来,溢息颇巨,今以富闻矣。禀性勤俭,善积蓄,于社会公益亦量力捐助之。若华侨中学校捐千金为开办费,幼稚园则捐五百金。至于国民捐,亦捐数百金。为中华教育会会董、国民党员,华侨中学、道南学校、幼稚园董事,南庐学友会名誉总理。

99.(郭可济) 郭君可济,福建福清县人。父鹤龄,星洲名商。启有郭福成商号,营业颇巨。年十四,奉父命南渡星洲佐理父业。未几,又攻习英文。不幸弱冠失怙,于是乃接理父之遗业。数载经营,大加扩充。增开仰成、瑞泰、丰成诸商号。仰成在吉宁街专营树乳园及诸不动产业甚多。性坦率,胸无厓岸,与人交,和平而诚实,故人咸尊敬之。尤急公好义,其对于社会慈善事业也,则供奔走捐巨资。新加坡福清会馆及培青学校等,均历任总理财政。至各校各社团之举为校董职员者为尤多。先培青学校之建筑校舍也,首捐二千五百金,以为众倡。众感君德,为悬君相于礼堂中,以志弗忘,诚侨界中一慈善士也。

100.(车蚵螺) 车君蚵螺,福建省晋江县人。为树琼翁之长嗣也。幼就乡学,及年十六,弃书经商,号曰永益,盖庶货店也,凡十周年。以南洋为天府,乃将商业交其弟经理,而南来荷属之三巴笼及缅甸之仰光等坡游历,均未遇。卒以新加坡为商业要区,因于民八(1919),偕友石学能合资开张成昌公司,专营板木兼火锯厂等,为星洲有数商业。六年之间,获巨赢,不数计。其为性贞介鲠直,厚重少文,非义之利,一尘不染。社会则施贷周给,不问亲疏。近且与同乡共创晋江会馆,为同乡谋幸福,图团结,联乡情,并捐千金为基金,可谓急公好义者矣。现年四旬余,春秋鼎盛时也。

101.(郑古木) 郑君古木,字云卿,闽思明县湖里社人,初游新加坡攻英文于礼佛大学,五年,至第七号位。时汇丰银行仰君名,聘任记席。逾三载,弃去之,而望加丽甲必丹黄君培遂聘司理其店。金福和并妻之以女,时年仅二十三耳,今十一载矣。该号营业中外迁引,赢利甚巨,君有力焉。性仁慈,尤忧我国工人多不识字,曾与黄肖岩、庄丕唐、庄笃鼎等二十余同志,在叻发起南洋工商补习学校,使工商人于公余之暇,得入校读书。至于道南、爱同等校以及社会公益等,亦多所捐助云,亦侨界中一急公好义者也。

（乙）槟榔屿名侨

1.（郑云亭） 郑君云亭，字庆年，闽侯人也。父秉祥，宦劳政界，颇负时望。君笃学能文，壮岁游南洋槟榔屿。屡任大商号书记，凡二十年。其后忽有感于秦韬玉"为他人作嫁衣裳"之句，始与友合资开张普通公司，躬理庶事，具此壮志雄心，前途殊未可量也。君性豪侠，交友披腹心示情愫，人以是推重之。槟城社团，如商业俱乐部、闽南别墅、明新社、三山公所、维善社、榕侨公所等，皆尝任重要职务。因之遇有赈灾恤难事，出而号召，无难得群力促成之。君素有周郎癖，演昆曲尤佳。少年时偶值社会经济发生困难事，即粉墨登场，引商刻羽，闻者咸为之击节，君诚雅人哉。

2.（林振成） 林君振成，字松龄，原籍闽同安潘泥社，而诞生于南洋日里埠者也。幼年家贫甚，几不能生活，倚其叔父为生。君年十三来屿，读于平章义学。约二年半，随其三叔返里。十九岁，复来屿。初到，任升成号洋货摊（该号排列中街忠源店口，南洋人以摊为枰子店）杂役。东主以君勤慎，升任源成摊号事，乃薪水红利积聚于东主处。未数年，东主染病，摊号不支而倒歇。君之存积，悉归乌有。年二十二娶妻，二十三岁与友人合资，仍营洋货业于宝发号内。旋以屡不利，佣于锦泰兴号。至二十四岁，移任谢某君洋货业司事职。君是年颇多积蓄，无何，与林文敏、林启裕二君合开张裕号，仍业洋货。十年来颇有盈余。然以施济事挥霍不已，故未能以素封闻。君素慕陈嘉庚之为人，于槟城林氏九龙堂学校深欲有所扩充，故民三（1914）民四（1915）与林君有汜、林君淑益等，共至过港一带劝募。基金既足二万元有奇，忽生阻力，事中止。现惟致力于福建女学校，被推董事，又发起钟灵中学。而丽泽社闻君名，推为协理，明新社更推为社长，平民工厂亦为协理。以上三社团，为本埠卓卓之教育机关，自非热心如君者，不能当此重职也。君于辛亥改革国体之役，虽非为同盟会员，而传播《革命先锋》及《东京民报》各处革命报纸，深资得力。以春秋诛心论，亦堪称为赞成共和者。

3.（陈民情） 陈君民情，福建思明禾山人。幼随父商于槟城，最后与其兄新政、民志等，开有宝成商铺，巨号也。得志后，对于国家社会事，捐资出力，恳恳款款，大有乐此不疲之概。辛亥前数年，则入会同盟，与同志誓除满清，计前后革命数次，无次不与其事，慨捐金钱。民国后，与众倡办钟灵中学及福建女校，厥功尤伟。余初至槟城，人地生疏。经君特别优遇，到处指示。对于各社团各学校，多为君所介绍，热心慷慨，令人感之。

4.（王金榜） 王君金榜，字毓清，闽之安溪五里埔人。徙家三都，年二十，遂决计只身南渡。至英属槟榔屿，初佣于某商店。沉毅有为，店东甚倚重之。二十四岁，回国省亲。翌年复来，方谋独树一帜。开创洋货布匹商业于本屿中街，建号曰双美。十余年来，营业蒸蒸日上。获利颇丰，由是商界之信用卓著。投资于某店某公司者，为数不少。处境既顺，不改常度。自奉甚薄，赈施独厚。对于公益慈善事业，量力输助，不稍吝啬。每谓教育之振兴，尤期普及。故年来各学校因经费问题，辄倡演戏剧筹款以补助之。槟中著名各团体，如明新社者，乃青年辈组织为维新社团之一，君力为之助，众举君为总理。如中华商会，如安溪会馆，如万锦公司，如太原堂之三槐堂等，均任重职。诚以君之热心社会，见义勇为，足以令人钦佩也。

5.（曾两宽） 曾君两宽，字炳宏，福建海澄永太乡人。生于槟城，十四岁即在春兴商店练习商事。至十八岁时，升为经理。未几，自立瑞春号，贸易大宗仰白米胡椒及沪、香、厦等处货物。年方二十四，市场称之为少练，盖老练之对也。时更分支店于笼沙曰瑞春栈，营糖、油、米、胡椒及诸土产业，亦颇振作。乃以时机有限，复谋创崇春号营米谷土产及输运出水货物之商业。最近自张琦益栈营业，略低旧号。计二十年来起踬不常，非人谋之不臧，实时运使然也。为人善词令，多智谋，于槟城法定团体，如南华医院任总协理至数年，同学善堂任总协理至数年，曾氏三省堂任总董至数十年。该堂建置祠宇，君之擘划力尤多。至于内地诸灾，外洋恤济，无不量力捐助。

6.（潘奕源） 君闽永春人。少好维新，而任侠不羁。君有三好恶：其一，好维新，恶守旧；其二，好动恶静；其三，好民治，恶帝制。有三仇敌：满清一也，鬼神二也，守财虏三也。有三乐：乐交友，乐团体，乐书报。然所谓好恶，所谓仇敌，所谓乐，胥归纳于民治二字。惟其渴望此二字之实现也，故生出好恶、仇敌、乐来。观于十年来，牺牲财力，奔走革命，尤足以证明为民治充类尽义之举动。君革命最早,当民国前七八年,槟城组织同盟会,首次入盟只十余人,君其一也。孙逸仙首次来屿一切供给,月在百金,仅同志六七人合力担任,君又其一也。君蓄积非丰,遇义举,虽贷重息以敷应,弗恤也。轻财重义如此,其拥护民治,可谓悃悃款款矣。君又在苏门答腊一带与林青山君等倡办《苏岛日报》,奔走募股,不遗余力,现已出版。

7.(黄维德) 黄君维德,字四明,闽省鹭江人,国民党党员也。任侠好交游,敏实其才干,深长其世务。年十八,任金门金溪轮船主。至二十岁,辞去之,仡然思浮海而图南。初至槟城,任承东发号书记,嗣擢查账员。薪水虽丰,终以篱下寄人为郁郁。于是自营镜兴、镜华兴、镜兴德记诸酒店。最近开张复兴烟酒公司及置树胶园若干亩,遂豪于财而隆其望焉。黄氏紫燕堂以其令闻,推之为现任协理。黄氏宗和社推为总理,现又推为副社长。他如萃英书室、闽南别墅、明新社等,胥任以艰巨。君亦富有责任心,凡事皆可对人对己,故高洁之士,益争归之。好调停人之纷难,父焉不慈,出一言以劝之慈。子焉不孝,出一言以劝之孝。至若兄弟,若朋友,若夫妇,以至于宗族乡党,一言偶乖,遂生龃龉,一事不合,辄相斗哄。君一有见闻,立以仲裁自负。略施片言,两造无不满意而息事。其言行见重于当时如此。君现年三十六岁,春秋方富,前途远大。

8.(赵上瓒) 赵君上瓒,福建同安县人。父少勋,以儒世其家。母汪氏,生五男二女。君行三,独能孝父母友兄弟。少肄业于福州英华书院,聪颖异常,度也豁达,专研中西文学。毕业后,即游小吕宋,应岷政府之聘,任为审判厅翻译员。君受职后,以为木讷重厚,长者之史,曹参之所择也。时以“日知不离刑曹,此囚终无死法”为心。故岷中侨胞讼事,君无不平恕待之,力为斡旋。有被异族欺侮,更抱不平鸣,莫不为之申理也。君在岷时,革命党员正在海外秘设机关。君由胡汉民君介绍,入同盟会为会员。即抱定宗旨,奔走国事。满清既倒,口不言功,其爱国又如此。驻厦英领事都耶氏雅重君行谊,适槟政府函嘱驻厦领事物色通事人才,英领即首荐君可胜任而愉快。君由是应槟城荐署聘,职司翻译。任事数载,其爱种爱国,与在岷时无少异。君又精幻术,凡赈灾荒筹学款,君即慨然出演其技。巨款藉以立集,各团体因以银杯金牌纪念君之劳者,屡见不鲜。

其乐善不倦,盖出于天性也。

9.(张占本) 张君占本,字英颜,福建崇安县北乡人。旅居南洋英属之槟城,以商为业。君天性和乐,慷慨豪迈。家世为纸商,至君之际,嫌其利薄,素具远游之志,尝有"不到远方心不休"之慨叹。时年三十三,遂只身浮海而来南洋之槟城,初则卖酒为业,以用度撙节,铢积寸累,家渐裕昌。遂高其希望,向暹政府购矿地三千六百亩,招工数百,现已开采锡矿。取之不竭,用之无穷,必于该矿是卜。富于种族思想,每恶满人入关以来,奴隶汉族,禽畜庶民,尝欲排除之,而苦不得机会。孙中山来槟演说,遂得林海生君之介绍而歃盟焉。既而抱定三民主义,百折不回。当辛亥光复,搜囊倾箧,以助饷糈,不稍吝啬,功亦称伟。至若社会之匡襄,尤多可纪。槟城建阳会馆之发起,一也。暹罗通扣商务公所之组织,二也。怡保善后局之列名,三也。槟城孔圣庙组织之始,力为助款,四也。屿、叻二处古城会馆列为赞成,五也。然此仅书其梗概,更有暹京李环宽女士倡办之扩育善会及产科女学校以及他项慈善公益事业,亦胥捐助其成。当仁不让,见义勇为,君可不愧此二语矣。

10.(胡日初) 胡君日初,字升九,福建永定县忠坑人。父才,其母黄氏生四子,君其仲也。幼有大志,年甫十六,即遣往南洋。四十岁回家省母,遵命自建日济石桥于太平乡水口,自造凉亭于平和芦溪乡之岭表,汀、漳、潮、嘉人之来往,莫不称为便利。自奉甚俭约,独善举挥巨金无稍吝。溯其捐五百金于原籍,兴办学校时,君尚未自置产业,其热诚即此可见。自后购置祭田及施药施棺,修路平渠,无不竭力行之。邑宰知君贤,以急公好义匾旌君之善。三年,京政府奖君三等爱国徽章。中外各校,多赖君资助。霹雳中华总商会历选举为名誉会长,怡保公立育才学校、星洲永定会馆均举君为名誉总理。各学校社团多举君为董事,其见重社会也如此。

11.(丘金经) 丘君金经,闽海澄新安乡人,旅居槟榔屿五十余年。槟人称为赞襄华侨慈善事业,为最老资格者。君于成童之年,遂来槟城。初任成利号庶务,后增开张成德及成利、兴仰米郊。盖南洋以米郊为最大营业,非数十万不能办也。身为平章公所、南华医院、广福宫、龙山堂、福建公冢等董事。数十年,屿人但有称颂,而莫非议。至于中华学校、钟灵中学、同善学堂尤为职员若干年,助资不少。辛亥民国成立,助民军饷资五百，第二次袁氏窃国，又助民军千元。厦门漳州治安捐及潮汕水灾、华北水灾及一切善事，或提倡，或捐资，君平生见义勇为，为社会所称道云。

12.（王龙美） 王君龙美，字振飞，籍闽惠安，世居长坂乡，称望族。幼学勤敏而有远志，年十七，渡海南来，旅居槟榔屿习造船业。才四年，返国结婚，翌年南渡，仍操故业。中间旋里。二十六岁复南来，已乃谋自立，建设长发船厂于屿之日落洞海边，轻车熟路，利尤倍蓰。复建集隆号交易树胶，兼筑薰胶房，雇工不下二百余人，大有一日千里之势。为人豪迈笃情感，尤富于祖国观念。革命之役，捐资不少。居常叹国民团体不坚，故凡有慈善公益事业，皆慷慨解囊相助。屿中著名团体，如中华总商会、太原堂、三槐堂、惠侨联合会、友和社等，均被举为职员，以其热心好义为众所重也。

13.（吴顺清） 吴君顺清，籍福建永定，而生长于南洋槟榔屿。君自幼聪明，深通英文。承父业，慷慨任恤。公益事业一挥辄万金，在所不惜。自设顺清学校于槟城，年费皆在万元。槟城各学校各团体，皆有职员名。民国八年（1919），米价大增，民不聊生，直立户前施米赠钱。当时民多所苦，而上官不得达，君屡代达之。虽多垫费，默如也。……

14.（游龙偕） 游君龙偕，别字添柱，福建永定县金丰里泰区乡人。父润裕，业铁匠。君赋性伉直，见义无不勇为。少时在邻乡商店习商，即慨然以信义自任，后往漳州习药材业，辨别土宜之道地，研究炮制之精微。三年有成，返乡开万生堂药材铺。暇则攻岐黄术，在乡四年，遂抱远大志愿。乃南渡来槟而停足于槟榔屿之北海，君既知医知药，因设来安堂号。以药药人，以医医人。遇贫不计值，且赠医兼赠药焉。人以是多君之德，无不叹北海有良医以济世，更有良药以利病也。君尝谓上医医国，学校即医国之师也。仁杰药笼无所不有，学子即仁杰药笼之物也。于是倡北海育侨学校，历任校董，以达其教育医国之素志，其热诚有如此。商务公所同人慕君公正无私，亦举君理财政。

15.（李斯桃） 李君斯桃，字法蟠，福建泉州南安县内益乡人。君家代以医名，君虽善医，尤善货殖。当其挟医术至大霹雳金宝埠……不数年利市三倍。君性甚孝，虽逐什一，不忘孺慕。慨念菽水尚可承欢，况今可供甘旨乎？因捆载以归，反哺双亲以尽子职。数年后见高堂尚健，复南来至槟榔屿之甲抛巴底埠，设建安药店并悬壶济世。贫病之人多沾君惠，无不叹君之医德为不可及也。同埠巨商洪君有商才，君与之合创协源、协裕两公司，经营杂货，由是获利无算，兼业种植树胶园椰园，为之役者成群矣。君既富，独好行其德，慈善事，不分畛域。如壬戌（民国十一年，1922）香港之赈灾，上海果仁善堂之募捐，无不量力为助。曾任诗山共和实进会职员。兴学心尤热，任北海育侨学校协理。十三年（1924）又倡甲埠育华学校，为该校名誉总理，首捐巨款。任财政而不辞其劳，君在侨界中诚难得者也。

16.（宋鹭生） 宋君鹭生，又名鲁生，字翘鹤，闽侯人。父仲骥，商于槟榔屿。因奉母南渡，无何，回乡就学。毕业于闽师范学校。性伉直，质朴口讷，而雅有心思。为文仿佛乖崖，无雕章琢句态。书法宗右军，精妙神彩，胥迫肖之。工绘事，娴音乐。尤善鼓琴，偶作一曲，闻者为之爽然心清，穆然神往，盖寝馈其中者深矣。年二十，在槟城倡办培南学校。逾年，又在居銮倡办培英学校。皆躬任校长，力图内容之完美。继又与居銮同志倡办书报社，成绩亦斐然可观。余始至南洋，遇君于新加坡，一见而两心契合，如多年故交，殆俗所谓有前世缘者耶？余于南洋各埠情形多茫然，且知友甚少，君为之详细指导。凡各埠情形，道里远近以及旅店之状况，皆一一举以见告。又为函介绍各埠要人，比至槟城过从尤密。余病卧逆旅中，既为之介绍培南学校静养，且假以巨金为药饵之资，暇则导游屿中重要之地，名胜之区，俾消其郁积之思。故余于槟城得君之助力最多。

17.（本忠禅师） 本忠禅师，号道南，槟城白鹤山极乐寺二代祖也。俗姓罗，年二十五，受具戒于鼓山涌泉寺，精修净业。妙莲上人奇其才，邀之南来，助创极乐梵刹。阅十余年，始竣工。其后迭主怡山、鼓山诸寺讲席，兼领怡山、鼓山及建郡光孝寺住持。自出钵资，为光孝寺建天王堂，以及修筑兰若、捐助孤儿院、倡办佛教会等，投金累巨万。民国初元，毁教之谣甚盛，沙门岌岌，朝不保夕。师闻之，飞告沪滨，请诸山长老与寄禅上人入京请愿，开佛教总会以内御外。佛教之不亡，殆千钧一发耳。总会既成立，推师长财政，复举师组设闽省南洋两支部而长之。师以国体改建，佛教重创，非广储人才，充裕经济，不足以抗潮流，爰从善庆禅师农禅制度之策，集资数十万，创设暹罗佛教实业公司，众举师为总理，善庆为督办，种植与学校以次推行,成效大善。而南洋佛教之声光,晔然矣。

18.(林少峰) 林君少峰,福建闽侯人。幼攻书,极聪敏。稍长,即弃文就武,投入营伍。渡台湾,充随营书记。数年后,回里完婚。因思株守乡里不如出外求财,乃远游粤东粤西,嗣任广州善后局书记。未几,妻亡回里。治丧毕,又复赴粤,入广州东华医院肄业。悉心研究,医术大精。乃挟其素习岐黄之术,效乘长风破万里浪,南渡抵英属之槟城,悬壶济世。对于贫者,赠医施药,性豁达豪气。小节不拘,大经是守。且善排难解纷,遇有口角诉讼,事无大小,一经片言,无不和解。于社会公益,尤为热心。辛亥前入同盟会,于国事亦多尽力,同侨称之先生而不名,其为人尊重也,概可知矣。居留政府钦其才品,授为太平局绅。卒年六十有七,人多惋惜。

19.(林福全) 君闽之海澄人。自幼随父贾南洋之槟榔屿,先佣于某商号,潜心练习,揣摩既精。旋得某货店聘为司事,又一年店东某见其能,邀与合股。至是商名始显。君重种植业,十年前尝与某君论南洋树胶业之得失,君曰:“天生树胶以衣食我南侨,我南侨不业此,是天与不取也。”时某君深以出产过盛为忧,君曰:“树胶产生,须热带为合,热带可植此者,首推马来半岛。试思马来半岛在地图中只占一蝇点地位耳。况复不尽种胶,何患之有?”已而君置十余衣吉,寻卖出,获利万元。俄又购三十衣吉,旋卖去之,获利四万余元。益以年来正大商店之奇赢,今成富家矣。其料事如神,亿则屡中,有如此者。君存心匡国,立志救民。十余年如一日,槟中同盟会之成立,阅书报社及《光华日报》之创设,君胥为发起之一人。先觉之早,可以想见。至辛亥前后屡次革命,输将金钱,努力翊赞,君尤视为常事,故不详书也。君为光华、国民二报总理,凡数年,督率有方,竭力整饬刷新。该二报得以垂业至今,君允为中兴之健者。君尚墨子兼爱交利主义,亲朋戚里,多所提掖,贫苦颠危,尤常周恤。更注重教育,与同志提倡组织钟灵学校及福建女学校。观此可知君之为人矣。

20.(谢聚会) 君闽之海澄人。久客槟城于宝兴栈土产郊买卖职。嗣在万兴美椰油较为司事,凡九年。以俭朴积资。于民国十一年(1922)始自建远记号,交易大宗椰肉及诸土产,颇获利。君精神活泼,意气倜然,好交结士类。复潜心儒术,商事得间,则观书阅报。尝将所怀著文刊报,然滑稽玩世，至老不衰。……君为明新社首席，该社为屿中社会教育之卓卓者，遇有施济及诸公益事，尝演戏筹资敷应一切。曾一日演某戏，众以君丰颊曲眉，仪容俊伟，宜扮某公爵，君既登台，举动威峻，益以清声便体，真有大家风度矣。君为同盟会会员，辛亥革命，奔驰运动，功亦诚伟。晚近最重教育，有某团体者，颇守旧，储款虽多，终不知教育为何事。君毅然与族人四端君等，觝排群议，倡议两等小学校，群推之为该校总理。至于一生仁民惠物之事，亦多可纪，然在君视为细行，故略之。

21.（陈铤藩） 陈君铤藩，字幼珊，闽福州人。任侠挥霍，简默寡言。幼肄业于普通学校师范体操专科，革命巨子黄乃裳氏，倡设文泉学校，聘君任教职。与黄亲謦欬凡数载，久交由是密。辛亥之役，投入民军，著有劳绩。光复后，由党总部派往连江分部部长，宗旨坚持，办事僻脱，党务日形发达。会陈燧灿归自粤，握手于陈瑛寓，灿亦谓粤事之棘手，一如榕垣。君见其诚款，即引为同志，秘密组织护闽社于苍前山。数月间，社员达数千，共推燧灿为社长，君为参谋长。社员之众，军政界为尤夥。共约除夕起事，乃孙买社员谢殿元出首。于是机关破，同志被捕数十人。陈燧灿、钱大圣二君皆遇害焉。君幸早见机得脱险，逃沪。事后发生大桥头炸张元奇、洋中亭刺谢殿元，君亦主张者之一人，盖谋报复也。时捕急，由沪转避粤，渔珠炮台长杨庆淦荐任幕职。适粤军谋北伐，应募于鱼雷队。亡何，粤军败，而龙济光入，索杀党人不已。既不可久留，遂与林少波至香港。未几，林得管驾于南琛战舰，坚邀君同事。君叹曰："大厦将倾，决非一木能支。"于是只身渡南洋，《槟城新报》总编辑钝君闻君名，介绍为该报编辑。对于救国论调，时发伟论，人多疑与民党宗旨不同。然宋熙宁、元祐各自为政，后世以为当时各有得失，法之约各伯党与罗兰等之革命也，主张亦各不同也。君主笔新报久至十二年，于槟城绅商各界，靡不纳交，社会教育之机关，如维善社，如闽南别墅，如榕侨公所、中华校友会、星洲教育总会，皆经列名会员。更多推之为职员，维善社近又举之为正总理云云。

22.（杨碧达） 杨君碧达，原籍福建省海澄县三都霞阳社人。父真龙，商于槟榔屿，遂家焉。年十六，即任西商辖典目土库书记，凡十年。经验已久，商才、商学、商识尽知之矣，遂辞职，与林有道君合资设长利公司，经营洋货土产。又二十年，而信义大著。近自创碧达公司，商业益形发达。性尤急公好义，凡赈贫弱，赡穷困，抑强扶弱，必义形于色，不辞劳怨，尽其心力而后已。居尝悯商情之涣散，于是创中华总商会，侨商之团体始固。慨华侨于工部局无代议士，于是团举杨元续君为议绅，侨胞之疾苦，始得上闻。伤侨工之流离失所，组平民工厂。四年中收纳千八百余人，筹资遣回国之老幼，更不能悉数。嗣英政府知君正直，欧战时委君为红十会筹捐员、执事部部员。限制米粮时期，委君为检查出口报告之协理员，委君为本屿入息税之顾问，委君为太平局绅，委君为大英义学董事。其为英官所重乃如此。君遇事一秉至公，最恶挟私见，宗祠屋租不公，请益不听，虽讼亦不恤，卒判君得直。君乃编订祠规，福利合族，是君公以待同宗也。街前、店前小贩时被警察拘拿，君见市政不公，锐身往见华民政务司，每求释放，小贩常免于拘罚，是君公以爱同种也。

23.（林晋三） 林君晋三，福建海澄三都人。十岁随父南来槟榔屿，十八岁任兴利土库书记。以俭朴蓄资，遂开张晋兴号，交易仰光杂货，时君已二十三岁矣。至二十五岁，又与友连财开兴美土产公司，二十六岁任伦丰土库经理。约十年，该土库停业，转任香泉大酿酒局经理。又十年，最后乃自管理诸商业及橡树园诸不动产，成资本家矣。然社会之事颇多参与，槟城同庆社推为信理员，凤田社、双桂堂均为总理，滋溢公所为协理，寿终社为社长。其济施事，尝量力为之云。

24.（陈深炎） 陈君深炎，字燧初，籍闽金门。气节自持，超然远俗。父钲铎侨槟久，经营同益号商业。君年二十六，同益号早已收盘，父母相继逝世。君已毕业，而中西文大通，为华侨银行司会计矣。且尝将利民福国大擘划，译文登诸报端，在在条分缕析撰载之。君又曾任中华学校教员三年，并任丽泽社副经理、中华校友会正会长、援助侨工会平民工厂总理、福建女学校、丽泽学校等校董。人格高尚，为华侨中难得者也。

25.（颜月圆） 颜君月圆，字文腾，籍福建南安。生于南洋之槟城者也。稍长，遍游暹属一带地方。后在槟城権烟酒公司掌总柜，凡二十余年，颇多储蓄，与友人合建商号于槟城之义兴街，曰振隆公司，入息殊丰。为人精神活泼，善滑稽，以是槟城华侨人士有不识面者，当无不闻名矣。晚近重公益，敬团体，槟城凤山社、凤田社、滋溢公所、宝福社、同学善堂、中华商务总会、华新公所、颜姓公司、怜义社等,或为董事,或为协理,滋溢公所曾推之为会长,颜姓公司亦举之为财政员,其见重于社会也如此,孔圣会组织之始,君为募捐出力之一人。

26.(薛木本) 薛君木本,字春荣,福建海澄三都篮尾乡人。幼旅居槟榔屿,初经商于马来半岛之浮卢江沙。时革命方起,与江沙、丘能言、吴永井、廖南亩等组织同盟会及书报社,极热心。后移任星洲《国民日报》经理,约二年。复任槟城《光华日报》经理。性柔和温婉,素位而行。而于孙中山三民主义五权宪法,则崇奉如圭臬,不敢须臾忽。晚近喜为团体尽力,钟灵中学、福建女学校及阅书报社等皆任要职。盖出之众推焉,亦社会不可多得者也。

27.(郭泰山) 郭君泰山,福建晋江杏宅人。九龄失怙,家寒不能为学,遂为农种。年十二,抵厦门为佣保于金象红烟号凡七年。将冠时,买舟南来新加坡,从事航海业。年二十八,转槟城为水客商,出入于高巴彛廊间。以诚信见重于侨人,买卖取赢,渐积渐多。越三载,遂得附股于绵昌公司,与股友陈子昂、柯子荣、郭景义、庄连玉诸人同心,《易》所谓"其利断金"。至民国十四年(1925),以时势所趋,退股让友。而与其兄景义合资,开设义泰公司,经营大宗糖米油粉,并为邻埠代办货品。遂起家。近又附巨股于源昌公司,并经营种植业焉。为人谨诚谦直,具大志愿。尤不忘故国,每思回籍,从事实业,格于兵匪交乱而止。交友以道义,于社会善举,尤输多资。发起郭氏宗祠,历任财政,发起晋江会馆,历任职董,发起学陶公所,历任社长,为明新社职员,得鸿雪庐会员云。

28.(许生理) 许君生理,字隐山,福建惠安人。性谦谨,静气迎人,弱冠,客槟榔屿。与伯兄文麻,共创设金联盛金银铺。以勤俭积巨资,新加坡、暹京各设金联盛支店。又在吉礁设金联德米较。民国三年(1914),于里中购新式机,设织布厂。多财善贾,无亿不中,其才有足多焉。君为民党分子,辛亥革命牺牲金钱颇多。凡槟中社团有党派色彩者,如丽泽,如明新,如惠侨联合会、南华医院、钟灵学校、中华学校等,或任发起,或任赞成,皆助以巨款。华侨老病失业者,多赠以川资使回国,其慨慷好义如此。自国内大乱,官僚土匪卒以百姓为鱼肉,所以侵扰之者无不至。君有所闻,辄投稿报馆,痛斥其非。又豪侠,好为人鸣不平。有陈某者因国货事罹祸，君助之川资数十元，使越境以免。而其最足令人景仰者，为提倡改组钟灵小学为中学一事。初槟城有中学曰槟城华侨中学校，颇著成效，及民国十年（1921）土产跌价，经费因以支绌，不得已暂停课。君惄然忧之，尝与同志谋恢复之，而同志方以钟灵小学乏款为苦，迟疑莫决。乃复谋就钟灵小学改为中学，附设高级小学班，约增岁费五千元。议定，遂损益旧章，附以预算表，呈大众议决。推君总理其事，君既荷重责，深虞陨越，京京然竭力以图，更得丽泽、明新两社同人两次演剧助资，经费充裕，校务于以发达。槟城中学校之幸存，君之功也。

29.（戴恩谷） 戴君恩谷，字贻三，南安诗山十一都大庭乡人，少读书三年，即往日本神户省亲。盖父金树，开有复泰九八号于神户。到即佐理之。嗣历任天津、上海复泰栈事。会日俄战争，米粮奇乏，因往缅仰光办米回日，获巨息焉。旋游马来半岛之霹雳属，在太平埠曾购地种树胶。凡十余年，因起蹶不常，终无所获。移居槟榔屿开张业成号，营日本及中国杂货，遂安之焉。为人急公好义，在太平时，曾加入民党，购国债票数百金。于社会事业，尤能与众肆力提倡。在槟发起续办南安会馆，历任副会长，捐巨资为续办费。其他施贷周给，视力所能及者为之焉。

30.（陈清贵） 陈君清贵，福建海澄浮宫俊美三角社人。槟城实业家进长之第四哲嗣也。生于槟城公巴。十岁失恃，十三岁失怙。性义侠中正，富有理想。幼会英皇加冕，槟人组赛跑庆祝会，君与角逐，获夺首标。英皇赠以最优奖章，殊荣也。清末被送回国留学，进福州商业专门学校。未几，以民国光复，省中大乱，因南归。越半载，复北上。漫游于广东、上海、南京、山东、宁波、天津等处，以领略祖国之名胜。卒进上海南洋大学后，又就学于福州华侨公学。民国三年（1914），南旋槟城为兴美公司店伙，以磨砺其商术。旋升任买办重职，兼理该公司实业要职。凡四年，卒得以俭积之资，邀股合开通成商号，贸易大宗土产及为英度郊配寄锡帛于印度。近者收买外股，独自经营。以君商才天纵，能行德义于社会。今所建业有椰胶田数百亩及诸不动产业、华侨银行等，以豪富闻矣。时演讲教育之救国于侨众，众以其为社会国家之中坚人材，故共推之为椰肉公司主席。至钟灵、丽泽、福建、南洋、工商、陈氏、养正诸中小男女学校，亦为董事。福建公司、颍川堂信理员。十年来之输资于教育公益者，岁计辄数千金。至出资以息人事、施棺木、惠孤寡、抱不平、急友急、起公众之难者,犹指不胜屈也云。

31.(柯孟淇) 柯君孟淇,原籍福建同安鼎尾后柯社。自其先人作客南洋,君遂生长于英领之槟榔屿。在槟城市廛业商贾。三十年来,整轮船帆船川行各邻埠。开土库,交易欧亚各国货。又久任东方轮船有限公司董事兼总经理。最近业种植,兼代理轮船出入及保险公司诸商业。为人让不失礼,富而无骄。槟城上而英政府,下而华侨各商团,咸尊重之。曾任礼申局局员数载。又槟城华人参事局局员、四州府政府米较董事、槟城港务局局员、槟城保良局局员及义务财政员、英国义学学生会副会长,槟城工部局局员、太平局绅。欧战发生时,又任槟城英政府管理船务部总经理、三州府议政局非官吏议员、槟城华人义勇队顾问。以上系英政府方面之信托。至于华人各善团、中华总商会任董事,平章公馆任信理员,小兰亭俱乐部任协理,槟城音乐体育会名誉会长、辅友社名誉会长、槟城佛教研究社名誉会长、点石斋有限公司董事部主席、槟城英籍华人会会长等。往年,经英政府特擢,升实得力三州府定例总局议员兼按察司衔,钦赐OBE勋章。君于西历1919年至1921年槟城米荒时,居民乱甚,英政府特委君为米粮支配代理人,以是有功。勋章之赐,盖在此也。

32.(翁碧斋) 翁君碧斋,字惠钟,福建龙岩城内人。父志鹏,久商于南洋槟榔屿。君年十五,受父命学商于协发号,逾三年。始令南渡槟城,在父所附设之志成公司佐理店务。亡何,升任总司理。盖有见君之优于懋迁术也,前后十余载,既极其绻绻奉职,于己亦由是而著善商之令名焉。旋自开金丽昌亚齐土产郊并为树胶之贸易,幸以自号营业蓬蓬勃勃,不能兼顾志成,遂以志成交其弟总理之。近者又设支店外埠,在暹罗董理什埕埠则有志和,若荷属亚齐埠则有丽昌栈,其他加央埠则有附股于某锡矿公司。万里鹏搏,前程远大,正未可限。为国民党党员,学陶公所、青年公所、槟城阅书报社、中华总商会亦均为会员。于慈善事业及教育等,多颇踊跃输资。至籍乡之模范、公民、振桂等校之助为尤力。计其所捐,凡千金。近又将与屿中乡人,发起龙岩会馆。为人率直诚谨,处事以稳健为主义云。

33.(丘明昶) 君闽省海澄县三都新安人。性沈重渊懿,读书虽未造乎奥衍闳深，然凡商事尺牍簿书算术等，皆能了了于怀。故壮年来屿，初到即能任某商号书记。服役数年，则自张吉昌号油索行。嗣又分支行于巴眼亚比及新加坡等处。近复购地辟种植场数百亩，更与族人合股开米郊树胶较。十年经营，业至数十万。不可谓非商中之雄矣。为人慨慷，交友直谅，求无宿诺。有同志某甲落魄星洲寄居君店，每乏资用，尝不待其开口而即助之。一日君欲回屿，恐某甲穷困无告，乃密嘱掌柜某曰："甲，君子也。吾离叻后，仍时看顾之，无使乏绝。"其交友直挚慨慷如此。君操业勤，执事敬。居尝戒其子侄辈曰："吾少贫，尔曹知之，今得在南洋占一席地，积几文钱，无他，恪守一勤字耳。古人制字，勤从力，力之所到，则富基之。昔楚庄作箴以训其民曰'民生在勤，勤则不匮'。至言哉，尔曹勉之。"君维新最早，剪辫易服，亦在民国前之三年。知报馆为创造维新之机杼，故槟城《光华日报》及石叻《国民日报》等，均购巨股。平素注重维新，破除迷信。至家中拜神祀鬼，废除尤净尽。谓国亡听神，经书早有垂训矣。君革命堪为先河，当屿中成立同盟会机关时，会员仅一二十人，君已居其一。已而，辛亥前后革命凡三次，首先输巨资忙奔走，略无倦态。革命功成，民国成立。临时政府孙大总统暨诸同志来书劝归，并咨询建设方略者甚多。君谦谦谢无谋焉，其无伐善无施劳又如此。君有弟曰四国，亦革命中人。笃信谨守，人甚敬之。现方佐君治商业，深滋得力。

34.（陈西祥） 女士闽籍，槟产，为槟城已故林宁绰君妻。现三州府太平局绅林耀煌、林耀椿二君母。性慈和，念经奉佛甚谨。然施济之事，则不分僧俗，力所能及者，无不为之。如槟城鹤山极乐寺之永远施茶，如逐年助某善堂施棺，如祖国灾祲之赈济等，皆动辄千百金，无或稍吝。女士好善，出于天性。尝有某妇人，其夫因讼收缧绁，将成谳，证人某索巨贿许平反，妇贫无以应，转求助于女士。女士为之怃然，适无便资，亟脱簪质钱与之。妇见状惨然泪下曰："太夫人虽甚好善，但如此，不已伤惠乎？"女士曰："吾与虽伤惠，尔取无伤廉。且所谓伤惠，亦只伤吾一人之惠。要知不与，则伤尔夫，或至伤一家之性命矣。故吾两害相权，宁取其轻者耳。"亡何，果释放，夫妇感泣，匍匐谢二天焉。槟城十年前无女学校，妇女界风俗，渐次用夷变夏。女士忧之，遂独立创办槟榔屿女学校。凡入校者，悉不收脩脯。现教员已有四人，学生亦百余人。其好善兴学，有如此者。女士教子,悉以义方。子耀煌、耀椿侍之甚谨,修身行德,皆母教也。林家德量,多有可纪。尤著者,有赁林家屋某人,租金已积欠八九个月。收租人欲请裁判厅令封闭、拍卖其家私,以抵赁资。女士母子,皆阻不可,令搬迁了事。槟中屋价,年来飞涨不已,赁金亦然。林家之屋,租值较他家低数倍,独不升高。

35.(黄金庆) 君祖籍闽省同安县。其先世旅居南洋暹属各埠。父为槟城矿商,建得昌号商业,君故生长槟城。父殁,继掌其遗业,循途守辙。父规子守,凡十余年,能商之名遂振。甲午(光绪二十年,1894)我国战败于日,割台湾赔巨款,丧师辱国,为自有史以来所仅见。当恶耗传来,侨人咸瞋目裂眦,大骂当轴昏庸不置。君独叹曰:“是当乐观不当悲观也,中国不经是役之挫折,必不觉悟。我民既不觉悟,宁有自强之日哉?”岁乙巳(光绪三十一年,1905),孙逸仙先生南来运动革命。到槟后,人皆不敢纳交,君独与三五同志欢迎焉。更为置馆驻旌,刍米役资,供给不时,无或稍吝。已而孙知君为卓荦可靠,遂委以南洋一带同盟会主盟。君性仁慈有胆识,宅心复醇粹,以是同志悉归心焉。内地革命每一起义,必函电交驰,报告邻坡,冀得众助。而尤以辛亥元旦粤中新军反正及3月29日、8月19日粤湖诸役为尤忙。民国肇建,临时政府褒以特别旌义状,滇督唐蓂赓、粤督胡展堂等,亦各赐徽章及诸奖品。然非君素志也。君中年处境甚丰,而晚年反悴者,是皆分心于国事,不及庀整商业之故耳。民国四年(1915),跋涉星洲,任中华国货公司经理。越年疾作,卒于旅寓。幸星之怡和轩俱乐部诸同志,出为治理一切丧事。至将运柩回屿日,星人士送葬者,达三百人。船甫入屿港,各界立于烈日之码头以待,执绋者不下二千人,可以观君之得人矣。

36.(林地基) 林君地基,字建堂,福建同安人。世居城西十余里之亨涂社。君随亲居太平佐父治商。亡何,父与之微资,出自开鸿发号于槟城,业板柴架屋料。旬年之间,获盈巨万。天性好友,谦逊广交。尤忘家忧国,革命之役,在同盟会策划大端,尽量输资。甚至劳而不矜其功,怨则巽辞罪己。其爱国奉公,有如此者。晚近与吕毓甫君等倡办同安会馆于槟城,手自撰序。募资同侨,疲役不辞。至福建女校、槟城阅书报社、钟灵中学等,或为总理,或为职司,要无不竭忠赞助焉。

37.(郭天麟) 郭君天麟，福建惠安人。幼随父母客南洋槟城，读书于中华学校，能文善书。及长，佐父治木材业。寻常视之，一商人而已。但夷考其举动所怀抱，绝不相侔。曾于冠前回国，投广东某师，随营干部教练所，为教习，方以才艺见知于上官。忽奉母书，趣其回槟，于是匆匆归焉。时其父已殁，母氏在堂，定昏省晨，正须有人，故君不能不为暂时居屿也。为人性格澄清，胸怀空洞，鸡鸣而起，或商或读，或在精武体育会练习拳棒。一身数役，尤珍惜光阴。

38.(杜壬癸) 杜君壬癸，字有陇，福建同安马槛山后张人。以西历1875年，生于马来半岛英属之槟城。父锡助，为绵兰名商。君年十八，初被聘任某洋行事。已而就德和商号总司理职于太平。惟日孜孜，无敢逸豫，才名以显。旋集资自开锦裕春公司于槟城。亡何，歇业。而自启宝仇汽水公司于太平，除制造上等之各种汽水销行于马来一带外，近者为土产树胶之贸易，胶树之垦植，并与婿王康恩合资，共创宝廉公司，经营么多加料及车油铁器等业，家资益丰赡矣。天性率真嗜学，在家出外，手不停披。尤喜浏阅报章，关心祖国时局。至于社会公益事业，尤乐输资，以促其成。为太平侨商别墅总理，树胶公所职董，GRA 俱乐部及论文阁董事云。

39.(王景成) 王君景成，祖籍福建同安白礁乡，而生长于槟城。幼读书于槟城中华学校，未毕业，而父见背，家本寒素，学业因是中辍。得友人介绍，佣于兴美号而所入太微，俯仰莫赡。民国八年(1919)，始与友辈合创橡皮店，启号振权公司，诸朋友以君是业多阅历，推为总司事。三四年来，岁计有盈无绌。君年方二十五，少年得志，殆天授也。又与数同志组织丽泽社于槟城，命名取义，明交友不比匪而丽泽也。社既成，君为总理。社友数百人，内容甚齐整。如设阅报观书也，如建设学校也，如演戏助赈助学也。在在有益青年、范型社会者。该社既多成绩，君名随之而馨芳。屿之华侨女学校、丽泽学校、槟城援助侨工会、同善学校、中华校友会、阅书报社、辅友社、精武体育会等，均闻名推为义务职员矣。树胶公所尤为义务总理。

40.(张延木) 张君延木，同安后湖人。西历1897年，生于南洋槟城。毕业于中华学校，少具大志。出学后，父命之任成利公司掌柜。该公司乃其父与丘金经君所合营者，凡六年。在职勤慎，游刃有余。但尔时市面恐慌,因被影响停业,于是再邀林镛铭、丘毛狮等君四五友人,合开成通公司,经营庶货业。十年勤苦,颇获奇赢。民国十三年(1924),复附股于福祥栈。该号营大宗土产及索络业,历任财政重职。与股友合智并力,故其营业有进无退。性仁慈和蔼,交友赤诚。于社会多行德义,喜输资于慈善公益事业,故时流多称之云。

41.(吕俊典) 吕君俊典,福建同安后安乡人,为槟城商业家吕毓甫君之犹子。父早世,读书数年,毓甫君便命之南来槟榔屿佐商。未几,毓甫君以其才可独当一面也,遂为之备资本,开设俊美号,业海错及诸土产,货殖流通,趋利如水。为人情趣孤高,持躬平恕,不为孤恩负德之事。居尝语人曰:"生我者父母,成我者叔父也。"生平爱国如家,为槟城同盟会一分子。对于辛亥前后革命,时见捐资出力,曾为吉礁国民党支部员。辛亥年(宣统三年,1911),曾在屿丘有美山园一会孙中山先生焉。

42.(李荣寿) 李君荣寿,少年有志于商业,籍闽海澄,而生于槟城。十岁,出就于同善小学校。十六岁辍学。君父开设有合兴号商店,为父理会计,如老商宿贾,市人奇之。民国十一年(1922),隶名丽泽社。又一年,入精武体育会。丽泽与精武为槟城三育之二,大机关青年会到此,如跃禹门,其变化真有一日千里之势。故年来为介山学校财政员,为培南学校总理。追源其始,皆丽泽、精武有以启迪之也。为人轻财重义,博施济众,受其拯济者颇不乏人。家居槟之日落洞,邻近贫者,皆视为福星冬日焉。

43.(陈怡英) 陈君怡英,福建惠安洛阳人。十四岁南来槟榔屿。其始也,为佣于恒茂号,留神工作。在事精勤,东家林文琴提掖之,为总买卖手,重职也。后以林文琴病故,恒茂号亦倒闭。乃自出谋创商肆,号集源,业九八土产。内又附设陈怡英一商号,业树胶土产,均巨号也。为人寡言辞而多德智,于朋友寡交而多亲友。偶有急难,尝倾身营救。有所借贷,无宿诺。辛亥年,在槟城入同盟会。对于国事,颇多谋虑。当癸丑(民国二年,1913)江西都督李协和来槟城,君与同志,一度会李,李悦其热心,书赠数联,中有"两肩儿挑尽国事家"句,一时传为美谭。为商会会员,树乳发行所及树乳贸易公所俱为职员。丽泽中学、钟灵中学、福建女校俱捐多资被举为董事云。

44.(吕毓甫) 吕君毓甫,福建同安人。性厚重,好读书,为文不拘法,能诗,不喜吟咏。惟孜孜讲求商务实业。既壮,游槟城。任某商店书佣,月糈只三十元。终岁碌碌,未有寸进。嗣自设商号,曰同丰,专办土产,配寄香港、沪、厦。又购帆船数艘,往来邻埠运货。十年之间,获利累巨万矣。君处境既丰,乃从事施济。年来振废滞,恤鳏寡,匡困乏,救诸灾,所施不下万金无吝也。复以巨资倡建同安会馆,且不好名。偶有义举,辄嘱报馆勿宣布。其不矜夸务实际有如此者。君好讨论学术,得间,恒就光华日报社、兢兢书局集诸记者及同志,谈空说有,论经评史。有人叩作文之法,君谓:"文不宜拘法,拘法则无异八股时文矣。"又有人问以对各宗教之赞否。君曰:"凡为宗教,各有好处。否则必不能存在到今。惟各教皆含有迷信事。教条既立,门户显分。入主出奴,在所不免。"

45.(法空禅师) 槟城鹤山极乐寺有下院曰观音寺,住持僧法空,闽人也。本姓陈,幼削发于枫亭会元寺。年十七,偕其师南来,居观音寺二十余年矣。通国语、英语,习少林拳术,能举石鼎作旋风舞。光宣间,游丹芝埠。适应埠庆祝英皇加冕,开竞赛会。英、日、美各籍民,竞出所长以争胜。华侨有知师之技者,请献所长。师曰:"苟可以光吾族者,敢不唯命。"是日登台炫技者数十辈,台下观者数千人。……槟城有平民侨工会者,为济工人之团体而筹款。师允该会长之请,登台献技者再。故该会长致颂词云:"以少林之绝技,行菩萨之仁慈。"盖师非好炫所长,实具救济婆心,不肯自秘耳,若吉礁之欧战红十字会,若广东之水灾,若本埠福建女学校以及各团体,有请无不立应,皆本如来慈悲之旨而出,非炫长也。师又善书画,清太傅陈公宝琛来槟游观音寺,讶寺中题名碑额,字多类己,询知出自师手,叩以所学,始知师亦深得力于山谷者。所作斗大字尤工,为称羡者久之。

46.(陈玉壶) 陈君玉壶,闽人也。短小精悍,才识过人。居南洋甚久,现任槟城陈嘉庚公司总司理。槟城为南洋树胶输出欧洲之枢纽,每年营业总数,不下数千万元。而陈嘉庚公司所制造贩鬻之货品,实居其最大部分。陈君经营擘画其间,其地位之重要可知。其才力之宏大尤可知也。陈嘉庚公司各埠皆有分行,陈君多曾为之司理。国内之上海亦有分行,陈君则为其创办人也。故陈君为陈嘉庚公司重要人物,即不啻为南洋商界重要人物也。君质直好义，不轻然诺，与人交竭力助之。偶有需求，虽千金不吝也。余既至槟即往访之，蒙其介绍陈君民情及各学校社团之总副理，又嘱陈嘉庚公司交际员赵君为之指导一切，财政主任白君锡筠亦君所介绍。对余尤热心，所携各种国货，经其竭力吹嘘，销售甚速。关于各埠往来汇款，亦经其详为指导，始得周转灵活。余患病时，又为之介绍医士，尤令人铭感无已也。

47.（魏阮生） 君闽海澄人。性行仁慈，寡言博学。少年南来，栖身屿岛，为某商号书记有年。以勤俭兴家，开张庆裕香厦郊，岁获奇赢。但富有之后，能役财利物。举凡扶危济困，恤贫赈灾之事，靡不为之。志在自修，不求名誉。故其潜德，少有知之者。然观于某孀妇之言，可以知之矣。妇之言曰："妾夫郭某，思明人。栖迟屿岛一二十年矣，尝为商馆书佣，乃烟瘾已深，服役未久，辄摈不用。以故家中万分困穷，然日食不足，时常得魏君密助，已数年矣。民国四年（1915），夫病，未几即殁，妾往告之，又出数十金为殡费。妾夫在时，每自言彼所借贷友钱亦多矣，欲求如魏君能全其体面，不漏一言，竟无其人。妾夫感魏君恩德之深，可谓沦肌浃髓矣"云云。于以知君之为人矣。君好革命，辛亥前后助饷不赀。当武汉起义之役，庆裕楼上时有多人聚集候接电信。闻革命得胜，则与众手舞足蹈，欢呼如雷。闻某省克复，则醵资设宴，不醉不归。革命机关报，如星洲《国民》，如槟城《光华》等，君尝为总理协理。民国六年（1917），叻、屿二处饥民，因米贵暴动，英政府疑为《国民》《光华》二报所鼓吹，逮君入狱一夜。同时并捕吕毓甫、傅炎峰二君，若陈新政、丘明昶、林如德、林福全、徐洋溢、吴裕再、林如瑞、柯自发等数人，悉自投案。盖均一一报董事也。已而英政府勒各人拍照相片盖印指模而放归，时君面不改色，以为内省不疚，何知忧惧哉。

48.（黄回澜） 黄君添水，字回澜，福建晋江人。幼颖悟，异侪辈。毕业于泉郡培元中学，成绩斐然。师长目为伟器。年十八，游槟城任锦美栈经理。营树胶椰子各业，为半岛有名豪商。经营数年，所业乃大获进境。继思民智之急宜启迪也，乃发起《南洋时报》，出巨资以组成之。又念儿童之不可逸居无教也，乃力促教育之振兴。如福建女校、钟灵小学、南洋女子公学、工商女学均被举为董事，以办理校务。又历任书报社、椰干贸易公所、乃仓米商公所、晋江会馆、《光华日报》诸社团总理。事务殊冗杂，而君竟措置裕如。视社会事如己事，不畏难，不惜力。盖其急公好义之天性然也。君年仅三十，所成就已如此，前途远大，甚望君好自为之。

49.（温庆标） 温君庆标，闽之海澄人。性恬退，嗜读能文。年二十四，弃书来槟城练习商事。至二十八岁，即自立商号。在槟有福隆栈、福庆隆，在巴乳有福庆隆、福庆美，居林有万珍美，新文英则有万珍美各商号。其所营业，如布匹也、土产也、锡矿也。蛮珍海错，鸟集鳞萃，贸易之盛，奕赫当时。君既富，不改常度，薄己厚人，始终如一。槟中公益事业，如南华医院、同学善堂、中华学校、福建女学校、援助侨工会、平民工厂、福建公冢等，胥任其名誉职员，且捐巨资以赡其经济，其积善累仁有如此者。君善与人交，一经为友，则分甘共苦，亲若兄弟。思明黄某者家贫，栖迟岛屿箪瓢屡空，君与交才一面，因怜而时周恤之。其慷慨好义又如此。君任福建公冢董事，尤能泽及枯骨。盖槟中有福建公冢三，曰波池滑冢，曰巴抵眼东冢，曰巴抵万东冢。冢役多无赖，尝将旧冢掘发，伪为新地以图利。君既为董事之一，提议严格查究，重新立约。冢役为之稍戢，众由是推君司理三冢事焉。

50.（林如德） 林君如德，闽之海澄人。旅居槟城任某米较公司总司事有年。公司每值岁计，获利甚巨。东主以其才，优予薪红。所入既宏，交游浸广。为人慎言语，和颜色。好为公益慈善，中学校善堂多列名发起。闽粤团体之平章公所为董事且二十年，他如钟灵学校、中华学校、福建女学校、槟城阅书报社等，并任重要职员，劳怨不避。辛亥革命初起，君欲以口舌之力，助其成功。到处宣讲，同事咸非笑之，不顾也。及南京临时政府成立，来电告改用阳历，侨界大哗，即号称民党中人，亦多骇异，君称赞不已。性慷慨，度量最宽。尝为同族某甲骗银千元，有劝之告官究办者。君曰："追回全款上策也，得半犹为中策，告官则策最下者矣。人孰不欲自高其人格，顾少年浮夸奢侈，偶尔失足，事所当有。一经刑狱，则抱愧终身矣。"卒不究，其存心忠厚类如此。余居槟城尝访君于福建女学校。历述办理学校之困难情形。听其言，足征其对于教育之热心也。

51.（胡子春） 胡君名国廉，子春其字也。闽之永定人。雄于资，而挥之若土。有古侠士风，又豁达大度。丰采朗然，望之威而严，接之温而恭。尝有食客数十百人,衣之食之,甚焉而家之室之,盖有慕于古之孟尝君而然。南人亦以孟尝君呼之。于是君名满南洋。每当吾国有护法锄暴之役,而有求于华侨者,莫不诣君。君即慨然而出巨金,以纾国家之难。君既尽力于国内,又汲汲于南人而思有以振之。于是南洋学校及公益事业之属,求助于君者,不可胜记矣。即赖君一人之力而成者亦夥。槟城师范学校赖君而成焉,槟城中华女学校赖君而成焉,坝罗育才学校赖君而成焉,拿哈乐育学校赖君而成焉。其于国内也亦然。君慨然而输,于是永定有师范学校焉,于是华丰有中学校焉,教不遗乎童龀,而犹兴小学以成矣。南之人莫不颂君,闽之人莫不歌君。而君提倡教育之心,犹未已也。南洋之人,嗜赌及烟而性惰,君恻然悲之,而毅然欲除之。今也南人以远飏之躯,不自警惕,而巢赌窟烟,其为国何?其为家何?革而新之之任,吾肩之矣。于是上书英国上议院为南岛侨人请命,禁止英属七州府烟赌,以保殖民也。展转经营,卒得所请,而置侨人于勤洁之域焉。君性好交游,与人推诚相与,国人之有声誉者多乐与之游。岑西林者,君之挚友也。当岑公之督粤也,尝请君从事于矿务,而琼州之矿以辟。李经羲督滇黔时,亦请于君,且显之为云贵矿务总办,经营二岁,改建共和。……初君之未富也,试矿于太平埠,苦身努力,不数年,而有所蓄。乃往拿哈而怡保而端洛辟地数千里,卒以巨富称。君既富矣,而又欲展发其所素习,为国宣劳。如君之行,所谓救国救民之人者,非耶?

52.(陈光道) 君姓陈,名光道,字笃生,闽南安人。年十八,遵海而南。首到槟城,任某商号记室。越年,族兄某任之以商事。未几,如吉礁任饷关事。既三年,又回家省亲,寻来住居林。任旧东振安硕莪较,方数月,调任集美米较。未几,升槟城集丰美米较总经理至六年之久,从此声华日著,入息渐丰。于三十六岁时,遂与友某合创集恒美米较兼杂货商号社。美街亦自创椰肉槟榔土产郊,曰集成隆,过港大山脚筑厂,建大进椰油较公司。君素以国弱民贫,责在国民不知团体之组织。故年来凡团体所需要,靡不襄助。南华医院任总理至二期,又兼财政一期,中华商务总会任董事至二期,广福宫及所属各宫庙、中华学校、福建三公冢、颖川堂皆为信理员。其平章会馆、福建女学校、同学善堂、平民工厂等,或总经理之,或协理之。凡公益慈善一切事业,无不兀兀孜孜,乐为负责尤著。陈氏颖川堂数十余年积弊难除，君奋然集族中诸方正者，共控之于公庭。得直后，重订新章，附设学校，修葺祠宇。阖族额手称庆，推为总理。连任三期，至今八年。

53.（庄来福） 庄君来福，籍闽同安。父清建，商于槟城，娶林氏而生君。幼读书慧悟，佐父治商。恂恂述职，人咸以亢宗子为期许。现所营者，如万福英米较、万兴美油较、山海兄弟公司树胶较、树胶园、椰园，在在为南洋最大企业。年景稍丰，会计所赢，则百万或数十万矣。为人风骨秀整，静气迎人。自奉则不丰不杀，公益慈善，择可而行。年来槟城庄氏四美堂、中华商务总会、施挨施打球会、存义社、同庆社、仁和社、宝亨怡然亭、清芳阁、广福居，或尊之为总理，或尊之为财政，或尊之为协理董事。尤皆能允叶众望，未闻闲言。至恤济事，如同学善堂，如南华医院，如坡内外学堂团体，以及内地诸灾诸善举，靡不竭力输将也。

54.（杨彩霞） 君字汉翔，彩霞其名也。闽海澄三都霞阳社人。瑰岸倜傥，细行不拘，大节莫夺，革命之早，亚于吴世荣、黄金庆二君。先是，清光绪二十九年（1903），孙逸仙、邹容、徐锡麟及内地党人等，或倡起兵，或著《革命先锋》，诸君或为暗杀。沪报宣传，清官胆落。君跃然曰："我国二三千年来，暗杀者仅荆轲、要离、豫让等三数人，今何荆、要、豫之多也。汉其兴，满合亡矣。"……时槟城阅书报社革命机关方成立，党人咸以君饶干局，推当庶事。君固娴辞令，广交游，略施辞说，众即倾心。拔擢之多，特如伯乐。一过冀北，良马之群皆空。君于革命成功之年，曾同黄金庆、吴世荣君莅上海组织华侨联合会。既为职员数年。

55.（刘惟明） 刘君原，字惟明，闽之晋江县河市人。民国前九年癸卯（光绪二十九年，1903），金太守学献知泉州府事，开办中学，第一次招生，试验投考者，五邑诸生，君名第一。时清政不纲，凌虐汉族，民治思想，皆不欲涉登仕版。君奋然南渡，甫到英属之槟榔屿，杨氏学校聘为校长，教读三年。辛亥（宣统三年，1911）回国，民国纪元，再行南渡。杨氏仍欲请长斯校，然君志在商业，不以教读为意。适槟城米厂公司成立，任为记席。当地华民政务司律勉君，未谙华文，闻君博学多识，亲就君所，日以华文求教。迨律勉君将卸职回国也，赠嘉品以留纪念。君赋性醇厚，待友以诚。自奉俭约而广交游。会民国八年（1919），欧战方终，生计活动。君遂建设有年商号，专营米业于太平埠，委胞侄麒麟君理其事。数年来，颇有获利。今后在屿合创宜春号，经营树胶土产，益发达不已。闽省实业厅长吕渭生君，闻其才，函聘其为顾问。然非君本意也。君对国家社会，多所效劳。当光复前，槟城有阅书报社，为直接开通民智，间接从事革命者。君辅助之不已。迨被选为正总理，议购图书，增添报纸，供人浏览。其赞襄新文化之功，为不浅矣。君视同乡人旅屿日多，非集合团体不足以联络乡情，于是召集同乡，组织晋江会馆。他如钟灵学校、丽泽学校、明新社、鸿雪庐诸团体，历任会长、社长、总理各职，任中劳苦弗辞焉。至对于捐助慈善事业，则慷慨输将，惟恐不及。屿中福建女学校之开办，君任校董。该校新购校舍，需款正多，君亦捐巨资为倡。又屿中小学林立，而中学停办二年，青年学子求学无门。君深为惋惜，遂联络诸同志，提倡改组钟灵小学校为中学校，并担任筹办员。夙夜匪懈，孜孜擘画，勤劳职务。今日中学生之蒸蒸日上，君之力为不少矣。

56.（广通上人） 广通上人，福建闽侯人。俗姓魏，名子培。父竹泉，宦游政界，所履有循声。年十六，弃读从商。素厌凡世，念念有劫，尘尘无际，遂在浙江南海普陀山鹤鸣庵落发为僧。以师事该庵文莲方丈，时师年三十一岁矣。翌年，则在该庵为当家，历二十余年。民国六年（1917）旋闽。八年（1919），跋涉缅甸礼佛，舟次槟城。闽粤商人闻师名，延为天公坛住持。坛貌固剥蚀欲敝，始至，始集资重修之。九年（1920），绅董复延师住持广福宫。是年，吉隆坡福建公所总理卢有水君等，欲整饬该埠观音亭一切事，邀师同往，推为当家。师既莅任，为立规章，举百废，阖埠翕然称智能焉。现犹遥领其职。宁波孤儿院施用浩繁，经济缺乏，派人来屿捐题。师以五百金应之，曰："人类最动人怜者，尚有甚于孤儿者乎？是而不救，非空门也。"师精俞跗术，尝以针灸医病人。愈不受谢，贫者车仪亦不使给。

57.（周振锡） 周君振锡，生长槟城。父何忠翁素业丰，精仓扁之学，活人甚众。君年十四，已通文翰，乃弃学而业商。年十七，受知于某富翁，任日落洞烟酒局掌柜之职，司出纳，丝毫不苟。翌年，擢升高雅武朥埠烟酒总局总理。任职六载，才具卓越，见称于时。何君汝成尤器重之，谓："此君仅弱冠，而老成持重，迥异寻常。余阅人多，若周君者，终非池中物也。”乃以其女妻之。君既蜚声商场，邦咯埠万斯美大公司聘君司理其事，历七年之久，乃自营福崇安号。经验既富，信用亦昭，黾勉十年，福崇安号营业之发达，遂为邦洛埠之冠矣。清末国势日颓，君以同盟会员，鼓吹爱国。侨界之闻风兴起，愿为同盟尽力者，达数百人。故豪款巨资，出于君之输得与募集者，为数独巨。是足征君之热血与办事之能力为不可及也。其他组织广福公冢、兴创华民学校公益义举，历十余载而志不衰。

58.（林有道） 林君有道，福建海澄三都人。君生于槟榔屿。性沉默，貌瑰奇，幼肄业于槟城英文学校。毕业后，佣书于屿，辖典目西土库，数年升为会计。凡十年，有积聚。与杨必达等合资开张长利公司，专营大宗洋货，时亦号土库（南洋俗凡称土库者，皆巨号也）。又二十载，以有阻遏业，自营林有道化学公司。盖君长于化学也。所造物，惟制树胶之叶标药，最为业是途者之通销品，获利尤丰衍。近更从事于种植，以森林开垦为椰田为橡皮田者甚多。君意致深远，才干敏实。尝自叹生长槟城双瞳如豆，一叶迷山。世界景景物物，自非游历，难开眼界。爰庀装游历内地各省名省市廛，旋游日本、美洲，欧洲亦几踏遍，尤以英、德、法、意、奥、瑞士诸国观光览胜，为日最长。时君年三十矣。君怆怀侨庶，熟虑平民，1919年，槟城斗米一金，居民骚动。英政府恐成大乱，将拟严惩。君闻警，亟出维持。一面向英政府疏解，一面止居民暴动。阖坡赖以安宁。潮汕及北五省灾祲，众咸以君孚侨望，举财政员，筹数万金，汇交灾区赈济。槟城中华商务总会、钟灵中学、中华学校、精武体育会、平民工厂、平章会馆亦皆受君助。商会举为总理，余各推为职员。英政府授以太平局绅。

59.（邱朝宗） 君字曾宝，福建海澄三都新江乡人。十岁南来槟榔屿，就读于汉文学校。遂佐乃父创之吉成杂货号商业。旋合资开张吉成利米郊（闽商凡大资本能自输运大宗货物谓之郊），兼贸易大宗土产。数年间，发展之骤，殊为可惊。现亚齐一带，如万成利、万吉利、达利兴、太平、兴福利、吉礁、万丰隆等，或其分号，或为合资，要皆为巩固商业焉。为人儒雅温恭，待人接物，极其和平。尤关心社会团体，故屿中如丽泽社，如钟灵中学，如福建女学校、仁善会、平民工厂、中华职业学校等，皆举为职董。于赈灾恤邻，尤多所捐助也。

60.（林文进） 君姓林，名文进，祖籍闽省。因父某商于南洋庇能，君故生长于是。幼攻华文,兼读英文,皆有所得。居戒奢去靡,惟赈施则无不量力捐之。辛亥前后改革,捐资助革军及赈难民颇多。槟中书报社及报馆,皆为发起之人。民国成立,南京临时政府赠优等状,以旌其义。

61.(徐洋溢) 君闽海澄人。冠年南来槟榔屿,为某树乳铺书佣。既十年,乃自开兢兢图书局。年来南洋方大兴学,需用图书、笔、墨、仪器甚巨,以是获倍蓰利焉。局中现且盈架叠箱,汗牛充栋。俯仰间,尽属五车二酉物矣。先是屿中党人,方募股办《光华日报》。经理一席,恰难物色相当人才,董事欲以任屈君,语君曰:"君藉笔墨生涯,其利非薄,盍经理报馆之为愈?"君曰:"吾业是非专为利也。有下列数理由在焉:(1)世界现方竞能斗智,图富争强。然所恃以为后盾者,图画书籍启迪其智识耳。南洋图书固少,槟城旧有书馆,亦多不完全,此业正及时者也。(2)余学尚未造乎高深奥博,业此日为图朋,夜为书友,学识藉是为阶梯,文思由斯以进步。昔美利坚富兰克林氏年二十余,尚为造灼佣及印字工,乃工余专攻图书,卒之,不惟成为大革命家、大发明家,且成为大文学家。窃思富氏人也,余亦人也,有为者亦若是耳。(3)世界数年一大变,华侨兴学日甚一日,迥非昔比,行将见儿童视图书为再造父母第二生命矣。果尔,则属于投机商业,有何不可?"闻者叹服。君既业是,商隙学而时习之,数年间,果也英含华咀,怀玉唾珠矣。君革命之早,并于黄、吴二君,组织书报社及募股开办《光华》《民国》二报,尤为努力,盖二报为党人机关也。时叻、屿反对者,诋諆革党不已,君每著文驳正之,笔战一开,恒数阅月不休,反对者尝知难而退,于以见君之文才矣。君性仁厚,有潜德而木讷,平居似不能言,其在团体庭众偶有辩论,无不勇气百倍,侃侃而谈。至党友或有误会,互挟意见。尝恐伤好陷于决裂,每居间调停,务使双方屏私见,顾大局,而后安心。不知者或病为瑜瑾有瑕,鲥鱼多骨,滑稽者至笑为脂韦,真不谅君之苦衷也。辛亥民国成立,君功甚伟,而竟无丝毫克伐意识者,更有以知君之器量矣。

62.(孙崇瑜) 孙君崇瑜,福建闽侯县人。质聪颖,貌温和,性尤慷慨。就傅时,习中文即能成诵。舞勺之年,随至亲南渡,侨于星洲入礼佛学校习英文。不数年,中西贯通矣。居留地政府招为练习翻译生。毕业后,任星洲审判厅翻译员。历任加斯麻岛官署及槟榔屿与红士坎审判厅署翻译员，后升任槟榔屿华民政司翻译员。华民署为保护我华侨而设也。君在署历有年所，勤以奉公，和以待人。凡侨民有受屈者、被累者，君营救之不遗余力。昔于公治狱，多阴德，孙君在华民署，即今之于公也。我侨南徙，常有流离无依向告贷者，孙君亦施之而不吝，人又以之为今之高子也。通中、英、日三种语言文字，兼娴闽粤及巫来由各种方言。平素见义勇为，对于慈善教育有益社会者无不极力提倡。各社团有所设施，必推举君。君亦毅然任之，不以劳瘁辞，人皆以孙先生呼之而不名。

63.（李登辉） 李登辉君，字腾飞，原籍福建泉州府同安县人。生于巴达维亚。年十四，始就美以美会所设之英华学校习英文。年十九，赴美留学于倭海阿省之维士利仁大学校。侨生于荷，而留学于美者，君为第一队先锋。1897 年，入椰路大学。迨 1899 年毕业，得学士学位。后即回海峡殖民地之槟榔屿任大英义学教习，仅年余。于 1901 年辞职，回巴达维亚创设英文学校，以教侨生子弟。时戊戌政变起，康有为先生出亡至巴城，一见君，大相期许。怂恿君回国谋教育，君因以兴学救亡为己任，于 1905 年到沪。沪为全国文化之中心点，君择以居之。即以是年 8 月，倡设世界学生联合会，众举为主席，服劳历十年而不懈。复旦公学由中学而设大学，今复大学校巍然现于江湾，为东南有名之最高学府，君之力也。君长复旦校几二十年，学生游学者遍欧美。君长复旦，循循善诱。侨生回沪就学，君爱之如亲子弟，故筑复旦大学。君一渡海，十余万资立集，其为我侨所钦仰，依此可知矣。1912 年后，连年为《英文报》之总编辑，同时又为中华书局英文部之总编述。1906 年被选为爪哇中华会馆之名誉会员，1915 年被选为美国地理学会会友，1922 年被选为淮河工程局之名誉局长，1919 年上海圣约翰大学赏以文学博士衔。沪上学生于 1918 年发起华西路士和平会议时之爱国运动，君参与期间，最为出力。曾发起组织公民联合会，被选为临时主席。以反对约中有碍及中国主权之条件，并反对中国政府签押该约。华府会议，君又为代表百八十团体之国民后援会主席。故上海青年会、海外华侨联合会俱举为正主席，女青年会、环球中国学生联合会、中国东京基督教学校及大学联合会俱举为副主席。若太平洋友善联合会，若济南学校，若施培学校，若中国基督教教育会，若厦门大学校，俱举为董事。上海市政厅教育委员会举为会员云。

64.（丘文绍） 丘君文绍，祖籍福建海澄县。父早来南洋，商于槟城为协美锡郊东，且家焉。君故生长槟，幼肄业新江学校，十七岁毕业。性俶傥，乐维新。槟中同盟会成立，即与盟。弱冠受室，著汉衣冠谒祖。先是华侨婚礼，皆著清衣冠。至民国前七年，黄金庆子婚，始著汉衣冠，君仿行之。盖其时民国未立，著清衣冠尤不愿也。当时在同盟会年最少，然临机硕谋宏划，尝出先达长老所不及料，长辞令，晓方言。孙逸仙未达时，曾在屿清芳阁俱乐部演说。君为舌译，首译闽南音，次译粤音，一言一字，靡一差错。尝撰评论刊报，鼓吹民治。民国元年（1912），任《光华报》总经理。矫风易俗，寻改任星洲《国民日报》经理。约又二年，转任和丰银行司事，任中整躬敬事，商界多称之。至十余年来，奔走国家社会，功绩之多，颇难缕纪。亦青年之卓卓者。

65.（王霆） 王君霆，闽之晋江县人。能文工书。旅居南洋槟榔屿任某巨商书记。公余之暇，民国前七年，与槟中同志，组织革命机关，列名为发起。未几，槟城阅书报社又告成立，众推为值年总理。未终年，适桑梓有事，束装归。时值辛亥，武汉、闽、粤既以次光复，温陵一带，清官又踌躇观望。君与诸同志，伏轼撙衔，横历数县，到处演说革命真理。民国成立，君复来屿倡办教育，不遗余力。时屿各姓祠堂，多附设学校，王姓尚未。君遂与王清江等出名运动建设之，族众尊之为总理。未几，复创福建女学校，亦为总理。近又倡钟灵中学，君一生提挈社会，奔驰国事，甚多可纪。

66.（卓兆励） 卓君兆励，闽省同安人。言信行果，同志皆甚礼重之。旅居槟城二十余年。待人接物，专以诚厚为本。与林永露、林忠在二老为友，交谊三十年，人言无间。性仁慈恺恻，善事多为。君为革命党党员、书报社社友。辛亥民国成立，翊辅机关办理国民捐事。惟日勤勤款款，靡有倦容，殊使人起敬焉。

67.（黄岁九） 黄君岁九，别字年聚，闽省惠安县锦厢厝人也。十五岁南来，勤于操作，既有蓄积。至二十二岁，设槟城建祥发商号，自立门户焉。君平居得暇，喜阅书报，故能纳思潮之变迁而新其脑。清季，革命宗旨甚拥护之，曾助军需焉。平素对于教育社会，无不辅助，埠中多能道其名者。

68.（蔡长守） 蔡君长守，字登贵，号梅庵，祖籍福建，生长槟城。多才博学，能文精诗，尤工书，善诙谐。举动似枚皋，出言尽顾恺，令节佳辰，亲朋宴会，得君在座，群客颜开。为同盟会会员、书报社社友。辛亥（宣统三年，1911）改革清鼎，捐资助饷。遇事匡襄，亦允称有功之一人。对于地方公益之事，力之所及，无不力为，故人多敬重之。

69.（余志堂） 余君志堂，字群芳，又字积余，闽省建阳县人。精医术，壮年南游。既到槟城，随遇而安。时槟中疫起，对于贫者施医施药，活人无算。知名人士，赠诗树匾。君性循礼守经，好为人排难解纷。语极动人，以故遇有人之轇轕，得君一临，无不嫌疑尽释。君本革命先进，会屿中组织同盟机关及书报社，遂由黄金庆君介绍与盟，自是义军每兴，无役不输资，无次不奔走。大功告成，无丝毫矜伐状。李烈钧知君抱定宗旨，百折不回，至赠"热心国事，卷土重来"二语以奖励之。

70.（杨水花） 杨君水花，闽省海澄人。为槟城四知堂杨氏大家。长有干才，明大义。性尤刚劲，少年时，固槟城巨商。晚年从事于介绍不动产之牙人。平生最恶满清，当国光复，尤不直袁氏所为。故一次二次三次革命，对于民军莫不赞助。时君为屿中清芳阁俱乐部友。一日有丘姓者，在俱乐部密室中语君，令侦槟中革党行动。日为报告，则月送巨薪。语未毕，君即破口大骂，谓其为无良汉奸之流。此事传闻，为人所敬重云。

71.（沈瑞意） 沈君瑞意，闽籍。生长于槟城，幼攻英文。为人通脱谨密，佣于西人土库十余年。凡所经手账目，分毫无错。店东深为倚重。民国七年前，与槟中同志组织同盟会，凡所需英文印刷件，皆出君一人手笔。槟城阅书报社之成立，《光华日报》之开幕，皆列发起。满清既除，共和成立，君忽罹重疾，当其弥留之际，语诸同志曰："我辈革命，虽曰主旨在于三民，其实重在铲除阶级也。我国阶级之不平等，由来久矣。有清纵去，战争犹未能已，吾病且死，不能随诸君后，君等勉之云。"君志坚如铁石，明如昭月，证之袁、段、徐、张、曹诸军阀之拥护阶级，混战不已，果中君之言矣。

72.（林启裕） 林君启裕，为闽之海澄县三都永泰乡人。生于槟城，遍历马来各邦。得本其所学，以伸展骥足。卒与林君振成合资创设成裕号于槟城，营欧美杂货，兼设成裕栈、启成号经营树胶土产。亿中才高，十余年，所业无不大收巨效，遂为半岛豪商，蜚声阛阓。天性谦和，而孝以养亲,堂上承欢,四十年如一日。待人接物,一以诚实无伪为归。既席厚履丰,乃推其博施济众之怀,力行慈善公益。所有社会事业,需合力以进行者,无不慨捐巨款,俾底于成。如丽泽学校之成立,福建女校之维持,皆赖君董其事。华侨女子公学且举君为总理,以显著成绩。屿中各团体以君之办事勤敏也,乃被举为丽泽社社长、明新社职员、槟城阅书报社财政员,与华侨仁善会、林氏双桂堂,无不倚君为重要董事。家族社会,两无间言。盖其性之勤勉力善,有以致之也。此外如槟城中学开办两年,以费绌告停,济济青年,中年废业。而华界小学,既已林立,毕业高小者,慨升学之无从。君于是联络同志,组织钟灵中学校筹办员十二人,君居其一。擘画赞襄,数日间,钟灵中学告成。侨界文化前途,放一异彩,君倡办之功诚伟矣。

73.(李茂海) 君闽南安人。任侠好自由,崇维新,厌守旧,久客槟城。及孙、黄、胡、汪诸君来槟,一聆演说,志益坚壮。亡何,槟城组织同盟机关及阅书报社,遂与其事。自是抱定三民主义,其坚持,大有磨而不磷、涅而不淄之概。时槟中各界,咸视革命为一种无意识之举动,下流社会,尤狃习固陋,厌其更张,且脑膜久染专制毒,不知民主共和为何物。君于是苦口婆心,到处鼓吹,逢人演说,港仔墘一方之下流社会,感化甚多。盖君于是左右邻,皆若辈生业所也。君习敕勒及岐黄术,家少有所入息,除衣食住外,胥济同志之困乏及饮亲朋挚友于茶酒坊。李协和、傅天民、吴操华到屿,君皆设宴洗尘。李协和君临回内地,赠君两句云:"落霞与孤鹜齐飞,秋水共长天一色"云。民国二年(1913),袁世凯窃国,党人谋诛讨之。时孙中山令各处国民党改组为中华革命党,屿同志惧,多阻不果行。君独与颜金叶、蔡怀安等邀同吉礁同志合力组之,孙中山特委任为党务科副主任。同时江苏护国军乏饷粮,亦委君为驻南洋筹饷局局员。要之,君对于革命事业,输巨资无论矣。若心思,若口演,若脚奔,三者尤难能可贵。民国肇建后,有欲为君请旌义者。君曰:"是何言与? 我等革命,岂为是耶? 且世方讲平等,平民作事,而请旌于政府,然政府作事,亦当请旌于我民乎。大丈夫不能旌人,而旌于人,滋愧甚矣,于平等乎何有?"君数年来,知我国利权漏卮,亦弱种败国之一大事,于是尽心力于国货扩充之运动,需费亦不赀。现其家中,皆纯用国货,不杂舶来品。呜呼! 国民如君者，有几人哉？

74.（许木荣） 许君木荣，字敬宗，闽之安溪县人。旅居槟榔屿为商。民国前五年，槟城已组有革清命之同盟会，君奋然加入。孙中山每称为诚款，屿中同志尤加礼敬焉。辛亥（宣统三年，1911）3月29日黄克强等攻广州督署之役，自捐军需至四百金。秋八月，武汉光复，又捐三百，二款皆贷之齐知番，按月还母息者。盖当武昌首难，内地同志通电交驰，以筹饷接济为万急。而屿中同事，贫家十居八九，君蓄积固非丰，商业亦小可，自非乞醯于邻，终不能乘牛救国也。急公好义如此，求之殷实家且鲜，况贫如君者乎？民国肇兴，君不矜功，尤无德色。今且境过情迁，有问昔时对于建国曾否与事者，君一若隐讳之不遑焉。人格之清高如此。好慈善公益，曾在家乡倡设澳江溪义渡，以便行人，人多颂之。

75.（王则恭） 王君则恭，字少如，福建闽侯人。幼年即从事商业，在商界多所建树。惜时运不济，所谋多未遂。时年四十三，遂来槟城启号曰万安，营茶叶及漆器生理。旋又不利，乃告收盘。性慷慨，重然诺，友于尤笃，久而能敬。复爱国爱群。民国十一年（1922），与陈君铤藩创设闽南别墅于槟城，奔走鼓吹，不遗余力。墅成之日，同人等图像以酬其勋，并赠之以文，其见重于人也可知。其尤著者，组织维善社，创福州会馆，捐资出力，不惮烦劳。人有推其功者，则又固辞不获。曰："此不过聊尽吾之义务耳。"以是人更器重之。历任榕桥公所、闽南别墅及维善社重要职员。

76.（黄奕坤） 黄君奕坤，字鸿年，闽永春伏溪乡人。性笃实而襟怀坦荡，意气雄豪。槟城书报社之发起也，同盟会之成立也，君与吴世荣、黄金庆、林怡博、颜宜爱、陈新政诸君子为发起人，卒能登高一呼，群岛响应。武汉首义，清祚告终，宣劳国内，著绩戎行者，莫不稽勋酬誉赫赫昭人耳目。而不知侨界之身列阛阓间，运筹饷粮，赴义如恐不及者。讨袁之役，君筹款劝捐劳力等。于辛亥（宣统三年，1911）时，海内贤豪如中山、协和等，莫不引君为莫逆也。君十八岁来槟任商店记室，旋任瑞福号司事。丁未年（光绪三十三年，1907）自创瑞荣及万春园药行。商才天赋，获利甚丰。壬子年（民国元年，1912），复扩充万春园商务，兼代理土产杂货诸贸易。洎丁巳年（民国六年，1917），推迁君、陈凿深君重君才德，聘任恒茂丰记诸要职。槟城宗和社、书报社、清庆社、昆玉社诸团体，皆倚君为重要董事。

77.(林成辉) 林君成辉,字幼煊,福建海澄县人。父花钻,字汝舟,商于槟榔屿,负重望,为闽粤领袖。君任点石斋印刷所经理,有条不紊,俨若成人。君未入英文校,能渐染而通英文、英语,人皆诧为奇才。少时知开通民智,劝导社会,非报不为功。因于1888年创《槟城新报》,继思《中文报》无西文以沟通中西,居留政府与我华侨终不易融洽也。因于1903年创《亦果报》。今中西两报一纸风行,群岛视听不惑,赖君有此举也。君以文化事业引为己任,更以爱群爱国引为天职。槟城初次发现核症病,挑夫小贩住所有沾染热症者,洁净局派差往守其门,禁止出入。君深悯之,与工部局长商善法,延西医施诊,贫户免受限制,局长允许。君即自出资,聘罗密申君及洛君两西医,施诊贫户。凡经两医生给药,病人之屋免再查察,人多便之。时则1897年也。怡保某号司理人,为华民政务司递解出境,该埠商团请宥无效,因请君调解,君与两报主笔至怡调查,著论于西报,霹雳政府始改出境为担保,时则1911年也。西班牙热症流行,死人无算,君恻然伤之,倡议向资本家捐题万余元,以为施药施诊之费,又求西医赠医贫民,时则1919年也。欧战后,米价翔贵,汕头街小贩排卖食品,或肩挑卖物者,忽被警差拘拿百余名,控以阻碍街道之罪。小贩惴惴,无以为生。君求华民政务司免罪释放。君关心民瘼,卒如所请,时则1922年也。若1887年华人庆祝英女皇维多利亚登极六十年纪念出游会,君允为总司理员。1901年英皇奕活第七加冕,1911年英皇佐治第五加冕,君俱充为庆祝会协理员。1922年英皇储游幸槟城,君亦为迎驾之华侨代表。槟岛事无大小,君无不尽其心力而为之。故商学及各社团,无不举君任其职。槟城有中华总商会,君为组织员之一也。广福宫、孔圣庙、中华学校现俱为主席,孔圣会、槟城纳税会及林氏敦本堂俱为会长,济生医院为义务司理,华侨倚之有如此。为华民参事局员,为槟城太平局绅,为政府贫病医院协理员兼监狱巡视员,英政府重之又如此也。

78.(林有益) 林君有益,字言增,号化民,闽德化瑶台乡人。幼读书,成童毕业于福建省立师范学校。因父素创有酱料业于槟城,启号曰养元,在南洋颇驰名,君以是辍学来槟承管。君固长于商业学者,年来更聘化学师制造罐头物,销路尤广。于德化亦设有窑厂,窑厂所出陶器,渐欲媲美景德，曾在槟城过港仔开设德华瓷业公司，售价低廉，销路颇佳。君最赞成辛亥之革命，武昌起义，遂同革命巨子吴世荣君回国从军，任闽北伐军队长。南北统一后，孙闽督委为永德田慰民员。时槟城商业方振作，待君而理，于是匆匆赋归去来矣。而此来所为，惟德化会馆之组织，最为其乡友所称许，诚以德化华侨于南洋殊少，且极涣散，非结有团体，无从相扶而互助也，君现为总理管庶事焉。

79.（吴世荣） 吴君世荣，闽之海澄人。父贾南洋，创瑞福号商店于槟榔屿。君生长于槟。幼颖悟，好读书。未冠能文，具俭德。年未三十，以素封之家而食不重肉，衣恶锦绣，故槟中长老交口称之。同吴家有乌布裤子，家道之兴未艾乎？盖君恒服乌布，以节省浣费也。然君自奉虽俭，而于公益事业，则慷慨逾常人。观于华侨所办慈善团体，类能捐巨金以助其成立可知矣。君头脑颇新，民国前数年，槟城组织革命机关，实为发起人之一。君既醉心革命，不遑兼顾瑞福商号营业，遂日形颓败。辛亥（1911）冬，南京临时政府成立，孙中山电辄北归。既至，中山率百官以迎，从者树旗旌罗弓矢，武夫前呵，观者塞途，人谓自来南侨归国之荣显者，君一人而已。未几腿罹病，不良于行，养疴槟城，所业益不振。居恒抚膺太息，自饬所生之不辰也。余游槟城时，曾偕陈宗山访之。君谓："我国矿产甲天下，国民不能集资开采，弃利于地，殊为可惜，倘我腿疾痊愈，必实践此言"云云。于以见君之抱负矣。

（丙）马六甲名侨

1.（陈其研） 陈君其研，福建同安马巷曾厝籍人。为人身行俭约，在事精勤，复鲠直廉洁。幼业稼穑，年十五，随兄其盘渡马六甲供职协泰商号，四年回国结婚。旋复渡甲，开泉泰酒庄。未几，续开余发斋酒号，并辟美地八十亩，为树胶之垦艺。年来胶值奇涨，家资丰赡矣。热心社会事业，尤力提倡教育，为国育才，发起开办籍乡学校，慨捐校舍一座，约万余值，里闬誉不容口。历任马六甲培风学校校董，为福建会馆会员，所为善举，更仆难数云。

2.（杨焜郡） 杨君焜郡，闽之晋江洋塘乡人。为人慈祥恺悌，心事荦荦。年二十一，南来马六甲坡，治商。创业益隆号及和隆橡皮较，声名昭铄一时。君挂名革党，早在辛亥革命前六年，当时党人殊少，诋諆者不遗余力，谓："革命无枪炮土地，决不能成功。"君应曰："患无民气耳，有民气则锄耰棘矜，足胜钩戟长铩。糕之熟也，岂必火为直接，被其气而已耳。"辛亥民军既兴，君奔走筹饷，心力俱瘁。无何，袁氏窃国，亦复倾帑千数，助其军实。其重国疏财如此。君助资社会尤有可纪者，甲坡培风、培德二学校也，阅书报社也，祖国赈灾团及红十字会也，在在得君之巨资而后成之。君素崇人道主义，对于老者安之，幼者怀之。

3.(曾江水) 曾君江水，字右甘，原籍福建思明，而生于马来半岛之马六甲者也。品性仁厚，商才綦优。在甲开张承龙发号，复置橡胶田数千亩，建筑物不动产又若干，为甲坡一大资本家。赋性谦虚，无谄无骄，以赀为善。要以教育独多，捐于甲之培风学校凡一万七千五百金，捐于星洲华侨中学且万金，捐地一大段与甲之中华学校为建筑校舍之用，值三千余金。其他善举，或百或千于侨界，如福建会馆，如培风、培德二校，如中华商会及一切团体，多举之为总理董事。英政府亦举为简府。君无愧为甲坡之最有名誉者也。

4.(曾有美) 曾君有美，福建思明石埠头人。天性朴俭温纯，年十四，南渡马六甲，依父治理万茂、万昌二商店。二年父卒，念创业巨艰，益肆力保守，顾股友异志而分业。遂以万昌归友，自承万茂。以君商才俊逸，长袖善舞，所业旋见随心，现置树胶园千有余吉及屋宇业于马六甲与柔佛、波德申等处，并开万庆米郊。民国八年(1919)，又创长利美记树胶厂于爪罗庇捞。民国九年(1920)，又与友合开庆成树胶厂。民国十年(1921)，附巨股于裕隆树胶公司。民国十三年(1924)，更自创万茂机各号，皆极恢宏。以春秋少年，竟能负重致远、克家扬亲如此，所见亦仅矣。民元以来，国政纰缪，知正本清源，惟在教育，既而凡甲埠建学，必多所提倡而资助之，培风学校及中华平民各学校，均担任财政，培德女校任董事，一度任米郊公局总理。此外赈灾济困，输财尤巨，博施济众，君可当之无愧矣。

5.(沈鸿柏) 沈君德周，字鸿柏，闽泉郡人也。性刚介，貌谨严。平居寡言笑，就与谈则和蔼可亲。人有所委，勿轻诺，诺辄力践其言也。中日一役，我国台湾、彭湖群岛被割，东南藩屏，一旦尽丧，君目击痛心之。越年，会兄鸿恩在南洋马六甲经营之硕莪山乏人佐理，招君往。时君方二十一岁，年富力强，正有远游之心。母氏素嘉君志，亦令速就道。遂慨然南游，助之擘划。后出其余力，从事辟植硕莪树胶，披荆斩棘，事必躬亲。不数年，业大起，衣食赡足，迎养母氏于甲，遂家焉。然君夙怀大志，视苟安衣食，每引为耻。既而孙中山先生，以谋复清政，在南洋著名各埠，设立同盟会号召同志，以期大举。君闻之曰："斯足以展吾志矣。"遂入会，洎辛亥秋，义师起武汉，连以巨款接济。事成，辞功不居。一意谋海外教育，发展商业为己任。先时国人南迁者，历唐宋以来，已达数万，从各不相关，毫无互助之精神。自君以事无大小，莫不推诚与谋，众感君德，渐有款洽，不似从前矣。至是，君来甲已十九年矣，期年而培风学校、中华商会产焉。又一年，而培德女校亦以君力成立。未几，为二校监督员。他埠兴学者，以君知教育，莫不投门就商。君不惟殷勤招待，且具以所知，悉为详告。远近公益慈善事之赖以举者，更繁集难偻指数。始甲地中华书报社苦费绌，且募且殆。君曰："吾党之同志，余忍作壁上人耶?"遂出而相助，所张驰尽出君谋，一时优秀之士，靡不向风入社，骤达一百五十余人。嗣为总理，更骎骎乎有进取之意。未几触当局忌，被封，社员解散。君几罹法网。时民国四年(1915)，袁氏称帝，劝进之声，正嚣尘上。君义不帝袁，卒以此被嫌。君微时，家固非素封，兄鸿恩既就马六甲承龙发书记之职。君居家侍养，佐母氏理家政，虽樵苏浣濯，任何贱役，无不亲躬为之，以去母之劳也，其笃于孝行也如此。云南唐继尧督军、粤之陈司令，以君尝宣劳国事，先后颁给奖章。今君已天命之年，华颠齿豁，貌已若六十许人，而迩年政、学、商三界，事益纷集一身，自朝至夕，无俄顷安。其急公好义，本出天性，加以明练卓识，将来造福社会，可限量哉? 余始到马六甲与君识，畅谈国事，终日不倦，其爱国热诚，溢于言表，令人钦敬。

6.(李祖金) 李君祖金，福建永春仁庄乡人。十七岁，南来马六甲帮乃兄治商。为人乐交友，商事以谙练称。故客甲未几，遂得扩充陈永昌及邻甲各小埠支店。自亦开有新永和号，并置橡树园数百亩。年仅三十余，便能蓄藏建树如此,求之青年人,殊不易得。永春会馆举之为董事,务德青年会为财政员,甲坡育民学校举之为正财政员云。

7.(林金沙) 林君金沙,福建思明禾山人。弱冠之年,南至马六甲。至则被聘为司理于开成商号。旬年间,竭尽商战之能力,于是营业以蓬勃焉。顾以蓄念自立,乃邀友陈金课等,合力开丰美米郊。先难后获,垂业二十余年矣。查君所建树,除商业而外,树胶园业,又千有余亩,至屋宇业,又若干间,和丰银行股份、新裕成树胶较业等,又若干万值,致富之骤,殊可惊人。性直谅朴实,处事不苟。蒿目国运之崎岖,知匪兴教树化,不足以奏升平之域,于是厦门某中学之募基金,则慨捐一千五百金,马六甲培风学校前后输捐数千金。此外甲坡诸学校及丹绒益智、泉州培元等学校亦均历输巨资。于社会文化事业,提倡尤不遗力。《益群报》《江声报》均认多股。至赈灾黎,惠贫穷,助医院等,尤书不胜书矣。为芝兰亭、存怀林会员,中华商会议员,米郊公局协理,福建会馆总理,益智学校名誉总理,中华书报社职员,培风、中华、培德、平民诸校董事云。

8.(李俊贤) 李君俊贤,臣其名也,福建永春太平人。年十七,至马六甲,佣于振泰杂货店。数年,转之巴双,佐同志丘聪理开办杂货店,并附股于其中。凡数年,始出自开泰发布匹杂货店。垂业二十一年,盈十余万金。前途方欲大展布,乃民国十一年(1922)四月间,不幸卒于巴双埠。闻之莫不婉惜,执绋者达数百人,亦可谓生荣死哀矣。君于社会行谊,多有可纪。略考之,历任总理董事于永春会馆,而华商公所、职业学校、中华女学校、华侨树胶公会、吉隆坡商会等,均曾捐金而与事。至中华学校,实发起者之一,又输巨资于报馆及教育诸善举,准是厥功亦伟矣。

9.(林登瀛) 林君传洲,字登瀛,福建闽侯人。为林鸿年殿撰中丞嫡派。君弱冠,肄业福州马江船政学堂,历任海军要职。清末首先剪发易服,为军界倡。革命时,曾在南京加入同盟会,镇江都督林述庆深器重之。时方从军起义,适母病,弃职回籍,未几母故妻亡,悲愤交加,无心世事。乃南京政界同志,函电交驰,力促出山。辛亥闽省战役,功成身退。民之二年(1913),慨然游南洋,既到马来半岛之马六甲,遂得沈鸿柏君之介绍,充任培风学校学监、中华阅书报社坐办。是年倡办培德学校,与同志奔走筹款,约十万金。一度为中华商会坐办,同时倡办通俗半夜学校、平民学校、慈善医院等。天性任侠,忧国忘家,虽小善必为之。余到马六甲颇得君之指导,获益甚多。

10.(颜克奇) 颜君克奇,永春东山乡人。幼家贫,二十一岁,南来马冬、马甲、良民济地方佣工。薪水非丰,而粒积足以致富。初由该地方购地种薯,荷锄理秽,作苦躬亲,人怜其苦,而君自甘焉。已而收获皆丰,遂渐展布,所垦辟薯园胶园,大皆千亩以上。马六甲更置泉合栈号,以为该园出产交易之机关,今成大资本家矣。天性豪迈,胸无机械,济人利物之举,与郑成快君齐名。交友重情愫,求无宿诺,二十年来,戚友债项,贻累数达十余万金,不言一悔字,其难能可贵如此。辛亥国体改革之役,民军方面,报效粮饷甚多。甲埠培风、培德两学校,捐基金二千元,平民、育民二学校以及福建会馆、永春会馆、中华总商会、槟城鲁国堂,乡籍育贤、养正二学校,上海华洋义赈会皆捐巨款。其急公好义又如此。国内团体,戴君为名誉总理、为董事、为财政员者殊多云。

11.(周卿昌) 周君文炽,字卿昌,号炳焜,父帝山为马六甲名商。君年十三,南来马六甲代父理商业,多称职。及父与诸伯叔相继谢世,君方弱冠。遗大投艰,设非素有商才,何能胜任。今者名益远扬,业亦发达。分支店于各甲房烘,并开惹申硕莪制造厂,垦辟种植园,多植不动产,光誉令闻。天生好义,种族深明。辛亥前,与同志组织同盟会于甲,义师既起,与众力合作,捐资不少。民二(1913)、三年(1914),许崇智游甲,劝同志筹资倒袁,时君为财政员,运动甚力,祖国颇以是钦敬。民国之成立后,名益震。育民学校遂戴为总理,培风、培德、平民三校,亦均推为学董职员,永春会馆、存怀俱乐部、明星剧社、树胶商会俱举职员。又处事公平,人有纷争,尝请君处断。

12.(蔡光前) 蔡君光前,字子严,闽永春花石大割乡人。未冠,弃读南来,服贾于柔佛属之麻坡。二十岁,归国旋里。翌年,又来,仍居麻坡为商。稍有蓄积,遂再回国婚娶,时年二十四岁。性尚侠义,好武功,曾一度投身行伍,累升至把总。因厌武人横行,弃去之。复商于南洋马六甲。已而在甲渐有拓业。未几,得某协统荐拔,又回国署乌洋汛约一年。因探悉南洋土产起价,树胶业兴盛,复来甲招股开设同元布庄。更另创设薯粉厂业于麻坡。约数年,不利,歇业。至五十三岁,又创立永成号,专交易橡皮为大宗,更购置橡树园数百亩,至是成素封矣。君谦冲怛恻,慈善公益,知无不为。祖国赈灾捐,赤十字捐,潮汕地震捐等,要无不量力为助。至于马六甲等处学校及诸团体,输资尤巨。更足脍炙人口者,丹绒益智学校既为发起,复首终维持其经济。现任该校总理。甲之育民学校亦为董事,务德青年会亦为职员。

13.(周公载) 周君公载,闽永春前溪乡人。君幼读书,性倜傥,能文善书,设帐授徒,谆谆善诱。科举废,慨然有投笔从戎之志,遂应县试。考选赴省,肄业陆军武备学校,君名列冠军。因值休考,乃始入普通中学校肄业,成绩优著,为当时教员所器重,竟以最优等毕业。旋在乡办理教育,颇为社会所钦重。至二十八岁南来,初旅巴双坡任某店簿书之职,旋为某校聘为教员。未几,赋归祖国,而任中学教员。嗣以内地战事蜂起,荆棘丛生,遂迁家南渡,现寓马六甲万振兴号职掌簿书。君本精于会计,颇为东主所倚。性好善,凡遇公益善举,尤乐为提倡,叠任各社团书记并育民学校监督,亦社会中之翘楚也。

14.(谢丕勇) 谢君丕勇,字冠三,世居闽省海澄三都炉坑乡。性刚强,尚义任侠,旅行南洋英属新加坡治商。平夙以满清政治日见黑暗,遂无心仕进。乃只身又赴荷属游,不得志。徙居英辖之马六甲为某商号记室。时内地革命鼎沸,孙、黄等南来,运动军饷。君喜跃曰:“大丈夫勿雌伏,宜雄飞,闻鸡起舞,运瓮待机,此其时也。”亟集甲坡同志,组织书报社为革命机关,众推之为司理。无何,回广东有所举动,乃为某方所阻,失败逃回海澄。辛亥武汉功成,广东反正,复入广州受粤督胡汉民委任,为华侨北伐队筹办处要职。时袁氏当国,政治之专制如昔,君目睹心伤,知急切难为,遂再到南洋从事于商务实业,有暇隙,则旁及社会公益教育等事耳。

15.(徐石泉) 徐君石泉,福建省思明县人。少年英俊,年二十四,到新加坡经理商号。未几,得马六甲某商见重,聘为司事,并妻之以女。后自亦启有怡安号,专业树胶土产,得道多助,交易如云。而仗义输财,戚里常沾周恤。年来益倾心教育及各慈善事业，甲坡各学校、各团体皆有助资，并兼任务。

16.（严明） 君姓严名明，子辉其字也。父阶平业商，母王氏，生五子，君其长也。幼读于乡塾，稍长移读某学校，后毕业于厦门公立中学堂。能文工诗，稍识英文，尤耽于医学及动物学，在同安、马巷、思明、岭兜等学校，执教鞭数年。因厌家乡踢蹐，兴乘桴浮海之思。年二十六，只身南渡，初在星洲崇正学校为教员。亡何，改任和丰银行会计。惟勤惟慎，任内累黍不差。总事以其才，擢为马六甲分行总会计。莅甲后，见该埠培风、培德二学校财政紊乱，学规不整，上擘画之书于学董，学董以其谋善，共推之为二校学监。先是，该二校长，自由进退教员，庇亲排疏，自谓拔茅连茹，但人浮于事，月费非二千元不办，全局几欲破产。君既为学监，亟为整饬章程，裁冗节费，约每月可节省一千元左右。而生徒学业，更有进焉。君于二学校定后，复发起务德青年会、育民半夜学堂，忙碌劳动。数阅月，始克成立。其为国为种，劳心努力，有如此者。君为革命党员，当辛亥鄂省既首义，闽垣亦光复，厦岛革军，乘时响应之，君应编入伍。光复厦岛初，清政府素忌闽中多革党，每以侦探伪为教员，应各学校之聘，以便侦察。时厦门中学适聘到一教员，与君颇交好，自言为满人，某耆暗中嘱探厦中革命党动止于君。君伪为不知，言次并出军符示君。当时中学生徒，多入革党，各生箱屉，尽有革命文件。君急通知同志谨防之，故厦中机关首终不破焉。

17.（张顺吉） 张君顺吉，闽省思明曾厝垵人。十八岁来马六甲与兄共治商业。商号恒丰，所经营系大宗油米橡皮及料理川行叻甲轮船事务，家由是富饶。为人谦冲仁厚，翼翼小心，于商界信用，最为充分。民国前之三年（宣统元年，1909），在马坡得闻李竹痴君演说革命救国，遂入同盟会。坚持救国拯民宗旨，故关于倒满诛袁诸役，捐助民军饷资颇巨。而在甲倡办学堂报社，倡组赈灾团，赈济国内同胞诸举，倾囊尤多。当革命甫起也，君尝曰："内地革命伤命，南洋革命伤财，相去霄壤矣。南洋华侨同胞，不可不为之奋起。"真阅历名言也。

18.（吴万里） 吴君万里，闽南安霞梧社人。久商于南洋马来半岛之马六甲，为辛亥革命巨子。敏慧能文，商事余间，好阅报观书，尤爱读《纲鉴》及新译西籍。尝曰："韶华不再，日月其除，可饱食终日无所用心乎？"甲坡素无书报社，君忧之，即与同志沈鸿柏等倡办焉。甲坡素无学堂，又与同志倡兴之，捐巨资所不靳，供奔走尤不辞，真有乐此不疲之慨。生平强直，自行其心之所安，一切浮屠术数阴阳拘忌，闭口不谈，其嵚崎历落有如此者。君广交游，乐施济，里族待其举火者，无虑十家。师门故旧，周恤备极隆丰。至于为人排解纷难，口角阳春，犹其余事耳。

四、爱国爱乡、人民不忘(辛亥革命后)

1.华侨旗帜　民族光辉

——爱国老人陈嘉庚先生生平简介(1874.10.21—1961.8.12)

(1)爱国思想的孕育

陈嘉庚先生于1874年10月21日诞生在福建省同安县集美渔村一个侨商家庭。时值清朝末年,列强不断侵略,国势险危。先生童年即参加农渔业劳动,养成勤劳俭朴习惯;九岁入塾就学,前后八九年,接受过我国优秀文化、道德传统教育,对岳飞、文天祥、俞大猷、陈化成等深为景仰。而这里又是郑成功抗清复明的基地,有"延平故垒""国姓井"等遗迹,其雄风余烈,故乡父老多能娓娓传述,先生耳濡目染,感受尤深。正是这样的时代和环境孕育了他的强烈爱国思想。

(2)经商南洋　情深乡国

1890年秋,嘉庚先生十七岁,奉父命去新加坡,在其父自营的"顺安"米店学商。

1904年,先生三十一岁时,其父商业破产,他筹资七千余元,因陋就简,创办菠萝罐头厂,开设"谦益"米店,垦辟"福山园"种植菠萝。1906年他从侨商陈齐贤处买到十八万粒橡胶种子,在“福山园”菠萝丛边套种,为日后发展企业打下坚实的基础。1907 年,先生各业盈利约十三万元,便慷慨地偿还其父破产时所欠债款九万余元。此事在南洋商场中是极为罕见的。

1918 年后,他把经营重点转移到橡胶业上。1923—1925 年,他的企业登上最高峰,其总行设在新加坡。分行一百五十间,设在马来亚、印尼、缅甸、泰国、菲律宾、中国等处,代理处遍布五大洲四十个国家及四十八个地区,雇佣职工常达三万余人,拥有资产达新加坡币一千余万元。

1926 年后,股价大跌,加上日本胶制品在东南亚削价倾销,橡胶经营日趋不利。1928 年,国内发生“济南惨案”,先生因反对日军侵略暴行及所办的《南洋商报》揭露奸商走私,他的橡胶品制造厂竟被奸商雇人纵火焚毁,损失约百万元。1929 年,资本主义世界爆发了空前严重的经济危机,橡胶价值暴跌,当时先生仍在竭力维持集美学校、厦门大学的经费,无力偿还银行贷款。1931 年 8 月,只好接受银行条件,将原陈嘉庚公司改组为陈嘉庚有限公司。由于“不景气”持续多年,公司营业日益亏损,又受银行董事无理干涉,先生感到公司前途无望,终于在 1934 年把所有企业全部收盘。

先生经商四十余年,前期主要经营商业,后期为垦殖业和工业,他是东南亚大规模种植橡胶最早之一人,被誉为树胶王国四功臣之一。在他和其他华侨的影响下,马来亚橡胶种植业迅速发展,终于跃居世界第一位。他的熟胶品制造业,又是东南亚最大的一家,这对当地的经济发展也有重大作用和影响。但更重要的是他经营实业,不谋私利,而是以振兴祖国,服务社会为职志。早在 1919 年便立下竞争义务志愿,他说:“举世滔滔,但知争权夺利,而对国家社会之义务,则人少愿尽。我今欲与国人竞争义务,能为国家社会尽最多之义务,便是最能尽天职的国民。”还说:“余对制造厂不惜垫资扩充者,以廿世纪为树胶之时代,日本小国,尚有大小胶厂四百多所,以我国之广大竟无一相当树胶厂。新加坡系产胶区域,政权虽属英国,所需男女工人概我华侨,对于化验制造各机器,可臻完备,出品种类亦多,可以训练职员工人,如师范学校之训练学生,俾将来回国,可以发展胶业。愚于个人营业之外,尚抱此种目的,故不惜资本,积极勇进。”他对所营企业考虑这么远,句句感人至深。

陈嘉庚先生是位工商业家,积累了许多资财。可是他说:“财自我辛苦得来,亦当由我慷慨捐出。”其家财全部用于文教公益事业,而个人生活俭朴,自定每日膳费不得超过五角。衣着用具也都质朴无华。他也不遗财产给子孙,他说:“父之爱子,实出天性,人谁不爱其子,唯别有道德之爱,非多遗金钱方谓之爱。且贤而多财则损其志,愚而多财则益其过,是乃害之,非爱之也。”寥寥数语,足以发聋振聩。

(3)倾资兴学　百折不挠

陈嘉庚先生身羁异邦,心怀乡国,辛亥革命后,他深受鼓舞,“热诚内向,思欲尽国民一分子之天职”。当时列强环伺,祖国之“成败存亡,千钧一发”,他认为“教育为立国之本,兴学乃国民天职”。1912 年(民国元年)秋天回国,翌年 2 月即在家乡创办集美小学。此后陆续增办师范、中学、水产、航海、商业、农林等校,设有图书馆、科学馆、医院等公用机构,统称集美学校。经过十余年的艰苦缔造,初步形成了一个从幼稚园到大专,包括各种专业,男学、女学兼备的教育体系。还在集美设立教育推广部,资助闽南各地中小学七十多所。除拨款外并提供办学上的指导,传播新的教育思想。由于受助各校都是比较完善的,确在当地起了一定的模范作用。

为了实现报国宏愿,他决心倾资创办大学,希望其他有志之士闻风继起,同心协力,振兴中华。1920 年 11 月初旬在筹办厦门大学的会上,他慷慨陈辞,愿尽出所有家财,以办教育,并亲自回国经营,以冀将来事或成功,使海外富侨有所感动。他当场认捐厦门大学开办费一百万元,常年费分十二年付款共三百万元,以为表率。初期先办师范、商学两部,以后发展为文、理、法、商、教五院十七系。

先生还以巨大热情发展侨居地的教育事业,在新加坡倡办和赞助了许多学校,如道南小学、爱同小学、崇福小学、南侨师范、新加坡水产航海等学校,道南等三校在新加坡新式华文教育史上起了良好的带头作用,而所倡办的新加坡南洋华侨中学是南洋第一所华文中学。从此,南洋各属的华文中学便如雨后春笋那样到处涌现了。

先生办学很注意教育质量，一再申明办学宗旨，强调要注意学生全面发展的方针。认真遴选校长和教师，初期即托当时著名教育家蔡元培、黄炎培等在京、沪、江、浙一带物色校长和教师，又商遣其弟陈敬贤到上海等地选聘。还用选送学生出国留学等办法，以提高教育质量。对教学设备也很重视，当时各校的图书、仪器、体育、音乐等器材，都较完备充实。他对学生的健康成长，更是随时关注，大力提倡开展体育运动，搞好公共卫生及医疗保健工作。先生办学，虽未形成系统教育理论，但一些经验，还是值得借鉴的。

1926年后，先生的企业，江河日下，仍多方筹措学校经费，亲友劝他停止校费，以维持企业，他说："两校如关门，自己误青年之罪少，影响社会之罪大。"即使企业收盘，也不停办学校。这个阶段据先生回忆：除了变卖校业十余万元，用集通号向人息借二十余万元外，还接受亲友资助。1937年春，条件更加困难，他为了全力维持集美，便将厦门大学无条件地献给政府。当时他说："每念竭力兴学，期尽国民天职，不图经济竭蹶，为善不终。"以此深自引咎。不久，抗战军兴，厦大、集美分别分期内迁，艰苦支撑，弦歌不辍。抗战胜利，各校复员，而集美校舍，先遭日本帝国主义炮轰，后遭国民党飞机滥炸，毁塌大半，疮痍满目。先生又为修建校舍及筹募学校经费煞费苦心。新中国成立后，先生回国长住集美学校。在人民政府支持下，学校经费已不成问题，他除经常检查学校工作，关心师生生活外，还继续募集巨资，亲自筹划学校扩建规模。他深深体会到，只有在新中国，他所兴办的教育事业才能有真正的发展。这时他已八十多岁了，每天持杖行数华里，巡视各地工场，严寒酷暑，劳瘁弗辞。这段期间新建校舍的面积，厦门大学方面为原有的一倍，集美各校为原有的二倍以上，广厦连云，长堤围海，潮音无际，壮此弦歌，而先生的热情、毅力、牺牲精神，也将与无际的潮音永世长存！

陈嘉庚先生倾资兴学，奋斗终身，所培养的人才遍布国内外，而在他倡导下，华侨捐资兴学，蔚然成风，其影响之深远，尤非笔墨所能形容的了。

(4)赤诚爱国　鞠躬尽瘁

1909 年先生经友人林义顺介绍，认识了孙中山，便倾心革命。1910 年春，毅然剪掉辫发，加入同盟会。1911 年武昌起义，闽省光复，先生被选为新加坡福建保安会会长，立即“筹款救济闽省及维持治安”，月余之间连续汇二十余万元，有力地支持了新的政府。这年 12 月，孙中山从法国回国，途经新加坡，先生再与晤面，后即汇款五万元支持孙中山进行革命活动。

1928 年，日寇侵占济南，先生被侨胞推举为“山东惨祸筹赈会”会长，两三个月中募款三十余万元救济难民，并积极开展抵制日货运动。“九一八”事变后，他又奔走呼吁，募款支持祖国人民的抗日救亡事业。

1937 年，“七七”全面抗战爆发后，他在新加坡召开南洋各地华侨代表大会，组织“南洋各属华侨筹赈祖国难民总会”（简称“南侨总会”），先生被选为总会主席，第一次把南洋各地八百万华侨组织起来，开展了轰轰烈烈的抗日救亡运动。各地在筹赈运动中，“富商巨贾既不吝金钱，小贩劳工亦尽倾血汗”。同时，华侨大众的赡家汇款，在总会号召下，亦大量增加。据估计在东南亚被日寇占领前，这两部分的外汇超过 1939 年国民党政府全部军费支出的三倍。南侨总会还组织了三千二百名汽车司机和机修工人回国服务，他们放弃了海外的优裕生活，表现出高度的爱国献身精神。

1940 年先生率领“南洋华侨回国慰劳视察团”回国慰劳抗战军民。他到过各战区的主要城市，也到了陕甘宁边区首府延安。在延安他看到了中华民族的希望，表示凭良心与人格，将所见所闻如实发表。由于害怕嘉庚先生回南洋说真实话，当时国民党政府竟要求英国政府禁止他回新加坡，事未得逞，便派人到南洋各地进行阴谋活动，破坏华侨的团结，企图推翻先生南侨总会主席的位置。1941 年 3 月，南侨总会开第二次代表大会，陈嘉庚先生的严正言论和正义行动获得广大华侨的支持，连任第二届主席，当时大会发表的《宣言》写道：“总会陈主席嘉庚，公忠谋国。一生如一日，……值此抗战期间，南洋华侨不能无筹赈会之组织，则不能无陈主席之领导，国内绝大多数同胞，亦需要陈主席，爱戴陈主席！”真实地反映先生在南侨中的领导地位和巨大作用。

1941年12月，日本帝国主义进攻马来亚。先生组织新加坡华侨抗敌动员会，后因英军决定对日投降，他不得不往印尼爪哇避难，为了避免日本警探的搜索，他在厦大、集美校友的掩护照顾下，一再转移住所。在玛琅峇株附近的晦时园，他写下了《南侨回忆录》，抒发海外中华儿女热爱祖国的情操。先生身处险境，置死生于度外，曾写诗以明志："……爪哇避匿已两年，潜踪难保长秘密。何时不幸被俘虏，抵死无颜谄事敌。"表现了崇高的民族气节。1945年8月，日本投降，先生安全脱险。10月21日新加坡五百社团联合举行欢迎会。11月18日祖国重庆市有五百多政界、党派和社会知名人士举行庆祝陈嘉庚安全大会，毛泽东主席送了一件条幅，上书"华侨旗帜，民族光辉"，周恩来总理的祝辞是"为民族解放尽最大努力，为团结抗战受无限苦辛，诽言不能伤，威武不能屈，庆安全健在，再为民请命"。先生以一介在野之舟，关系到国家民族的安危，受到海内外爱国的中华儿女的深切关注，这是中外历史上所仅见的。

先生公忠体国，无私无畏，大是大非，绝不含糊。1938年，抗战进入危急阶段，国民党副总裁汪精卫公然发表对日"和平谈话"，先生以参政员身份，向国民党参政会提出"敌人未退出我国土以前，公务员谈和平便是汉奸国贼"这一严正主张，给当时投降派以沉重打击。先生对于延安经历了一个由不了解到积极拥护的过程。《南侨回忆录》中说到"余久居南洋，对国内政治，虽屡有风闻，而未知其事实究竟如何，时中共势力尚微，且受片面宣传，更难辨其黑白，及至回国慰劳，与各领袖长官、社会名人、报界记者接触，并至延安视察"，"见其勤劳诚朴，忠勇奉公"，"余观感之余，衷心无限兴奋，梦寐神驰，为我大中华民族庆祝也"。抗战胜利后，陈嘉庚先生与海外千百万侨胞一样，关心着祖国的政局前途，盼望着祖国的统一富强。他坚决反对美国出钱出枪支持国民党打内战，一方面为此致电美国总统，另一方面多次在《南侨日报》发表评论。

1949年10月1日，先生登上庄严雄伟的天安门参加中华人民共和国开国大典，他看到伟大的祖国站立起来了，毕生梦寐以求的愿望实现了，决心定居祖国，以其晚年为祖国建设服务。先生历任中央人民政府委员，华侨事务委员会委员，归国华侨联合会主席，先后当选为全国人民代表大会常务委员，全国政治协商会议副主席。他以耄耋高年，驰驱祖国南北各地，舟车劳顿，致力于祖国社会主义建设事业，而在推动华侨爱国大团结，鼓励华侨支持祖国和家乡建设方面，更起了积极作用。先生生前一再呼吁祖国统一，直至1961年8月12日弥留之际，犹对台湾回归祖国，表示殷切的关注。对于伟大的祖国，先生真是鞠躬尽瘁，死而后已啊！

综观先生一生，经商南洋，初奠基业，即立志竞争义务，力图报国，其后倾资兴学，百折不挠，以至赤诚爱国，鞠躬尽瘁，既集中体现了千百万海外赤子爱国爱乡的恳挚心愿，也集中体现了中华民族的高贵品质。正是这么一颗毫无私念的爱国丹心，使先生一生的奋斗历史，辉映中外。值此纪念嘉庚先生创办集美学校七十周年之际，我们谨祝愿先生的崇高爱国主义精神和光辉业绩永垂不朽！

（载《陈嘉庚先生创办集美学校七十周年纪念刊》一书第9—13页）

2.学习陈嘉庚先生，发扬爱国主义精神

今年12月21日，是陈嘉庚先生创办的集美学校建校七十周年。七十年来，集美学校为民族和国家的振兴，培育了众多的人才。在这欢庆的日子里，我们深切地怀念他的创办人——已故的著名爱国老人、华侨领袖陈嘉庚先生。

“华侨旗帜，民族光辉”，这是毛泽东同志对陈嘉庚先生的崇高评价。嘉庚先生是一位杰出的、忠诚的爱国者。他竭尽心力为祖国培育人才，坚决反对帝国主义侵略，同阻碍社会进步的反动势力做不懈的斗争，维护祖国的统一，对国家和民族做出了巨大的贡献。

为了振兴中华，嘉庚先生倾资办学。从1913年起，就在他的家乡集美创办了幼稚园、小学、中学、师范和水产、航海、商业、农业等学校，1921年在厦门创办了厦门大学。他还资助闽南各地中小学七十多所，积极鼓励和带动华侨在家乡办教育事业。为了提高华侨的文化水平和民族意识，增进他们同祖国的联系，嘉庚先生还以巨大的热情发展侨居地的华文教育事业。他的生活很俭朴，而对于办学却慷慨捐输，即使在经济万分窘迫中，仍然艰辛地维持他所办的教育事业。他曾说：“我的经济事业可以牺牲，学校绝不可以停办！”他临终前，还嘱咐把自己在国内的全部存款用

于办学等公益事业。这种崇高的爱国热忱，实在是难能可贵。

嘉庚先生不仅为祖国教育事业倾注自己的全部心血，而且是一位民族解放事业的忠诚战士。他坚决反对帝国主义的侵略，维护国家民族利益。1928 年日本帝国主义制造了骇人听闻的“济南惨案”，嘉庚先生极为愤怒，组织“山东惨祸筹赈会”，积极募捐救济“济南惨案”遇难家属，号召华侨反对帝国主义的侵略。“九一八”以后，他又奔走呼号，激励海外侨胞爱国热忱，募捐支持祖国人民的抗日事业。1937 年全面抗日战争爆发，嘉庚先生在新加坡召开南洋各地华侨代表大会，并组织南洋华侨筹赈祖国难民总会，支援祖国的抗日战争，他激昂地说：“悲观失望，见义不为，有钱不出钱，有力不出力，是对祖国大不忠！”汪精卫公开叛国后，他痛斥汪精卫是“秦桧卖国求荣”。对嘉庚先生崇高的民族气节和爱国主义精神，周恩来同志曾作了这样的评价：“为民族解放尽最大努力，为团结抗战受无限苦辛，诽言不能伤，威武不能屈。”

作为一位杰出的爱国主义者，嘉庚先生始终追随时代发展的潮流，不断进步，同阻碍社会前进的反动势力做斗争。他早年参加孙中山先生领导的“同盟会”，热情支援辛亥革命，为反对封建专制制度进行斗争。1940 年他率领南洋华侨筹赈祖国难民总会慰劳团回国慰劳抗战将士，目睹蒋介石集团贪污腐化、独裁专制、出卖国家权益、破坏民族团结等一系列祸国殃民的行为以后，认清了蒋介石集团的面目。同年 6 月，他访问陕甘宁边区，看到中国共产党克服一切困难，领导全国人民坚持抗日战争的伟大卓绝精神，表示无限的爱戴和拥护。他不顾蒋介石集团的阻挠，在国内各地如实地公开报告他在延安的观感。后来他回忆当时自己的感受说：“前忧虑建国未有其人，兹始觉悟其人乃素蒙恶名之共产党人物。由是断定国民党蒋政府必败，延安共产党必胜。”他由此找到了救国的领导力量，发现了民族复兴的道路。他对中国共产党领导的革命事业真诚拥护，对蒋介石集团发动的反共反人民内战坚决反对。新中国成立后，嘉庚先生为祖国建设事业，为华侨爱国大团结，做了许多有益的工作。他在晚年，目睹祖国的巨大变化，热情洋溢地指出：“只有社会主义才能使国家富强，使人民幸福。”这是他爱国主义思想的进一步升华。

一个忠贞的爱国者，必定把维护祖国的统一作为自己的神圣职责。嘉庚先生对台湾回归祖国，一直是非常关心的。早在1950年，他就认为“祖国的统一是天经地义的事，中国人民有权这样做，绝不容外国干涉！”1956年10月，他在全国归国华侨联合会上说：“海外的国民党人，比较老一辈的很多和我一同参加过孙中山领导的同盟会，在抗日战争时期，我们又曾经密切合作……凡是对爱国事业有所贡献的人，都会得到祖国人民的重视。”以后，他又号召海外侨胞为祖国统一大业贡献一切力量，直到他临终前在遗嘱中还念念不忘“台湾必须归中国”。这一切，深切地表达了他渴望祖国统一的心情。

陈嘉庚先生是当代爱国华侨的一面光辉旗帜，他受华侨爱国主义光荣传统的哺育，又成为广大华侨的楷模；他是中华民族的一分子，又集中体现了伟大中华民族的高尚的精神和品质。他那光辉的爱国的一生，值得我国各族人民和海外侨胞永远怀念。

历史的车轮把我们祖国推向振兴中华的新的历史时期。加紧社会主义现代化建设，争取实现包括台湾在内的祖国统一，反对霸权主义、维护世界和平，这是历史赋予每一个爱国者的庄严而崇高的使命，是新的历史条件下爱国主义的主要内容。我们相信，广大海外侨胞和归侨、侨眷，必将以陈嘉庚先生为榜样，继续高擎华侨爱国主义的光荣旗帜，为实现八十年代三大任务做出贡献。

当年，嘉庚先生痛感我国人才匮乏，为教育事业倾注了全部心血。今天，为了建设一个繁荣富强的中国，造就大批人才和充分发挥现有人才的作用是当务之急。它激励着越来越多的海外侨胞发扬兴资办学的传统，为祖国培养人才。我国政府十分重视他们这种爱国爱乡的行动，各地有关部门要本着勤俭节约的方针，珍惜地使用这些办学资金。在海外侨胞和归侨、侨眷中，有各方面的专门人才。他们热望在振兴中华的伟业中，贡献自己的聪明才智。我们要充分创造条件，欢迎更多的海外专家、学者回国工作，要努力改进和加强归侨、侨眷知识分子工作，以便充分发挥他们的作用。

实现祖国统一，是嘉庚先生生前的宿愿；一切热爱祖国的中华儿女，不论政治观点和信仰如何，在这个根本点上，是共同的。我们希望海外侨胞和归侨、侨眷努力发挥自己的桥梁作用，希望在海峡两岸和海外的曾经与嘉庚先生合作共事的人士，曾经在嘉庚先生兴办的学校接受他的爱国精神陶冶的人士，继承他的遗愿，为祖国的统一大业贡献自己的力量。

陈嘉庚先生的爱国主义精神永放光彩！

愿华侨爱国主义光荣传统更加发扬光大！

（国务院侨务办公室副主任　林一心）

（载《福建侨乡报》1983 年 10 月 27 日）

3.纪念陈嘉庚

时间流逝是很快的。如果陈嘉庚先生还活着的话，他今年该是一百零九岁了。就是他亲手所创建的集美学校，也已七十周年了。

陈嘉庚是个重要的历史人物。他的影响远远越出了国界。福建人敬仰他，全国人民敬仰他，华侨和外籍华裔敬仰他。

这当然不只是因为他早年经历过旧中国半封建半殖民地那段屈辱的历史，不得不飘零海外，却又成了一个出色的实业家；也不只是因为他对辛亥革命、抗日战争、人民解放运动、社会主义革命和建设都做出了重大的贡献。主要是指他整个一生，总是站在人民一边，站在正义事业一边。在中国历史转折的关头，他的这一品质表现得尤其突出。陈嘉庚亲自撰写的《重庆与延安》《所闻与所见》①，就是最好的见证。

陈嘉庚的全部历史，都是同华侨的命运，同中国人民的命运紧密联系在一起的。他认为："教育不振则实业不兴，国民之生计日绌。"②他始终"以办教育为职志"③，寄希望于下一代，在这方面几乎耗尽了毕生精力和全部财产。他在国内和海外兴办的教育事业，如今已发挥出越来越大的作用，同时也愈益显示他重视智力开发的远见卓识。

要争取事业的胜利，首先要做出牺牲。这是陈嘉庚给我们留下的另

① 见《南侨回忆录》（陈嘉庚著，香港草原出版社出版）。

② 陈嘉庚：《1918 年致集美学校诸生书》。

③ 见《南侨回忆录》（陈嘉庚著，香港草原出版社出版）。

一份重要精神遗产。他选择了一条决无安逸可言的生活道路。论他的产业，是家财万贯；看他的生活，却又淡泊又清苦。他坚持真理，不畏权势，实践了他自己提出的“轻金钱，重义务，诚信果毅，嫉恶好善，爱乡爱国”①的立身之道。直到临终，还念念不忘祖国的统一。

陈嘉庚是爱国华侨的光辉旗帜，是革命事业的忠诚朋友，他受到全国人民和千百万海外华人的尊敬和爱戴，决不是偶然的。

（项南　1983 年 5 月于福州）

（载《福建日报》1983 年 10 月 19 日）

4.黄乃裳与诗巫的开发

诗巫，是马来西亚沙捞越州第三省的一个重要城市，位于拉让江流域的出口处。交通方便，街道繁荣，楼房栉比，厂店林立，是个相当繁荣的都市。饮水思源，人们一直怀念着拓荒者黄乃裳和福州籍华侨对诗巫的开发和对社会经济发展所做出的贡献。

黄乃裳考察拉让江流域

黄乃裳，原籍福州府属闽清县，戊戌变法期间，他主张变法维新，亲自上书八次，变法失败，因受牵连而逃往南洋。1899 年秋，他携带家眷南渡新加坡，并遍行当时英国、荷兰在南洋各属殖民地，“多不如意”。后来，通过其女婿林文庆博士的介绍，商得当时沙捞越统治者的同意，遂于 1900 年春夏之间，亲临沙捞越之拉让江流域考察，“见江水汪洋，揣其发源必甚长，乃沿江而入，见二岸丛林蔚茂，土著不多，左右望不见有山，知有原野广貌”，并“察其草木，尝其水土，知地质膏沃，无虎豹豺狼毒蛇恶兽害人之物”，且气候宜人，可容数万人开发耕种，遂与沙捞越王查尔斯订立条约，作为初期垦殖的约法。约法规定：沙捞越政府批准在拉让江区域内给予华侨垦农耕地，每成人三亩，二十年内免税，期满每亩年纳赋银一角；倘若政府所需移民耕地，需按当时地价收买，以偿移民之损失；移民生产之物品，输出售卖绝对自由，政府决不加以限制。

① 见《南侨回忆录》（陈嘉庚著，香港草原出版社出版）。

黄乃裳回国招工

垦约成立后，黄乃裳于1900年返回家乡，并在福州府属的闽清、闽侯、古田、屏南、永泰、福清各地招工。不到两年时间，前后招去一千零七十余人前往诗巫开垦，开垦的区域统称为福州垦场。1902年6月，黄乃裳又招得农民五百四十人前往。

诗巫这个小地方，八十年前只是一小村镇，当时人口只有百人左右，且多数是闽南人。以后由于福州华侨的大量来到，诗巫遂有新福州之称。自是之后，开辟土地日旷，物产也日见丰盈，福州府属各县农民由亲友相引，接踵来此垦荒为业，人口大增。至1947年，全诗巫的华侨已有二万三千多人，根据最近人口的统计，散布于拉让江流域之福州籍华人“已逾十万”，成为诗巫华人中最多的。

初创艰苦死人多

初到马来西亚沙捞越州的诗巫时，福州籍华侨生活十分艰苦。又因气候及各种环境条件与家乡极不相应，且当时瘟疫正盛，得病死了不少。据黄乃裳所著《对于巡警道审询及新福州垦事因述其颠末》一文中说：“三年之久，死者七十五。”因此，当时流传了一句使人心寒的话，大意是说：“今天去埋人，明天给人埋。”可见福州华侨初期开发诗巫之艰难。

引进橡胶大发展

福州籍华侨在诗巫的最初三年内，主要在新珠山周围种植杂类、薯类以及蔬菜之属，以取于自给。其后，黄乃裳女婿林文庆由英国农业专家处知道南洋气候适合种植橡胶，本少利厚，于是就力劝人们种植。至1908年，诗巫华侨黄景和往新加坡、吉隆坡两地选回橡胶苗三千株，在其住所三和村试种，这可算是诗巫福州垦场种橡胶最早的了。过了六七年，橡胶长大开割，每百斤获利七百元，当时的人称橡胶为“摇钱树”。自此以后，福州旅居诗巫的华侨就大种特种橡胶。

1910年以后，新加坡与诗巫间有船只直接通航。1924年以后，橡胶价格猛涨，诗巫附近又有许多垦场兴起，福州华侨又前往开发，橡胶和胡椒产量激增。诗巫经济趋于发展与繁荣。

不忘华人的贡献

今天福州籍华侨(许多人已加入马来西亚籍,成为马籍华人),已从简单的农业迅速发展到商业、木材工业、建筑业、航运业和制造工业等。如今,诗巫已发展成为一个相当繁华的现代化城市。

诗巫荒滩变重镇,功在黄乃裳及其追随者。1980 年 3 月 16 日,沙捞越州农业暨社会发展部部长黄顺开在诗巫主持福州公会垦场八十周年纪念会上说:“福州人对沙捞越和国家的发展进步和繁荣,提供了伟大的贡献。”又说:“今天诗巫福州公会庆祝福州籍垦荒者抵达本州八十周年纪念,就是纪念已故黄乃裳港主和他的勇敢追随者……纪念先贤垦荒和奋斗的历史。如果不是先贤披荆斩棘,不懈的努力,我们今天的成功就是不可能。”

(林金枝)

(载《福建侨乡报》1981 年 3 月 11 日)

5.黄乃裳——一位爱国的华侨企业家

1900 年 6 月,孙中山先生到新加坡等地进行革命活动,争取了两位华侨上层人士改变态度,由原来倾向保皇党转而拥护革命,为革命做出贡献。这两位华侨人物,一个是林文庆,一个是林的岳父黄乃裳。

这里,我们想谈黄乃裳的几件事。

黄乃裳,福建闽清县人。原名黻臣,别号慕华,乃裳是他的表字。1898 年,黄乃裳在北京参加了戊戌变法运动,失败后他携带家属避到新加坡。女婿林文庆推荐他到当地华侨所办的《星报》社去担任总编辑。

黄乃裳在北京居留期间,目睹清廷腐败,认为“非革命,不足以救亡拯弱”。但怎样革命他当时还没有找到真正的出路。他觉得南洋群岛资源丰富,打算经营大规模的开垦事业。他借着林文庆的帮助,向婆罗洲英属的沙捞越政府承批了山林数万英亩,辟为农场,一面回到福建招募工人,并与沙捞越王订立条约三十款,向该地政府贷款三万元,从事开垦工作,给这块土地命名为“新福州”。

依当地规矩,大农场叫“港门”,农场主叫“港主”。港主有包卖烟酒、包庇赌博的特权，但黄乃裳不愿享受这样的“权利”。反而身体力行，向大家提出不赌博、戒烟酒的口号。农场工人深受启发，染有这些嗜好的纷纷戒掉。沙捞越当局一向以出售鸦片为政府的一项主要收入，见新福州不推销他们的商品，勃然大怒，屡次向黄乃裳发出警告，黄乃裳毫无惧色，公然跟沙捞越王进行辩论。沙王大怒，立即吊销黄乃裳的“港主”特权，并下逐客令，把黄驱逐出境。黄乃裳迫得赔偿贷款，损失十余万元。严酷的现实教育了他：所谓“实业救国”的路子是行不通的。

1902年，民主革命思想在南洋传播开来，黄乃裳结识了一位爱国侨商，心田渐渐萌发出革命的幼芽。1904年，以尤列为名誉编辑的《图南日报》在新加坡面世，鼓吹革命。以后，黄乃裳也参加这家报纸的编撰工作。1903年6月，上海《苏报》因刊登了章炳麟的《驳康有为论革命书》《〈革命军〉序》（按：《革命军》是邹容写的一篇革命宣言）等文章，遭查封，邹容、章炳麟被捕，这就是震动全国的“苏报案”。1904年秋，《图南日报》把《革命军》改为《图存篇》，翻印了一万本，以广宣传。黄乃裳不怕危险，亲自携带五千本回国，到广东、福建两省边境的潮州、漳州等地进行宣传，得到孙中山先生的赞许。

黄乃裳认识孙中山先生是在1906年。当时许雪秋等都在新加坡。在一次讨论武装起义的会上，黄乃裳极力主张在闽、粤边区发动，然后跟滇、桂的武装互相呼应。孙中山先生同意他的意见，并电嘱同盟会派人协助。后来，许雪秋领导的黄冈起义，就是按照这个计划进行的。

1911年（辛亥）10月武昌起义爆发时，黄乃裳从南洋赶回福建，并急电新加坡的华侨马上筹款支援革命。辛亥革命后，黄乃裳被任为交通司长。他在职期间，竭力主张北伐，不久，袁世凯绞杀革命，搞“南北议和”，黄乃裳便称病引退了。

（余振唐）

（载《广东侨报》1982年10月27日）

6.陈楚楠其人其事

——七十多年前新加坡的风云人物之一

陈先生原名连才,又名楚楠。在七十多年前,孙中山创南洋同盟会于新加坡时,陈先生和张永福、李竹痴三人最先加盟。那时,陈先生因深感于郑成功据守厦门,抵抗清军,曾改厦门为思明,矢志光复明祚,而署别名为思明州旧主。先生自负大任的表示,循名就实,便可足证先生的民族观念和救国、爱国、忧国精神!

1884年先生诞生在新加坡,祖籍厦门禾山。先生小时力学有为,除却学习当地应用之英巫语文以外,尤热切仰慕中华文化,行有余力,更从贤师良友,研究标准华语,希望超脱方言局限,发挥更大作用。他的至情和悟性,一半固出自先天,一半由于后天努力,受先德贤父陈泰公的庭训家教涵濡化育所致。

父亲经营木材生意

陈泰公早年经营木材业,他的破私济公,疏财仗义事迹很多,如据有房地产接近新加坡河岸者,英殖民地政府计划置货栈和码头,示意征用这一地段,他一诺无辞,自动割让。事后政府感念他的慷慨从公,揣民心,惬民意,表示政情民情的一致,朝野同契,官民同德,为崇公报德起见,将河畔通道,题名陈泰坊(Tan Tye Place),又把里峇峇利(River Valley Road)通哥里溪墘(Collyer Quay)一段叫陈泰巷(Tan Tye Alley)永留纪念。那也是殖民地官员统治住民的好手法。

再有新加坡市郊汤申律(Thomson Road)六英里到八英里处有六百多英亩地,是陈家私产黄梨园。政府在1862年开始计划在那边建筑蓄水池,后在1891年准备扩大规模以应付人口的不断增加,想征用黄梨园部分土地。陈泰体念上旨,心甘情愿地割让成全,所捐献出来的面积,差不多相当于全蓄水池面积的百分之廿,这一蓄水池以工程师麦里芝之名为名,称麦里芝蓄水池(Macritchie Reservoir)。

大力开辟橡胶园

陈先生和兄连亩,感情深厚,分形共气。于1905年前后,向马六甲陈齐贤橡胶园买得橡胶种子，播种在实里打（Seletar）郊区七英里处，名合春园。那时候的地价，每英亩只十余元罢了，连亩和陈先生眼光远大，知橡胶树的种植，前途如锦，曾请地产估价师将成本、管理、收获列一预算表，精密审计。后又选购了汤申律十二英里处三百多英亩橡胶树和黄梨树间作，园名成邦，聘请同盟会林义顺先生任经理。后来又和林义顺等二三位企业家，在汤申律七英里辟华山橡胶园。后把成邦园卖出，将款改在裕廊（Jurong Road）十七英里处另买进一千四百英亩，名成都园，也是橡胶和黄梨间作。成邦、成都，同样地如兄如弟。在园邻近港议地段，就是现在新加坡共和国裕廊工业区所在地，而今工厂如林，房屋栉比，回念前尘，真是旧貌换新颜了。

当时新加坡的橡胶园，以林文庆、李俊源、丘雁宾、曾江水、陈若锦等合组的友联橡胶园有限公司为最著名，地点在杨厝港，面积计四百英亩，即今之实笼岗花园住宅区相近处。余如林义顺在三巴旺（Sembawang）辟五千英亩；林文庆在裕廊十英里辟武林园，在十五英里处另辟洛阳园；陈嘉庚在淡水港辟福山园，后来把福山园卖掉，向柔佛州大力发展，最高峰时，达一万五千英亩之广。裕廊律十四英里处的云南园，原亦为林义顺所经营，后因抵押给银行，转售给福建会馆，1950 年后福建会馆划出五百廿三英亩为创建南洋大学基址，把十年树木所赚的钱移用到百年树人千秋事业上。此外再拓展到格兰芝区（Krangi）计六百英亩，名歧山园。上述推动星马橡胶种植业的人物中，雷动云合，风发呼应，披荆斩棘，脚踏实地，起带头作用者，先生岂不是早期中的铮铮人物？

热心文教事业

陈先生热心文教事业，早期与友人创办南洋大学，培育英才，主张男女平等，被公推为第一届总理。1904 年，他和张永福合资办《图南日报》，抨击清朝政府混浊不清，力倡民主共和，激发民族观念，在南洋舆论界发扬正义之声。这事传到孙中山耳中，引他为异地同志神交，后经尤烈介绍而和孙中山相见、相谈、相知、相信，故在 1905 年南洋同盟会组成，设办事处于新加坡大人律十二号晚晴园时，陈先生和张永福、李竹痴首先参加。

从此慕义而来者与日俱增。陈先生众望所归，被推为正会长。1940 年元旦，晚晴园重新修葺，举行开幕仪式，席上陈先生把亲自撰写的一篇七千多字的文章，排印分发给与会者，追述晚晴园和中国革命史略，传诵一时。

在与沟通政情、侨情、域内海外，相维相击者，有三件事可追述：

（一）1911 年 10 月 10 日武昌起义，福建响应。光复后，省库空虚，地方不安。民心浮动，省当局如果防患稍疏，地方糜烂自在意料之中。同盟会会员有见及此，筹款声援。陈先生以同盟会首长地位和福建会馆共同召开大会议决组织的保安会，分工合作，在一个月内筹得廿余万元，用保安会长陈嘉庚名义，汇回福建，安定危局。

（二）华侨赞助革命有功，所以在民国初年的政府立法机构中，特设华侨参政员数名。参政员中以槟城毁家革命的吴世荣为首。吴在上海创办华侨联合会，推汪精卫为会长，吴为副，汪徒拥虚名，实际工作，都由吴负全责，后因吴经营商务，无法兼顾，公推陈先生代吴，擘画新献，附设华侨寄庐，代办需要事务，送往劳来，以便归国省视庐墓者。同时又在《国民》新闻版上，特辟专栏，报道海外华侨动态，朝野上下，得以沟通消息，消除隔阂。

（三）1921 年至 1931 年的十年中，陈先生被聘于福建省委，一度兼实业厅长，计划办福建银行，开发全省矿藏和海上资源。但当时格于北洋军阀政府的操纵，又受袁世凯卖国求荣的廿一条的限制，福建已划定为日本势力圈，无法展开他的理想抱负，便毅然回新加坡，绝仕途以后，息影于圣迈居士路故居，披阅书报自遣，或策杖访友，娓娓清谈。天年尽于 1971 年 9 月，享寿八十七岁。

陈先生的夫人姓沈名婉贞，育有一男，名良知，服务银行界，媳蓝碧霞，专业教育工作者。尚有六女，长早殇，余为锦华、幼华、沁华、秀华、兴华。

（吴体仁 1978 年 12 月 31 日写于新加坡热带经济植物研究社）

（载《地平线》1979 年 6 月）

7.辛亥革命先烈杨衢云

杨衢云原籍海澄,小时候跟随父亲到槟榔屿谋生,后在香港船厂当过学徒,任过教员、文书和洋行副经理。他目睹帝国主义凌辱中国同胞的种种暴行,极为愤慨。由于富有爱国思想,倾心民主革命,1892年和澳大利亚华侨谢赞泰等人,组织"辅仁文社",探索拯救祖国的途径。这年秋天,他认识了孙中山先生,志同道合,时相过从。1895年被选任"兴中会"首任会长,与孙中山一起策划第一次广州起义,不幸失败,奔走东南亚、印度和南非洲,在华侨中宣传革命,发展"兴中会"组织。

1900年8月惠州起义,他亲赴前线。起义失败后,仍回香港教书。清政府悬赏三万元购他头颅,战友们劝他出洋暂避,他却慷慨激昂地说:"吾人行革命,亦久置生死于度外矣!"决心把自己的鲜血献给民主革命事业。1901年11月20日傍晚,杨衢云被清政府派遣的暴徒暗杀于香港,年仅四十岁。孙中山接到他遇难的噩耗,万分悲痛,亲自具名向中外寄发讣告,并为他举行追悼会,募捐抚恤遗孀和子女,还写信给杨衢云的挚友谢赞泰,说:"弟与各同志皆深为惋惜,哀悼之情,有非笔墨所能尽者矣!"

(洪卜仁)

(载《厦门日报》1982年10月6日)

8.爱国牧师郑聘廷

新加坡著名牧师郑聘廷,惠安县人,早年就读鼓浪屿教会学校,在厦门任过传道和牧师,后应英国长老公会之聘,前往新加坡主持会务。

1905年孙中山先生到新加坡宣传民主革命,他从中受到启发、教育,毅然参加中国同盟会,并与陈楚楠等人筹设星洲书报社,公开陈列革命书刊,激发侨胞的爱国热忱,他还利用神职人员的方便,发展爱国教徒参加同盟会,并多次邀请革命志士到教堂演说,宣传革命思想。英国人阁牧师曾劝告他放弃革命活动,而他却坚持正义,毫不动摇。

辛亥武昌起义成功,他立即把喜讯传给教徒,鼓励捐献资助革命事业。民国成立，孙中山以临时大总统的名义给他颁发“旌义状”。

之后，他又致力于华侨社会的公益事业，先后创办振武善社，星洲幼稚园和俊源学校。

（洪卜仁）

（载《厦门日报》1983年3月2日）

9.华侨女教育家余佩皋

大革命时代，厦门有个很出名的“厦南女学”，其校长就是从南洋回国的余佩皋。1920年，她在南洋华侨学校任教时，南洋华侨受到祖国“五四”运动的影响，也开展了轰轰烈烈的抵制日货运动。英国殖民政府颁布取缔华侨学校的条例，逮捕了激烈反对条例的陈新政、庄希泉等侨领，并把他们驱逐出境。英属的新、马七州府侨团，召集会议，商讨对策，决定推选代表回国请愿，余佩皋是回国代表之一。

余佩皋等代表回国后，日夜奔走呼吁，北洋政府毫不重视，过了一年又三个月，交涉全无下文。

余佩皋交涉失败后，决定留在国内创办侨校，继续为华侨教育服务。当时，有人劝她在上海或苏州办学，她以“厦门为福建下游总汇，南洋华侨息息相关，在厦办学，则南洋学生回国求学，尤较上海为便”，而且生活费用，也较上海节省。于是创办了厦南女学，并聘请思想比较进步的林云影等担任教师。

（洪卜仁）

（载《厦门日报》1983年3月9日）

10.槟榔屿侨领陈新政

陈新政，厦门禾山岭兜村人。清末风起云涌的民主革命运动，激发了他的爱国热情。他积极投身于革命的洪流。孙中山先生避难槟榔屿期间，与他时相过从，依为股肱。1910年冬，孙中山偕黄兴、赵声等在槟榔屿密谋发动广州起义,陈新政也参与筹划。

福建光复,陈新政受南洋中国同盟会的委派,回闽视察,目睹"光复后吏治不改,仍是满清故态"的腐败现象,提出"同盟会不可解散,必大结团体,以对待政府中人"的主张,确是具有政治远见。

陈新政为人峭直敢言,意有所不平,辄奋其笔舌,伸张正义。槟榔屿华侨推他为领袖。但他却不容于英国殖民政府,多次受到威吓、迫害。1921 年 10 月被捕下狱逾月,而后又被逐出境。他回到厦门家乡,兴学校,订乡约,一心想为父母之邦做点事业。然而,在反动军阀政府统治下,他无法实现服务桑梓的抱负,只好黯然南渡泰国谋生。

1922 年,林森出任福建省省长,电邀他回闽为国效劳。他应命返榕后,看到政府腐败如故,大失所望地说:"我着白衣从南洋来,但愿仍以白衣归去",拒不同污,又再出洋去了。1924 年 9 月病逝于泰国,年仅四十有四。

(洪卜仁)

(载《厦门日报》1983 年 1 月 26 日)

11."演讲家"林镜秋

七十多年前,新加坡有个华侨露天演讲队,常在大街上宣讲"推翻专制,建立民国"的革命道理。其中,有个年青队员叫林镜秋,是厦门禾山茂后乡人。每次讲演,他都是慷慨激昂,声泪俱下,使华侨深受感动。人们称他为"演讲家"。

武昌起义后,袁世凯出任清政府的内阁总理大臣,继续与革命军为敌,形成南北对峙局面。林镜秋痛恨袁世凯分裂祖国的罪行,同蒋玉田、庄啸谷等人动身回国,准备献身祖国的统一事业,他抵达广州,联络从海外回国的中国同盟会会员,发起组织华侨北伐军。不久,南北议和,他回到厦门,福建军政府委任他为厦门"暨南局"(相当于现在的侨务局)筹办员。1912 年 3 月 1 日,孙中山颁发给他"旌义状",表彰他对民主革命的功绩。

辛亥革命胜利果实落入北洋军阀手中。林镜秋不愿同流合污,回到新加坡创办正修学校，从事华侨教育。1941 年 12 月，太平洋战争发生后，日军侵占新加坡，他痛念家国，悲愤成疾，病了几个月就与世长辞了。

（洪卜仁）

（载《厦门日报》1982 年 11 月 24 日）

12. 自学成才的徐赞周

《缅甸地理》《缅甸物产》《缅甸历史》的作者徐赞周，厦门禾山徐厝村人。

徐赞周因为家贫，年少失学，壮年南渡缅甸仰光当店员，抓紧业余时间，勤奋自学。后来，他商业上有所成就，深感华侨教育的重要，1903 年，就与庄银安、陈春元等，在仰光创办缅甸第一所华侨学校“中华义学”，继又自办益商夜学，为华侨工人、学徒、店员提供接受教育的机会，辛亥革命后，益商夜学改为日校，易名共和学校，它给缅甸华侨社会培养的人才，指不胜屈。

1908 年 3 月，孙中山派人到仰光筹设中国同盟会分会，他是第一个参加者，被委派为主盟人。由于英国殖民地政府的干涉，当时缅甸的革命活动，还不能公开进行，黄兴、胡汉民等同盟会重要人物奉派到仰光工作，他不顾个人安危，坦诚接待，并参与讨论机要，奔走革命，不遗余力。武昌起义，缅甸华侨热烈支援祖国革命，设筹饷局，选他任局长，曾荣获孙中山颁发的“旌义状”。

1929 年冬，徐赞周病殁仰光，年六十三。

（洪卜仁）

（载《厦门日报》1982 年 10 月 27 日）

13. 郑成快开拓“沉香港”

旅居马来亚的华侨郑成快，毕生为侨居国的经济开发做出巨大的贡献。

郑成快(1874—1929)原名郑奕良,永春县东门人。郑成快家境贫寒,从小随父耕稼,兼采草药,以佐生计。在他弱冠之年,与同乡南渡马六甲谋生。

郑成快在马六甲榴莲洞葛之潭等地,以种菜养猪、砍柴烧炭为生。其时,马来亚开始出现树胶种植业。郑成快看到此业前途有望,遂向殖民政府申请荒地十余英亩,试种树胶和硕莪,获得成功,继而拓展到百英亩,逐渐发家致富起来。后又与友人合资,在柔佛纳美士拓地千余亩,大面积种植树胶和硕莪,兴建硕莪制造厂。随着事业的发展,他又在柔佛纳美士北之丁郎,再开辟二大橡胶园,一为四千英亩,取名"泉兴山";一为三千英亩,定名"泉成山"。

在十九世纪末叶,柔佛的马来人政府创立港主制度,鼓励开发。所谓港主,即开发者纳款于政府,承领柔佛河及其支流两岸所经之地,为其开垦,政府发给契约,港主对领地内拥有无上权力。当时,郑成快在丰盛港(居柔佛东部海岸),亦称"沉香港",开发七千余英亩地,种植树胶成功,对柔佛的农业经济发展做出了贡献。

郑成快曾设想开发海南岛,认为海南岛地近热带,物产、气候类同马来亚。他还派员到海南岛调查,拟投资开发。但因郑不幸去世,开发事遂未成。

(林金枝)

(载《福建日报》1983 年 9 月 7 日)

14.郑成快赞助革命兴教育

前一篇简介了郑成快开拓马来亚"沉香港"所做的贡献,现在略述他赞助祖国革命和文化建设的事迹。

1905 年,三十一岁的郑成快已是同盟会会员。当年 7 月,孙中山抵新加坡组织同盟会,消息传到马六甲,郑成快遂与沈鸿柏等人,组织同盟会支会。大家公推郑任会长,他坚辞不就而任副会长。此后,他努力会务,辄输巨款,捐助革命经费达五六万元。民国成立,孙中山任大总统,曾授予郑成快二等有功奖章。1915年,袁世凯窃国后,下令通缉革命领袖。革命党人黄克强、许荣智等数十人到马来亚避难,郑成快不畏风险,让许多革命党人暂避于泉兴山农场月余,并托友人向日本领事馆取得护照,让黄、许等人转赴日本。在国内讨袁战争中,郑成快继续为革命募款接济。事平,云南督府给予颁发"云南拥护共和纪念章"。国民政府因他为革命慷慨解囊,也由财政部授予刻有"热心爱国"字样的三等奖章,以志其功。

郑成快深感幼年失学没文化的痛苦,热心兴办教育事业。在侨居地及故乡,他均创办学校。他曾和华侨爱国人士一起,在马六甲创办培风学校。嗣后,培德、育民、平民诸校相继成立。他一向承担主要办学经费。1918年间,郑成快在家乡永春创办了鹏翔学校,首捐基金一万元,其常年经费承担过半。永春县的育贤中学、泉州的培元中学以及新加坡的俊源学校、昔加挽的培正中学等,他也捐助过巨款。郑成快逝世后,培元中学和俊源学校,各建一座"成快馆"以纪念他兴学育才之美德。

(林金枝)

(载《福建日报》1983年9月22日)

15.爱国老人颜子俊

颜子俊先生是历史上著名的旅越华侨领袖。他的一生是爱国的一生,他的爱国主义精神永远值得华侨和归侨学习。

颜子俊生于1887年7月,原名福黎,号子俊,永春达埔溪西村人。童年生活艰辛。十七岁时,偕同乡人到法国殖民地安南、西贡等地谋生。先是挑郎担做小贩、人力脚夫、店员,后经营纱布、百货、陶瓷、土产、影院等多家企业,颇具规模。

颜子俊先生接受旧民主主义的革命思想,同情和支持辛亥革命,1913年加入了"中国同盟会"。孙中山先生发动反袁斗争的"二次革命"时,颜氏出任旅越华侨总商会会长,四处奔走,游说革命,筹集款项,支持共和政治。

1931年,"九一八"事变后,东北三省相继沦陷,颜氏发动旅越华侨,组织"救国缩食会",颜出任会长,号召侨胞抵制日货,节衣缩食,踊跃捐资，曾一次给东北抗日义勇军一百万元抗日经费。上海“一·二八”事变后，颜氏以快邮代电严斥国民党反动派的媚日卖国罪行，并将其刚出生的第四个儿子取名“国仇”，表现了颜先生的强烈的民族感情。同时，他先后组织并主持了“越南华侨抗日救国赈济总会”“南圻华侨救济总会”等机构，发动侨胞捐献和筹集了数百万巨款以及四十余箱衣服、药品，分别寄给上海十九路军和上海救济总会。

颜子俊先生积极响应中国共产党建立抗日民族统一战线的主张，在越南各地宣传抗日救国道理，组织“越南抗日救国航空委员会”，募捐飞机十架，献给祖国。1942 年 2 月，日军侵占越南，侵越日军司令长官冈村三番五次派特务抵颜氏寓所，以日本“三菱”“三井”株式会社产品总经销为钓饵，胁迫颜氏组织亲日的“维持会”。颜氏不为敌诱，一面虚与周旋，一面做转移准备，乔装成水手，逃离险境，经香港入广西。蒋介石知悉，急电颜氏“欢迎来都，共商国是”。颜氏不与蒋介石合作，径自返福建永春老家。

颜氏的老家文化落后，他就在家乡建造“鼎新小学”，长期负责办学经费，为国家为社会培养了不少有用人才。同时，在上海、福州、厦门、泉州等地投资经商。抗战胜利后，他先后在永春家乡的达理、凤美和洑江等地组织华侨垦殖场。从事稻、薯、竹、茶、杉和水果等种植。但在旧中国，他经营的企业均以失败告终。

在 1936 年前后的越南抗法斗争期间，越南党派范文同到西贡开展地下工作。范通过关系，要求颜子俊支助经费。颜子俊欣然答应，给予全力援助，并多次掩护和救援范文同脱险，免遭逮捕和杀害。今日越南黎笋集团悍然进行反华排华活动，也是对颜老恩将仇报。

新中国成立后，颜子俊先生于 1954 年抵达北京，毛主席和周总理接见了他。周总理亲切地称他为“革命的老前辈”。颜先生曾任政协全国委员、中侨委委员、全国侨联副主席、福建省侨委副主任等职。因患喉癌，不幸于 1959 年 2 月 25 日病逝，享年七十有三。

（林金枝）

（载《福建侨乡报》1983 年 8 月 4 日）

16.福建公路交通创始人陈清机

爱国华侨陈清机发起创办的泉安公司,是福建侨办汽车公司最先成立、资本最大的一家公司。

陈清机系晋江安海人,生于1881年。青年时代曾受民主革命思想影响,1905年参加孙中山先生领导的中国同盟会。1911年辛亥革命前后,在晋江一带活动。

泉安公司曾有一段孕育过程。陈清机认为第一次世界大战摩托车之功极大,当时又遵照孙中山先生"中国实业,当如何发展,首先道路之建筑"的教导,故于1913年从日本回国,筹办"闽南摩托车路股份有限公司"。但因军阀横行,未获成功,陈清机复东渡日本经商。

1919年孙中山先生南下主持护法运动,派许卓然到晋江一带组织靖国军,进驻安海。因军事上迫切要求解决公路交通问题,许卓然即电催好友陈清机回国任路政局局长,令其筹备泉安汽车公司。陈氏一面着手勘路兴工,一面亲自到菲律宾马尼拉宿务和怡朗等地以兴办家乡交通事业为号召,向华侨募股,华侨投资人数达二千人之多。1922年6月,福建最早的公路之一——泉州至安海公路全线通车。

陈清机创办的泉安汽车公司不但对侨乡交通运输的发展起了很大的推动作用,而且对汽车修理技术也做出了贡献。泉安公司开办时的工程师雷文铨,继其后的辛宗鑫以及其他技术人员大多是归国华侨,第一批汽车驾驶员的郑天德、倪清、王长、李蕃薯等人也是归侨。

陈清机一生还致力于公益事业。1926年北伐时期,陈任晋江安海区长,对社会风俗采取了改革措施:厉行禁赌,改良婚丧,还修筑各境道路。1928年晋江安海中学创办,陈清机是发起人之一,他还建议泉安公司每年补助办学经费。1939年抗战时期,他在菲律宾马尼拉捐献三万元,施赈于泉州安海侨乡人民。

陈清机对祖国和家乡的建设及公益事业做出了不朽的贡献。他于1940年7月22日在菲律宾逝世时,周恩来同志、林伯渠同志均致电哀悼。

(林金枝)

(载《福建侨乡报》1982年9月16日)

17.新加坡名士邱菽园

邱菽园,厦门市郊区杏林新垵乡人,年青时继承其父百万遗产,是当时新加坡华侨中数一数二的富翁。然而他不善货殖,倒很醉心钻研祖国的诗词书画,后来成为海外文坛的名士。

清末封建专制统治的腐败,海外华侨受尽殖民者压迫,这使邱菽园不能不关心祖国的命运。他曾经倾向康有为、梁启超发起的“变法维新”运动。1900 年唐才常、蔡锷等人在汉口设“自立会”,联络哥老会和收买新军发动反清武装起义,经济上大部分靠他捐输。后来辛亥革命志士秦力山等人的活动经费,同样得到他的支持。

邱菽园对国内外文人学士遗稿的搜集工作,极为重视,并出资刊印好几部淹没民间而有学术价值的史书典籍。他还邀集华侨中的知识分子,组织“檀社诗会”等文学社团,留下《五百石洞天挥麈》和《挥麈拾遗》等诗文集。

晚年的邱菽园出任新加坡佛教会会长,在华侨社会中仍有相当影响。他在文化方面的贡献,至今还受到华侨文教界的怀念。

(洪卜仁)

(载《福建日报》1983 年 2 月 7 日)

18.实业家林推迁

清末民初新加坡的华侨实业家林推迁,海澄县人。他南渡新加坡谋生,初以划双桨为业,稍有积蓄,改营航运,购置小汽船穿走于马来半岛东岸,业务日益发展,于是设立“和丰轮船公司”,扩大经营。

华侨在东南亚创办的航运业,以和丰轮船公司首屈一指,它握有 1500 吨以上的“丰庆”“丰祥”等四艘客货轮,航行于仰光、槟榔屿、新加坡和国内的香港、汕头、厦门。此外,林推迁还投资开采锡矿,垦辟椰子、橡胶种植园。1917 年又办和丰银行,资金达四百万元,分行遍设新、马、印尼各重要城市。

林推迁在新加坡华侨社会中,享有很高的声誉。民国某年,华侨筹备举行国庆提灯游行,英国殖民总督拒不批准。林推迁愤慨地说:“国尚未亡,焉有国存而不庆祝国庆者?”他亲赴督署交涉,英督故意刁难,要他书面保证是日绝不发生任何扰乱社会治安事件,否则由他承担法律责任。林推迁毫不犹豫地照办。其时,华府中有秘密会党组织,常闹派别纠纷。他召集会党头目,晓以爱国大义,劝令届时勿寻仇启衅。果然游行之日,秩序井然。对此,甚至督署官员也表示钦佩。

(洪卜仁)

(载《厦门日报》1983 年 2 月 16 日)

19.福州最早的侨办学校创始人——萨君陆

福州最早的侨办学校是“闽省华侨学校”,创办人是萨君陆。

辛亥革命后,闽提学司姚文倬派遣省视学官萨君陆赴南洋和印尼各地观察华侨学校。萨君陆在南洋结识了侨领陈嘉庚和胡文虎,在他们赞助下,萨君陆回国时带回十一个华侨学生,在福州北后街开设补习班,学习汉文和普通话。一个学期后校址迁往鳌峰坊(现福州师范校址)取校名为“闽省华侨公学”。当时这个校舍因为遭受战火,十分破损,经华侨筹资捐助,修葺一新。这时,张绮青也奉派前往南洋募捐,筹得一大笔捐款,并带了二十七名华侨学生回榕。新旧侨生共三十八名,连同在本地招收六名,共四十四名,分为商业科和普通中学两个班。学监为萨君陆,教员有翁在浩、林伯阳、潘炳年等。该校经费由南洋华侨捐助。1915 年第一届商业科学生毕业,1916 年第一届普通中学毕业。不久,第一次世界大战爆发,侨汇断绝,经费无着,学校无法维持,只得宣告停办。

(声生)

(载《福建侨乡报》1982 年 1 月 21 日)

20.华侨武师叶清池

辛亥革命前后,在印度尼西亚爪哇,有一位名声远播的华侨武师叶清池。他原籍福建,幼年时,他的父亲被邻乡的豪强杀害,他便愤然离家出走，往少林寺学习武艺，希望来日为父亲报仇。叶清池在少林寺六年，先学拳术，后习刀枪。他苦心学习，日夜揣摩，技艺大进，十八般武艺，件件皆能。出山时，住持殷殷嘱咐他说："个人报仇事小，尚有国仇，不可不报。此乃大事，望你勿忘。"叶清池回到家乡，打死了欺压良民的豪强，报了父仇。然后远走南洋，到爪哇去投靠一个经商的姓黄的同乡。在黄先生身边当保镖。

当时爪哇中部，常有歹徒成群结队出动，杀害华侨，抢掠华侨商店，为害甚烈。华侨为了保护身家性命，乃共同商议，学习武艺，团结防暴。他们拜叶清池为武术教师。不久，叶清池教授出一班生龙活虎、武艺高强的武师。一遇歹徒来犯，便奋勇自卫，打得歹徒弃甲丢戈而逃。因此，当地华侨遂对叶清池感恩戴德不尽。

叶清池不仅武艺高强，且办事公道，善于辞令，为华侨排难解纷。他关心时事，痛恨清朝残暴，很受孙中山先生革命思想的影响。他曾在爪哇各地为辛亥革命奔走，向各界劝捐，支持革命。这些事迹，至今尚为人乐道。

（郑大零）

（载《广东侨报》1981 年 10 月 2 日）

21.在土地革命时期为革命献身的李南金烈士

李南金烈士是第二次国内战争时期安（溪）、南（安）、永（春）游击区的创始人之一，生于 1907 年 2 月 12 日，原名世混，学名果，笔名觉因，永春县达埔院前村（今达埔公社岩峰大队）人。其父李原灯系前清秀才，以教书、行医为业，曾主持岩峰书院和达新学校校政。南金幼年就学于新学校，聪颖好学，成绩优异。继升学于泉州昭昧国学，在校博览群书，勤攻书法，尤擅长文学。南金少负救国宏志，向往革命，在校不仅习文，而且尚武，苦练国技（武术）。课余时间，喜爱摘抄跌打刀伤的药方秘方。

1926 年，南金出洋旅居法属安南（今越南）任教。1928 年归国，到上海中华艺术大学攻读文科。当时中华艺术大学是党领导创办的，文科主任沈端先，即夏衍同志。南金在校接受马列主义真理，积极参加学生运动,开展反帝反封建斗争,于1929年参加了中国共产党。1930年夏,南金大学毕业。同年秋,组织上派他回永春开展革命工作,先后担任中共永春县委宣传部长、县委书记等职。当时陈匪国辉在永春到处搜捕共产党人,制造白色恐怖,开展工作有困难。南金同志巧妙地利用老同学伪建设局长黄文标的关系,在伪建设局主编《建设月刊》为公开身份,暗中开展革命活动。并用"党因"名字在《建设月刊》上发表文章,揭露旧社会的黑暗和宣传革命真理。后被陈国辉觉察,严令人追查。南金被迫潜回达埔,化名在达新学校任校长,以学校为据点,秘密发展组织,开展革命活动。先后成立了儿童团、农会、互济会、妇女会等组织,并建立了中共达埔支部,吸收李剑光、李世全、李准、李晓山、林绍琼、李连全等人入党,为后来安、南、永游击区培养了一批骨干力量。同时,南金同志还主编党的秘密刊物《磨砺》,向革命群众宣传革命真理。

1931年初,永春白色恐怖更加严重,陈匪到处搜捕南金同志。为了保存革命组织的骨干力量,省委指示县委分散隐蔽活动,李南金同志调到厦门、漳州、石码、同安一带工作,先后任中共同安特支书记和中共同安县委书记。南金同志除积极开展革命活动外,还经常撰写诗文在《闽星报》上发表。在他生前曾把发表过的诗文剪辑成集,取名《碎锦》,可惜已经遗失。

1931年10月,南金同志参加省委在厦门召开的省委扩大会议。会上传达中央关于"保护苏区,扩大游击区"的指示,并研究如何在一些地区开辟游击区问题。会后,南金被派回安溪、永春一带工作。同年11月,南金同志在安溪佛子格主持召开安、南、永党团领导干部会议,决定成立中共安溪中心县委,李南金任书记;并成立共青团安溪中心县委,李晓山任书记;永春设特区,吴国清任书记,中心县委机关设在佛子格。会议还通过了开辟游击区的斗争计划。会后,安、南、永地区的革命斗争蓬勃发展,达埔、芸尾、小溪、镇抚、东溪等边区纷纷建立农会和赤卫队,开展双抗(抗租、抗捐)斗争。中心县委还积极筹集枪支武器,建立人民武装游击队,开展游击活动。

1932年春,中共厦门市委派陈鸿伍等同志来安、南、永游击区参加领导工作。同年3月,南金同鸿伍同志从安溪东溪出发到佛子格开会,途经芸尾时遭遇敌人伏击。南金同志为了掩护陈鸿伍同志脱险,坚持抵抗还击,在打到剩最后一颗子弹时,因短枪出了故障而不幸被捕。同年 4 月 24 日英勇就义于安溪县城,牺牲时年仅二十六岁。

李南金同志的牺牲,是安、南、永游击区的一个重大损失,它更加坚定了人民的革命信心,为了继承烈士遗志,1932 年 5 月 1 日在佛子格正式成立了中国工农红军闽南游击队第二支队,开展了轰轰烈烈的安、南、永三年游击战争,为革命斗争谱写了新的篇章。

(长寿、章英)

(载《桔红》第 7 期 1982 年 7 月 15 日)

22.气吞残虏一巾帼

抗日战争时期,中国山西雁北第六支队骑兵营教导员李林,是位年方二十出头的姑娘、福建籍的印尼归侨。她中等身材,短发齐耳,脸上白里透红,一双大眼睛清澈有神。她身着灰军装,腰扎宽皮带,胯下是一匹紫红底色镶着白花斑的烈性高头骏马,人称“菊花青”。李林在马上能双手打枪,右手提一支德国造的二把盒子,左手使一支八音子小手枪;还能在马上单手自如地往枪膛里压子弹。打起仗来冲锋在前,断路在后,有勇有谋,英武异常。当时在山西指挥抗战的贺龙同志曾多次夸奖这位巾帼英雄。1940 年 1 月,在晋西北大会上,贺龙同志还亲切地对李林说:“欢迎你,我们的女英雄!”关向应同志更是关心李林的成长,曾亲自提议李林为晋绥边区工作委员会委员,兼管地方武装。侵华日军和汉奸听到李林的名字却闻声丧胆,到处张贴告示悬赏捉拿李林,但始终也捉不到这位威名四震的女英雄。

投笔从戎　身赴国难

李林于 1916 年出生在福建省厦门市。幼年家贫,随父母侨居印尼爪哇岛,她在老师方寅爱国思想的启迪下,1930 年十四岁时返回祖国,在陈嘉庚创办的“集美中学”读书,1933 年转入上海爱国女校,后又考上北平民国学院政治系。在该校地下党组织的培养下,她加入了中国共产党。抗战爆发后,她毅然投笔从戎,来到山西抗日前线。

山西省委考虑李林是位女大学生,计划留她在太原担任党的其他工作,但李林坚决请求上战场杀敌。于是,她被任命为偏关游击队队长。队伍扩充后编成雁北抗日游击队,李林担任第八支队政委。长城脚下,凛冽的朔风漫山呼啸,尘土扑脸,如针刺一般。南方长大的李林却像朵腊梅在这广漠的北国盛开。当八支队和其他支队合并为雁北第六支队骑兵营时,李林担任了骑兵营教导员。

英勇善战　指挥若定

在雁北,只要一提起李林,老乡无不交口称赞。她的英雄事迹,诸如"平鲁锄奸""偏关砸狱""一纸吓死日本兵"等,在老年人嘴里如数家珍,有口皆碑。这里仅介绍"牵着毛驴走,气死日本狗"的故事。

1939年深秋的一天傍晚,侵华日军开始了第七次扫荡。敌人倾巢而出,行动诡秘,把我边区首脑机关所在地洪涛山的几十个村子像箍桶似地包围住,情况严重。李林得到情报已经晚了。在这危急关头,她和同志们一道想出了个"围魏救赵"的锦囊妙计,决定攻打敌人老巢岱岳。深夜,他们赶到了岱岳,二个战士干掉了敌哨兵后,李林带着机枪班爬到据点对面的一座窑顶,亲自用机枪向炮楼射击,鬼子从梦中惊醒,乱作一团,一个个被机枪压得不敢抬头,鬼子小队长死命摇电话向大同告急。大同日酋司令官慌忙派装甲车增援,但铁轨早被李林他们拆了。司令官又下令出动飞机,但李林和战士们已冲进炮楼和敌人展开白刃战了。日军见老巢危在旦夕,不得不撤回包围我洪涛山的全部部队。当敌人的坦克、卡车像奔丧似地赶回时,李林他们早已无影无踪了。

威武不屈　壮烈殉国

1940年4月25日晚,李林正掩护领导机关向平鲁方向转移。突然,被敌人四面包围。李林带领少数骑兵向东冲击,东边的敌人压过来了;李林又带领战士向南冲去,但南面敌人也压过来。天已拂晓,仗打得越来越艰苦,"菊花青"战马不幸中弹倒地,李林同志也身负重伤。她忍住伤痛,双手两支枪同时向敌人射击,打得敌人不敢近前。子弹就剩下最后一颗了,敌人嚎叫着:"抓活的!"从漫山遍野窜上来。我们可敬的英雄宁死不屈,挣扎着站了起来,望着战友们转移的方向,望着壮丽的群山,望着伟大的祖国,举起小八音手枪,对准了自己的头部……古老长城俯首致哀,春花含泪簇拥身旁。她牺牲时年仅二十四岁!

当时,中共中央妇委特从延安发来唁电,在延安的《新中华报》,在重庆的《新华日报》和中共晋西北《新西北日报》都专题发表了社论,悼念优秀的女共产党员、爱国侨胞李林同志。

今年4月26日是李林同志牺牲四十二周年。李林磊落的一生和殉国义举,永远激励着后人。

(李奇洪)

(载《福建侨乡报》1982年4月22日)

23.抗日女英雄归侨李林

在同太路上

1937年9月的一天。

侵华日军占领了张家口,大同城内汉奸活动猖獗,私下准备开城迎接日本法西斯侵略军。

为了部署新的斗争计划,中共山西工委指示,把在雁北开展工作的李林同志调回太原。

灰蒙蒙的同太公路,沿途村庄,老乡都逃难去了,成熟的庄稼无人收割。

起风了,黄沙蔽日。风沙中,依稀出现几孔破土窑,枯草老树在寒风中抖瑟。“妈妈!妈妈!”风中传来孩子啼哭声。

李林顺着哭声找去,只见一孔被日军飞机炸塌的破窑,歪斜的窗棂,裂成两片的破门半埋在土里,一个披头散发的妇女坐在门前,脑袋搭拉到腿上。身后,站着一个衣衫褴褛的男孩,妇女袒胸露乳,怀里抱着一个婴儿。

李林走近连声叫着:“大嫂!大嫂!”

女人抬起头来,脸部神情呆滞,她用凄楚的眼光,望着陌生人一眼,没吭一声,又低下头,拍了拍似乎睡熟在她怀中的婴儿。

李林蹲下身,伸手去抚摸婴儿。突然,她浑身抽搐了一下——婴儿小身体竟是冰凉的。

婴儿闭着眼睛,圆圆的脸蛋,嫩小的四肢,薄薄的小嘴无力地含着母亲的奶头,嘴角上挂着鲜红的血迹。她死了,婴儿刚来到这个世界就又匆匆地离去,母亲的心被撕裂了。

李林望着母亲和婴儿,眼泪再也止不住了,扑嗒、扑嗒地落在婴儿的脸蛋上。

“妹妹被日本飞机炸死了。”那个小男孩,躲在母亲的身后,胆怯地对陌生人说。

“你爸爸呢?”李林关切地问。

“抓去当兵,也被炸死了。”

李林这才注意到,烂门框上挂着一串纸钱,在风中摇曳。

“哈!哈!哈!”女人突然把手伸向空中,一阵令人撕心裂肺的惨笑,“上天了!上天了!娃娃爹,等着我!……”

小男孩望着好心的陌生人说:“妈妈疯了。”

李林的心猛地一抽,对日本侵略者的仇恨如火药爆炸,她从牙缝里迸出两个字:“野兽!”

在山坡上那座新坟旁,又增加了一座小坟。孩子母亲的眼泪早已哭干了,她趴在坟上,发出一声声揪人心肺的呼唤,双手深深地插进土里。

李林劝慰着失去丈夫和孩子的母亲,并把自己的口粮留给母子俩,让男孩带着母亲去投亲安身。

李林告别了失去亲人的母子,怀着满腔的悲哀和仇恨向前走去。

声东击西

1938 年 7 月初,八路军一二〇师贺龙师长和关向应政委亲自批准把雁北的抗日游击队改编为八路军一二〇师雁北第六支队。

原八支队和五支队,被改编成雁北第六支队骑兵营,李林同志被任命为骑兵营教导员。

此时,由于日寇的疯狂扫荡,绥(远)南(部地区)工作受了重大损失,许多干部群众牺牲在敌人的刺刀下。绥南上空笼罩着乌云。

为了恢复绥南工作,特委决定抽调一批干部,组成绥南工作团北上。

给骑兵营的任务是:军事上确保绥南工作团完成任务返回右玉县南山区。

为了完成任务,李林和营长王零余一起研究作战方案。李林端着一盏油灯,和王零余一块趴在一张十万分之一的军事地图上看地形。这张地图还是贺龙师长送的呢。

首先要把工作团由杨家后山护送到绥南的二十边村,这段路程共有一百四十里,要求在一天一夜的时间赶到,同时要穿过一道敌人的封锁线。

李林看着地图,心里计算着,根据靠近大同口泉一带的地形,一个作战方案在她脑子里渐渐成熟。她猛地捶了一下桌子:"有了!"

王零余笑嘻嘻地问道:"什么有了?"

李林兴奋地指着地图说:"老王,你看,杨家后山离二十边村有一百四十里,二十边村离口泉附近的长流水敌人据点有二百里。如果把工作团护送到二十边村后,我们人不离鞍马不停蹄地返回长流水……"

她还未说完,王零余插话:"你是说来个声东击西?"

"对,我们利用骑兵速度快的特点,拔掉远离绥南二百里的长流水据点,转移敌人的视线,牵制敌人的兵力,使工作团大胆放手地工作。"

这个方案,跟王零余的想法大致相同,但他提出个问题:"那工作团的安全?"

"虽然我们暂时离开工作团,但这样做对工作团来说是最大的安全,因为我们在长流水,敌人决不会认为一批地方干部会远离部队;等敌人扑向我们,我们就又回到工作团身边,即使敌人发觉,已经迟了。"

王零余深为李林军事上的飞速进步感到高兴,他爽朗地笑道:"好,我赞成!"

特委批准了骑兵营这个大胆的方案。

骑兵营掩护着工作团,乘夜色,穿过鬼火沟,突破敌人封锁线,按预定计划到达二十边村。

黎明时分,李林已驾驭着"菊花青"战马,和全营同志一起,驰骋在通往长流水的山路上。午夜,他们赶到了长流水。七月十五,明月高照。鬼子们在据点里正在饭酒作乐,一片喧闹。

李林命令尖兵摸掉了敌人岗哨，指挥战士们悄悄地上了房顶。她带人打前院，王零余带人打后院。不一会，前后院房顶上站满了骑兵营的战士们。

这时，前院有个伪军出来给牲口添草。他添完草要回房，前脚刚跨进门槛，李林甩出一颗手榴弹，“轰”的一声，手榴弹和伪军一块进了门……

前后院一齐开了火，机枪、步枪齐声怒吼，战士们把手榴弹往烟囱塞进去，炸得炕上的鬼子血肉溅了一墙。战士们纷纷从房顶跳进院子，机枪封锁了房门，打得鬼子喊爹叫娘，剩下的举手缴枪。

李林顺着过道直奔后院，鬼子小队长正提着王八匣子朝外跑。李林抬手一枪，鬼子小队长一头栽倒在李林跟前，后面一个鬼子转身要跑，也在李林枪口下归了西天。

一场恶战只用了半小时就胜利结束了。骑兵营胜利返回了二十边村。

骑兵营的胜利给绥南工作团开展工作赢得了时间。在短期内，绥南工作得到恢复和发展。

最后，骑兵护送工作团安全返回南山区，胜利地完成了上级交给的任务。

（樊云芳、周浙平）

（载《福建侨乡报》1982 年 8 月 19 日）

24.爱国华侨沈尔七

新四军中的菲律宾归侨、优秀共产党员沈尔七同志已经牺牲四十二年了，他无私无畏的革命精神给我留下深刻的印象。许多往事至今仍历历在目。

沈尔七同志是福建晋江人，从小到南洋做工。1937 年 7 月 7 日卢沟桥的枪声，激起了他的爱国热忱，他立即号召在菲律宾的爱国华侨回国参加抗战；曾于 1938 年、1939 年两次带领爱国华侨共八十多人回国加入新四军。

我是于 1939 年在皖南新四军军部教导队女生队时，由我的同学，即沈尔七同志的爱人张石华同志介绍，认识沈尔七同志的。为了祖国神圣的抗日战争，沈尔七同志放弃了海外较优裕的生活，脱下西装，穿上了军服，并很快适应了极端艰苦的战争环境。当时国民党克扣我军军饷，部队物资菲薄，日用奇缺，战斗频繁，沈尔七同志处处严格要求自己，平时还从微薄的津贴费用节约一点钱，帮助较困难的同志。

1940 年，我们从新四军军部教导队毕业后，组织上分配我们到江南指挥部工作。从皖南到苏南前线，要走十多天，还要越过敌人封锁线。为了尽早到达目的地，我们日夜兼程，走到第三天，不少女同志感到疲倦，又饥又渴，行走困难，背包也显得越来越重。行军速度减慢，有的开始掉队了。为了保证及时到达目的地，沈尔七同志毅然把自己平时积蓄下来了的钱拿出来雇请民工，解决了女同志行军负重的困难。

一次，为了越过敌人的封锁线，我们从拂晓五点出发，一直到下午二点都没吃过东西，每个同志饿得慌，走路都非常吃力，沈尔七同志看到大家饥饿疲劳，眼下又没什么可充饥的，就和爱人张石华同志到附近村子里买了一些鸡蛋，分送给每个同志。他俩和我们分得一样。我和其他女同志都很感激，互相推让着。尔七同志说："前面还要赶路，大家快点吃。"这样的事虽然普通，却可以看到一颗像金子般闪亮的心。

1940 年 5 月，在镇江西塔山战斗中，他英勇顽强，边打边抢救伤员，还进行鼓动，指战员们士气高昂，打了个漂亮仗。

同年 7 月，沈尔七同志夫妇在广东敌后游击区医院工作，在一次反扫荡战斗中，沈尔七同志为了掩护伤员撤退，不幸中弹牺牲，他为祖国解放事业贡献了自己的一切。

（潘吟秋）

（载《福建侨乡报》1982 年 5 月 27 日）

25.菲律宾华侨抗日游击队参谋长陈村生

1941 年 12 月 7 日，日本帝国主义偷袭珍珠港，把侵略中国的战争扩大到东南亚一带，随即侵占了菲律宾、马来亚、新加坡、印尼和缅甸等地，日军铁蹄所至，烧杀淫掠，使当地人民陷入了黑暗、痛苦、悲惨的深渊。

日本侵略者在菲律宾的暴行,激起了菲律宾人民和华侨的无比愤恨和强烈反抗,纷纷拿起武器打击侵略者。1942 年 5 月 19 日,菲律宾华侨抗日游击队在中吕宋成立,就是配合菲律宾人民共同抵抗日本侵略者的一支武装队伍,这支队伍当时又叫"四十八支队",为什么要把华侨支队叫作"四十八支队"呢? 这是由于当时的中国八路军、新四军威名远扬,菲律宾人民非常敬佩,所以用八路军、新四军的数目编在一起,成为"四十八",用来称呼华侨支队,同时这个支队决心向八路军、新四军学习,能够发挥中国游击战争的特长,作为全军的模范。

菲律宾华侨抗日游击队建立初期,只有五十二人,条件很艰苦,但这支由华侨组织起来的队伍,抱着坚定的信念和抗日杀敌的决心,在三年多的游击战斗生活中发展到七百余人,建立了五个大队,参加华侨支队的大部分为福建华侨,他们转战在吕宋岛的十四个省和马尼拉,立下了不少战功。他们南征北战,参加过大小战役二百六十多次(其中著名战斗十二次),歼敌人数达二千多人(包括敌军、伪军、伪警等),缴获轻重机枪、步枪、短枪共九百多支,同菲律宾人民一起流血战斗,有七十多位中华民族的优秀儿女(包括参谋长一人、副队长一人、大队副指导员一人、排长一人、班长五人、副班长五人)①,为反对侵略者、捍卫菲律宾人民的独立自由而贡献了宝贵的生命,长眠在他们曾经战斗的菲律宾土地上。旅菲侨胞和当地人民为纪念在菲律宾抗日战争中牺牲的华侨烈士,在菲律宾马尼拉华侨义山建立了一座"菲律宾华侨抗日烈士纪念碑",中华儿女为人类正义事业而勇于自我牺牲,永垂青史,光照人间。

当时在菲律宾华侨抗日支队,参加者以福建和广东华侨为主,尤其是福建籍的华侨参加最多。当时华支的五个大队中,除第二大队是以广东人为主外,其余几个大队均以福建华侨为主组织起来的。在华支烈士姓名录中,也以福建籍华侨牺牲最多。根据 1946 年《华侨导报》的记载,华支烈士七十名中,属福建籍华侨的就有四十八名,约占全部烈士的三分之二以上。

菲律宾华支的指挥员和战斗员作战勇敢,英勇牺牲,他们的事迹真是

① 统计数字参见梁上苑、蔡建华《华侨抗日支队》,广角镜出版社,1980 年,页 244。

可歌可泣，牺牲的华支参谋长陈村生，就是福建华侨的杰出代表。

陈村生，原籍福建晋江深沪溪西乡。战前是餐馆工友，因搞工人运动，被老板开除而长期失业，每顿吃两个硬面包，喝一杯自来水，从不叫苦。日寇南进时期，他很快成为一个出色的地下工作领导者，从马尼拉到吕宋建立起广泛的抗日地下组织网。后来参加华支后，他对部队的建设、教务、训练、作战等方面也立过战功。1944 年即担任南吕宋大队的政治指导员，为人忠实诚恳、刻苦耐劳，忠心耿耿为革命积极工作，遵守纪律，以身作则，思想敏捷。作风谦虚，备受群众信任与爱戴。美军登陆南吕宋之后，曾亲自率领大队解放仙沓古律示及其他十余社镇，战绩卓著，威震南吕宋。1945 年 2 月底，调往华支总部任参谋长，负责与美军第十一空军接洽配合作战，并率领第三大队转战于甲美地、描东牙示、内湖、地耶拔等省地区，身先士卒，屡建奇功。4 月 25 日夜，不幸在遭遇战中壮烈牺牲。① 可见，华支队参谋长陈村生是在配合美军作战中英勇牺牲的。美军第四五七空军野炮营营长史达德中校于 1945 年 5 月 1 日致陈村生家属慰问信中盛赞陈村生烈士在配合作战的"整个时期作了出色的工作，他的品行特点是君子中最优秀的模范，他待人接物的美好性格是感动每个人的。他一贯努力改善队员的福利，所以获得了每一同事的尊敬。这个炮兵营没有谁不知道他，这就是他孚众望的具体证明"②。

1945 年，一位菲律宾指挥官为嘉奖华侨支队曾致函华支总司令部，信中指出："华支官兵都是他国的公民，按照义务来说，他们不必负担直接抗日的责任，可是他们组织了抗日武装力量，这体现了他们扶弱锄强的人类本性。他们这班爱国分子，自始至终同我们并肩作战，一直到最后胜利。他们为了民主的信念，而建立了非凡的伟绩，我认为他们是有资格受勋的。"这就是菲律宾人民对华支的正确评价。是的，中菲人民将永远怀念这些光荣的反法西斯战士。

（林金枝）

① 参见梁上苑、蔡建华《华侨抗日支队》一书，页 223—224。

② 参见梁上苑、蔡建华《华侨抗日支队》一书，页 225。

26.从近代华侨投资史看黄奕住先生爱国爱乡事迹

黄奕住是近代华侨在祖国投资兴办企业的著名人物之一,他对祖国民族经济的发展,曾做出有益的贡献。

我为中华国民,安能忍辱受人苛禁

黄奕住,南安金淘人,生于1868年。据他的墓志铭记载,他早年因"家贫辍学",曾到安溪去学手工艺。二十岁(1888)时去南洋谋生。初到新加坡,后到棉兰、三宝垄等地,"初事负贩,自食其力",后"专营糖业,历三十年",遂发家致富,成为实业家。

黄奕住爱国,首先表现在他对促进祖国民族经济的发展不遗余力。黄奕住在印尼时,有人对他说:"中原多故,不如此间乐,君雄于资,何地非乐土?为终老计,不亦善乎?"这种意见,遭到了黄奕住的拒绝。黄说:"我为中华国民,安能忍辱受人苛禁,托人宇下,隶人国籍乎?"于是,他"遂括所积蓄,归装托厦门",投资兴办各种企业。

黄奕住于1918年五十岁时回国,一直到七十七岁在厦门鼓浪屿逝世为止,前后二十七年都住在国内。他在国内的投资主要在厦门、上海两地。

促进厦门市政建设,方便居民

黄奕住在厦门开设了"日兴银号",还先后于二十世纪初期参加"创办厦门自来水公司以重卫生","收回鼓浪屿日人电话以尊国体",并投资于厦门市电话公司。这些企业,对于促进厦门城市经济的发展以及方便居民生活都起了有益的作用。他还在厦门和鼓浪屿投资房户二百多万银元,建筑或购置房屋一百二十多幢,促进了厦门市政建设。

上海是旧中国最大的资本主义城市,福建华侨在那里也有一定数量的投资,其中投资最多、规模最大、影响最深的,要算黄奕住先生。据黄奕住的长子黄钦书说,其父在上海的企业投资主要有日兴行和中南银行两家。

日兴行是独资经营的进出口贸易的商行,于1925年创办,经营至1938年。该公司所经营进出口贸易数量很大,进口的糖约占当时全国进口糖的七成。后来,该公司又在汉口设立日兴行。它经营出口的大豆,每年达数千吨。

创办银行,促进民族工业发展

黄奕住创办的中南银行(成立于1921年),是近代华侨在国内企业金融业投资最大的一家华侨银行,也是黄奕住在祖国创办的最大的一家企业。

黄奕住认为当时"上海为五口通商之一,外商云集,皆行使其国币"。为改变这种状况,他在沪创设中南银行。1920年到上海,与申报馆的史量才等接触,接受其建议改为组织股份有限公司,先收资本五百万元,他个人投资股金总额达百分之七十。总行设在上海,还先后在北京、天津、汉口、南京、苏州、杭州、厦门、广州及香港等地设立分支行。

黄奕住创办的中南银行及其在北京、天津等各地设立的分支行,先后陆续投资国内各项事业,范围颇广,其中较重要的,在纺织业方面有上海新裕纺织公司(占有股份百分之六十五)、天津北洋纺织公司(占有股份百分之五十)、上海德丰毛纺织公司;在化学工业方面,参加创设著名的永利化学工业公司、天津启新洋灰公司;在工矿业方面有上海诚孚铁工厂、广州矿务公司。对于民族资本主义工业的发展,发挥了积极的扶助作用。

热心为家乡办学

黄奕住少年时代因生活困难而无法上学,致富后他"每以少时失学为憾","创办斗南学校于栖霞乡(即今南安金淘),慈勤女子中学于鼓浪屿"。同时,对"厦门大同中学、北京大学、广东岭南大学、上海复旦大学,均倡捐巨资"。

(林金枝)

(载《福建侨乡报》1982年11月25日)

27.华侨名医吴瑞甫

吴瑞甫(1872—1950),名锡璜,号黼堂,福建同安县人,自幼聪颖,好学不倦。清代光绪年间中了举人,但他无意仕途,毅然辞去官职,遵照父亲“吾家世代均以医名于时，其继承先志，毋或怠”的教诲，潜心苦习治疗岐黄之术，致力于中医事业，且能融冶中西医理于一炉，善于治疗疑难病症。在理论、临床、教学上大有建树，其足迹遍及闽、沪以及国外东南亚一带，声名鹊起，是近代医学名家。

吴瑞甫是个具有民族气节的爱国者。1929 年“三一七”国医运动之后，他邀同热心公益事业的知名人士，创办了厦门医学实习所，兼任厦门国医馆馆长，尔后创办了厦门国医专门学校，其学员遍布省内外各地，不少海外侨胞远道回国求教。他认为，创办医学，就是为民扶危救厄的必要途径之一。

1937 年，卢沟桥事件爆发；翌年，日军侵占厦门，威胁利诱吴瑞甫出任伪维持会会长。吴瑞甫严词拒绝，立即南渡新加坡避乱。在新加坡，吴瑞甫仍然不忘中医事业，晚年还策励成立了新加坡中医师公会，被选为该会主任；并积极筹建新加坡国医专门学校（即现在新加坡中医学院的前身）及医学图书馆。新加坡中医界称吴瑞甫“全国医学大名家”。

吴瑞甫一生著有《中西温热串解》《删补中风论》《奇验喉症明辨》等医书十多部，刊行于世。在厦门及新加坡，他还曾分别主编《厦门医药月刊》《国医旬刊》《医粹》《医统》等医学杂志。

此外，吴瑞甫还接续议修《同安县志》十二大册，旁搜博采，三年余撰写成书，使之成为宝贵的历史文献。他在书中推崇郑成功“开府思明以收复台湾的功业”，纠正旧县志对郑成功妄加贬低的评价。

（郭镜智）

（载《福建侨乡报》1982 年 8 月 5 日）

28.项南说胡文虎是爱国华侨

中共福建省委第一书记项南，在 1 月 13 日接见香港《文汇报》总编辑金尧如时说：“胡文虎是我的老乡，他是一个捐资兴学的爱国华侨。以前，由于受“左”的思想影响，对胡氏一家的评论是不公平的，对胡的一家财产的处理是不当的。现在，我们正在纠正过去的错误。”

项南表示，福建省人民政府已作出决定，将胡文虎、胡文豹在福州市、厦门市的永安堂和星系报业财产归还胡氏家属。据悉，胡氏在福建永定县的房产业已于前年归还。

项南还表示，我们欢迎胡家后代和我们一起建设好自己富饶的家乡。欢迎他们回来观光、探亲访友。

（据香港《文汇报》报道）

附：爱国华侨胡文虎

胡文虎是名噪一时的商界巨子，南洋客家人中的超级富豪，1954年秋，因心脏病诊治无效，于檀香山皇后医院去世，享年七十二岁。

1882年，胡文虎生于缅甸仰光。他的父亲胡子钦，早年远离故土福建永定县，赴南洋谋生，在缅甸仰光开设一家中药铺，名永安堂，挂牌行医，卓有盛誉。胡文虎兄弟三人，长兄胡文龙不幸早年去世，还有个弟弟叫胡文豹。

胡文虎十岁那年，父亲送他回国读书，希望儿子通晓中国传统文化及熟悉故土情况。胡文虎在国内学习四年，返回缅甸后，助父经营，并抽余暇向父亲学习中医医术。胡文虎聪颖能干，勤学不辍，深得他的父亲赞许。

1907年，胡子钦于仰光病逝，胡文虎、胡文豹兄弟继承了遗业。胡文虎素怀鸿鹄之志，1908年到泰国、日本等地考察药业情况。回仰光后，重金聘请中西医师及药剂师多人，研制丸、散、膏、丹等中国成药百余种，并选择其中五种：万金油、头痛粉、止痛散、清快水、八卦丹，精心配制、加工，推向市场。五种成药服用简便，功效迅速，深得用户好评，数年即风行缅甸、印度、马来亚等地。

几年以后，胡文虎把永安堂药行交与胡文豹主持，自己前往新加坡兴建制药厂。“时来土变金”，新加坡药厂一日千里，大展鸿图。几年之间，胡文虎又在香港、汕头、广州设立新厂，其分行更是遍及海内外。一个时期，中国、南洋各地提起“虎牌良药”，几乎是家喻户晓，老少皆知。

胡文虎热心公益事业，对文化教育与慈善卫生等尤为重视。为发展祖国的教育事业，他慷慨解囊，不遗余力。他曾屡赠巨款，协助中山大学、厦门大学、岭南大学和大厦大学等高等院校兴建校舍，捐款助建汕头回澜中学、市立一中、市立女中、福建厦门中学、海口琼崖中学等，或捐建礼堂、校舍,或捐建图书馆、体育馆。

胡文虎助款兴学,所及遍于缅甸、泰国、新加坡等地,或独资创办,或输款捐助,共四十余所。在近代华侨富商热心中国和华侨文化教育事业方面,胡文虎是突出的代表人物之一。

对卫生慈善事业,胡文虎同样大力资助。他赞助的医院、养老院和孤儿院共达四十余所,对祖国的中医学院则出资更多。

基于对新闻事业的极大兴趣,胡文虎先后创办中、英文报十余家,形成星系报业,销行各地,影响颇大。

(王瑾)

(载《华声报》1983年1月30日)

29.旅菲闽南诗人苏警予

苏警予先生,祖籍南安,世居厦门,又名甦,因其书法刘石庵,诗学龚定庵,故别署二庵,生于清光绪二十年(1894)。当时,厦门是交通方便的要埠,同盟会早已在进行革命活动。辛亥革命爆发,闽南各地响应,苏警予坚决拥护,参加了同盟会,剪掉辫子,积极宣传孙中山先生学说,表现爱国家、爱民族的精神。辛亥革命后,他历任同文书院、励志女校文史教员二十余年,致力于教育事业,课余常吟诗写字。

苏警予先生年幼就勤奋好学,诗书兼佳,甚受师友称赞,一代名诗人陈石遗在厦门大学担任教授时,曾以"野望"为题征诗,他写了一首应征:"河山破碎入黄昏,一段荒城鸟雀喧。极目苍茫云水外,荡胸浩气接中原。"写景言志,寄托对帝国主义侵略和北洋军阀统治的不满情绪,表示对祖国"河山破碎"的焦虑,并抒发了爱民报国的志愿,因而竟获首选。1924年,他与诗人谢云声(后旅居新加坡)合刊《甲子杂诗》,石遗老人读后,大为奖赏,将其采入《石遗室诗话》正集中。1930年,他任新民书社编辑,出版数十种书籍,为发展华南文化做出贡献。1931年,他与陈佩真、谢云声合编《厦门指南》,记载厦门的风土人情、民间习俗,在闽南的地方史学界颇有影响。

"七七"事变,日寇侵华,苏警予避居菲律宾,曾任菲律宾华侨援助抗敌协会秘书。他在《自题椰林觅句图》中写:“遍地烽烟剧可哀,故园不忍首重回。飘零海角诗人在,独向椰林觅句来。”对日寇铁蹄下的祖国表示怀念。1941年写《重阳感赋》,有“剧怜国破山河在,却喜军舆鼓角严。风雨鸡鸣天破晓,会须抵掌笑苏髯”句,显示了对抗战必胜的信心。

抗战胜利后,苏警予任菲律宾诗社“籁社”首届社长,出版《菲岛杂诗》《旷劫集》等诗稿。这期间,他有不少悼念抗日华侨烈士的诗作,如《悼华侨抗日殉难诸烈士》:“寇焰方张日,诸君就义时。千秋堪景仰,一死竟无辞。胜负分明在,安危已可知。会看东海上,痛饮灭虾夷(指日寇——引者注)。”1943年3月,抗日华侨黄土炎被敌拘囚,瘐死狱中,他作《生死篇》吊唁“我人有生死,有死便有生。亦有生如死,亦有死如生。有视生如死,有视死如生。徒生不如死,惟死不愧生。宁为赴义死,不可苟偷生。偷生毋宁死,得死亦犹生。君是今日死,亦是今日生。愿君瞑目死,君不负今生。”这首富有哲理的诗,充满对抗日烈士的深挚感情。

诗人长期客居异域,不惯于纸醉金迷、灯红酒绿的生活,常怀念祖国大陆的亲友。如《故人四首》末首云:“重见天日我生初,流落身经丧乱余。千里已劳相问讯,开缄喜读故人书。”表现抗战胜利后,接到亲友中断多年音讯时的喜悦心情。在《红豆吟》中,把古人当作男女定情信物的红豆,转为寄托怀乡之情的题材:“辗转相思又一年,相思无计把情牵。得来南国相思子,慰我相思在客边。”句句相思,情意缠绵,令人掩卷动容。《赠陈君归国留别》:“故垒延平历劫存,曾闻驻兵似云屯。归来认取旧游地,可是当年白鹭门?”对劫后的家乡,寄予无比殷切的思念和关怀。

苏警予写诗不刻意雕琢,少用典故,追求韵律自然,返璞归真;风格绚烂而归平淡,平淡却耐人寻味,稳健转入奇险,奇险而不诡谲;激昂慷慨,豪情逸趣,流露于字里行间,既真切动人,又给人以美的享受。

1965年1月21日,苏警予先生在菲律宾病逝。年七十一岁。他是闽南及南洋有名望的诗人、书法家及民俗学者。遗著有《唐人律诗之研究》《诗本事补》《食破砚斋谈艺录》《红豆吟窝小品》及诗集共三十余种。海外出版的《菲律宾与华侨事迹大观》中,刊载过他的传记。

(史青、敦农)

(载《厦门日报》1982年10月23日)

30.性愿法师与菲律宾佛教

被华侨誉为“菲律宾佛教之开山初祖”的性愿法师,俗姓洪,名水云,1889年生于南安石井一个农民家里。十二岁出家于南安石井东庵,次年在厦门南普陀寺受戒。旅菲前为厦门南普陀寺代理方丈。

1937年,法师应旅菲中华佛学会邀请,往菲律宾主持信愿寺。信愿寺坐落在马尼拉市,是唯一的一座中国式寺庙。法师初到时,信愿寺简陋不堪,大殿上仅供奉着一尊铜制的小型观音菩萨像。但法师不畏艰难,辛勤耕耘,首先从泉州塑造三尊佛像安放在信愿寺内;继而扩建寺院,从国内聘请高僧,使信愿寺迅速改观。1948年法师应厦门南普陀寺的邀请,回国主持授戒仪式。第二年,信愿寺不幸遭火灾焚毁。菲律宾佛教界函电促法师再往主持重建事宜。于是法师第二次旅菲,一直到1962年4月11日圆寂。

性愿法师在菲律宾兴建了华庄寺、信愿寺,创办了马尼拉普贤中小学校、宿务市分校、能仁学校、世界佛教徒联谊会菲律宾分会暑期佛学讲习班、华庄寺参禅班等,翻印了大乘经典,影印弘一法师手书佛经、书简等达数十万册。他为沟通中菲两国文化交流,增进两国人民的友谊做出了一定的贡献。

法师这种献身佛教的忘我精神很受菲律宾马科斯总统夫人的称赞。她在性愿法师纪念集上题词说:“当性愿法师到菲律宾时,对于佛教而言,菲岛仅是尚未开拓的新界”,“由于他的慈祥与献身精神、传教的热忱,在这以天主教为主的国家里,得到佛教徒的皈依与尊崇,今日的佛教寺宇、佛教学校、佛学团体已遍布菲岛各处。”

(李金明)

(载《福建侨乡报》1983年8月11日)

31.热心文化教育事业的李光前

李光前,原名玉昆,别号光前,南安梅山芙蓉人,生于1893年,自幼受课私塾,十岁随父南渡新加坡,就读英印学堂。1908年至1912年回国期间，先后攻读于南京暨南学堂、北京清华高等学堂、唐山路矿专门学堂。1912 年后李南返新马任教，兼《华文日报》电讯翻译，同时函授美国某大学土木工程科；后为闽侨庄希泉、陈嘉庚赏识，导入商场。1914 年服务于庄希泉的中华国货公司，1916 年为陈嘉庚所聘任，升至经理，四年后成了陈嘉庚的东床快婿。1927 年李光前在马来亚创办了南益树胶公司，事业不断扩大，终于成为新马橡胶和黄梨两大王。

李历任新加坡中华总商会两届会长及新马中华商会联合会首届主席，并担任华侨银行和华侨中学董事会主席达二十余年。1958 年 10 月，他荣获马来亚大学名誉法学博士学位。1962 年 6 月，被聘任为新加坡大学校长。

李光前先生对家乡和新马的文化教育事业素具热心，一生为此花了相当精力，捐了不少款项，做出了卓越贡献。

新加坡华侨中学是陈嘉庚等首创的一所华文中学，李光前先生自 1934 年接任董事会主席至 1956 年止，除负责该校每年经常费和特别费的一部分外，还捐助了三十万元，建造了教室、宿舍和图书馆。二十多年来，他认真领导组织诸董事和教职工，培养的人才遍布南洋。

新加坡大学，原系新加坡马来亚大学，创办于 1949 年，李光前曾捐助叻币二十五万元。1951 年又捐二十五万元。为该校图书馆购置图书等，希望大学当局优先重视对东方文化的研究工作。1958 年 10 月 25 日，马大授予他名誉法学博士，事先征求他的意见时，李先生谦逊不遑，自称只能做马大的名誉学生。1962 年，马来亚大学正式分为新加坡大学和马来亚国立大学，李光前被聘任为新加坡大学校长，至 1965 年 11 月间因患肝癌，自请告退，并向大学倡议设立医学研究所，由李氏基金会捐助叻币一百万元。

对海外第一所华文大学——南洋大学，李先生不但先后捐了叻币一百多万元充该校的基金经费，还出资为成绩优良的贫苦学生设立了奖学金。

光华学校，是由新加坡福建会馆下属的道南、爱国以及南侨女中、崇福女校等四校合并成的。建校时也得到李光前大力支持，校董会决议命名该校为“光前中学”，以资纪念。李光前闻知后谦逊力辞，后改为“光华中学”;第二次世界大战后,李光前捐献了巨款,向新加坡政府倡议建筑新的国家图书馆,免费出借图书,购置华文、马来文、印文等东方文字图书,政府欣然接受。该馆动工时,李光前先生主持奠基礼。

李光前先生是爱国侨领陈嘉庚先生的女婿,和陈老先生一样对家乡教育事业非常热心。他不仅在家乡梅山独资创办国光小学、国光中学等文化教育事业,而且还对厦门大学以及集美各校予以极大的关注和支持。

1931 年以后,陈嘉庚先生在新加坡经营的实业受世界经济危机影响,致使他难以继续供给厦门大学和集美学校的办学费用。此时,幸得李氏的大力支持,方才摆脱困境。抗战期间,厦大和集美学校的校舍,遭受日机数度轰炸破坏;解放初期,厦门大学兴建许多教学楼和宿舍建筑,也都曾得到李氏资助。

李光前先生热爱家乡公益事业,在他家乡南安梅山芙蓉独资创办了国光中学,国专小学一、二、三校,国专幼儿园,国专医院,影剧院,并资助修建芙蓉镇。据了解,李先生独资创办的国专教育卫生系统总建筑面积达七万五千四百七十平方米,全部建筑费及经费共达五百多万元。宋哲美主编的《星马人物志》收辑了陈维龙先生撰写的《新加坡大学首任校长——李光前博士》一文中,对李氏兴办家乡的教育事业是这样说的:“战前,先生在南安故乡,独资创办国专小学校,造福桑梓,并纪念其先人;战后,扩充为完全中学,规模不小。自政府接办后,改称为‘国光学校’,寓意纪念国专、光前两父子。”

由于国专教育系统的创建和发展,梅山这个穷山僻野的山区,一跃变为文化普及的新侨乡。如今,国光中学已定为全省重点中学,设有四十八个班,教职员一百八十一人,学生二千五百多人。国专小学也定为省重点小学。国专医院成为全省著名的肿瘤医院。

据不完全统计,在 1952 年至 1967 年的十五年中,李先生用于桑梓和侨居地的文化教育慈善公益事业的费用,高达港币二千万元。李先生热爱桑梓和侨居地的文化教育事业的精神,获得了国内外各界人士的敬佩和赞扬。在他 1965 年身患癌瘤回国治疗时,敬爱的周总理在百忙之中看望了他,并指示有关单位组织全国著名医生在上海为他进行会诊、医治。

1967 年 6 月,李先生在新加坡逝世,享年七十四岁。

(林金枝)

(载《福建侨乡报》1983 年 4 月 14—21 日)

32.有其岳父风范的李光前先生

今年,既是陈嘉庚先生创办集美学校七十周年,又是他的女婿、爱国华侨李光前创办南安国光中学四十周年。不久前,项南同志和胡平同志视察了国光中学。项南同志为该校校庆题词:“国光,国光,侨乡之光;国光,国光,国家之光;团结,学习,四化兴邦!”

李光前原名玉昆,光前是他的别号,祖籍福建省南安县梅山芙蓉乡,兄弟三人,他排行第二。他小时候在故乡读私塾,十岁时到新加坡找父亲李国专老先生,便在新加坡英印学堂和养正学堂读书,成绩优异。1908 年,他回国就学于南京暨南学堂,1911 年进北京清华高等学堂,后又转学于唐山路矿专门学堂(交通大学前身)。

1912 年,李光前返回新加坡,在母校道南和崇正学堂任教,兼任《华文日报》电讯翻译员,不久,又进入政府测量局附设的测量专门学校,同时修读美国某大学函授土木工程科,测量学校毕业后,即转入商界服务。

李光前迈入商界,得到陈嘉庚、庄希泉两位老先生的引导。1920 年,他与陈嘉庚先生的长女陈爱礼结婚。从 1927 年起,他除了继续帮助陈嘉庚先生的公私事务外,开始在马来亚麻坡创办南益树胶公司,营业项目逐渐扩展到了胶园、胶厂、黄梨园、黄梨厂,营业范围扩展到印尼、泰国等地。

李光前先生深受陈嘉庚先生“金钱如肥料,散播才有用”思想的影响,抱着“取诸社会,用诸社会”的理想,热心教育与公益事业,对国内外学校及慈善福利事业常有巨额捐款赞助。如捐助南洋大学基金叻币一百万元,另捐款设奖学金;捐新加坡大学(原名新加坡马来亚大学)叻币五十万元,1965 年,他还向这家大学建议设立医药研究所,并由李氏基金会捐助叻币一百万元,以为倡导;1919 年陈嘉庚先生创办新加坡华侨中学,从 1934 年至 1954 年,李光前先生接任这家中学董事会主席,他除负责每年经常费和特别费的一部分外,另捐借叻币三十万元,建造教室、教职员宿舍和操场,并建赠一座国专图书馆。

1933 年,陈嘉庚的公司结束营业,李光前承受其饼干厂,以所得利润的三分之二及新加坡制胶厂的部分收入,作为厦门大学和集美各校的经费。1936 年,陈嘉庚先生向李光前先生募捐叻币五万元,连同自捐和他捐,共十六万多元,购买橡胶园四百英亩,作为厦门大学基金之用。此后,厦门大学和集美学校的历年经费,得到李光前先生的大力支持。抗日战争时期,陈嘉庚先生组织和主持南洋筹赈会,援助祖国抗战,李光前先生总是带头捐款。

1950 年,陈嘉庚先生已回到集美定居,李光前先生曾汇港币六百万元,支持陈嘉庚先生办学。陈嘉庚先生把这笔款项用来扩建厦门大学校舍,从 1951 年起,兴建了建南大会堂以及南安、南光、成义、成智、成伟、芙蓉、国光、丰庭诸楼。1939 年,李光前先生在家乡办了国专小学,1943 年秋再办国光中学。这所学校以其规模宏大、环境优美、设备齐全、教育质量较高而闻名。1952 年他又创办国专医院。陈嘉庚先生逝世后,他又捐款参与在华侨大学建造陈嘉庚纪念堂。

李光前先生个人生活十分俭朴。他在新加坡乘有轨电车,每次都搭三等车;他使用的茶匙,竟是每只只值一占。他外出时,遇到什么就吃什么。1965 年春,他到上海治病,医生在检查时,竟发现他营养不足。

由于他的志气、才干和人品,他博得当地人民的敬重。1958 年 10 月 25 日,马来亚大学授予他名誉法学博士学位;1962 年 1 月 1 日,他以平民身份,被聘为新加坡大学首任校长。他认为,救国之道在于振兴实业,而要振兴实业,必须依赖科学,所以,他不仅个人立志研究科学和工程学,而且对其发展和普及以及教育事业的建设和发展极为重视。

1967 年 6 月 2 日,李光前先生因肝癌逝世。今年,是他诞生一百周年。

(彭一万)

(载《厦门日报》1983 年 10 月 30 日)

33. “爱我中华，不忘乡里”

——忆新加坡归侨、著名书法家颜绿先生

一年前，在秋高气爽、菊花飘香的季节，我们曾陪同《人民日报》记者，一道采访了刚从新加坡归来的著名书法家颜绿先生。那时，颜绿先生神采奕奕，挥毫写下了“爱我中华，不忘乡里”等条幅，不料一年后的今天，他却依偎在祖国的怀抱里溘然长眠了，但他那“爱我中华”的一生却为侨乡人民留下了光辉的典范。

1908 年 10 月 15 日，颜先生诞生于文化古镇安海。童年时代，他耳闻目睹中国遭受瘟疫、兵灾、内忧外患之苦，从小就有救国大志，在集美中学求学时，品学兼优，积极参加学生运动，因而被开除学籍。1926 年，年仅十七岁，便只身往沪，在上海艺术大学文学系求学，他迫切追求民主和真理，曾听过鲁迅激动人心的演讲，和巴金、郁达夫、丰子恺成了忘年之交。当时是国内革命战争时期，他经常配合上海地下党组织，贴标语、散传单，宣传救国道理。

1930 年，艺大毕业后，回到故乡，即献身于教育事业。历任安海俭德、龙山学校，泉中、晦鸣、南星、养正等中学教师。抗战期间，他在地下党的领导下，主编了《泉州抗建新报》，笔锋如剑，痛斥日本军国主义侵华暴行，鼓起民众的抗日热潮。在泉州，他与高僧、书法家弘一法师交往甚密。弘一法师的“念佛莫忘救国”思想对颜绿影响很大。他在安海组织晋江第二区抗敌剧团，亲自担任团长，编导排演了《夜光杯》《阿 Q 正传》等进步剧目，积极宣传抗日救国。当年他那慷慨激昂的形象，至今在老一辈目睹者脑海中记忆犹新。新中国成立以后，他光荣地被选为晋江县第一届人民代表大会代表。

1952 年，颜绿先生受聘前往新加坡任教。他虽身居异邦，却时刻心怀祖国。1956 年，在新加坡、马来西亚等地筹资数万元，在养正中学建起一座命名为“星马堂”的新校舍。他还利用讲坛，向华裔学生灌输爱国怀乡的思想感情，大力倡导中华书法。他是驰名东南亚的书法家，擅长各体书法，尤善行、草书，笔法苍劲有神，英姿秀骨，有独特风格。他曾担任新加坡中华书法研究会顾问，培养了大批书坛新秀。颜先生的文学、历史和

地理知识也十分渊博，足迹遍及世界三分之二国家，曾被委以星马两国华校地理教程起草委员，他在与马来西亚副教育部长路易士博士合编的地理教科书中，满腔热情地介绍了中国的壮丽山河和风土人情。

飞鸟恋旧林，池鱼思故渊。1981 年 7 月，年逾古稀的颜先生在新加坡举行了个人书法展览后，告别了海外亲友，风尘仆仆地回到故乡安海镇。正当他一心想把有生之年贡献给祖国的建设事业时，岂料癌病的恶魔已经在吞噬着他的生命。他终于卧床不起了。然而，他在病中还主持安海地区首届“海星奖”书画竞赛，为继承祖国书画传统艺术，为造就艺苑新人贡献最后一份力量。颜老先生在卧病期间，对守护在身旁的子女们谆谆教导说：“我看来不行了，我生前不同意你们出国去，我死后你们也不要申请出国。你们都是祖国培养起来的，应该留在国内为四化建设多出力！”“爱我中华”之心溢于言表。

安息吧，颜绿先生！你的夙愿一定要实现，当祖国四化完成之日，我们将在你的坟前设酒举杯，告慰你的在天之灵！

（李建成、许金界）

（载《晋江侨讯》1982 年 12 月 25 日）

34.丰子恺与广洽法师

星洲佛教总会副主席广洽法师原籍福建，他的佛学造诣博大精深，名扬南洋。1931 年，广洽法师主持厦门南普陀寺时，经弘一法师接引，与著名书画家丰子恺居士结下善缘，并为南普陀寺绘制佛像，彼此志同道合，成为莫逆之交。之后，广洽法师远去新加坡，半个世纪中，两位学者，南天北地，互相共研佛学，高山流水，诗书互酬，文士相亲，相得益彰。

1948 年深秋，丰子恺居士自台湾到厦门，在南普陀寺欣晤适从南洋归来的广洽法师，两人“通信十七年，一见如故。同是佛门弟子，可谓契理契机，因缘殊胜”。1965 年冬，广洽法师再次回国观光，故友又重逢，两个十七年，丰子恺与广洽法师虽然遥居两地，但他们飞鸿传书，友情日笃。此期间，丰氏患肺结核有年，广洽法师在万里海外，频频驰书慰问，并多次寄赠珍贵药物，得使丰氏早日康复。1964 年底，星洲马骏君归国观光后南返,由丰氏赠有高丽参一支,嘱托马君转赠广洽法师,并祝法师玉体清健。

1975 年 9 月 15 日丰子恺不幸在沪去世。广洽法师痛失知音,北望云天,常常潸潸泪下。1977 年春,广洽法师收集友丰子恺生前寄予亲笔书札一百四十余件,精心编辑成册,广赠友好,借留永念。

1978 年秋,广洽法师又专程归国,到上海丰寓祭奠亡友。

丰子恺居士的字文,名传海外。东南亚一带文艺科技界人士知广洽法师与丰子恺居士至善,常有作者恳求广洽法师转请丰子恺先生为其出版物上题签封面,引以为荣。丰先生接受老友推荐,关怀海外作者,有求必应,热情相助。丰子恺在 1960 年 8 月 31 日致广洽法师信中说:“弟自受政府委任(上海)画院院长后,此等事务尤多。然生平好结缘,故苟无政治思想问题,皆应命。”信中又说:“例如法师熟悉之人、老友,则弟乐为题上款。”“深情厚意知多少,尽在梅笺数行中”。

(江东)

(载《福建侨乡报》1983 年 8 月 4 日)

35.尤扬祖,活在人们心坎上

被人们所敬重的、九十一岁的尤扬祖老先生,于去年 5 月 17 日在北京病逝了。人们深深地怀念着他,国内外的报章杂志纷纷发表文章介绍他,赞美他。有一些人死了,什么也没留下;而尤老先生留下了高尚的精神和感人的业绩。

尤老先生是福建省永春县达埔蓬莱人。小时候,他在蓬莱种田砍柴,卖豆腐,当学徒。1925 年,他夹着祖母借来的两件破衣裳,怀着千丝万缕的离愁别绪,飘洋过海去谋生。他定居于印尼的万雅佬,在椰风蕉雨中艰苦奋斗二十余载,终于成为深孚众望的侨界领袖。

中国抗战期间,他奔走呼号,宣传抗日,抑制日货,带头捐输支援抗战。因此,当日军南进占领印尼时,便到处搜捕他。庆幸的是他到底还是避过了日军的屠刀。

当中国和印尼建立外交关系时,他毅然让出了自己的花园、运动场和住宅作为领事馆之用。

为后代办点好事

1953年秋天,他全盘结束了海外的生意,回到了阔别二十八年的故乡。寒冬腊月,他拄着手杖,带了一批乡亲登上故乡荒芜的猛虎山去勘察,半路遇见一位猎人。那猎人问他何故上山,他说:“想办农场咧!”猎人问他:“你今年多大年纪啦?”他用手杖在地上划出“63”两个字。猎人一见吃了一惊:“63岁想办农场?”他问与那猎人同乡的一位老人今年几岁,猎人回答:“81岁!”尤扬祖笑着说:“那可不是,我要是活到他那个年纪,还有十八九年的时间,活一天,总要给子孙后代办点好事才行!”

就在这个风霜刺骨的严冬,他率领着一批人在猛虎山上搭草棚,睡荒山,吃番薯,披荆斩棘。春天来了,他们在山顶上种下二十万株松柏,在山腰种下大片柑桔和其他果树。而后,从他家里到猛虎山上,架起了三公里长的电话线,山上安上电话机,他随时了解着山上开荒和果树生长的情况。

1954年,他从香港购进了二百多头外国良种猪苗,圈养在猛虎山上,用猪粪作肥料。随后,他又和一些归侨集资在天马山办起了“华侨垦殖公司”,开发天马山,种上了二百亩果树。同时还协助福建省在永春县创办了“北硿华侨茶果场”,这个茶果场以后安置了来自十几个国家的二千多名归侨。

尤扬祖老先生在开垦果林场上倾注了数不尽的心血,在群众中留下了许多动人的故事。

“二顾茅庐”

尤扬祖主张在永春发展柑桔生产。1956年,他听说福州市郊有“水果乡”之称的凤山脚下,有个读过两年大学园艺系的青年,辍学在家种果树出了名,这青年叫叶天培。那时,已当了副省长的尤老先生闻名登门访贤,他看了那里的果园,觉得叶天培果然名不虚传,便恳切地邀请他到永春去。人说永春是个穷山区,叶天培一听说去永春,心凉了半截,敷衍过去了。尤扬祖求贤心切,又和归侨老友林武耀二顾山村。叶天培虽不好直言谢绝,但也没有答应走出“茅庐”。林武耀笑着说“刘备请诸葛亮三顾茅庐，而今尤副省长二顾茅庐了。”叶天培忙说：“岂敢，岂敢！”他不好意思让人家真的“三顾茅庐”了，决定先去永春看看再说。

1957年正月初四，尤老先生亲自给叶天培饯行，送他去永春，还让他住在自己家里，要家人像待自己一样接待他。尤老先生的赤诚感动了叶天培。这个年青的园艺家双脚踏遍永春的山山水水，发现永春发展柑桔生产的自然条件要比福州郊区好，心里不禁赞叹，尤老先生主张在永春发展柑桔生产确是有眼光，有魄力，于是，他决定在永春扎根，大干一番。二十六年过去了，叶天培用心血浇出片片柑园和果林，装点着永春的重重苍山。

尤老先生不但“二顾茅庐”请来了“柑桔诸葛亮”叶天培，还从龙海九湖公社请来农民柑桔育苗家朱丽电，从广东普宁县请来嫁接柑桔专家，把他们尊为上宾，使他们痛快地为改变“穷山区”的面貌贡献绝技。

苦心育苗

尤老先生的家乡有个高中毕业生叫尤茂林，看来是块好料子，尤老先生就让他去拜叶天培为师，去跟朱丽电学园艺。小尤不大愿意，更不愿搬上天马山去安家落户。尤老先生语重心长地对他说：“我想为国家做点事，到处奔波，坐飞机、坐轮船，还不知道什么时候死呢？你守着你那个小天地有什么意思？青年人要创业，要为人民服务，这样活着才有意义！”小尤终于想通了，认真学起技术来，尤老先生欢喜极了，在生活上关心他，还不惜花重金让他到外地去学习。二十年来，小尤没有辜负尤老先生的期望，一直在天马山上研究、栽培柑桔，他成了天马山柑桔科研站副站长。

解囊为公　不遗余力

猛虎山和天马山的柑桔场已经打下了稳固的基础了，1965年尤老先生把它们交给福建省农业厅接办。农业厅偿还给他几万元，他一分不留地全用到建设其他公共事业上去。他的家乡蓬莱大队用他拨给的钱办起了一个拥有三十亩地、四十多亩株柑苗的果苗场。现在，猛虎山和天马山两个柑桔场已成了示范果场，各有四五百亩柑桔，去年各收柑桔一万多担。更值得一提的是永春山地种植柑桔成功的经验已经得到推广。永春全县八个国营农场、二十三个公社、百分之九十五的大队和百分之七十五的生产队皆种柑桔,总计面积达三万七千多亩,前年七千多亩开始有收成,总产十四万担,永春已成为全国柑桔生产的基地之一。由永春而仙游、南安、漳平、华安以及闽中、闽北,都开展了山地种植柑桔。

尤老先生一生热心兴办教育。早在1930年,他就在侨居地和永春家乡分别创办了中华小学、中华中学和永春五堡小学。1952年,他捐资人民币近五万元在家乡创办了延清小学,把在福州的三座房子的产业权交给延清小学,还长期负担学生的学杂费及对经济困难学生的补助。他对永春第五中学、永春华侨中学、厦门华侨博物馆、华侨大学陈嘉庚先生纪念堂、福州华侨中学及北京华侨幼儿园的兴建,都曾给予资助。1954年,他捐资四万元人民币,并组织其他华侨投资,创办了有二百张病床的永春县医院;又独资创办了达埔公社医院门诊部和蓬莱大队水力电加工厂。凡是有益于大众的事,他都竭心尽力去做。

"永春老醋"的故事

尤老先生振兴"永春老醋"的故事,也是人们所津津乐道的。原来永春民间酿制老醋已有几百年的历史,谁家酿成一坛老醋,就是吉祥纳福的象征,富有人家总把制醋技术当作发家致富的传家之宝,绝对保密,即使友邻来要一盅醋,主人家也要悄悄撒进几粒盐,杀死醋酸菌,以免富贵之气外移。这种陈规陋习使得这种传统名产的生产技术停留在少数人手工酿制的落后状态中。尤老先生投资三万多元,与县政府合资办起永春酿造厂,将民间制醋技术发掘出来加以研究、改革,制出了具有传统特色的永春老醋。第一批商品老醋生产出来了,尤老先生亲自带了三十瓶到厦门洽谈出口事宜,打通了外销的通道。如今,"永春老醋"已行销三十几个国家和地区,出口量逐年增加,前年就出口了八十吨。

尤老先生倾尽家产、慷慨解囊五十多万元人民币,兴办公益事业,唯独不舍分文在家建私业。可是,这么一个掏尽赤诚之心爱国爱乡年逾古稀的老人,在"十年浩劫"中竟未能幸免劫难,在每个寒风刺骨的北京隆冬之晨,他被迫掖着扫帚,迈着蹒跚的步履,一帚一帚地扫地板;纸糊的帽子不时强戴在他的头上……。而今,他光荣地在隆重的哀悼中长眠于地下,永活在人心。而踩躏他、蹂躏一切好人的那一小撮跳梁小丑,却永远在人类的历史上发臭！

（稽宗）

（载《地平线》1983 年 6 月）

36.我以我血荐轩辕

——记为抢救国家财产英勇献身的陈克繁烈士

3 月 9 日上午八时许，福鼎制药厂冰片车间意外失火，在厂干部、工人奋勇扑救。不一会，烈焰腾空而起，吞没了车间里的一切。在为抢救国家财产殉难的烈士中，有一位归侨干部——该厂副厂长陈克繁同志。噩耗传出后，曾和陈克繁一起学习、工作过的干部、工人、技术员，从泉州、福州、温州等地赶往福鼎，沉痛悼念这位对祖国耿耿忠心的好同志。记者有幸聆听了他们和烈士遗属对烈士往事的忆述。

回到祖国怀抱

二十六年前，在泰国的一个橡胶园里，有一个瘦黑的小割胶工，他就是华侨少年陈克繁。在老一辈爱国主义思想的熏陶下，克繁从小就向往社会主义祖国。他省吃俭用，积累了整整两年的割胶收入，悄悄地告别了在海外搞木工生活的父母亲，毅然踏上回国的征途。

1956 年 1 月的一天，刚满十七岁的陈克繁，历经艰险，终于回到了祖国的怀抱。当他倚靠在珠江大桥的栏杆上，望着美丽的珠江时，幸福的泪水禁不住汩汩地流淌。在祖国温暖的怀抱里，他领到了新服装，被送到北京华侨学生补习学校、石家庄中学学习。1962 年毕业后，他考上了泉州华侨大学化学系。在华侨大学里，他专心致志地学习，没有向海外亲友要过一分钱、一件物资。他好学上进，原来中文基础较差，却很快达到班里的中上水平；他还是体育活动的积极分子，篮球、游泳、羽毛球，都是学校里的佼佼者。为了参加祖国化学工业建设，他坚决选修了化工专业。1968 年，陈克繁从华大毕业，作为班里少数几个品学兼优者，被直接分配到浙江省温州市制药厂工作。在厂里，他多次提出工艺改革方案，收到可喜的成果；他主动要求到最苦最累的工段干活，从无怨言……一年后，他和马来西亚归侨青年、华侨大学同班同学陈金珠结婚。当时,他们这对归侨青年仅花了二十元人民币举办婚礼。

一颗赤子之心

1974年,妹妹陪伴着年逾六旬的父亲回来看望克繁,告诉他不久前弟弟死于车祸,希望他出去赡养双亲。陈克繁努力克制着悲痛的心情,安顿好父亲,尽心地照顾他。他抚慰老人说:"我现在年轻力壮,正是为人民服务的好时机,就让我为国家多出点力吧！当年您老人家送我回国,不就是希望我为国出力吗?"爱国明理的老人终于被说服,高高兴兴地回去了。近年来,克繁的老母亲因和爱子久未见面,思子越发心切,多次来信要他出去看看。克繁总是回信说:"祖国建设四化,热气腾腾。我正在进行新产品的试验,走不开。"他埋头于祖国医药科学研究工作,一次又一次把出国探亲的事搁下了。

1975年,温州制药厂领导考虑克繁夫妇俩多年分居两地,准备帮他把爱人从福鼎一中调到温州市工作。可是陈克繁了解到福鼎制药厂缺乏技术人员,便主动申请调到福鼎县去。

来到新的岗位后,他那正直、热诚的品质,那克己为公的精神,很快便博得群众的爱戴和拥护。不久,他被推选上厂的领导岗位。身兼数职,既抓化工技术,又抓产品质量,还负责工会、安全等项工作。陈克繁把全部心血都浇注在这个小小的制药厂里。为了研制合成咖啡因生产新工艺,他带工人到上海"取经",日间总是身穿工作服在车间里和工人共同切磋改进技术、设备,夜深了还在工作室里埋头攻关。为了抓好产品质量,在他的提议与具体筹划下,福鼎制药厂制订和施行化验员培训考核制度,成立了从厂部到每道工序的质量检查网,并广泛征集用户的意见。合成咖啡因新工艺研制成功投产了,产量比过去增长了一倍,质量达到全国同行业的先进水平。去年该厂实现了全年全优出厂,产品远销欧美和东南亚各国,还为国家节省资金八万多元。从9月份起,外贸和国内的订货还急剧增加。由于陈克繁和福鼎制药厂广大干部、职工的共同努力,该厂的冰片、藿香正气水等产品,也打开了出品销路,其中冰片出口量占全国的三分之一。

由于工作出色,今年1月份,陈克繁被评为先进生产者,出席了全省归侨、侨眷、侨务工作者先进单位、先进生产(工作)者代表会议。

无私才能无畏

陈克繁对自己要求严格,对同志开诚布公,对工作一丝不苟,对错误的思想倾向敢于作斗争。他当选为制药厂副厂长后,去年又被推选为县人民代表和县人大常委会副主任。他身膺重任,不骄不躁,一如既往地和职工们一同劳动、工作,打成一片。他在厂里不谋私利,不徇私情,真正做到了无私无畏,受到职工们的称赞。他发觉厂里的汽车外出运货,留下吨位捎带私人的东西,便在领导班子会上提出:应当制订制度,对不正之风要坚决予以制止。有些人以为化验室的工作比较干净、轻松,都想往那里去,有个局长想不通过考核,把小姨子安插进去,托人找克繁商量,陈克繁亲自挂电话答复这样做不行,请局长支持他的工作。这位局长只得作罢。不久前,厂里出现一股歪风:有人对职工家庭婚丧喜庆,凡亲近友好者,便四处张罗,筹礼集资,帮他办得热闹体面;凡疏远有隙者,则有意冷落,让当事人难堪痛苦。针对这件事,克繁在会上严肃地指出:“今后应由组织出面,给职工带去组织的关怀和温暖,而不能影响和破坏了革命团结。”

这里,让我们摘录陈克繁在厂领导班子整顿会上的一段发言:“工厂的党政干部要学习技术,要有专业知识,这就是对技术人员的最大支持;技术人员除了学习技术,要多学习、领会中央的有关文件精神,提高政治思想觉悟。”是啊,建设四化,百业待兴,千头万绪,在陈克繁的心上,还有多少设想在酝酿,多少计划准备研究实施啊!

为四化而献身

3月9日上午,克繁已买好前往地区参加产品质量鉴定会议的车票,当他得知厂长外出开会回来有事要商讨,便把早晨的车票换为中午的,匆匆吃过早饭来到厂里。厂供销科副科长老朱拉住他,跟他谈起有关产品包装问题。正说着,只见冰片车间冒出一股黑烟,接着便听到当班工人的呼救声。“快,拉响警笛!”克繁推了老朱一把,转身奔向门房,先挂电话向消防队报警,接着就同闻讯赶来的干部工人一起,冲进冰片车间粗结工段。这时,工段里的一号结晶槽上已窜起一米多高的火苗。四周的结晶槽里都是120号汽油和冰片,邻近的车间、厂房还有许多易燃易爆的剧毒物品。时间就是生命,灭火刻不容缓!他返身出来,夺过一个青年工人手上的泡沫灭火筒,又冲进滚滚浓烟中去指挥抢搬结晶槽。可是,粗结工段里易燃易爆的物资一时抢搬不了,正当消防车赶到抢救时,不幸的事情发生了:只听见"轰"的一声爆响,整个工段升腾起一片火海,正在抢救而来不及撤离的一些职工和干部,包括工厂支部书记、厂长和陈克繁副厂长三位主要领导干部,一起以身殉职。

在福鼎县以及赶来支援的外地广大军民奋勇扑救下,这场罕见的大火终于熄灭了,除了冰片车间其中的二个工段,其他车间、厂房均完好无损。福鼎县党政机关在上级党委和政府的支持与协助下,同心协力做好火灾的善后工作。3月23日,福建省人民政府批准追认因公殉难的陈克繁等同志为革命烈士。福鼎县委根据烈士生前为之追求和奋斗的志愿,追认陈克繁同志为中共正式党员。

在清理烈士的遗物时,我们来到陈克繁的家。遗物中有大量的科技、经济杂志和其他技术资料。烈士的爱人、马来西亚归侨陈金珠老师指着窗前放下机头的缝纫机哽咽地说:"这是克繁在家学习、工作的'桌子'。一个月前,克繁就是在这台缝纫机的台板上熬了三天三夜,赶写出咖啡因工艺改革发言材料,前往地区参加化工会议的。"说着,她打开橱子,取出烈士生前的穿戴用品,其中有千疮百孔的工作服和修补过的袜子,也有西装和皮鞋。福鼎制药厂的同志告诉我们:"克繁同志时时惦念着工人们的生活。县人委原准备给他分配一套新住房,可他没有接受。那些西装、皮鞋,他只是在北京开会和有外宾的场合才偶尔穿穿;一年四季换来换去,还不就是那几套旧工作服。"温州制药厂的同志说:"克繁同志就是这样。他穿着简朴,却把他父亲带回的一件风雪皮衣送给了一位工人;有个同志的爱人得了癌症。他悄悄地送上三十元……"正谈着,有个同志取下挂在壁上的一块被烧得黑黝黝的手表,那上面的指针停在8时26分上。望着烈士生前戴在手上的这块停止了摆动的手表,我们的心头涌上一股热浪:克繁同志,你无私无畏,把生命的最后一刻都献给了祖国,献给了人民!

"呜——!"高昂雄浑的气笛声划过长空——福鼎制药厂上班了,陈金珠抬起头来,神色坚毅。她沉着地说:"我们活着的人只有努力工作,这才是对烈士的最好悼念!”

(俞文慧)

(载《福建侨乡报》1982年4月1日)

37.马来西亚华人实业家、慈善家——李延年

李延年(1906—1983)是马来西亚华人社会中继陈嘉庚、李光前、陈六使先生之后一位知名及受敬仰的人物。他不但是一位成功的实业家,也是马来西亚数一数二的慈善家和领导华人团体的著名社会活动家。他于1983年3月7日在吉隆坡逝世时,马来西亚各州中华商会、中华大会堂、各政党的领导人,都向这位实业家、慈善家和一代社团领袖的逝世,表示深切的哀悼,并且异口同声地说:“这是国家(指马来西亚)及华人社会的重大损失。”“李延年博士的乐善好施,取诸社会、用诸社会的精神,是可以作为后辈学习的好榜样。”①

李延年之所以能在马来西亚社会受到如此良好的评价和尊重,是与他一生的努力奋斗以及做了不少有利华人社会的公益事业分不开的。

生活窘迫,出走谋生

李延年先生,原籍福建永春城关北门,世代书香,祖父李润之,前清贡生出身,系永春著名士绅。父李宜守,在前清时代任过德化县县丞,曾显赫一时。

李于1906年诞生于家乡故居,小时天资聪颖,赋性豪爽,先后就学于永春及厦门中小学校。民国初年,永春和福建各地一样,民生凋敝,土匪横行。于1922年(李十七周岁)中学毕业时,家门突遭土匪抢劫,土匪打死了他的父亲李宜守。其时,二兄李家耀在永春十二中学任美术教员,听到父亲被杀,坐立不安,匆率逃离家乡,至新加坡任教。未及三月,永春土匪又在各地勒索恐吓,家耀乃从新加坡返回乡里将其母亲及弟弟迁移厦门。此时,家庭生活重担落在家耀身上,在厦门创设李桂亭织画店兼任中学教员,先后三年,生活仍有困难,于是只好携其母亲及弟李延年等人,远

① 马来西亚《南洋商报》1983年3月9日第3版。

渡重洋来马来西亚谋生。今天,李家耀是中国当代著名的大画家刘海粟的高足,现在是马来西亚有名的画家。

白手起家,艰苦创业

白手起家是华侨、华人先辈成家立业的传统特点。当然,这不是件轻而易举的事,其间不知要经历多少挫折和磨练,多少人倒了下去,还是做牛做马,只是少数人才冒出头来,成为著名人物。

李延年1926年(二十岁)由福建南来马来西亚。初到吉隆坡,逗留了二个月,寻找工作,后来前往新加坡,在他叔父的出入口商行工作,历时十年,日薪廿元,他在晚上进夜校补习英文。他勤奋刻苦,聪明好学,不久就会讲英语,在商界应用。

1936年,李延年移居吉隆坡,在一家英国人的树胶公司——夏霸义利洋行当职员,他为人诚实,有才干,很得英国人老板的赏识和信任,廿年后,升为买办。开始时,日薪只有四十元,他租了一个房间,每月租金四元,一住就是十年。

李延年有着敏锐的眼光和坚强的毅力,加上有长久经营商业的实践,1953年与其兄世通筹组万利公司,由其兄任经理经营树胶业,营业顺利,颇有建树。蛟龙到底不是久困浅池之物,最后他终于离开了英国人的夏霸义利洋行,亲自掌理万利公司,自己经营树胶业。由于锐志经营,经过几年的努力,业务蒸蒸日上,使他成为一名胶业巨商,奠定了他的企业基础。

投资地产,发展房业

李延年的财富是由经营树胶业开始,但是后来他投资地产,进行房屋建筑,而使他的财富发展到高峰。

李延年在经营商业现实生活中,看到地产和建筑业的投资对于吉隆坡的城市发展是非常重要的。于是大力从事商业区和住宅的建设。他在地产和建筑方面的成就,远远超过了他以往经营树胶和其他方面的成就,成为吉隆坡发展房地产的一个先驱者,这也是他对马来西亚城市建设的杰出贡献所在。

目前,屹立在吉隆坡市中心的李延年大厦的地皮是他在 1945 年买下的,当时买下这块地皮时,只付出一千五百元,后来,他就在自己的地皮上,盖起大厦来。如今,据说这座大厦,可值马币千万元以上。仅此一例,说明了他的财产是很庞大的。

1962 年,他开始从事房地产的建设,在吉隆坡巴生路的一块地皮上开始建造房屋,称为友乃德花园。

1974 年,李延年又和吉隆坡城市发展局一起,联合发展东南亚花园,这是他进行房产投资计划最成功的企业。他的建屋计划还有甲洞卫星市、白沙罗的李延年花园以及巴生路的显达坡等。

李延年从事房屋投资长达二十年之久,建筑数万间,吉隆坡只是一部分,房屋建筑的绝大多数还是在雪兰莪。如果说,一百多年前的 1857 年广东客家人叶亚来和许多华侨来到吉隆坡开发锡矿,建设一条亚答屋街场(亚答屋为当地华人用语,用棕榈叶盖顶的草房,街场即乡村小街市),可算为华侨开辟吉隆坡的鼻祖。今天,李延年在吉隆坡的建筑面积及其贡献,已远远超过华人先辈叶亚来的成就了。

发家致富,名震全马

1926 年,李延年初到吉隆坡时,身上一分钱都没有。

今天在他的财产企业中,已发展到拥有二十多家的公司。除了发展房产和地产外,还有树胶、制砖、制瓦、制鞋、报业和银行等遍布马来西亚、新加坡和中国香港等地区。要问李延年的财富究竟有多少,恐怕很少人能说得清,甚至连他的子女也难说得准。香港《地平线》在一篇《丹斯里李延年》的文章指出:他是李延年有限公司、万利有限公司、东南亚产业发展有限公司、万顺有限公司、李延年实业有限公司、合成树脂有限公司、李延年旅运有限公司、李延年树胶有限公司、李延年铝业有限公司、马来西亚南洋商报等许多大企业的主席。如果把他拥有股份和属于他自己的公司开列一张名单,那会像一页电话号码簿的用户表一样。在吉隆坡,他拥有庞大的屋业;在新加坡,他设有公司;在香港,他除了开设联宗有限公司和延年灼业有限公司之外,还有李延年旅运有限公司的办事处和冻房等等。

李延年之所以有如此庞大的财富,完全和前辈华人成功的人士一样,全靠自己的辛勤努力,丰富的商业经营管理经验而走上成功的道路的。

乐善好施,遗爱人间

正如李延年巨大财产尽人皆知一样,在他名成利就之后,就热心捐助教育、医药及社会慈善事业。由于他对公益事业的不遗余力,所以赢得了慈善家的美称。在世时,他“乐善好施”,因此,他去世后“遗爱人间”,使人们缅怀。

到他逝世前为止,他已先后捐给拉曼学院一百万元,马来西亚大学癌症治疗中心一百万元,同善医院七十五万元,吉隆坡黎明小学二十五万元,中华独立中学二十万元,马来西亚永春联合会奖贷学金十五万元,雪兰莪中华大会堂1981年第一届文化节十万元,芙蓉中华中学五万元,麻坡中华中学礼堂建筑费五万元。五十年代陈六使先生等人倡办南洋大学时,李延年领导雪兰莪州各界人士响应,全力支持,历任南大执委及理事,出钱出力,至1965年新马分家为止。总之,他对其他教育和慈善事业五万、十万以至数十万元的捐助者不胜枚举。总计在马来西亚他捐出的慈善教育费用,当在五百万元以上。此外,李延年还对“故交新知,远近亲疏,凡有求者,亦能解囊济助”。

李延年之所以“乐善好施”,是因他对人生的意义和金钱的价值有自己的一套哲学认识。他认为“人生来也空空,去也空空,平生所得,都是取于社会,自己只需要够活就行了,其余应该尽量还给社会”。

李延年在世时,努力实践了“取诸社会,用之社会”的这句名言。凡对托儿所、小学、中学及大学的捐助,他都表现非常热心,做到“幼吾幼以及人之幼”的目标。对医院的兴建与捐助,更是显得慷慨,表现他对惠及病人的医疗特别感兴趣。他晚年曾大力推动设立养老院计划,实现“老吾老以及人之老”,造福成百上千的贫苦无依老人安度晚年的生活。但未能实现,李延年却去世了。他这种“乐善好施”的精神,将为马来西亚社会人民津津乐道,永为缅怀。

领导社团,功不可没

李延年先生的一生,事业成就和热心公益事业,对社会做出了巨大的贡献。作为一个华人,在侨团工作方面,他也不遗余力,领导侨团工作十多年,同样是成绩斐然,贡献颇多,因而赢得了各方面的尊敬。在世时,他担任过许多重要侨团的要职,曾任马来西亚中华总商会联合会会长和副会长、马来西亚福建社团联合会主席、马来西亚永春联合会主席、雪兰莪华人总商会会长、雪兰莪中华大会堂总理、雪兰莪福建会馆主席、雪兰莪永春会馆主席、吉隆坡永春会馆主席、吉隆坡同善医院主席、雪兰莪精武体育会会长、李延年慈善机构主席等社团职务。

他在领导社团期间,工作热情,任劳任怨,出钱出力,并且自己掏腰包,聘请专人为他处理有关社团的事务,各种社团在他的领导下,不但有显著的变化,且为社团的发展开创了新的方向,并已产生良好的影响。因此曾获得“领导社团,功不可没”之美誉。

造福人群,流芳百世

综观李延年的一生,是努力奋斗的一生,由于他自己的努力,所以取得了一定的成就,对社会经济建设做出了一定的贡献。尤其他对教育、医疗和慈善事业的慷解义囊,造福人群,为后世树立了良好的模范。正是因为他对社会有功,生前关心教育慈善事业与对社会做出贡献,因此获得社会人士的推崇赞誉。他于 1975 年获得马来西亚国家最高元首封赐 PSM 丹斯里勋爵,同年,也获马来西亚大学颁予他名誉法学博士的荣衔。1978 年雪兰莪州苏丹封赐他以拿督(Dato)勋衔,他成了马来西亚华人中一颗光芒闪烁的巨星。

今天李延年已离开人世,可是他对侨居的马来西亚国家和社会所做的贡献,对侨团工作的热心和乐善好施的精神,使社会人士深具印象。其功不可没,将流芳后世,作为后人学习的榜样。

附:永春乡亲悼念李延年先生

李延年原籍永春,幼年在家乡私塾就学,以后又在福建省立十二中(即目前永春第一中学)深造,他在家乡度过了二十个春秋,因此对永春老家有着浓厚的感情。1956年,他率领新马考察团(李任团长)来华考察,在首都北京受到周总理的亲切接见。回国途中,特地回永春老家探亲,考察社会风俗,对家乡的文化教育、医疗建设事业献计献策,表达了对故乡建设事业的关注。当他了解解放后的家乡已非昔日土匪横行、民不聊生的悲惨景象,而是安居乐业时,则倍加欢喜。1976年夏天,李先生再次率领马来西亚商业代表团到北京,为促进中马贸易而奔波。此行他又重返故乡,探亲访友。当他看到全国人民代表大会常务委员会前副委员长、全国侨办主任何香凝亲笔题写的他所关心的永春医院奠基石依然存在,永春医院规模有所扩大时,则格外高兴。党中央粉碎"四人帮"后,党的各方面工作都在拨乱反正,永春的故乡面貌也如全国一样得到了可喜的变化,这使晚年的李先生更加欣慰、欢喜。1981年李多次来函,表示再回故乡,重睹故乡变化,然而李志未酬,他却成了古人!噩耗传到永春,各界人士无不悲恸惋惜,深切缅怀这位热爱家乡故土,德高望重的先辈乡贤、造福人群的实业家、慈善家和社会活动家。

李延年先生安息吧!

(林金枝)

永爱中华志不渝

——在各条战线战斗的归侨

一、为祖国的强盛战斗不息

——在侨务工作战线上

1.为祖国的强盛奋斗不息

——记全国政协副主席、全国侨联主席庄希泉

本报讯　翻开庄希泉同志的《入党志愿书》，一位为祖国的强盛奋斗不息的老人的一生历历在目。

从青年时代起，庄希泉就注视世界潮流，关心中国的强弱兴衰，竭智尽力于社会公益。七十多年前，在兴中会和同盟会领导的十次武装起义和遍及全国城乡的人民反帝反封建斗争的冲击下，清王朝风雨飘摇，中国处在暴风雨的前夜。当时，二十岁左右的庄希泉正随父在上海经商。由于他们的商行常给设在上海的泉漳会馆和其所办的泉漳中学以资助，使庄希泉有机会接触常在会馆聚会的福建籍民主革命志士，阅读进步书刊，受到革命思潮的影响，对正在酝酿中的革命产生了同情和向往。武昌起义爆发后，为了帮助上海革命军政府解决严重的财政困难，支持南京临时政府振兴实业、充实国库，庄希泉曾两次下南洋，在华侨当中筹款。仅几个月，便募得股款数百万元。在募款过程中，他进一步受到华侨爱国革命热情的熏陶，在槟榔屿加入了革命同盟会。“南北议和”之后，国柄落入蟊贼之手，庄希泉认为中华之所以时为外强所欺，是由于国力极端贫弱。

于是他再度来到南洋，创办“中华国货公司”，探索“实业救国”的道路，反映了许多华侨企求祖国富强的渴望。

庄希泉十分注重教育事业。他认为，一个民族的生存、进化、文明、强盛，与其教育的发达有很大关系。1917 年，庄希泉和余佩皋女士在新加坡创办了“南洋女子师范学校”，亲任董事长，余任校长。他们和其他校董、教师勠力同心，很快使这所华侨中学闻名南洋。以后，他又在福建、上海、香港等地相继创办“厦南女子师范学校”“曙光学校”“建光学校”“立华女中”等，为提高中华民族的文化水平而呕心沥血。新中国成立初期，他为我国幼儿教育的落后而忧心。看到许多归侨忙于工作，无暇照看自己的子女，便发动归国华侨捐款，办起“归国华侨托儿所”。庄希泉的爱人担任该幼儿园的第一任义务所长。

嫉恶如仇，始终站在光明和进步一边，是庄希泉最可宝贵的品格之一。1919 年，在“巴黎和会”上中国外交失败的消息传来，南洋各侨校的华侨学生举行集会、游行、示威，抗议英、法、美帝国主义牺牲中国利益，支持日本对山东权利的要求。为了扼杀华侨的爱国革命精神，1920 年，英属海峡殖民地当局发布了摧残华文教育的“学校注册条例”。庄希泉挺身反抗，联络英属海峡殖民地及马来联邦七州府的侨众，联名请愿，自己并充任代表。这一维护华文教育、争取华侨正当权利的运动，在当时震动了整个南洋。他也因而被殖民当局投入监狱。在狱中，他据法斗争，延聘律师，向英国法庭提起诉讼，控告英殖民政府新加坡总督的违法，官司一直打到伦敦，结果总督败诉，只好暂时将他释放。在当时的新加坡，从来没有人敢告总督的状，而庄希泉却竟敢在“太岁头上动土”，和总督打官司，并且打赢了，这就灭了殖民当局的威风，长了人民大众的志气。不久，殖民政府又借故将他逮捕入狱，并判“永远驱逐出境”。以后，庄希泉同先期回国请愿的夫人余佩皋一起，着手编著《南洋英属华侨教育业危机》一书，向国内外同胞详细报告“学校注册条例”的弊害、华侨教育面临的危机和侨众抗争的经过，敦促当时的中国政府通过外交途径交涉，要求殖民当局改弦易辙，表现了庄希泉不屈不挠的斗争精神。

由于庄希泉不肯与黑暗势力沆瀣一气，他曾多次遭到迫害。1925 年上海“五卅”惨案之后，庄希泉参加了“外交后援会”，积极投入反对英、日帝国主义的斗争,以致在厦门被日本帝国主义者逮捕,押送台湾监禁。出狱之后,又继续受到监视。在台湾和日本滞留了九个月之久。大革命时,庄希泉奔走于福州、汉口、上海之间,给中国共产党人以切实的帮助,而为国民党右派所忌恨,夫妇二人在福建险遭拘捕。宁汉合流,大革命遭到失败。尽管庄老在当时政界有许多相识,但他狷介自守,毅然脱离了国民党,流亡菲律宾,创办主张抗日的进步报刊《前驱日报》。由于他继续从事爱国进步活动,在返回厦门的时候,他又一次被反动派抓去坐牢。

1942 年,中国的抗日战争正处于最困难时期。刚被敌人破坏的广西地下党组织,因经费拮据,工作难以开展。当党组织找到庄希泉,希望得到他的帮助时,他不顾自己几度被捕之后家产几乎耗尽的境地,决定将留在香港的一份产业变卖,来支持地下党,帮助党渡过难关。在抗日战争和解放战争时期,庄希泉还不顾个人安危,多次掩护党的干部脱险。受过他保护的共产党员和进步人士,数以百计。

几十年的坎坷,几十年的奋斗,无数共产党人的英勇奋斗,流血牺牲,使庄希泉看到了中华民族的希望所在。中国共产党领导下的人民大众的革命斗争,使他看到了兴邦复国的伟大力量。因而从大革命失败之时起,在进步力量遭受严重挫折的关键时刻,庄希泉即下决心在中国共产党领导之下,跟着共产党人一起奋斗。现在,他终于在《入党志愿书》上郑重地写上了"庄希泉"三个字,实现了几十年来最大的愿望。

我轻轻地合上庄希泉同志的《入党志愿书》,捧在手中,感到沉甸甸的。是的,只有了解了庄老的一生,才能够掂出这本志愿书的分量,也才能够理解这位九十四岁的老人,虽在垂暮之年仍要竭尽全力为党奋斗的心愿。

(人众)

(载《华声报》1983 年 2 月 27 日)

2.忆从新加坡归国前夕

我应邀回国担任华侨事务委员会副主任委员一职,觉得很惭愧,因为我学识浅薄、能力太差,过去又未做过什么事,恐怕担负不起这个任务。

但后来想到,我如果不回来,华侨社会将引起误会,以为我有什么顾虑,不敢回来。同时又想到,我回国后将与许多进步同志一起做事,自己会多少有点进步,所以毅然决然整装启程。

下面追述我从新加坡回国前的一番状况。

轰动华侨社会的一则广播

10月中旬的一天,中央人民广播电台广播一则新闻,谓中央人民政府委任我为华侨事务委员会副主任委员。消息传来,亲友中有的为我高兴,有的为我着急。高兴自不待说,他们着急的是,认为身居这个不讲理的殖民地,而且正处在所谓"紧急法令"时期,有被当局找麻烦的危险。当地进步侨报《南侨日报》特派人来与我商量,是否将此消息转发于报端。我说这个消息连当局的政治部都听到了,《南侨日报》如不发表,别家报馆也会发表。如让他们抢先发表,人们将以为《南侨日报》故意掩饰,反为不美。我料当地政府充其量不过逼我离境,更坏的亦不过把我拘留起来而已。如果这样,在我个人不算什么。英国殖民当局自要负重大责任。我想他们不至如此。

于是这个消息便首先由《南侨日报》登载出来,华侨社会顿时引起一番轰动。

《南侨日报》社的欢送会

报纸发表消息后,该报经理洪丝丝先生即来与我商谈,谓:"本来报社要联合各社团开一个欢送大会,但因有'紧急法令',恐遭干涉,乃决定由报社单独欢送。柬请各界侨领参加。"我谓:"此时此地,不必如此铺张浪费。"洪先生谓:"近年来这里政治环境恶劣,华侨社会太沉寂,借此机会打打气,也可试探各方反应如何。"我乃不便固辞。于是10月28日晚,便在怡和轩召开盛大的欢送宴会。

被邀赴宴者,有本坡侨贤二百余人,宴会定八时开始,但之前来宾即已陆续抵达,济济一堂,为况甚盛。

席间,首由本报董事长王源兴讲话,继由我发言,其后相继演说者有田汝康、许春风等。出席当晚宴会的有陈嘉庚先生的女婿、历届新加坡商会主席李光前等侨界知名人士,也有新加坡政治部人士,共二百余人。

盛会演说最精彩的有田汝康和刘武丹。田汝康云:“庄先生此次回国是去做公仆,难道我们华侨就因为有了新政府,有了公仆就万事大喜吗?不是的。我们要托他带讯给北京,告诉我们政府:我们华侨一定大团结,开始做新华侨,来配合我们的新中国!”刘武丹云:“政府设立华侨事务委员会的意义,在于决定护侨政策。中国历史已写到簇新的一页,华侨也要以新的姿态出现,凡是以友爱、平等、互利对待我们的国家,我们必以友爱、平等、互利对待他们,庄先生回国,不是去做官,而是去为侨胞服务,希望庄先生领导华侨大团结,为建设新中国而努力。”我在演说中大意谓:“我们新中国从半殖民地半封建桎梏中站起来,成为一个强盛和平的国家,是值得大大地庆祝的。今晚这个盛会作为我们大家对新生祖国的庆祝大会,更为有意义。”“《南侨日报》是陈嘉庚先生创办的,他老先生公忠爱国,在抗日战争时期,出钱出力,不但我个人钦佩,全国同胞亦无不钦佩。过去海外侨胞,只看见蒋管区的黑暗,还未看到解放区的光明,既然光明已经照遍中国大地,黑暗亦已消逝,侨胞应该彻底明白谁爱护国家、爱护人民,谁出卖国家、出卖人民。现在全国同胞齐心拥护伟大领袖毛主席,海外侨胞亦应向陈嘉庚先生看齐,团结起来,协助我们新中国的建设。”

在大家演说中间,《南侨日报》摄影组在场拍摄活动电影,并将每人的讲话录了音,于席间播放,使来宾加倍兴奋。对这一次欢送会,新加坡当局的政治部特别注意,派出高级侦探人员来参加,在主人与来宾演说情绪激昂之际亦鼓掌。

政治部邀我谈话

在新加坡,我经常接触的政治部的人,一个是属于陈嘉庚派的刘武丹,一个是属于国民党派的庄惠泉。后者是我的介弟,他在太平洋战争时期参加国民党,由国民党派其参加同盟国,收复马来亚区,因而英人认为是有功之人。

一天,惠泉来找我,说政治部副主任帕敏要请我去谈话,只要我有暇,随便什么时候去都可以。隔了两三天,我便与惠泉去见他。经惠泉介绍,我知道帕敏是英国人,曾在上海呆过很长时间,会说上海话,但仍由一个名叫何家洵的人任通译。帕敏在见面时很客气,一开始便问我:“中国人民政府委任你做华侨事务委员会的副主任,你事先知道吗?有通讯否?”我说:“我事先并不知道,也没有通讯,只是看到报纸才晓得。”他说:“这个职务是否像领事官一样?”我说:“不是。因我国华侨散居各国,有一千几百万人,连同国内的侨眷,人数更多,便有许多事情要处理。我是为华侨和侨眷服务的。”他笑着问:“你是否回去?”我说:“当然要去。只是顾虑我的能力而已,因为我是拥护新政府的。”

接着他转了个话题:“你对这里的治安与最近的学潮,意见如何?”我说:“因为我离开新加坡二十五年,抗战胜利以后才重来做生意,对于学校的事情不大注意。三年前我到此地时,适逢我以前创办的南洋女中开二十七周年纪念会,我亦无暇出席。”他踌躇一会后,带威吓地说:“你以前曾因反对‘学校教育条例’而出境,我们亦不反对你重来。照现在的‘紧急条例’,应该出境的在新加坡便有两千余人,但政府还取宽容态度不加驱逐。”我听了心里好笑,你们什么事都做得出来,还侈谈什么宽容!但口头上不得不应付说:“如果应该出境的,当然无话可说,若是不应该的,请慎重为是。”他随即说:“当然,当然。”

当侍者送咖啡、香烟来的时候,他态度十分殷勤。谈话又换了个题目:“你们的兄弟真有趣,一个拥护国民党,一个拥护新政府。”此时,惠泉插言道:“我们兄弟在家庭中不谈政治,感情仍很好。”我说:“我们兄弟虽然思想不同,不谈政治,但我时常告诉惠泉,我在抗战时,到过大后方许多地方,目击蒋介石的国民党贪污腐化,他们一定要失败。”大家饮了咖啡以后,他复问:“你对中英亲善,意见如何?”我说:“有真正平等互惠的友谊,自然会亲善。”

最后他问:“你何时回国?”我答:“一星期以后。”他说:“启程时通知我,我可以发电报请香港政府保护你。”我说:“无需。”他说:“恐怕国民党对你有不利的地方,过去有杨杰被害事情发生。”我说:“我不怕这种事情。”在谈话结束之时,他表示歉意说:“今天请你到此一谈,仍系友谊地交换意见,请你不要误会。同时请拨一时间,到我家中欢饮,我将觉得非常荣幸。”我坚决谢绝,握别而出,他送至室外。

参加《南侨日报》三周年纪念活动

本来我预定在 11 月 18 日乘飞机到香港，恰恰在这期间，香港移民厅新颁布一条例：凡来香港的人，除由中国内地来的以外，须经该厅批准。理由是香港过境旅客太多，须有在港亲友证明其有地方居住，而且该厅认为愿意接受，新加坡的移民厅方能批准出境，这种新例，当然不仅仅是居住问题，多数是政治问题。所以被留难的人极多，我当然不能例外。因为手续未办妥，只好延期启程，适逢《南侨日报》三周年纪念，乃有机会参加。

这一天的盛况，可谓自新加坡 1948 年 6 月 24 日颁布“紧急条例”以来十七个月中所未有过。表面上虽说是庆祝《南侨日报》创办三周年，实际上是庆祝中国革命的成功，足见侨胞拥护祖国人民政府，真是万众一心。

庆祝游艺会的场面太热烈了，最保守地估算，到会人数也有五千人以上。不但预备的三千个座位坐满，整个会场都被来宾挤得水泄不通。其中有工人、青年、学生、商界人士、政府人员、市政局委员及社会名流、知名人士等。

纪念会在二时开始，先由爱华社铜乐队奏乐，该报董事长王源兴致辞后，我作了发言。我说：“今天是《南侨日报》三周年纪念大会，我得以参加，心中真是愉快、兴奋，也感到非常荣幸。《南侨日报》是在千辛万苦中创办起来的，因为有陈嘉庚先生的大力支持，有诸位董事的热心帮助，又因为有全体职工的通力合作，所以有今日如此辉煌的成就。报纸要有公正的立场，是者是之，非者非之，不能黑白不分、是非颠倒，才能取得读者的信任。两年之前，《南侨日报》关于祖国政治之报告，便预言蒋管区很坏，一定要失败；解放区很好，一定要成功。其时，有些人相信，有些人疑信参半，更有些人是反唇相讥。但是曾几何时，蒋介石已由东北、华北、华中、华南等地滚出去了，而流亡至川、桂、云等偏僻省区，以图负隅顽抗。成败如何，谅在座诸君都比兄弟明白。不过，最近还有些造谣的人说，第三次世界大战要来了，说中共内部不和了，真是躺在棺材里的人替活人着急，不是好笑之极吗？”

纪念会之后，有一个很有意义的节目，就是该报同人向中央人民政府献旗，由我代表接受。那面旗左角上绣着“中华人民共和国万岁”等字样，左角下绣着椰树，象征南洋情调。右角上绣一粒五角金星，象征祖国及海外华侨前途无限光明，右角下是该报全体同人的签名。

最后是千人秧歌舞，这种简单而象征伟大劳动力量的民间歌舞，在新加坡是第一次如此大规模地表演。千百人载歌载舞，扭到马路上去，打破了一年来新加坡华侨社会的沉寂。

华民政务司急于让我离境

移民厅的留难，我一时不能离境，但华民政务司及政治部却天天打电话来询问我何日启程，其意是希望我早日离境。《南侨日报》纪念大会后，新加坡总督受马来亚总督之责备，谓不应放任这些人开会，与“紧急法令”有抵触。因此，新加坡当局不愿我再停留，由华民政务司替我在移民厅办好手续，不必等香港许可，批准我离境。我便于 11 月 25 日晚乘国泰航空班机经泰国到港。

（庄希泉）

（载《华声报》1983 年 9 月 18 日）

3.白发笑谈赤子心——访全国侨联副主席庄明理

正当举国上下努力贯彻党的十二大精神的时候，记者在北京访问了全国侨联副主席庄明理。

庄老虽已年过古稀，但身体硬朗，精神矍铄。他高兴地对记者说：“党的十二大开得真好，胡耀邦同志在报告中多次提到华侨，体现党对华侨的关注和希望。我学习了十二大文件，仿佛一下子年轻了好几岁，对于进一步做好党的侨务工作充满信心。”

庄老满脸红光，兴奋之情溢于言表。他说：“我是个归侨，对华侨了解，他们都有一颗爱国爱乡的赤子之心。做好侨务工作，对我国的四化建设有很大的推动作用。”

庄老原籍我省泉州市，十八岁时旅居印度尼西亚。1928 年，日本侵略者制造了“济南惨案”，引起海外华侨极大愤慨，东南亚地区的华侨为救济济南难民，成立了“筹赈会”，他是“筹赈会”成员之一，从这时起，他积极参加和组织华侨的各项爱国活动,成为华侨界有影响的社会活动家。不久,他见到了久已敬慕的爱国侨领陈嘉庚先生。陈嘉庚很赞赏他的爱国精神。此后,他就在陈嘉庚的指导下,把主要精力放在组织和领导华侨爱国运动上。

卢沟桥事变后,庄明理先后在槟城组建“汽车司机工会”;组织马来西亚华侨技工参加滇缅公路的运输工作,运送支援祖国抗战所需的物资;在重庆组织华侨联谊会,接待东南亚的华侨青年回祖国读书……

回首往事,庄老感慨万千。他说:“华侨把祖国比作母亲,那是十分确切的。不管他们侨居哪里,总是希望祖国强大,想为祖国的建设事业出力。我了解华侨的这种感情,所以乐意为华侨办事。”

新中国成立后,庄老仍一直从事华侨工作。1955 年起,任中侨委副主任。负责筹建华侨大学以及武汉、集美、广西等地的华侨学生补习学校;1956 年 10 月,全国侨联成立,他任副主席兼秘书长。他还是一、二、三、四、五届人大代表。

在十年动乱期间,华侨工作不能正常开展,庄老心情十分沉重。“四人帮”一倒台,他马上活跃起来。恢复全国侨联组织、筹建华侨大学陈嘉庚纪念堂等一系列重大工作,他都参加了。他说他现在还有一个很大的心愿,就是尽快把北京华侨历史博物馆兴建起来。

党的十二大召开,庄老的工作劲头更足了。他常与各省侨联的负责人商讨如何进一步搞好侨联工作,帮助解决当前存在的问题,接待海外华侨。他说:“人活着一天,就要工作一天,在祖国四化胜利进行的时候,能继续为华侨、归侨、侨眷做点工作,我感到很高兴!”

看着他那精力充沛的神态,使人深信:庄老的确是老骥志壮,雄心不衰。

(刘华瑞)

(载《福建侨乡报》1982 年 11 月 18 日)

4.报人、作家、学者——访全国侨联副主席洪丝丝

他和“侨”字真有缘:生在著名侨乡金门县,祖父和父亲是华侨,他自

已弱冠之年在南洋办侨报，回国后一直从事侨务工作，出版过华侨题材的长篇小说，现又致力于华侨史研究。

他就是曾被称为"南洋邹韬奋"、现任全国侨联副主席的洪丝丝。

洪丝丝本名叫洪永安，今年七十五岁。在接受记者访问时，洪老讲述了他在南洋办报的经历：

1929年大革命失败后，他到原荷属东印度（印尼）苏门答腊当教师。课余写时事评论投寄棉兰《南洋日报》，成了该报的特约评论员。第二年报社改组为新中华报，聘请洪丝丝为总编辑，这年他才二十二岁。

二十多年的报人生涯就这样开始了。后来，他在槟城光华日报任总编辑，一度兼编副刊《槟风》。不久前，马来西亚马华作协主席方北方在《马华作家印象记》一书中认为当时洪丝丝"对马华新文学的推动与现实主义创作的鼓舞，发挥过很大的影响力，扮演了十分重要的角色"。编《槟风》时，洪丝丝每天还写一篇短文，开始用女儿的乳名"丝丝"作笔名。

抗战时期，洪丝丝在槟城主编《现代周刊》。该刊同战前邹韬奋主编的《生活》周刊有很多共同的地方：主张抗日，又都是大众化的进步刊物。它在南洋一带很有影响力。"南洋邹韬奋"——洪丝丝这个称号也就逐渐传开来。

"我年轻时对记者生活充满幻想，后来发现满途荆棘。"回顾往事，洪老感慨系之。为宣传正义，他曾两次被当地殖民政府拘捕，驱逐出境。第一次是1931年在棉兰新中华报；第二次是1950年在新加坡南侨报社。南侨报社是由陈嘉庚等人创办的，《新名词辞典》称它为"南洋华侨爱国运动的旗帜"。

洪丝丝在海外就被任命为中华人民共和国华侨事务委员会委员，回国后长期在侨委从事文化、教育、新闻工作，多次被选为全国人民代表大会代表。十年动乱后期，他利用闲暇写作长篇小说《异乡奇遇》。小说描述南洋种植园里"猪仔"的辛酸遭遇，在惊心动魄的篇章中，交织着缠绵悱恻的爱情悲剧，情节曲折动人，语言清新流畅。小说出版后，获得海内外读者好评。北京电影制片厂正准备把它搬上银幕。

当我问起这部小说的创作过程时，洪老讲述了他生活中的一段异乡奇遇：1931年，他被荷印殖民地政府驱逐出境前，在临时拘留所里遇到一位种植园里的妓女。她二十五岁光景,举止轻佻,但洪丝丝后来发现她的心地很善良,开始同情她。后来他又了解到许多种植园和“猪仔”的情况,强烈的创作愿望开始在心中萌动。他所认识的那个不幸的女人成了小说主人公敏娜的原型。

华侨是受尽磨难的中华儿女,都有一颗赤诚的爱国之心。但长期以来,大量的政治污水泼向他们。洪丝丝为此愤愤不平。他大声疾呼:要用文艺宣传手段来改变被歪曲了的华侨形象,要研究华侨史。去年他被选为华侨历史学会副会长。由于侨联会务和华侨历史研究工作繁忙,他已构思好的第二部和第三部长篇小说的写作计划,只好暂时搁置下来。

现在,洪老案牍劳形,不知老之将至。小说要写完,华侨史要研究,侨联工作又花费他不少心力。所以他感叹时间不够用。洪老说:“像春蚕一样,把最后的丝吐出来,这是我晚年的愿望。”

(乔平)

(载《福建侨乡报》1982 年 11 月 25 日)

5.为振兴中华而奋斗

——访第六届全国人大代表、归侨郭瑞人

第六届全国人民代表大会一次会议期间,我访问了人大代表、著名归侨人士郭瑞人。

郭老先后担任第三、五、六届全国人大代表,现在他还担任着福建省人大常委会副主任,他今年七十八岁高龄,中等的个儿,鬓发斑白,面色红润,精神矍铄。

我祝贺郭老又一次当选为全国人大代表,到北京来参加会议。郭老说:“我在古稀之年又一次当选人大代表,是很激动,很高兴的。”郭老慈祥的面庞挂着笑容,操着略带闽南口音的普通话说:“我更高兴的是,这届人代会上,除了保留老归侨代表之外,还有一批新当选的中年归侨知识分子,这表明政府和人民非常关怀、重视归侨在国家建设中的作用。我将珍惜这权力,把归侨、侨眷的意见带到会上,与其他代表一起,开好这次大会。”

郭老籍贯厦门,由于家境清贫,他小学毕业后就在一家布店当学徒。二十岁那年,为寻求生路,他跟着一位华侨漂洋过海到印度尼西亚苏门答腊岛北干峇汝镇谋生,后来又到新加坡做生意。在海外谋生的艰难岁月里,他目睹了广大华侨备受帝国主义和殖民主义欺凌的状况,心灵里烙下海外孤儿的创伤。他和广大侨胞一样,对黑暗的旧中国感到渺茫,盼望着自己的祖国强盛起来。1940 年,陈嘉庚先生率领"南洋华侨回国慰劳视察团"回国实地考察,视察团回到新加坡后向侨胞如实地介绍了在国内特别是在延安的所见所闻,指出:中国的希望在延安。郭瑞人听了很受鼓舞。抗日战争胜利后,他出资帮助爱国进步人士创办"新南洋出版社",出版《风下》周刊和一些书籍。从此以后,郭老的爱国热情越来越高。1950 年,新加坡昆兴企业有限公司受我国政府的委托,为我国采购急需的橡胶。这时,郭瑞人放弃了马上回国的决定,以该公司常务董事的身份,利用他同商界的广泛联系,为刚刚成立的新中国、为抗美援朝战争做了积极的贡献。1951 年,他参加印尼华侨回国观光团,在北京参加国庆观礼,并在中南海怀仁堂受到毛主席的亲切接见。

郭瑞人在全国各地参观,亲眼目睹新中国的巨大变化,深为感动,他一向热爱祖国,关心桑梓,热心家乡公益事业,决心回到阔别二十七年的家乡去参加建设。回国后,他以极大的爱国热情,筹建了福建省华侨投资公司,先后出任副总经理、总经理。在党和人民政府的领导和支持下,他和同事们共同努力,华侨投资公司越办越好,业务很快得到了发展,到 1966 年已有投资户一万家。根据国家建设的需要和华侨的意愿,在省内二十多个县、市新建和扩建了四十多个企业,这对当时发展福建地方工业、繁荣侨乡经济起了积极的作用。郭老兢兢业业地为祖国工作,他身为公司总经理,平易近人,不图个人私利,每天上下班都骑自行车。他把在国外的一笔钱捐献给家乡,并且不肯扬名。

粉碎"四人帮"后,郭老振奋精神,他不顾年高体弱,努力地工作。他当选为全国侨联副主席、福建省侨联副主席,还先后担任过福建省副省长和省政协副主席的职务。今年 4 月,郭老被推选为省人大常委会副主任。肩上的担子更重了,他决心在有生之年,多为祖国的四化伟业和统一大业做一点有益的事……

我在结束采访前，请他谈谈他对加快侨乡建设步伐的意见，他想了想，说："福建是侨乡，虽然底子薄，但潜力很大，振兴福建我是充满信心的。首先，我们要同心协力脚踏实地干，在建设过程中，要搞的项目，就一定下功夫搞好；第二，进一步肃清'左'的干扰，落实好侨务政策，切实保护华侨的合法权益；第三，要大胆使用人材，把那些有干劲、懂业务的中年知识分子放在领导岗位上发挥作用。"

（郭景哲）

（载《福建侨乡报》1983 年 7 月 7 日）

6. 宁移白首之心——访全国侨联副秘书长张楚琨

因工作关系，我曾和全国政协委员、全国侨联副秘书长张楚琨接触过几次。他那学者的风度和丰富的历史知识，热情洋溢颇有哲理的发言和那爽朗、平易待人的态度，给我留下深刻的印象。

一个初冬的上午，我来到他寓所访问。张老正在伏案作文。这篇文章最后写道："我非常欣赏叶委员长的'老夫喜作黄昏颂，满目青山夕照明'两句诗，它鼓舞我这个老归侨知识分子去和时间赛跑。时乎时乎不再来，我将珍惜每一分钟、每一秒钟，再度拿起荒疏的笔，去完成两个出版社约定的稿……"

没有完成的事，张老不肯轻易声张，他不愿告诉我他打算写的是什么书。但我知道，他曾随爱国老人陈嘉庚先生共事达二十五年之久，非常尊敬和钦佩陈老先生，过去他曾透露要把陈老的爱国业绩传扬于世。我猜测其中一本一定与此有关。果然，他微微一笑默认了。

张老出生在福建侨乡泉州，少年时期是在新加坡度过的。青年时回国，毕业于上海中国公学大学部。这前后，他参加了党领导的学生救亡运动，在群众集会中两次被捕。宋庆龄等同志于 1933 年初发起了"国民御侮救国会"，他参加了成立大会。后因这个关系被捕，被国民党判了两年徒刑。出狱后，正值民族危亡之秋，日寇魔爪已伸向祖国大好河山，但他却和祖国失掉了联系，内心痛苦而又彷徨无依。于是在卢沟桥事变前夕，他前往华侨抗日运动风起云涌的新加坡。

当时,陈嘉庚先生组织“新加坡华侨筹赈会”,领导华侨抗日运动。《南洋商报》成了该会的重要舆论工具,张楚琨担任该报的编辑和评论员,从此与新闻工作结了缘。1940年,胡愈之任《南洋商报》总编辑,王纪元、刘尊祺、张企程等先后参加该报工作,在胡老的领导下,他和这些同事和文化界朋友,共同搞抗日宣传工作。太平洋战争爆发,新加坡沦陷前夕,他们又一起撤退到印尼苏门答腊岛的原始森林里,度过了艰难的岁月。一同撤退者有沈兹九、郁达夫、王任叔、王纪元、高云览、杨骚等人。日本投降后,陈嘉庚先生创办了《南侨日报》,胡愈之任社长,张楚琨任总经理。新中国诞生后,他回到祖国首都,曾任新华通讯社华侨广播部副主任、中国新闻社副社长。在陈嘉庚先生的推荐下,其中有七年,他被任命为厦门市副市长。回忆往事,张老用这样的话来概括他一生的经历:“我一直从事‘侨’的工作,更确切地说是搞华侨宣传,但是十分惭愧,没有做出什么贡献!”现在他虽已脱离新闻工作,除侨联工作外,还兼任民主同盟中央组织部副部长等职。他说:“我酷爱读书,公余时间都在阅读经典著作。有马列的、中国古代的,以及世界著名的报告文学作品等。”

经他一提起,我才发现他的起居室,除了沙发和写字台外,四周让五个大书柜包围着。“您的书真多呀!”我有点羡慕地说。

“这仅是一部分,让你看看我的万卷藏书吧!这是我最大的财富。”他带我走了另三间起居室,每间都有书柜,可是还搁不下他的藏书。

在过道上放着硬木书柜,里面藏着线装的“二十四史”;一个不起火的厨房里,也有个小书柜,藏着《四库全书珍本初集》线装书;一个小凉台也被改装成小房间,里面的小书柜放着书报杂志……

饱经几十年风雨的张老现已七十高龄,有许多社会活动要参加,要花不少时间来接待国外的亲友,但他还有“老当益壮,宁移白首之心”的心情,认真不苟地工作,孜孜不倦地学习,令我油然崇敬。

在结束访问前,张老有点激动地说:“‘春蚕到死丝方尽’,在有生之年能为祖国全面开创社会主义现代化建设的新局面吐出哪怕是一丁点丝,就是我的意愿,我的幸福!”

(怡君)

(载《福建侨乡报》1982年12月16日)

7.为祖国多发“余热”——访北京市侨联副主席吴益修

一间宽敞的大书房,沿墙放了五六个装满书的大书柜,硬木条几上、小方桌上、茶几上、书柜顶上摆设了各种朝代的名贵古瓷,一张硬木书桌上摊开了全国政协会议的文件。这书房的主人就是我拜访的全国政协委员、北京市侨联副主席吴益修。他正认真翻阅文件,准备向归侨、侨眷传达全国政协会议的精神。

一提起这次全国人大、政协会议,吴老神情亢奋,情绪高昂。他拿出新中国成立以来的四本《宪法》,激动地对我说:“我把四部《宪法》作了详细比较,这次新宪法是最好的一部。就以有关‘侨’方面来说,新宪法中就有三处。1954 年《宪法》只有‘保护海外华侨的正常的权利和利益’一句,1978 年《宪法》加上了‘保护侨眷的合法权利和利益’,仍然未提归侨,而这次把归侨的合法权利和利益也列入保护之中,说明了国家对归侨的关心。”

吴益修祖籍福建漳州,曾祖父漂洋过海侨居印尼,到他已是第四代侨生。1935 年,他毕业于荷兰医科大学,后在印尼开设门诊,是当地颇有声誉的名医。他热爱祖国,热爱祖国的古老民族文化,在他乡异国大量收藏了祖国的名瓷、青铜器、玉石等,陈列在他寓所的一间大厅内。他行医之余,环视欣赏这些文物,以寄托对祖国的思念。

1947 年,他第一次回祖国探望,旧中国的一切令他失望而归。1951 年,他踏上了新中国大地,祖国仍很贫穷落后,但欣欣向荣的景象令他欣喜若狂。他回到侨居地,到各个华侨团体去做报告,介绍新中国的情况,后印尼反动当局以“宣传共产主义”的罪名把他逮捕入狱,三个月后被释放。

1952 年,他下决心舍弃优裕的生活,带领全家回祖国。至亲好友闻讯纷纷来劝阻挽留,他坚定地说:“我的‘根’在中国,现在是我回去的时候了!”

时光飞驰,吴益修回到祖国整整三十年了。当时他正年富力强,如今两鬓染霜,已七十五高龄。他回顾近半生经历,感到莫大的欣慰。

吴老的父亲曾谆谆叮嘱他:不要忘掉我们是中国人!因此吴老把自

己和下一代的“根”深深地扎在祖国大地，这也是他回国的第一个目的。吴老有四个子女，大女儿继承父业，当了医生，两个子女分别在大学任教，大女儿和二儿子已成为共产党员。三儿子从小爱玩汽车，现在是汽车制造厂的技术工人，北京市归侨先进工作者。吴老在祖国的第三代有的已进了大学学习。吴老夫妇俩在今年欢度了五十周年的“金婚”。……他谈到美满的家庭时，脸上泛起幸福的笑容。

“我回国的第二个目的，是想把医术服务于人民，但做得不够好。我在天坛医院任内科副主任时，很想钻研内分泌学，因种种原因没有实现；后研究老年学，也写了论文，但因‘文革’而告终，所以我的医学上成就不大，这是我至今引以为憾之事。”

吴老的“遗憾”之语，含有“谦虚”之意。他在医院任职时，被公认是位医术高明的大夫，治疗了不少重病患者；他的医道也为病者所赞颂。现在他虽已退休在家，可是他还在忙于北京市的侨联工作，特别是他还花费不少精力热情接待来自海外的一批批亲友，向他们宣传和介绍祖国情况。

我向吴老告别时，他很有信心地说他身体还很好，要很好地发挥“余热”，为祖国做贡献。他的热爱祖国、坚贞不渝的赤子之心使我佩服、崇敬，我祝愿他健康长寿！

（毅君）

（载《福建侨乡报》1983年2月24日）

8.为祖国建设添砖加瓦——访福州市侨联主席林珠光

盛夏的一个星期天上午，记者来到福州市侨联主席林珠光先生的寓所访问。尽管工作劳累，林老仍神采奕奕，谈锋颇健。他说：“新中国成立初期，侨务工作形势非常之好，我有幸参加了那一时期热火朝天的工作。党的十一届三中全会以来，侨务工作呈现了一派前所未有的大好形势。我虽然年纪大了，精力也不如从前，但面对这蓬勃生机，很愿意尽力做些力所能及的工作。”

林老现任福州市侨联主席，还是全国侨联常委、省政协常委、省侨联常委、市政协副主席。他原籍平潭县，少时家贫，到福清当商店学徒，十九岁南渡印尼谋生，曾任三宝垄爱国侨团玉融公会首任主任主席。新中国成立时，他以玉融公会名义拍回电报热烈祝贺。1951年，满怀爱国热情的林先生回国观光，并送子侄回国求学。当时，他办的是双程签证，可是一踏上故土，便被新中国轰轰烈烈的建设景象吸引住了，于是，他毅然把海外产业交给内弟经营，自己留在祖国参加社会主义建设。他把海外存款捐献给国家，还积极投资举办各种企业。不久，他担任了省华侨投资公司副董事长，并被选为福州市人民政府委员（后任副市长），和郭瑞人、陈仰曾等归侨界人士一起，为我省建设事业做出了贡献，曾多次受到毛泽东、刘少奇、周恩来等中央领导同志的亲切接见。他告诉记者说，“文化大革命”中，他同样受到了冲击，但他坚定地信赖党和人民，满怀信心地等待着春天的来临。

林老虽已年逾花甲，但仍为侨务工作日夜奔波，为家乡建设呕心沥血。他热情地向海外侨胞宣传人民政府的侨务政策，介绍家乡日新月异的变化，为海外侨胞在家乡投资办厂、开展来料加工穿针引线、架桥铺路。经过他和市侨联同事的积极筹划，在海外侨胞的资助下，先后创办了福州市华侨塑料厂、侨联大厦等集体企业，安排了二百多名归侨、侨眷子女就业。

林老还向记者谈了许多他今后的打算，其雄心和胆略不减当年，记者望着他的两鬓银霜，敬佩之情油然而生。

（俞文慧）

（载《福建侨乡报》1983年9月8日）

9.语重心长话侨务——访厦门市侨联主席颜西岳

他从来不喜欢记者来写他的爱国事迹，这里，我只好极简单地介绍他的生平：颜西岳先生是金门人，在国外是一位爱国侨领，曾努力支援抗美援朝和祖国经济建设。1952年他举家回国，长期以来担任厦门市侨联会主席，他还被选为全国政协和省政协的常委、全国侨联和省侨联常委、省人大代表，曾任厦门市副市长，现任厦门市人大常委会副主席、市政协副主席等。无论是对国外侨情，还是对国内侨务工作，他都比较熟悉，有较高的声望。

当我走进他家宽敞的客厅时，七十八岁的颜先生正坐在厅中长沙发上，读阅侨胞来信。

颜老跟我交谈时，果然一句不谈自己，而是认真地谈了海外侨胞的现状和对侨务工作的体会。他告诉我，项南同志在省侨联会议上号召：要打开侨务工作的新局面。厦门市侨联正在认真研究这个问题。他说："海外侨胞组织了许多同乡、同姓、同宗、同业等团体，我们应该加强同这些团体的联系。最近海外一些颜氏宗亲会组织了观光团到厦门来，我接待了他们，大家感到很亲切，欢心畅谈，大家都表示要为祖国的四化建设和统一大业出力。"

颜老先生跟我谈了不少华侨热爱祖国的动人事例。他说："要做好华侨工作，首先要真正理解华侨的爱国心，要保护他们的爱国热情。陈嘉庚先生曾说过，有人讲好听话，有人讲实在话；我是讲实在话的，今天我也讲实在话。要争取华侨的心，先要落实好侨务政策，一定要做好归侨侨眷的工作，而这些还不能仅仅依靠侨务部门来做，要党政各部门认识一致，协同来做。"他对最近厦门市各级党组织齐心协力加快落实华侨私房政策的工作表示满意，他认为，只要这样做下去，侨务工作就能打开新局面。颜老还认为，国内各方面工作和社会风气，都影响着侨胞的爱国热情。所以我们要努力做好国内工作，搞好精神文明建设，使侨胞更加热爱自己的祖国。

谈了一个下午，老人面上出现疲劳的红晕，我连忙告辞。他的正直朴实的话音，久久回响在我耳畔。

（冰凌）

（载《福建侨乡报》1982 年 12 月 23 日）

10.侨务工作将出现新局面

——访党的十二大代表、晋江地区副专员沈慧

得知党的十二大代表、中共晋江地委党委、行署副专员、菲律宾归侨沈慧同志即将赴京，我们怀着喜悦的心情访问了她。

沈慧同志今年五十五岁,1927 年生于菲律宾华侨家庭。新中国成立前夕,她与丈夫蔡文山一起,归国参加革命。中华人民共和国成立后,一直在晋江地区工作。“文革”前,她担任过泉州市副市长、晋江地区妇联主任;党的十一届三中全会后,她分管全区的侨务工作,促进了主要侨乡的各项侨务工作的发展。她刚刚在华侨大厦欢送菲律宾侨团回来,就热情地接待我们。沈慧精力充沛,说起话来谈笑风生,当我们问起她对即将赴京参加党的十二大有何感想时,她激情满怀地说:“党的十二大的召开,标志着拨乱反正工作的胜利结束,社会主义现代化建设事业将迈开新的步伐。因此,这次大会具有非常重大的历史意义,我出席这次大会深感任重而道远,一直在琢磨着怎样根据十二大的精神,和广大干部群众一道,努力发挥晋江地区这个主要侨乡的优势,全面地开创侨务工作的新局面。”

沈慧同志很爽朗健谈。她说:“自从中央决定福建实行特殊政策、灵活措施以来,地委和各县(市)委的主要领导都亲自抓落实党的侨务政策,拨乱反正工作基本完成了,侨乡面貌有了重大变化。”据统计,全区立案的冤假错案一百八十一件、二百零八人,被株连未立案的近四千人,都已平反;二千四百多“侨改户”重新发给改正成分通知书;落实华侨私房政策全区主要集中在泉州市,所有权已归还的占 98%。广大侨胞和港、澳、台胞感受到祖国对他们的关怀,看到了家乡的美好前景,回乡旅游探亲的一年比一年多,在家乡兴办公益事业和投资设厂的数量也越来越多。泉州华侨大厦三年来共接待宾客八万八千多人次。1980 年来,全区来料加工实收工缴费近五百万元,是全省来料加工较早和较多的地区。

沈慧同志展望十二大后的全区侨务工作的形势,充满信心地说:“十二大精神将给广大侨务工作者指引新的方向,在大家共同努力下,侨务工作一定能打开新的局面;而侨务工作的新局面,也一定会促进全区其他工作的发展。”

同沈慧同志握别时,我们感到她那双手坚定有力,充满着信心和力量。

(杨昌博、黄仲联)

(载《福建侨乡报》1982 年 9 月 2 日)

11.为了祖国的繁荣富强

——记厦门中旅社仓管员、归侨杨水萍

最近,厦门中旅社广大职工推选了在平凡工作岗位上辛勤劳动做出贡献的小卖部仓管员杨水萍到北京参加了全国侨务系统表彰大会。

1959年,十三岁的杨水萍离别侨居印尼的家庭回国求学时,她的父母一再嘱咐她:"努力学习,长大了要为祖国的繁荣富强而努力工作。"二十多年来,她都是按照这个美好的嘱咐去实践的。1962年,她从北京一中高中部毕业后,就放弃了报考大学的机会,报名上山下乡,自愿到厦门天马华侨农场参加劳动。

四年前,她调到厦门中旅社担任服务员后,把旅社的餐厅看成是社会主义祖国的一个窗口,把自己服务质量好坏看成是关系到祖国荣誉问题。为了做好餐厅服务工作,她每天总是提前上班,无论端菜、洗碗、擦桌、扫地,她都积极主动认真地干。她在接待旅客中讲究礼貌,和蔼可亲,深得赞扬。

1980年以后,由于工作需要,旅行社领导将她调到小卖部当仓库管理员,她工作责任心更强了,把贮藏各种各样货品的三间仓库整理得有条有理,排列井然,货品经常更新,减少了霉烂损失,她认真管理货品,做到账货相符。

为了做好工作,她连节假日也很少休息。前年,刚逢家里不如意的事接二连三发生,她的公公住院,妈妈脑瘤动手术,孩子发高烧,她以巨大的毅力,克服各种困难,仍然坚守在工作岗位上。她的公公在除夕去世,第二天春节正月初一,是小卖部最繁忙的日子。她在处理公公后事后,立即赶来上班。同志们看到杨水萍对工作极端负责的精神,深受感动。

近年来,原先和她一起回国求学的一些同伴陆续出境了。她的亲人也有好几个在海外。一些好心的人也常常劝她申请出境,但她都只是笑笑说:"祖国繁荣富强是我一生的理想。我愿意留在国内和同志们一起,在自己的平凡工作岗位上,为祖国的四化建设添砖加瓦。"

(省中旅社报道组)

(载《福建侨乡报》1983年1月30日)

12.满腔热情为侨胞——记厦门中旅社副经理黄成岸

菲律宾归侨黄成岸虽然年过花甲了,但他有一颗为侨胞服务的炽热的心。他说:“三中全会后,党重申了侨务政策,我要做好中旅社工作,在有生之年努力为祖国四化添砖加瓦。”

在厦门中旅社,人们经常看到黄副经理为旅客搬运行李,引导住宿,安排车辆,解答疑难问题,不论分内分外的事,他都积极去做。为了保证客房供水,他组织人员疏浚水井,安装抽水机。他和驾驶员一道检修、洗刷车辆,以保证安全行车;有时人手不够,他便亲自驾车接送客人。回乡探亲的华侨想吃甘薯稀饭,中旅社餐厅没有供应,黄成岸从家里端来,让久别家园的亲人解除思乡渴念……

近年来,厦门特区对外开放,回乡省亲游览的华侨和港、澳、台胞人数激增,中旅社往往住房客满,车辆供不应求,常使旅客扑空。黄成岸深深理解海外亲人的心情,总是想方设法安排膳宿、车辆,让他们吃好住好,早日平安到家和亲人团聚。逢年过节,他更忙得不可开交,日夜坚守岗位,为旅客排难解忧。新春佳节,许多海外同胞和家人欢聚一堂,共享天伦之乐。而黄成岸却往往忙得未能和自己的妻子、儿孙同吃一餐团圆饭。

黄成岸满腔热忱为侨胞服务,受到广大旅客和中旅社干部职工的称赞,他每年都被评为积极分子。他所分管的厦门中旅社车队,也被评为省中旅社安全先进单位。

(陈尊法)

(载《福建侨乡报》1982 年 12 月 2 日)

13.侨胞的贴心人——记高山华侨旅行社经理刘善恩

侨胞都赞誉刘善恩同志是他们的贴心人。刘善恩是福清县高山公社侨联副主席、高山华侨旅行社经理。侨胞们回来时,他不但带领全社同志热情地接待,而且还经常亲自扫地、倒痰盂、擦窗户。半夜客到,他也起床迎接。同时,还尽自己的力量帮助侨胞、侨眷办事,为他们代写书信、代购物品、代管财产。几年来,还先后为十几户华侨在故乡代建了新房。前年,年已古稀的旅日侨胞詹昭礼先生回乡探亲时生了病,亲属送他到高山旅行社。老刘为他请医送药并专程送他到福州医治,帮助护理了一个星期。詹先生康复后,老刘又为他整理行李,买好飞机票,送他上飞机,詹先生热泪盈眶地说:“你们真是我的救命恩人哪!”后来老刘到日本访问时,詹先生携带全家,特意从神户赶到长崎机场欢迎他。

有一次,住在高山旅行社的侨胞王宗昌先生离社到福州准备搭机出国。服务员在整理床铺时发现王先生的一个皮夹子丢失在床上。老刘看到夹子里有护照、飞机票和旅行支票等,立刻赶往福州,王先生正因丢失皮夹而急得团团转时,老刘风尘仆仆地出现在他的眼前,把皮夹子交给了他。他激动得紧紧握住老刘的手,一句话也说不出来。

几年来,老刘还千方百计地为日本和东南亚等国的二十多位侨胞找到了国内亲人。有一次,旅行社收到华侨毛培枝先生从日本京都寄来的一封信,请求旅行社帮他寻找五十多年前送给西江村的女儿毛炎宗。老刘和旅行社同志查访了西江大队老一辈,得知毛炎宗早年已嫁到高山镇了。但嫁给谁呢?无从知晓。老刘一直把这事挂在心上。一天他在路上遇到一位老大娘,又问起此事,大娘说:“这里瓜仔他娘年轻时就叫毛炎宗。”老刘听到这话如获至宝,即往查问,果然,瓜仔娘就是毛培枝先生的女儿。当毛培枝先生收到女儿的信件和全家照片时,激动得老泪纵横,衷心感谢旅行社热心人。

(林厚耀)

(载《福建侨乡报》1981年12月22日)

二、老来赤心更韶然
——在老干部和离休战线上

1.老来赤心更韶然——访陕西省副省长、归侨陈明

在去年初举行的陕西省五届人大四次会议上,年逾六旬的马来西亚归侨陈明当选为副省长。这在西北地区还是新鲜事,在这以前,陈明是该省人民政府秘书长,至今仍兼任此职。

应笔者的请求,不久前,陈副省长百忙中在他的办公室接见了笔者。身体健壮的陈副省长给人的印象,是平易近人的慈祥长者,丝毫没有"长官"的派头。当他知道笔者也是归侨时,更是热情相待,侃侃而谈他回国四十四年来的经历。

陈明是1938年5月初瞒着家人同一位同学私奔祖国的。几经周折,于同月底来到向往已久的革命圣地延安。他先在陕北公学和中共中央党校学习,以后做过教师和党的宣传教育工作,由于他思想进步、不怕艰苦,到延安三个月后就入了党。

陈明回忆起延安的生活时说,那时延安有不少归侨青年,他们同来自全国各地的进步青年一样学习、工作和生活,谁也没有因为有"海外关系"而受到歧视。当时延安还成立了归国华侨联合会,一年集会联欢两次,开完会后就聚餐。记得有一次是在王家坪八路军总部开的会,有数十

人出席，朱德总司令也来参加集会并讲了话。

1940年，陈嘉庚先生率领南洋华侨慰劳团回国慰问考察。陈老先生冲破国民党的阻挠，来到延安，毛泽东主席曾会见并陪同他出席欢迎晚会。陈老先生不谙普通话，当时陈明便充当他们的传译员。谈起这件事，陈副省长记忆犹新。他讲了这样一个故事：当时在延安有好多闽籍归侨青年，相约一起到陈嘉庚先生下榻的招待所去看望他，大家很自然地同陈老先生讲家乡话，显得更加亲切、热烈。当时"陪同"陈老的一个国民党官员不知趣地也在座，他是外省人，自然听不懂我们在讲什么，谁也没去理会他。这位国民党官员只好在那里坐冷板凳。

陈明在延安时期是一名活跃分子，他曾代表他当时所在的单位多次受到毛主席的接见。有一次会见，毛主席握着他的手说："我见过你啊！"就在这次会见，毛主席送给陈明一张签有亲笔字的照片。谈到这里时，陈副省长从木柜上拿出这张照片给笔者看，只见照片背面写着："一九四五年在王家坪接见时，亲笔签字赠送照片。"他补充说："当时我在延安中学教书。"

陈明回国后一直在陕北地区生活了整整十一年，直到西安解放前夕，他奉调南下才离开那里，并且在翌年任职省府后一直在西安工作至今。1953年我国开始实行第一个五年计划，这一年，陈明出任陕西省统计局局长，这时他才三十三岁，这一职务一直持续到"文革"开始（后期还兼任省计委副主任）。这是他长期从事党的宣传教育工作——从县委宣传部干事、副部长、部长到地委宣传部长——之后，第二个任职最长的专业工作。因而使他成为一名统计学专家。1964年，陈明曾率领中国统计专家组访问了阿尔及利亚。现在，陈明不仅是中国统计学会的理事，而且是陕西省统计学会的名誉会长。陈副省长说，他现在主要研究经济工作。

陈明十分热心和关心侨务工作，在陕西省和西安地区侨界人士心目中是众望所归的。因此，早在1959年西安市侨联成立时，他就被选为主席并连任五届至今。1979年底陕西省侨联会成立时，他又当选为主席。

陈明原籍福建永春，六岁时随父到马来西亚谋生，此后再也没有回去过家乡。言谈之间，笔者发现他对故土还十分怀念，陈副省长表示，总有一天他要回到福建去领略家乡风光。

（陈刚）

（载《福建侨乡报》1983 年 3 月 10 日）

2. 愿作春泥更护花——访纺织工业部顾问、缅甸归侨胡明

瑞雪纷飞的一天，我如约到纺织工业部拜访原纺织工业部党组副书记、副部长、现任顾问的胡明同志。他正在一间宽敞的办公室工作，见我来到，放下手头工作，和蔼可亲地招呼我坐下。

我知道他是福建省籍的归侨，可他说话带着浓厚的安徽口音。我好奇地问："你家乡口音改了？"他笑着回答："我在安徽工作整整十三年，后又在上海、大连、抚顺等地工作，周围环境不允许我讲闽南话，可家乡话并没有完全忘掉。"也许他对家乡还很有感情，向我谈起了他去年的福建之行。

项南同志到福建工作后，向他提出邀请："你是福建人，来帮助家乡搞纺织工业规划吧！"当时他已退居二线，有条件也有义务为家乡建设尽点力，于是欣然同意。去年 4 月，他带了三个干部，在十八天时间里，跑了福州、泉州、厦门、漳州、龙岩、三明、南平等地，参观了几十个工厂，对当地纺织工业规划提了很多建设性意见，还设法从设备上技术上支持他们。

他在从泉州到厦门的路途上，挤出半天时间，前往集美探望母校，参观了归来堂、陈嘉庚先生故居和鳌园。故土重游，别有一番恋情。他追忆往事，神思飞越。那是在 1957 年，他任食品工业部副部长，为了制订制糖工业的规划，来到了闽南，特地拜访校主陈嘉庚。陈老师带领这位老学生在集美转了一圈，滔滔不绝地向他介绍建设集美学村的蓝图，还请他吃了一顿便饭——蚝仔线面。陈老的音容仿佛犹在，但却已溘然而去，长卧鳌园。

陈老创办集美学校，不少华侨子弟慕名前来，胡明就是其中一位。他出生在缅甸，1930 年他小学毕业后，就告别父母，与几位同学一道回到祖国，就读于集美初中部。1933 年毕业后，去上海同济大学高中部上学。

在那里他参加了进步学生运动,后奔赴革命圣地延安。1938 年,他被调到新四军工作,1941 年“皖南事变”后,他在安徽黄山一带领导游击战,壮大和发展了游击队伍。

1952 年,他从安徽调往上海任华东纺织管理局局长。从此,他和纺织工业结了“缘”,无论他任国家计委轻工业计划局局长,或任大连市委书记、市长时,都和纺织工业直接或间接有关。

他以自豪和喜悦的心情告诉我:解放初期,全国棉纺业只有五百万锭子,现已发展到一千九百万锭子,今年可达两千万。几百万纺织女工中也出了不少人才,现任中共中央书记处候补书记的郝建秀就是其中一位。他的自豪感我是理解的。当他壮年时,为纺织工业的发展做出了贡献;当他步入老年行列时,又作了“护花”人,新的领导干部在他们扶助下逐步替代他们。

谈到这里,他告诉我意料不到的事,原来他除任纺织工业部顾问外,还兼任上海经济区规划办公室的领导成员。他霍地站起来,指着墙壁上一张全国大地图,向我解释说:“这个经济区包括苏州、无锡、常州、南通、杭州、嘉兴、湖州和宁波,即整个长江三角洲地区,它将成为全国最先进的经济发达区。”他充满信心地向我描绘经济体制改革的灿烂前景,爽朗的笑声和有活力的语调,竟不像出自年已六十九岁的老人之口,我不禁赞叹道:“那你身上担子不是轻了而是加重了。”“头两年可能忙点,等调查、规划好了,可能会轻松些。”

可敬的胡明同志,他不仅当“护花”人,更是老战士奔赴“新战场”;他革命生涯并没有结束,而是另一个革命新阶段在开始。

在他桌上还放了一大堆文件待处理,我不能过多地占用他的宝贵时间,只得向他告辞。临行时,胡明同志一再表示希望多介绍其他归侨情况。乡音已改的胡老,毕竟还有乡土之情,我感谢他在百忙之中会见了我,并祝愿他健康长寿,在祖国四化建设中发挥出更多的“余光”和“余热”。

(怡君)

(载《福建侨乡报》1983 年 3 月 31 日)

3. “愿为祖国繁荣贡献一生”

——访全国侨联常委、菲律宾归侨黄登保

在全国侨联举行的一些重要的会议上,经常出现一位体格魁梧的老军人,他就是全国侨联常委、中国人民解放军原炮兵副司令员、菲律宾归侨黄登保。

一个阳光和煦的春日,记者来到黄登保的寓所访问了这位久经沙场的老将。他中等个儿,鬓发霜染,满面红光,从体态到神情一点儿也不像六十多岁的人,他时而沉思回想往事,时而慷慨激昂,侃侃而谈。

在寒暄之后,我请他谈一谈他是怎样回国参加革命的。

黄登保 1918 年出生在厦门市郊江头镇一个贫苦农民的家庭,十五岁那年他为生计所迫,漂洋过海去菲律宾。

他说:“到了菲律宾,我才晓得,那里和国内一个样,穷苦人同样受苦。我父亲在那里当小商贩,也难维持生活,连我也养不起,最后只好把我送去当学徒。”黄登保目睹了华侨寄人篱下的惨苦境遇,而这一切又是和祖国的命运密切相关,他多么盼望祖国强大起来呀! 西安事变、卢沟桥事变后,中国共产党提出抗日救国的主张传到菲律宾,广大华侨开始认识到,只有中国共产党才能挽救中华民族的危亡。二十岁的黄登保更是热血沸腾。“回祖国,到延安去,参加共产党领导的人民军队,打鬼子,救中国。”他和八个华侨青年秘密串联,背着父母,从怡朗乘船出发,几经周折,于 1938 年 6 月到达陕北。

说到这里,黄副司令员站起来,激动地说:“我们从西安步行去陕北的路上,热闹极了,大队人马,浩浩荡荡,来自全国各地的爱国青年一齐向着延安。在陕北公学学习的华侨青年,除了我们是来自菲律宾的,还有来自泰国、缅甸、马来亚、印度尼西亚等国家的。”

黄登保在陕北公学学习三个月之后,又到抗日军政大学学习,毕业后分配到总部炮兵团,从此开始了戎马生涯。抗日战争和解放战争时期,他从太行山麓到松花江畔,再南下江南,直到岭南珠江,转战南北。当美帝国主义把战火烧到鸭绿江边的时候,他第一批入朝,参加了伟大的抗美援朝战争。1952 年奉调回国,历任军事学院炮兵系副主任,炮兵司令部副

参谋长，炮兵副司令员等职。

长期的军旅生活使黄登保很少同侨务界联系，但他始终关注着侨务界的动向。1979 年，他作为军队中的归侨代表出席了第二次全国侨代会，当选为全国侨联常委，从此与侨务界发生了密切的联系。今年元月，他作为特邀代表出席了全国侨务系统先进表彰大会，他回忆当时群英会聚的情景，高兴地说："胡耀邦等党和国家领导人接见全体代表，同大家合影留念，并出席了大会开幕式；廖承志代表党中央作了重要讲话。这充分表达了党中央对侨务工作的重视。我听了一些归侨代表的发言，很受鼓舞。使我感到欣慰的是华侨爱国爱乡的光荣传统正在一代一代传下来，发扬光大。"

我们无拘无束地交谈了两个多小时，为了不打搅黄副司令员休息，我起身告辞。他握着我的手说："我虽然六十多岁了，愿为祖国繁荣旺盛，为国防现代化建设贡献我的一生！"这肺腑之言，正是这位老归侨的赤子心声！

（郭景哲）

（载《福建侨乡报》1983 年 8 月 11 日）

4. "愿为建设文明村贡献余生"

——老归侨、离休干部李正宗二三事

永春县东平公社冷水大队五斗垄村，被人们称为村美人和风气新的文明村。村里的社员都说："我们村的荣誉，凝结着老归侨、离休干部李正宗的心血和汗水。"

1979 年 7 月，在外地工作的李正宗离休回到了家乡。这位 1937 年持陈嘉庚先生的介绍信从新加坡回国求学，1947 年入党的老归侨，人虽离职，仍一心扑在家乡的建设上，为建设文明村做了许多工作。

李正宗任五斗垄村卫生领导小组组长。几年来，他不顾年老多病，风里雨里，同乡亲们一起修建了一条三百米长的机耕路，填平了坑洼地，疏通了五条污水沟，把厕所、畜窝迁集到村旁屋后。李正宗还发动群众利用荒山空地植树种花。目前，全村种果树二千二百多株，各种花草三百多

盆,既增加了社员收入,又美化了环境。

李正宗是公社侨联副主席,热心公益事业。为家乡人民做了不少好事,表现出一个共产党员、老干部的优秀品质。去年,群众一致推选他为县人大代表、县政协委员。年过六十的李正宗说:“我虽然已经离休了,愿为建设文明村贡献余生,为子孙后代造福。”

(陈永彬)

(载《厦门日报》1982 年 10 月 6 日)

三、为四化建设倾注心血——在科技战线上

1.为四化建设倾注心血

——访党的十二大代表、全国劳动模范赖爱光

在全国人民欢欣鼓舞以实际行动迎接党的十二大召开的日子里，记者在福州西湖宾馆访问了即将赴京的我省十二大代表、全国劳动模范、省优秀共产党员、归侨工程师赖爱光。

此刻，这位先后设计、试制九十二种光学镜头和光学仪器新产品（其中近四十种是我国电子工业的缺门，三种获全国科学大会奖），为祖国国防、电子、光学工业做出显著贡献的归侨工程师心情十分激动，他刚刚从北京接受新的研制任务返回工厂，就风尘仆仆来省集中，他对我们说："党和祖国把我这样一个从海外归来的无知的少年培养成工程师，我所做的事情，只不过是赤子对母亲的恩情应当报答的。党和人民给了我许多荣誉，还推选我出席党的十二大，这使我感到很不安，光荣应当属于祖国和人民。"

赖爱光说，十二大将是一个开创社会主义现代化建设的伟大的新局面的大会，它在党的历史上将写下非常光辉的篇章。他说，他能参加党的十二大是非常幸福的，这不仅是他个人的光荣，也充分体现党对归侨知识

分子的关怀和培养,很好地完成全省广大党员交给的任务。

我们向赖爱光了解最近在科研上取得了哪些新成就,这位在探索最佳象质的道路上攻关夺垒的勇士显得很腼腆。他告诉我们:“今年已研制成功的有二十六个项目,还有几项已接近定型。其中一项是我国国防工业所急需的。”他说,世界现代光学工业发展很快,去年八月,他赴美国学习、考察,感到祖国光学工业与世界先进水平差距还很大,自己肩上的担子很重,恨不得一天能有四十八小时用来工作,让祖国的光学工业早日走在世界的前列。

赖爱光说,广大归侨侨眷在各条战线上为祖国“四化”建设做出了宝贵的贡献,涌现了许多先进人物,值得他好好学习。他高兴地说,党的三中全会以后,侨务工作取得很大的成绩,他参加过许多科研会议,遇见许多归侨科技人员,他们都心情舒畅,干劲十足,这说明归侨知识分子政策在很大程度上得到落实。他相信,党的十二大以后,侨务工作必将出现新的局面,海外侨胞和广大归侨侨眷的爱国爱乡热情和建设祖国“四化”的积极性必将进一步发挥出来。

(黄意华)

(载《福建侨乡报》1982 年 9 月 2 日)

2.中国著名核物理学家张文裕教授的苦和乐

从本世纪初到四十年代,有不少有为的中国青年,抱着“科学救国”的目的,到欧美去学习科学技术。作为一个中国人,他们受尽了由于自己祖国科学不发达,到处受人歧视的苦头。但是,他们也顽强和勤奋地向世界显示了自己的聪明和才智。翻开近代科学的史册,有不少中国人的名字载入其中,“张文裕”就是其中一个。

笔者最近在北京幸会了张文裕教授。听说几年前他生过一场大病,留下了重听和脑子容易失去平衡的后遗症。但是他的惊人的记忆力和细密的思维实在令人惊叹。

历尽艰辛的求学生涯

张文裕原籍福建惠安，祖辈目不识丁。他小时，贫苦的家庭中，一切都依靠母亲的辛勤劳作。张文裕六七岁就下地帮助母亲用木桶浇地。他的母亲是非常苦的，有几年她得了水肿病，腿肿得走路都很困难，但还得下地干活。她共生了八个孩子，在南方，平时小孩子是不穿鞋的，只是过年时每人总要做一双新鞋。因此，逢年要做八双新鞋，就成了这个家庭的大问题。但如此贫苦的家庭，也很希望有一个孩子能够念书。由于祖父的宠爱，这个幸运落到了老四张文裕的身上，他先念了二年私塾，插班到四年级读小学。当时，正值"五四运动"的狂风席卷神州，惠安的很多侨胞，从海外带回了很多新思想，"科学救国""教育救国"的萌芽，自幼便根植在张文裕的心田。

在老师和亲戚朋友的支持下，小学毕业后张文裕考入了泉州培元中学，这些年，他的家庭连续遭到不幸，哥哥和两个姐姐，都是在能够帮助母亲干活的十七八岁上先后死去了，尽管张文裕依靠自己的体力和在乡间小学代课所得，勉强读书，还使父亲感到难以支持。父亲经常找到学校要他回家。老师和同学都很同情张文裕，逢父亲来找时，就把他藏起来。

高中一年级那年，两个叔叔找到学校，告诉他母亲病了，他只好跟着叔叔们回家，但回到家里，看到母亲身体很好，原来父亲准备为他成婚，要他承担养家的重担了。深夜，他撬门逃跑，到乡间教小学。半年之后，只念了三年半中学的张文裕，手持培元中学校长写给燕京大学物理系主任谢玉铭的一封推荐信，只身北上，投考燕京。

学生助教，教员硕士

张老说："从名义上说，我是一个经由小学、中学、大学和研究生院学习的科班出身的；但实际上我也是一个由自学、半自学出身的人。"

燕京大学，绿色琉璃瓦的大屋顶里，四周全是木头支架，五六个人挤在一盏昏暗的小电灯之下，冬寒夏溽不提，遇到漏屋筛风的时候，更是狼狈不堪了。为了维持生活，张文裕每星期总要到学校农场和果园劳动十个小时以上。上课的时候常因太疲倦或语言难通而听不进去，也记不上笔记。所以，他的学习主要依靠课外自学。每年暑假，他都把过冬的行李当了，换为路费，到内蒙河套帮助开渠的工程师搞测量，返校后，用挣的钱赎回行李。

大学的第四年，他被提为学生助教，每月有二十元的津贴。得到这二十元钱，他觉得自己简直像资本家一样富有。他也得以从住了三年的大屋顶里搬了下来，住进学生宿舍。

大学毕业后，张文裕留校当助教，同时在研究生院攻读。第二年(1932)，他被提为教员，开始正式教书，著名科学家卢鹤黻和张文裕的终生伴侣王承书，都是他第一班的学生。第三年(1933)张文裕从研究生院毕业，获得硕士学位。

张文裕说："通过教书而学习是最深入、最全面、最有效的自学。"

1934年，张文裕考取燕京庚款公费留学生，赴英国剑桥深造。

博士论文和"七七事变"

剑桥大学的卡文迪实验室，是世界最有成就的实验室之一，它是最早通过实验培养人才，是世界上头一个既是教学又是科研的单位，它的第一任到第四任导师都是世界闻名的科学巨匠。而张文裕在剑桥正是受业于卡文迪第四任导师卢瑟福的门下。卢瑟福是核物理、原子物理和物质微观结构理论的奠基人。这样优裕的学习条件，对奋发进取的张文裕来说，如鱼得水。仅在二三年内，他就核物理的三个方面：核反应共震现象的研究，氢衰变的机制与核结构，高能光子与中子作用下新放射同位素的产生过程的发现和研究，写出了十多篇论文，发表在《英国皇家学会会议录》等刊物上。引起国际核物理学界的极大兴趣，并得到卢瑟福的赞许。

就在张文裕完成学业的头一年，"七七事变"发生了，他义愤填膺，投书庚款董事会，要求立即归国从军抗日，但得到的答复是：不得到博士证书，不得回国！第二年，他即以骄人的成绩获得博士学位。他谢绝实验室希望他留下来继续深造的要求，迅即回国。

后来，张文裕先后在四川大学和西南联大物理系教书，在中国第一次开设了原子核物理学课程，深获学生的好评。同时，他还写出了《宇宙线强度方位改变的问题》等学术论文，发表在《中国物理学会年会会议录》上。张文裕对这个时期的评价是"成果粗糙"。但这与当时困难的条件相比,仍是难能可贵的。他还与赵宗尧教授合作,着手建造一台静电加速器,也因条件所限,未能实现。

1943 年,张文裕接到美国普林斯顿大学的邀请,去从事核物理研究和教学。秋天,他告别了千疮百孔的中国,远涉重洋。

“张氏原子”的发现

在普林斯顿,张文裕在科研上获得了重要的成果。其一:通过二三年确凿的实验直接证明 U 介子是个非强作用粒子。在物理学的历史上,介子与核发生非常强的相互作用,有很多人设想,让宇宙介子集中与物质相互作用,可产生原子爆炸。张文裕的证明,否定了这种设想。其二:他发现慢的负 U 介子,可以与原子核组成一种 U 介子—原子。他的发现在国际物理学界引起强烈反响,“U 介子—原子”被命名为“张氏原子”。谈到这里,张老谦逊地说:“当今原子物理已大大发展,我那些都成为老古董了。”

张文裕的发现,至今仍是被用来研究原子核结构的一种较好的途径和方法。

1950 年,张文裕和王承书结婚十一年,生下了唯一的儿子。

在这之前,在美的中国科学家组织了“在美科学工作者协会”,张文裕是筹建人之一,后来还担任了主席。但当时竟引起轩然大波,以至美国联邦调查局也对他进行了调查,弄得满城风雨。困境之中,幸有一些学生对他很好,给他很多帮助。

著鞭揽辔的时代

张文裕回国后先后任中国科学院原子能研究所所长和高能物理所所长,并兼中国科技大学近代物理系主任,为奠定中国的高能物理科学做了重大的贡献。

1957 年,张文裕提出建设一座宇宙线观察站的提案,获得批准,地点选择在云南。一切设备的设计、制造、安装、调试都是中国自己做的。这是他几十年来梦寐以求的理想。

1961 年,张文裕又受任到莫斯科杜布纳联合研究所担任中国组组长。1964 年回国,云南高山站基本建成,这是包括一个大型云雾室的一套设备,至今仍是世界上最高、最大、条件最好的设备,而且汽车可以直接开到门口。1972 年,中国的科学工作者在云南高山站发现了宇宙线中的一颗重粒子,受到国际核物理界的重视。这颗重粒子被誉为"开辟新天地的使者"。

当时,世界上加速器的能量还比较小,宇宙线产生的能量要比加速器高若干倍数级,如果不是"文革",这座高山站定会发挥更大的作用。

1972 年秋,以张文裕为首的十八位科学家联名向周恩来写信,提出了发展中国高能物理事业的建议。周恩来在复信中批准了成立高能物理所和试制高能加速器。当时张文裕激动得泣不成声。

为了中国科学、教育的振兴

张文裕现在还任人大常委会委员和中国科学院学部委员,对他年轻时就从事的教书和研究工作,甚为关心。张文裕说:"我们必须很好地分析一下几千年的封建社会,一千多年的科举制度对我国科研、教育、干部制度的影响。"

张老的精辟的分析是非常吸引人的。

他说:"科研离不开实验,从事科研以四书五经的态度来研究是不行的。四书五经是清谈,孔老夫子的东西是不用实验的。现在搞科研的很多年轻人喜欢念书,不喜欢动手做实验。大学新生百分之九十都愿意念理论,科技界的体制也是如此。同等级的人员,搞理论的要比搞实验的多几元钱,搞实验的又比搞辅助工业的多几元钱。这都是由于对理论和实验的关系没有正确认识造成的。技术是现代化的先锋,科学实验是科学理论的源泉,是科学的根本。第二点,当前中国科技界要反对'学而优则仕'。现在中国很多科学家都给官做,很多优秀的年轻人都要给个一官半职,否则好像看不起他,这是不行的。在科学家精力旺盛时期,应给他充分时间去做实验,年纪大了可以当所长、当院长。否则,简直是浪费人才。第三点,国家体制要解决人治和法治的问题。现在的科学家为什么也要当官呢?还有一个原因是做官有权,有权才好办事。好像中国人与人之间的关系特别要紧和复杂。这主要是没有建立起法治,而是以人为治。'四人帮''关系户''走后门'都是人治导致的。有关部门现在正在抓法治,这是至关重要的。"

(高瑜)

(载《地平线》1982年6月)

3.攀登科学高峰的人——记厦门大学副校长蔡启瑞教授

国际知名的化学家蔡启瑞教授既是集美中学的校友,又是厦门大学的校友。

蔡教授小时家贫,上学比较晚,读了四年小学,就到布店当了几个月学徒。后来,他的一位老师说服了他的母亲,让他到集美中学读书。集美离他家走小路只有三十来华里,费用也较省。他在集美中学读了四年,又进厦门大学读预科。预科读完后因病休学两年,中间当了一学期小学教师。后来借助于当时厦门大学的免费奖学金和嘉庚奖学金,在化学系读到大学毕业。毕业后留校任助教,在工作中得到进一步的成长。

集美中学和厦门大学都是爱国老人陈嘉庚先生创办的。就是蔡启瑞读过的牖民小学,如同当时同安县其他好几所小学那样,也受到集美教育推广部的经费补助。因此蔡教授常常想,如果不是陈校主毁家兴学,创办和支持了这些学校,那么,在旧社会像他那样的穷孩子,就根本不可能一再升学,获得科学文化知识,今天不是文盲也是半文盲!

当然,这是蔡教授成才的客观因素,而他的谦虚、勤奋、坚毅,数十年如一日地埋头于化学研究,不间歇地攀登科学高峰,则是主观因素。

蔡启瑞教授是美国俄亥俄州立大学的哲学博士,1950年3月至1956年5月,他在美国俄亥俄州立大学化学科任副研究员。1956年,他回到生他的祖国来了,就在他的母校厦门大学任化学系教授,并兼中国科学院华东催化电化研究室主任。他现在是厦门大学副校长兼厦门大学物理化学研究所所长,厦门大学学术委员会主任。他还是国家科委化学组成员,全国化学会理事,第五届全国人大代表。

蔡启瑞教授的职务虽然很多,社会活动也较繁忙,但他对所从事的研究工作却是孜孜不倦，毫不放松。

蔡启瑞教授早年在美国从事合成化学及结构化学方面的研究，注意到离子晶体的极化现象，曾在美国化学会128次年会（1955年秋）宣读有关论文。回国后又连续发表多篇阐明晶体极化能与结构及其物理化学性能之间相互关系的论文。

从1963年起，他又从事催化科学研究，结合乙炔化学及石油烯烃化学催化问题的研究，系统地论述不饱和有机化合物以及一氧化碳在过渡金属化合物催化剂的络合活化以及一些典型反应的机理。在国际上比较早地注意到络合活化概念对于关联均相催化、多相催化与金属酶催化三大领域的重要意义。1956—1966年期间，他全面总结了络合催化可能产生的“四个效应”，对发展络合催化理论做出宝贵的贡献，为国内外同行学者所公认。1978年发表《催化科学的新成就和发展动向》一文，对原子簇络合催化、仿生催化、光催化和电催化等若干重要发展方向和有关催化剂的分子设计进行了深入论述和探讨。

1973年初，根据络合催化原理，以固氮酶已知反应的七八种底物与化学探针提出固氮酶底物的三核络合活化方式和一个有结构参数的骈联双座立方烷型原子簇结构（尔后又由他自己逐渐完善为骈联双座双立方烷型原子簇结构）的固氮酶活性中心模型，即所谓的“厦门模型”，并就固氮酶的催化机型提出自己的见解，引起了国际同行学者的广泛重视，短期内就有收到来自欧美亚非澳各地专家近四十封来信，要求索取论文。第三届国际固氮会议筹办单位也主动来函，邀请他到会作学术交流。根据“厦门模型”，他合成出具有很高化学催化活性和选择性，并且具有一定生物重组活性的模型化合物结晶样品（迄今为止，国外尚未见有生物重组活性模型化合物的合成）。这是这一方面在学术研究的重大成就。近年来，蔡启瑞教授除应邀赴美参加第三届国际固氮会议外，还应邀出席中、日、美三国金属有机学术讨论会，第七届国际催化会议及会后固氮专题讨论会，以及第四届国际固氮会议。他的论文得到好评，尤其是第一个提出三核固氮的原子簇结构模型及第一个合成这么高生物重组活性模型化合物，特别引起同行学者的很大兴趣和祝贺。

去年，由厦门大学请国内同行专家审议，一致认为蔡启瑞教授的络合催化理论和固氮两项研究都达到国际先进水平。这两项工作，也都曾荣获全国科学大会的奖状。

（钟和）

（载《地平线》1982年12月）

4.世界断裂力学权威蔡其巩教授

1981年4月，蔡其巩教授正在英国出席第五届国际断裂会议。忽然有留学生兴冲冲地跑来告诉他："您当选为中国科学院学部委员了！"蔡其巩一时愕然了，面对着热烈祝贺的朋友，竟不知何言以对。他受到推荐，报了材料，他是知道的，但他不敢存有当选的奢望。那是太难了。一级一级推荐，一层一层筛选，跃过数以千万计的科技大军，跻身到四百人的名单之内，享有类似于外国科学院院士那样的最高荣誉，谈何容易啊！

而他竟然当选了，时年四十八岁。令人惊异的是，他做出非凡成就的学术领域，并非他昔日攻读、长期钻研的材料科学，而是他涉足不到十年的一门新兴学科——断裂力学。

从南国到北疆

蔡其巩祖籍福建泉州，在印尼泗水长大。

1950年蔡其巩高中毕业，回国深造。他不顾从南国到北疆这样一种地理条件的巨大变化，以第一志愿考入了颇负盛名的哈尔滨工业大学金相热处理专业。他成绩优秀，毕业留校刚一年，便受命接替苏联专家讲授"X射线结构分析"。这门课要运用比较抽象的"衍射"和"倒易点阵"理论，要组织十几个实验，就算颇有经验的老教授，也绝不轻松。蔡其巩二话不说，一个冬天钻在实验室里，写讲稿，编实验指导书，出色地完成了任务。随后数年，他在金属材料结构分析方面继续研究，写出了数篇科学论文和专著。

神秘断裂

"文革"动乱年代，蔡其巩已调进北京，在冶金部钢铁研究总院工作。出于华侨特有的极端谨慎，出于对科研工作的深切关心，蔡其巩悄没声息地置身于动乱外。实验室进不去了，人又闲不住，便主动从别处揽了一项任务，为一种受力复杂的压力容器研制超高强度材料。谁也没有想到，这件“闲差事”竟扭转了他的科研方向，成了他登上断裂力学世界讲坛的诱发剂。

他们当时精心冶炼了含镍含钴的高强度合金钢，按照常规办法，用试棒检验，远远超过了强度指标。可是奇怪得很，做成容器，加压试验，每次都爆裂。这种现象，引起了蔡其巩的深思。他想起了举世震惊的事件：二次大战后期，美国五千艘钢筋铁骨的新型商船为盟国运送战用物资，竟然在风平浪静的海面上，成千艘发生断裂事故，严重者甚至拦腰截断。类似的悲剧一再重演：钢桥断坍，导弹炸裂……而现在，蔡其巩意识到，这个曾经使整个金属学界迷惑不解的难题，来考验年轻的中国科研人员了。

崭新的学科

困难使他奋进，蔡其巩抓住无名断裂这个难题不放手了。恰在这时，他从外文资料里接触到断裂力学新理论：那些意外断裂事故的元凶，是材料内部难以避免的宏观缺陷或裂纹。过去人们未加研究，把这个因素忽略了。而恰恰是这些看来微不足道的裂纹，在外力作用下，不断扩展，终于酿成船毁桥坍的大祸，正如千里之堤溃于蚁穴。新理论的精髓是防微杜渐，从深入分析裂纹扩展规律入手，寻求制服构件断裂的措施。

蔡其巩心头一亮，觉得此道大有可为。可是研究断裂力学，需要弹性力学、复变函数等一系列严密的数学力学知识，这对一个工科大学毕业生来说，是令人望而生畏的。好在蔡其巩底子厚，基础深，钻劲大，外语也学得好：德语能够阅读，俄语能够口译，英语能够写作。他心急似火，要尽快把断裂力学引进、推广。他顾不上按部就班地补习基础理论，而是采取快速切近的战术，直捣目标，穷本溯源，一把抓住第一手资料。他从图书馆搬回一堆一堆的外文杂志。灯下一坐就是深夜一两点。多少新奇定理，多少繁难公式，他一遍一遍地推导、论证，终于读懂了，掌握了。披荆斩棘，寻幽探奥，登堂入室。历尽千辛万苦之后，他终于成了驾驭这门新学科的主人。

赶上去！

蔡其巩具有得天独厚的条件——兼备了材料科学和力学等多学科知识，再加思维敏捷，善于从实践中捕捉科研课题。近年来，他几乎是在引进断裂力学新学科的同时，就在理论研究和材料工程应用中不断做出了新贡献。1975 年他发展了弹塑性断裂力学 J 积分分析方法，把它的应用范围扩大到材料工程中更有实际意义的应变疲劳断裂领域。1987 年在爱尔兰的国际焊接年会上，他发表的“高应变区裂纹分析”的学术报告，提出了崭新的科学结论，受到高度重视，大会主席破格特许他延长几倍时间，把话题讲完。在随后的一些国际会议上，各国专家纷纷引用他的结论，有的称之为“蔡氏公式”；1980 年他在美国的国际高温合金会议上，宣读了“高温合金应变疲劳和蠕变断裂”的论文，引起与会者的兴趣。1981 年春，在国际第五届断裂会议上，他受到世界权威的礼遇，是十二位特邀报告者之一。他七十年代中叶提出的小裂纹在高应变条件下扩张规律问题，成了八十年代世界普遍关注的研究方向；而他现在，又向新的领域进军了——他给研究生开了一门“断裂物理”新课，把材料科学和断裂力学结合起来，寻求更有效的提高材料抗断裂能力的途径。

美满家庭

蔡其巩家住北京西郊华侨公寓。宽敞的客厅里，摆满了书刊文稿。他是把全部精力都献给断裂力学了。他身为钢铁研究总院的高级工程师，还在清华大学担任兼职教授，他是中国金属学会的理事，中国力学会断裂组组员，中国航空学会专业委员会委员。审查论文、评议职称、指导研究生，占去他相当一部分时间。他有所懊恼，但总是来之不拒。他不像有些人那样，把知识看成私有财产，藏着掖着，加闸上锁，秘不外传；而是捧在手上，喊着叫着，到处供应。有时甚至接续数日，奔波于几个图书馆之间，专门去为别人寻找资料。这种可贵的无私精神，也许应该归功于家庭的影响。他父亲蔡钟泗先生早在印尼经营菜馆和土产，是一位颇有声望的扶困济贫、乐善好施的侨领，抗战时期曾因积极倡导抵制日货而遭受迫害；他的大哥蔡其娇是一位诗人；他的二哥蔡其侃是一位成绩卓著的生物科学工作者。他的夫人颜丽珊也是归侨，是清华大学毕业生，也是登上国际讲坛的女英才。1978 年在匈牙利召开的国际第四十五届铸造年会上,她宣读了学术论文《球铁轴的脆性断裂分析》,为断裂力学的实际应用扩大了领域。

他们的一对男孩,在他们的熏陶下,也都酷爱读书,酷爱科学。不难预见,若干年后,他们将双双继承其父传统,成为科学园地的辛勤耕耘者。

(张忠文)

(载《地平线》1982 年 6 月)

5.印尼七代侨生陈宗基开创流变学新天地

来个"突然袭击"

听说中国著名科学家、技术科学博士陈宗基教授参加了在澳大利亚举行的国际岩石力学学会第五届大会后经港回内地,在香港停留三两天。香港的一批他的印尼旧交,这个约会,那个请吃饭,还要逛逛海洋公园什么的,可以想象得到,他的日程是紧张得不可能有一点时间让记者打扰了,况且,第二天他就要走了。

然而,我还是决定"挤"缝插针,来个"突然袭击"。当然也准备着吃闭门羹。

这天下午,我直闯他下榻的酒店去等他。不久他和朋友从街上回来了。初夏的炎阳晒得他满脸通红,浑身是汗,看来这一天他够劳累了。我口里道明来意,心里却想:瞧,软钉子就来了!然而,嗬!大大出乎我意料之外,一攀谈起来,竟像老朋友一样无拘无束。一个世界闻名的大科学家,竟是那么平易近人,而且我觉得他还具有一般华侨的共同特点:豪爽坦直,热情洋溢。这么一来,我就更"揪住不放"了。

他今年六十一岁了,却神采奕奕,那股旺盛的精力使我吃惊。他的助手梅副教授,也从旁给我提供情况。

在"文化大革命"时,"造反派"一下子给他贴了八百张大字报。而医生对他的身体检查后,发现他有这个病、那个病,总之浑身是病,于是断定他最多只能再活五年。然而,大字报的海洋淹不没他那颗献身祖国的火热的心,疾病缠不住他前进的脚步,他什么病也不管,还是一个劲儿地干！干！

他有多少工作要干呢？他是从第二届开始的历届全国人民代表大会代表，现在是中国科学院学部委员，科学院地球物理研究所所长，岩石力学与工程学会理事长，土木工程学会土力学专业委员会副主席，全国侨联副主席以及其他许多全国性的科学机构及学术组织的主席或理事，还当了七八家学术刊物的主编、副主编或编委。在国际上，他是国际岩石力学学会第六届副主席，国际岩石圈委员会第九工作组成员，国际土力学与基础工程学会专业委员会成员，国际《岩石力学与探矿科学》杂志和国际《岩石力学与工程》杂志的编委，等等。梅副教授给他算了一下，他一共有 36 个兼职。打从 1977 年以来，因出席国家会议和被聘请讲学，他去过日本、美国、法国、瑞士、荷兰、英国、德国、瑞典、澳大利亚、南斯拉夫等国，有的国家还去了几次。今年 8 月，他还将到法国和德国去，明年又将到美国、墨西哥、加拿大和泰国去。由此可以想象到他的繁忙情况。

每年，他大约有六个月的时间在研究所里工作，四个月在工地上，一至两个月在国外参加学术会议、考察或讲学。每天早上，他上班布置工作，下午三点钟以后，常常到科学院去，然后回家睡觉，晚上十点半起来，开始在家里工作到深夜一二点。他的许多引起世界重视的重要论文和许多工作规划，几乎都是在夜里这段时间完成的。平均每天他都是要工作十多个小时。大概病魔被他那股干劲吓得退避三舍了，所以，十几年过去了，只能“再活五年”的他却什么事也没有，有的只是一项项的工作成果，一篇篇震动世界的学术论文。

他的理论“提早了二十五年”

陈宗基教授祖籍福建，数代侨居印尼，到他这一代已是第七代了。他于 1922 年出生在印尼苏加巫眉，小时在印尼的荷兰小学和中学读书。1946 年 6 月，他到荷兰去读科学技术大学的水工系。荷兰全国陆地低于海平面，生存于海平面下的国家，对水工当然特别有研究，也特别先进，所以荷兰科技大学水工系是全世界最著名的。进度快的学生至少须学习五年才毕业，一般的学习八年，也有读十年才毕业的。然而，这个来自印尼的中国青年竟两次超级，仅花三年时间就学完全部课程，于 1949 年 4 月以极其优异的成绩毕业,获得硕士学位。

写毕业论文时,他觉得太容易了,所以,除了按一般毕业生完成力学设计外,他又另外写了研究论文,这篇令人吃了一惊的毕业研究论文的题目是“粘性土的抗剪强度性能”。

那时候,流变学在国际上还是一门刚开始不久的新学问,土流变学则还没有。而且,学时的流变学只单纯研究流变的空间,没有考虑时间因素。有一座桥——Vlaggemans Bridge,已经建了两年多,桥墩基础发生裂痕,权威人士根据当时国际上的权威理论,认为是孔隙水压力造成的,而且形变有多大就是多大,与时间没有关系。

但是,才二十六岁的陈宗基发现原来的土力学理论不全面,于是,他向传统的权威理论挑战了!他认为情况并不像权威人士认为的那样,如果按那权威理论,那么,随着时间的增长,压力就会减少。但是测量发现压力随时间的增长而加大,形变增加。陈宗基的研究不但考虑到流变与时间的关系,而且居然还闯进了一个科研新领域——研究土流变学。

他的那篇毕业研究论文《粘性土的抗剪强度性能》在欧洲地区的国际土力学学术会议上发表了,但是,却被人们当成笑话,谁也不相信这种从未听过的“怪论”。

毕业后,他被荷兰德鲁研究所聘请去工作,他成了该研究所的一个新学派。1954年,他又写出了一篇很突出的博士论文《关于粘性土的流变特性》,获得了德鲁普大学优秀技术科学博士学位,并得到了优秀奖。这样的学位和这种优秀奖,在要求很高的荷兰水工系是极少人能够获得的。但是他的创造性的理论,在当时也不是每个人都能理解的。他的老师就不客气地说:“你的论文是胡说八道!我搞了四十年,并没有发现土会流变。”

可是,历史和实践总是科学理论的正确验定者。当去年陈宗基教授访问荷兰时,过去和他一起从事研究的科学家都还在,他们对陈教授说:“你的流变学理论,当时提出来没人相信,你提得太早了,早了二十五年!”

陈宗基获得了难得的优秀技术科学博士学位,又是教授研究员,地位是很高的。那时,荷兰高教部要他的老师J·M·Pourgers开设流变学的课程，J·M·pourgers 没有时间，便要求他当这门课程的教授。荷兰高教部也要求他留下来，对他说："荷兰对你不错嘛！"作为一个外国人，而且只有三十二岁，在荷兰受到这样的重视是很不简单的。除此之外，美国、印尼都要以优厚的待遇聘请他去工作，联合国教科文组织，也要聘请他到东南亚当科学顾问。然而，陈教授只有一个心愿：返回自己的祖国。有人告诉他中国还很落后。他说："正因为中国落后，我才更应该回去。我有本事，应该贡献给全人类，首先应该贡献给中国人。"

于是，他在 1955 年 9 月 22 日，带着太太陈文妹和刚满五个月的女儿，回到了中国。

喜将汗水洒神州

陈教授回国后，被派到哈尔滨中国科学院土木建筑研究所当研究室主任。在那里几年，他做了几件出色的工作：成立了中国第一个土流变学研究室、第一个土动力学研究室和第一个土的物理化学矿物分析研究室。此外，他还担任了国家建委黄土研究副组长，从事西北黄土研究。

1958 年，国家决定兴建三峡大坝，他被调去当科委三峡组岩基分组科技组长。当时，岩石力学刚萌芽，而三峡工程最难的是地基问题，建隧洞、地下厂房等等，都和岩石力学有密切关系。陈教授的足迹踩遍三峡，取得了许多工程亟需的重要数据、资料、理论，研制了一系列先进的仪器设备，还培养了中国第一批岩石力学方面的科学技术骨干。现在这一批骨干已经成了全国许多科技部门岩石力学研究的中坚。

这些年来，陈教授把汗水洒遍了神州，对国家和人民做出了数不尽的贡献。在十年浩劫中，他虽然身处逆境，却仍然坚持参加万里长江第一坝——葛洲坝工程的技术指导工作。葛洲坝地基复杂，一层层平列的沙岩与粘土岩之间存在着很薄的泥化夹层，这些泥化夹层多达四十多层，夹层的流变会使大坝不稳，最难的就是要测量夹层力学特性，它的强度随时间增长而降低，如果测量不准，大坝建起几年就会垮了。在这里，陈教授的流变学理论用上了，大坝工程按着他的理论指导和大量现场试验结果设计和采取加固措施。葛洲坝第一期工程完成了，目前正在进行第二期工程。前年和去年，葛洲坝经受了一百五十年来最大的洪水冲击，始终巍然屹立,安然无恙。陈教授的流变学理论结出了硕果。

位于甘肃天水的麦积山石窟,有许多雕凿于魏时的佛像,是有名的珍贵历史文物,属国家重点保护单位。然而石窟因严重风化有坍塌的危险。于是陈宗基教授被文化部聘请去挽救有一千多年历史的古文物。他经过研究,提出了处理方案,现加固工程已经基本完成。

此外,还有许多重大工程,如庞大的黄河龙门坝基、著名的南京长江大桥、世界第二大的金川镍矿、大冶钢铁基地、塘沽码头等等一大批工程以及国防科研现场,都有陈教授的劳绩在内。

"力学的生命力在于它的创造性"

陈教授在荷兰开始对地球介质流变学的研究,一开始是研究土流变,后来进而研究岩石流变。他的基本观点是:介质都是流变的。他在1958年提出的岩石流变的理论,现在已是举世公认的了。

现在全世界都存在这样一种情况:在建设中,好地基、好岩石都用完了,要继续发展,总会碰到不好的地基。陈教授比喻说:"菜都吃完了,现在得吃坏的。"在中国,要搞四化建设,开矿山,钻石油,建水坝,同样的也会碰到复杂而不好的岩基。矿井挖得越深,问题越大,也许刚挖的矿井、隧洞很好,但因发生流变,井洞越来越小,甚至坍塌,陈教授研究了几十年的地球介质流变学,正好用来解决这个问题。

陈教授认为"力学的生命力在于它的创造性"。他的几十年来的实践,证明这是科学发展的一条规律,他正在不断地发挥他的创造性,探索大自然的奥秘,要使他的研究成果为中国和全人类造福。

那么最近陈教授研究甚么呢?

他又提出了两个引起世界重视的新理论。

一个叫"扩容理论"。石头、沙岩、粘土岩有很多矿物,一吸水分,体积就膨胀,岩石就受压破坏,这就标志着隧洞不稳定或毁灭。国际上碰到这种情况很多,但是还没有人对此提出理论表达式。陈教授第一个提出来了。

另一个理论是:某些地方(譬如华北),地震总是发生在网络九十度正交和焦点(华北的地震已经证明了这点)。

在这次于澳大利亚举行的,有全世界几百位专家、学者参加的国际岩石力学学会第五届大会上,陈教授在他所作的《膨胀岩与隧洞稳定》以及《岩石破坏与地震发生以前岩石与时间有关的扩容》两个重要报告中提出了他的新理论,立刻引起了重视,得到很高的评价,如国际岩石力学学会第一届主席缪勒(奥地利)和第三届主席哈比普(法国)等,都认为陈教授的理论可以解决国际上普遍碰到的问题,而且认为在未来几年中,国际上岩石理论的高峰将出在这方面,在这次大会上有四个科学家被特约发言。这种特约发言,是对有特殊成就的第一流科学家提出来的,发言带有对研究方向的指导性和启发性。陈教授是四个特约发言者之一,他作了题为"岩石力学的未来发展动向"的发言。

陈教授的几个发言引起很多人的极大兴趣,以致澳大利亚铁路局特地邀请他去看一个已经建了九十五年的铁道隧洞,并请他对因发生流变而裂开的隧洞提出补救的办法,主人对此十分满意。

现在,陈教授已经闯进了一个范围更大的新的研究领域——研究地球岩石圈和地幔的流变。掌握了其流变的情况和规律,对找寻矿藏,认识地震的成因、分布和规律以便预报,都是极其重要的。为了研究地壳、地幔的石头在高温高压下怎样流变,陈教授正在筹备成立中国科学院地球动力学高温高压中心。大自然的奥秘,对勇于探索的科学家是无法永远紧闭大门的!

一个高尚的灵魂

世界上天赋独厚的人很多,但天赋独厚的人并不一定都有成就。那么,是什么驱使陈教授去获取成就,而且勇往直前呢?

"第一,一个科学家与一般人不一样,他对自然界的知识必须比别人多。"这是陈教授的回答。这句话很简单,而做起来却很不简单。必须付出多少心血和汗水,才能够"知识比别人多"啊?

"第二,有兴趣。"这话更简单了,然而他对生活感受的畅谈,却成了这句话的动人注解。葛洲坝未建之前,三峡上下没有工业,穷农民没有电用,自然灾害不断发生。葛洲坝建起来发了电,两岸工业发展起来了,农民用上了电,乘船可以直达重庆,灾害也消除了,大家都高兴得不得了,陈教授看到别人高兴,他比别人更高兴,因为他感到自己能使别人生活得高兴。他说:“如果要讲究物质享受,我就不回国了!”促膝谈心,一席话透露了一个高尚的灵魂,一颗闪闪发亮的心。

当我走进酒店时,金灿灿的阳光铺满大街。在畅谈中忘了时间,烟灰缸里的烟蒂不知不觉地堆成个小金字塔。一看窗外,唉呀!已经满街华灯闪耀了。他奔走了一天,一攀谈就是二个多小时,约会的朋友又一次打电话来了。虽然他还是精神矍铄,毫无一点倦意,我心里却很过意不去。不能再占据他的宝贵时间了,我连忙起身告辞。

当他送我到酒店大门口时,我紧紧地握住他的手,充满信心地说:“全世界的人,都等待着您在科研的新领域里取得更大的新成果!”

(载《地平线》1983 年 6 月)

6.立志献身祖国地理科学——访老归侨余泽忠教授

最近,记者在福建师范大学地理系党总支副书记老冯陪同下,在仓前山一幢楼房里访问了地理系副主任、老归侨余泽忠教授。我们叩门而入时,他正在伏案编写我国自然地理学术性文章。

余教授虽然年近七旬,但精神矍铄,又很健谈,记者从谈话中,了解他的生平。

余教授原籍古田,出生在吉隆坡的一个华侨家庭。他在当地华侨小学读书时,就非常喜欢听老师讲述祖国悠久的历史和辽阔广大的国土。《徐霞客游记》是他小时候经常阅读的书。祖国的美丽山河,强烈地吸引了他。中学毕业后,也就回国到浙江大学攻读地理学,以后又到南京大学当研究生,立志献身于祖国的地理科学。当他以优异成绩毕业时,正是国民党反动统治的黑暗时期。毕业就是失业,他的理想不能实现,只好再度出洋,在一所华侨学校执教。

岁月的流逝,并没有冲淡他报效祖国的热忱;相反,却增添了他对祖国的眷恋。五星红旗刚在祖国大陆上升起,他便毅然告别老迈的母亲,辗转回到家乡。

在余教授呷茶时,老冯对我说:“余教授回国后一直在师大的前身师范专科学校和师大任教。近三十年来(除了‘文革’中被下放外),他诲人不倦，桃李遍省内外。我还是他的学生哩！”

老冯还从余教授的书案上抽几本册子给我看，并说：“余教授从五十年代起，在教学之余，经常到我省各地实地考察山川地貌和水文变化，写出了《福州盆地闽江下游洪水与潮汐关系》《闽江下游和闽江口若干水文现象及其同水利的关系》等科学论文，为防御闽江洪水以及加速闽江水利建设提供了许多可贵的论据。近年，他为了解决马尾港泥沙沉淤问题，不辞劳苦，又多次乘船到马尾港，实地考察流沙情况，写出了《闽江下游河段流沙运动规律》等论文，并提出了如何根治闽江、搞好水土保持、防止流沙的建议，得到省里领导同志和有关部门的重视。”

我不禁插话说：“余教授年纪这样大，实地考察困难大，身体行吗？”

余教授笑笑说：“我这个人瘦了一些，可是，还是硬朗。改造自然时间逼人，不出去跑跑不行啊！”

的确，去年一年，他还先后五次奔波到广东、广西、湖北等地考察。并和国内其他地理学家一起探讨如何发挥我国山川效益问题。据了解，由于他对祖国自然地理渊博学识和研究成效，近年来，他还被选为全国地理学会理事、中国河口海岸学会理事、省水利学会常务理事、省地理学会理事长等。

老冯又对记者介绍说：“余教授的爱人郑美使和他的女儿也是从事地理教育工作的，他们一家可算是地理学者之家了。”

我衷心祝愿余教授一家在新长征中，为改造祖国自然面貌做出贡献。

（刘家良）

（载《福建侨乡报》1982 年 7 月 1 日）

7.为繁荣祖国而献身

——记省劳模、三明化工厂归侨工程师刘瑞国

1965 年，满怀参加社会主义建设热情的印尼归侨刘瑞国从福州大学毕业了。他来到新兴工业城三明市工作，下决心要把学到的专业知识全部贡献给电力建设事业。虽然接踵而来的是“十年动乱”，但是为祖国而献身的精神使他在思索中奋起，更加勤奋学习，钻研技术。1974 年，厂里

发电设备发生两起事故,刘瑞国悄悄地来到现场观察,找出了其中一事故的原因。厂里根据他的建议修复设备,减少了因停机造成的重大经济损失。

党的十一届三中全会后,随着知识分子政策的落实,刘瑞国担任了电气车间的继电保护技术员。当时,厂里的继电保护是薄弱环节。可是图纸资料缺乏,设备老化,新工人技术水平低,这些因素影响着全厂发电设备的安全运行。刘瑞国经过调查研究,对全厂的继电保护装置提出整顿计划。他利用业余时间整理了图纸,根据设计要求更换了总控室的全部开关,并设计安装了六十只新的指令开关和切换开关,弥补了总控室开关的缺陷。他还参阅国内外有关资料,走访有经验的老工人,自行设计安装了以硅整流代替硒整流的发电机复励电压校正器。这种经过改革的新装置花钱少,性能稳定,检修方便,达到国内先进水平。在他的带动下,该厂热电分厂做到安全供电,电气运行车间十几年运行无事故,一个班还荣获化工部颁发的安全生产先进单位的锦旗。

多年来,刘瑞国刻苦钻研,忘我地工作,为安全送电做出贡献。1980年,他光荣地加入了中国共产党,并被评为三明地区优秀共产党员,受到省委的表彰。去年,他晋升为工程师。最近,被评为省劳动模范和出席全国侨务系统先代会的代表。

他感慨地说:“我是一个中国人,我的一切都属于党和祖国,为祖国的繁荣献身是我的天职。”

(马光松)

(载《福建侨乡报》1982 年 10 月 21 日)

8.救死扶伤为人民

——记长泰县侨联主席、主治医师林团体

1953 年,刚刚高中毕业的林团体怀着献身祖国建设事业的满腔热情,独自回国,进入北京医学院就学。1963 年,他积极响应党的号召,携带家眷,来到地处山区、生活条件差的长泰县,任县医院外科医生。

当时的县医院,设备简陋,器械陈旧,人手缺乏,林团体知难而上,独

当一面。手术室里没有麻醉护士,他自己兼任;手术器械不完备,他凑合着用,想尽办法,硬是让手术刀发挥它应有的作用。有位老同学来看望他,见了这个情况,向他进言:“你妻子是厦门人,可以以此为理由调厦门。”他回答说:“山区缺医少药,他们需要我,我就要在这里扎根。”二十年来,他把长泰当作自己第二个故乡,安心地在这里工作、生活。

作为一个医生,他热爱本职,把救死扶伤当作自己的天职,从不考虑个人得失。有一回,乡下送来一个被拖拉机撞伤的女青年,头颅右侧严重挫裂,碎骨扎进脑内,经检验诊断是重度脑震荡,生命垂危,包括患者亲属在内的许多人,都认为她生还无望了,但林医生坚决主张:“只要有一分希望,我们就要用十分努力去抢救。”他亲自为这位女青年进行两个多小时的手术,终于又从死神那里夺回一条生命。

林团体还积极参加科研活动,研究医学理论。他曾和龙溪地区医院的同志合作,撰写了题为“关于胃手术后的处理意见”的论文,并在华东地区医学学术会上提出讨论,受到与会者的好评。他刻苦钻研新课题,从搞腹外科向胸腔外科发展,迄今已成功地做了百余例食道癌开胸手术。近年来,他又开始向颅脑外科进军,并在有关医院的配合下,做了三例颅脑手术,都取得了较好的临床效果。

良好的医德,精湛的医术,使他受到病人的信赖、群众的爱戴和领导的信任。1979 年,他被任命为副院长,提拔为外科主治医师,同时被选为县侨联主席,最近,又被选为出席全国归侨先代会代表。

这几年,出国的人多了,侨居印尼的弟妹三番五次来信,要林团体出国团聚,但他想起祖国的培养,人民的期望,毅然回信谢绝说:“我决心留在国内,用自己的一技之长,为祖国建设和人民的健康做出应有的贡献。”

(叶玉山同、梁文灿、黄实德)

(载《福建侨乡报》1982 年 11 月 11 日)

9.一片丹心为病人

——记福州军区总医院归侨护师王志华

福州军区总医院内二科护师王志华,积极搞好本职工作,热情为伤病员服务,今春以来,光荣地出席了全国侨务系统表彰先进大会,并且被军区后勤部树立为建设社会义精神文明先进标兵。

1954 年,年仅十六岁的王志华怀着回国求学和参加建设新中国的强烈愿望,毅然离开舒适的家庭,从侨居地新加坡回到祖国,先后就读于广州华侨学生补习学校和厦门集美中学。在学校里,校长、老师、同学们都把她当亲人看待,从学业上和生活上备加关怀,使她深受感动,她决心努力学习,报效祖国。

1957 年秋天,福州军区护士学校到集美学校招生。从此,王志华光荣参加了人民解放军。在人民军队里,她先后调动工作十多次,不论是当运动员,或是当医护人员,她总是干一行,爱一行,专一行,曾经十次被评为“五好工作者”“五好运动员”“学雷锋先进个人”……

1980 年,她被调回临床科当护师,护士长分配她管总务,她工作认真负责,把保管的物资整理得有条不紊。每逢天气变化,季节变换,不管是晚上或节假日,她都把病人需要洗换的衣服及时地送到病人手中。节假日她即使没有值班,也常常在晚饭后巡视病房,对病人问寒问暖。有的病人因吃不惯某一种菜而吃不下饭,她就主动到营养室去取换,有时连续来回跑几趟,也没有怨言。

王志华虽然自己身体不好,但她关心病人胜过关心自己。有一次,她随部队医疗送医送药下乡,当地一个农民的一岁多孩子得了急病,抢救时急需输血。王志华毅然从自己身上抽了五十毫升血输给了小孩,这孩子的父母感激不已,送来了鸡蛋和白糖要给她滋补身体,但她婉言谢绝。去年夏天,她为病人朱均做腹膜透析,每天持续八九个小时,有时甚至要十几个小时,中午常常不能休息,每次对病人透析后,她都为病人洗头擦澡,然后送回病房。连续工作二十多天,相当劳累。有的同志看她这样辛苦,劝她要注意自己的身体。她笑着说:“只要病人舒服些,我就是再多流点汗也值得。”

(熊诚、傅淑贞)

(载《福建侨乡报》1983 年 4 月 21 日)

四、旺盛的生命，不竭的文思
——在文化教育战线上

1.旺盛的生命，不竭的文思——访归侨老作家马宁

左联时期的作家至今还健在的屈指可数了，归侨老作家马宁就是其中之一。

前些日子，我在福州城内一个花木掩映的院落里，访问了马老。马老虽年逾古稀，但精神矍铄，思路清晰，一来到他的书房，马老便滔滔不绝地谈起几十年前他在南洋各地的生活和工作。

马宁原名黄振椿，出生于龙岩县一个农民家庭。他在中学读书时，就接受了进步思想。1927 年他考进上海大学中文系，适逢蒋介石发动反革命叛变，他在失学与失业的困境下，徘徊街头。1928 年春，他进入田汉主持的南国艺术学院文学系读书。这年夏天，他以一个水手的不幸遭遇为素材，写了处女作《船上人》，从此走上了文学创作的道路。1930 年，他以海陆丰、广州暴动为背景写了小说《铁恋》，同年参加左翼作家联盟。

从 1931 年至 1948 年，马宁三次被迫流亡南洋，在东南亚各地生活了六七年，与广大华侨及当地人民建立了深厚的感情和诚挚的友谊。南洋

的生活经历,也成为他写作的丰富题材。1932年,马宁在南洋编辑出版文学月刊《南洋文艺》,刊物发行三天,便被当地殖民政府查禁了。此后他便以马来亚现实生活为背景,从事戏剧创作,他写《夫妇》《明天》《都市早晨》《一个女招待之死》等七个独幕剧,在《民国日报》副刊发表,其中四个剧本还在新加坡皇家大戏院演出,对华侨社会产生过较大影响,现在这些剧本都被收入在马来西亚方修先生编纂的《马华新文学大系》第五集的《戏剧集》中。

1942年,马宁写作并出版了《南洋风雨》一书,详细地记录了他在新加坡、马来亚一带的生活、写作情况,也记叙了当地文化界的状况和人民为争取民族独立而进行的斗争,其中有丰富的历史资料。

自1948年马宁离开新加坡回国,迄今已三十多年了。三十多年来,马老一直深深地怀念在南洋的日子,怀念那些与他同甘共苦的朋友;而东南亚的朋友同样也在怀念他。说到这里,马老很激动地从抽屉里取出一叠从新加坡、马来西亚、我国香港寄来的剪报,其中有马来西亚《星槟日报》上登载的《马宁其人其事》《马宁生平》《马宁的名字与笔名》《马宁的作品》《马宁的戏剧》,有新加坡《民报》上发表的《怀念老作家马宁》,新加坡《星洲日报》上登载的《传奇作家马宁》,有香港《文汇报》上登载的《记马宁旅马二三事》《访左联老作家马宁》等,这些文章充满着对马老真挚、深厚的怀念之情。

马老现在是全国文联委员、福建省文联副主席,他现在正以旺盛的精力,着手写四卷本的长篇小说《红白世家》,反映闽西的历史风暴和人民的革命斗争生活,预计共一百二十万字,八年完成,海内外同胞及东南亚人民都期待着他的大作问世。

我告辞后,马老送我经过小庭院,一丛丛翠竹侍墙而立,摇曳多姿,一盆盆兰花、菊花、仙人掌、仙人球菊青郁喜人,望着这些生机盎然的花木,不禁使人联想起,它们不正象征着主人旺盛的生命与不竭的文思吗?

(赵增锴)

(载(福建侨乡报)1983年3月24日)

2.萧村与白塔

萧村的小说及散文评价

萧村是战后40年代末期的马华作家，与谢白寒齐名，在小说创作上都有卓越的成就，而他也是一位出色的散文家。

萧村本名李君哲，原籍福建省晋江县新店乡，1929年12月24日生于一个世代华族工人的家庭。祖父、父亲、伯父、姑母、姐姐等分别定居菲律宾、新加坡、马来西亚、印尼等地。他在中国受完中等教育后，当过小学教师。太平洋战争结束时，返回新加坡。他先在新加坡街头当小贩卖过绿豆水、油茶面，后去蔡厝港、万礼律等地的华文学校任教。这时期，在韩萌、米军、苗秀（文之留）等文学界人士的鼓励下，他走上了业余创作的道路，用萧村、夏志峰、雁翎等笔名在《星洲日报》文学副刊（晨星）、《南侨日报》副刊（南风）等发表了不少散文及短篇小说。

1949年，到马来亚和丰兴中学教书；课后，常到锡矿场、硕莪厂等处，与工友交谈，用笔反映他们在殖民主义统治下的生活与美好憧憬。1950年11月下旬离境，返回大陆，在北京中国人民大学攻读经济管理专科；毕业后，长期在沈阳工厂里从事企业管理工作。目下是辽宁省经济研究所的研究人员，行政级别相当于“县太爷”，他虽然年逾半百，鬓发如霜，但身体结实，每天清晨长跑三千米而脸不改色，气不喘。在新马创作的作品，于1951年7月及1952年11月，曾由香港学文书店分别出版短篇小说集《国术师》和散文集《山芭散记》，赤道出版社印行小说集《椰子园里》。他以现实主义的笔触，描绘着20世纪40年代新马华族劳动人民的生活和理想，刻画了小贩、店员、码头工人、锡矿工人、割胶工人、小学教员及国术师、巫婆、相命先生等社会底层人物的形象，生活气息浓厚，时代色彩比较鲜明。

由赵戎编选的《新马华文文学大系——第2集散文（1）》，选了他的五篇散文：《在木廊里》《割胶》《硕莪廊里》《木薯》《矿场》。苗秀编选的《新马华文文学大系——第5集小说（2）》选编了他的三个短篇：《国术师》《半天娘娘》《山芭》。方修编选的《马华新文学大系——战后（2）小说1集》，选了他的短篇：《中秋》《山芭》。

在中国,他完成了《被捕记》《烧芭》《祖国》等作品,发表在北京的《新观察》和上海的《展望》等杂志上。目前,准备利用业余时间撰写反映华族生活的自传性的长篇小说,以答谢海外父老兄弟和文友们对他的关怀。

他的散文及小说,上述三位编选者在导论中都予以好评。赵戎说:"萧村是本地长大的一个年青有为的作家……他的散文集里所收的都是生活实感,……然后,这些作品不是走马看花所能写得出来的,而是作者与生活题材起了融化的缘故。所以,他的作品都写得相当的深入。"已故名作家苗秀说:"萧村的作风近似韩萌,但文字的组织力稍逊。"方修则认为萧村是紧急状态初期撰写"小市民的生活及其他"颇有代表性的小说作者。

女作家白塔拾零

1981 年间,现居中国大连市的萧村在散文新作《回国之后》里说:"……直到十一届三中全会的春风吹绿了长江两岸,佳音才接踵而来。韩萌壮心不已,在潮汕文苑精心培育新苗;米君以惊人的毅力制服病魔,现在广东戏剧家协会任职;白塔定居北京,早已成为印度问题专家。唯有那性格文静、谦恭笃实的萧阳兄,在侨乡石狮中学的岗位上,被癌症夺去了 50 挂零的宝贵生命。"——所提到的韩萌、米军、白塔和萧阳,都曾经是战后 40 年代末期的重要的马华作家。

这里要特别介绍的是当时著名的女作家——白塔。原名赵蔚文,生于 1928 年,福建福州人。1946 年毕业于福州陶淑女子中学,这年年底她才十八岁就漂洋过海到了马来亚,先后任教于巴生中华中学、华侨学校、新加坡郊外大众学校和丰兴中学(当时是黄润岳长校)等学府,1950 年秋离开和丰回中国,与劳舟结婚。在新马头两年,曾以白塔、李绿、素心、祝兰、新犹等笔名发表了不少的作品。1981 年 8 月 29 日,她在信里谦称:"……第一篇发表的散文叫《海上散记》,记述南渡时的心情和对大海的眷恋。其他文章也多是抒发去国离家之情怀,当然也有相当一部分是生活在当地有所感而发的,比如《咖啡花》就表达了我对新马无数咖啡店女招待的无限同情。可能由于年轻,不断得到过前辈和朋友们的鼓励,但终究由于水平低，阅历浅，没能写出像样的作品。1948 年下半年至回国前这段时间，埋头写了三个多幕剧，有的给巴生学生演出过。本来香港有人要给发表，因种种原因而未果，于今已完全散失。反正都是不成熟的东西，丢了也就算了，并无憾意。回国以来一直从事国际问题研究，对文艺写作活动已恍如隔世，虽然仍保有对它的爱好，际此百花盛开之时，自不免歆羡之情难却，但也如此而已。在新、马只呆了不到四年，却是深深地怀念。但愿有生之年还能作次南国之游。……近日韩萌兄随广东作家代表团到东北参观访问，特地绕道来京看望黑婴、白寒和我等当年文友。……但愿他们和米军还能写出些好东西来。……”

赵戎在《新马华文文学大系——第 2 集散文(1)》的导论中说，白塔写作很勤，但却是小巧玲珑之妙。在该部散文集里，赵戎选了白塔的三篇作品：《旅途小景》《寂寞草》《咖啡花》。韩萌编的《南洋散文集》，也选了她的《咖啡花》。

（马仑）

（转载自 1982 年 1 月第 181 期《新加坡》月刊）

3.最动人情是乡音——归侨诗人蔡其矫《福建集》读后

家乡，是诗人吟咏不绝、万古常新的主题；家乡，是游子梦魂萦绕、眷恋不已的圣地。

归侨诗人蔡其矫满怀醇厚的乡情，用赤子皈依母亲的执著来描绘自己的家乡。在《福建集》中，他的笔触及八闽的历史、地理、风土、人情等各个侧面，为我们描绘出一幅独特的、多彩的画卷。

在这本诗集中，蔡其矫着力探索家乡那些普通人的内心，表现他们的希望和情感，揭示他们纯朴和美好的精神世界。他描写“让心飞过海上的波浪”的侨乡老人，赞美“纯粹是地方色彩的装饰”而“心灵却像海水一样鲜明”的海边姑娘，讴歌把“短墙筑在溪中，麦子种在天上”的山村创业者。诗人还以高亢的声音，歌唱新的建设、新的爱情，希冀着故乡重新成为海港城市，“让林立的烟囱陪伴着石塔，让夜晚的合欢看得见满海渔火，也让新的船只，重在三大洋上纵横”。（《泉州》）可以说，诗人无论写故乡的横断面、纵剖面,还是一人一事,反映了生活的本质和美好;就是写到苦难、曲折,也是为了寻求真、善,是诗集的魅力所在。

历史和传统在诗页里闪光。诗人浓墨重彩地刻画了民族英雄郑成功的光辉形象,描绘了马江之战中华儿女浴血奋战的壮烈场景。

在《沉船》一诗中,诗人描写以巨大而辉煌的形象跃出从而使世界震惊、有着八百年历史的沉船,溯本探源,满怀深情地说:"永生的船,你再也不会死去!你是我家乡的光荣。"呼唤着"兴建一个崭新的海港,来发展你的事业!"历史和现实辉映,哲理与感情交融,诗人的心灵和民族、家乡的命运息息相通。《侨乡的歌》《梨园戏》《红甲吹》《南音》,都是诗人经过长时间的感情酝酿和集聚,像喷泉一样从心灵里喷射出来的,使人猛醒,使人振奋。诗人基于对家乡深刻的了解,对生活真切的体验,撷取和提炼大量具有地方色彩又有个性化的语言,使自己的诗富有绘事美和音乐美。他的诗往往从形象入手,着力探索人们的内心世界,直观与记忆呼应,把静而动的描绘融为一体,诗的意象蕴藉而明晰。其中不少诗想象奇特而不悖常理,描摹真切而不流于录像化,给人一种新鲜的感觉。

蔡其矫 1918 年生于著名侨乡福建省晋江县,幼年随父迁往印尼泗水。1929 年他独自回国读书,尔后一度返回印尼。1938 年他辗转新加坡、缅甸,经香港到了延安。诗人的足迹几乎遍及东南亚,但最为他所激赏的是什么呢?是乡音!他在五十年代中叶出版了《回声集》《回声续集》和《涛声集》。在《回声续集》中,他写了"故乡"专辑,喊出了"我爱那艰难的生活!我爱那贫瘠的海岸!"(《故乡的海岸》)的心声。这几年来,他相继出版了《祈求》《双虹》《生活的歌》等诗集。香港文学研究社也出版了《蔡其矫选集》。由福建人民出版社出版的《福建集》,收录了诗人五十二首诗,这是蔡其矫二十年来为故乡沥血歌唱的结晶。它的出版,对于许多热爱家乡故土的人们,无疑是一壶"帮助回味乡情"的陈年美酒。

(王永志)

(载《华声报》1983 年 3 月 20 日)

4.老枝吐艳更多姿——访著名国画家沈锡纯先生

沈锡纯老先生,是我国著名国画家。他的作品,多次在印度尼西亚、马来西亚、新加坡等地展览,深受东南亚各国和美、日及港澳地区书画爱好者的高度赞赏。不久前,记者到福州洋下新村访问了他。

沈锡纯先生出生在诏安县,属明清两代"诏安画派"画家谢琯樵、沈古松的继承人之一。他作画以我国南宋画派为范例,取近代诸家之长,宗自恽南田、蒋南沙的双勾没骨画法,融汇谢琯樵、沈古松的风格而有所创新。三十年代,他在上海与潘天寿、诸闻韵游学期间,作品就深得人们赞赏。他擅长花鸟草虫,尤喜画松鹤、老虎,兼画山水人物。早年的作品,曾入选《上海古今名画粹》,并在中国画刊上和著名国画大师齐白石、徐悲鸿、潘天寿、张大千等人的作品同列一册。上海金城工艺出版社出版过《沈锡纯画集》。

记者在沈老画室里,综观了他的不少菊花图,只见他笔下的菊花挺秀委婉,枝干孤高苍劲,迭叶层次分明,画面上搭配的蝴蝶一双粉翅,两道银须,刻画得十分细腻、生动、逼真。难怪他早年在国内外被称为写菊能手,至今东南亚各国华侨前来索求沈老作菊花者络绎不绝。

沈锡纯先生指着墙上挂的几幅松鹤图说:"我画的松鹤,也是东南亚及港澳地区和日、美等地华侨喜欢的。"经沈老指点,记者仔细地观赏了墙上挂的几幅松鹤图和百寿图,其画面透视准确,古朴、新颖。其用墨大胆流畅、浓淡潇洒、层次分明;用笔气贯纵横、控制自如、毫不迟滞,给人以清新明快之感。

沈老擅长画虎,只只栩栩如生,斑纹墨色淡雅,雄威风生,长啸峻岭,虽凶猛而威严可爱,远非临摹笼中困虎所能比。沈老深为感触地说:"任何一幅画作,都必须来自生活,反映现实。画家把现实感受加以升华,再刻意创作。我只不过在这方面下了一些功夫罢了。"

近几年来,沈锡纯又创作了几百幅作品,有的参加国内外展览,有的成为海外侨胞和国际友人收藏的珍品。

1979年国庆节前夕,他应文化部邀请,在建国三十周年大庆期间进京作画。他还在人民大会堂台湾厅参加了国庆联欢晚会,受到党和国家领导人的亲切接见和勉励。在颐和园昆明湖畔，他同吴作人、李可染、钱松喦、关良等名家一同作画。回闽后，又随团到福建太姥山、浙江雁荡山、江西庐山等地写生。这位七十多岁的老人不用他人搀扶，竟自爬上海拔一千多米的陡峭山峰写生作画，真是：奋挥彩笔绘新图，新的长征不停步。

（后林艺）

（载《福建侨乡报》1983 年 3 月 31 日）

5.周碧初教授奉献珍藏名画

本报讯　通讯员吴全忠报道：著名归侨油画家、上海美术家协会理事、上海画院教授周碧初，最近把半个世纪以来珍藏的五十幅名画，捐献给家乡福建平和县文化馆。

周碧初教授年已八旬，是我国油画界的老前辈，擅长风景静物油画。他早年留学法国，1930 年归国后，先后在上海新华艺专、杭州艺专任教，结识了一批著名的国画家，并开始珍藏他们的作品。1948 年后，周碧初教授侨居海外，藏画装箱携带身边，1959 年，他从印尼归国，藏画也带回祖国。

周碧初教授献给家乡的五十幅珍藏名画中，有已故著名画家张聿光、王陶民、汪声远、来楚生、钱瘦铁、白蕉、吴茀之等人的作品；有当今著名画家唐云、朱屺瞻、陆俨少、应野平、俞子才、诸乐三、沈柔坚、沈福文、邵洛羊、张雪父等人的作品；有他与唐云合作的画幛；有他侨居印尼时所作的热带花卉，还有著名画家吴作人为平和县文化馆题字一帧。

周碧初教授今年 6 月应福建省美协邀请，回乡讲学、写生。当他回到阔别多年的故乡，看到家乡的变化，十分感动。为了丰富家乡人民的文化生活，让年青一代美术工作者都能够看到我国现代名画家的国画真迹，从中吸取滋养，周碧初教授无偿地把五十幅珍藏名画献给平和县文化馆。

（载(华声报》1983 年 1 月 16 日）

6.老校长陈村牧

“陈校长”声中的温暖

八月间，在香港一家酒店的客房里，我会见了陈村牧先生。他有些瘦削，态度平易近人；虽然七十六岁了，而且听说近来身体欠佳，但还是精神奕奕地接受我的访问。

陈先生一生和集美学校结下了不解之缘。他是集美学生，当过集美学校的校长和董事长，现在是集美校友会的理事长。他把一生心血都倾注在集美学校上。而今集美校友遍天下，遍天下校友莫不爱戴他。这次他接受香港集美校友的邀请，率领厦门集美校友代表团来港访问，远在美国的当年集美同班同学林应冰老先生（林老先生今年已经八十岁，和陈村牧先生已经五十多年未见面）和长居东南亚的一二老同学，都闻讯专程飞来香港聚会。在我会见他的几个小时内，不断有香港的集美校友打电话来找“陈校长”。虽然他早已不当集美学校校长了，但那天在香港集美校友欢迎代表团的宴会上许多集美校友也都还尊称他为“陈校长”。当年这称呼叫惯了，如今都不愿意改。从那一声声亲切的“陈校长”声中，连我这局外人都感触到了其中洋溢着的温暖和深情，这应该是对一生为集美学校辛勤劳碌的陈先生的安慰。从陈先生慈祥的笑容里，我感到他的心也充满了温暖。

从校长到董事长

陈村牧先生是福建金门人。初读私塾，十三岁时（1920）转读陈嘉庚先生创办的集美小学，毕业后由学校辅助保送厦门大学。他是第一批得到升学补助的三个学生之一，其他有一个就是这次专程从美国来探望他的林应冰先生。

村牧先生在厦门大学读了六年，毕业后在集美学校当了三年教员，从1934年起，又当了三年校长。1936年末，马来亚麻坡中华中学聘请他去当校长，于是他辞了集美校长之职买棹南去。

陈嘉庚先生倾心全力办集美学校，却深感集美学校缺乏一个有才干又热心的管理人员。当他得知村牧先生经过新加坡要去麻坡上任时，便把他留在新加坡。那时薛永黍先生在新加坡华侨中学当校长，陈嘉庚先生便介绍村牧先生到华侨中学去当训育主任。每逢星期天,陈嘉庚先生总约村牧先生谈话,向他了解集美学校的具体情况,并坦率地告诉他:福建教育靠集美学校,经费有困难,可以靠海外校友支持。希望村牧先生回厦门去主持集美校董会,联系各校,聘请有才学的校长,把集美学校办好。村牧先生被陈嘉庚先生办教育的热心和真诚所感动,终于取消到麻坡去当中华中学校长的初衷,放弃了海外较优越的生活待遇,在新加坡华侨中学仅任职一个学期,便于1937年6月回到厦门去,负起集美校董会董事长的职务。上任之后,为了节省开支,提高学校质量,他把集美女中、女师等校合并为集美中学和集美师范两间学校,并适当降低教职员薪水。陈嘉庚先生对他的做法感到满意。

最困难的时刻

但是,村牧先生走马上任才一个月,突然全面抗战爆发,日机轰炸漳州,10月日军又占金门,为了把集美学校继续办下去,村牧先生把集美中学迁到安溪,把集美农林、水产、商业等校迁去大田。假借当地的孔庙、祠堂为课堂,并租附近民宅使用。当时,集美中学仅可容寄宿生八百多名,其他三校则仅可容学生四百多名。因校舍无法扩充,而每学期考取合格仅是要入初中及高中的学生就不下六七百人,却只能收纳其中三分之一,大半不免向隅。为使学校尽量多收学生,虽然经营颇为困难,村牧先生也极力谋求扩展。1940年10月,陈嘉庚先生代表南洋华侨筹赈祖国难民总会回国慰劳视察,到达福建时,村牧先生还特地就此事向他报告、请示,得到他的支持。

1941年末日军南侵,翌年2月全马沦陷,集美学校与陈嘉庚先生联系完全中断,学校经费也陷于极大困境。幸亏在新加坡沦陷前陈嘉庚先生已先动员陈六使先生以"南侨总会"名义汇去国币一百万元作为兴办实业之用,陈嘉庚先生曾嘱村牧先生等将该款寄存银行生息,作为集美学校经费;陈六使先生也曾交代:如集美学校需用,可以支取。但村牧先生鉴于国币时时贬值,遂决定将该款投资兴办企业,使集美经费不致因国币贬值而受影响。那时除了重庆的"中国提炼药厂股份公司"有集美学校的基金外,又开办了集美实业公司和集友银行,由当时在国内的陈嘉庚先生的三个儿子分头主持。

在谈起此事时，村牧先生说："我一向都遵照陈嘉庚先生的意见办，只有这件事，我没有按他的嘱咐办。"我说："但是，这一件事你倒是办对了！"他笑了起来。

当时在国内办企业是很不容易的，制药厂没有钱赚，其余两个企业也很困难，对集美学校的经济支持是微不足道的。村牧先生只好决定多收点学费，又极力争取政府多少给点补助，尽力使集美学校不致停办。苦撑到抗战胜利，集美各校才陆续由内地迁回集美。那时，集美校舍许多已被日军炮火所毁，只好边修边上课，困难仍然很多。但村牧先生克服困难，坚持不懈。到 1949 年以后，学校经费由政府拨给，学校日益发展。到 1954 年村牧先生离职调往集美华侨补习学校当校长时，集美学生已达六千多名。

不解之缘

1913 年集美学校初办时，曾经在二年内换了三个校长。1920 年聘请叶采真当校长，学校才趋安定。那时，陈嘉庚先生在南洋的企业还未结束，集美学校有坚强可靠的后盾，学校经费还没有什么困难，这是集美学校的黄金时代，也可说是集美的前期。而后期是从 1937 年村牧先生接手主持校董会起，其中有十多年是遭逢战乱及集美学校经济最困难的时期，村牧先生却始终支撑局面，渡过难关。他的一生，从十三岁进集美小学起到现在，除了在厦门大学读书并在厦大高中教了半年高中，另在新加坡华侨中学当了半年训育主任之外，其余全部历史都和集美学校分不开。

我和村牧先生畅谈后，告诉他：我想写篇访问记，介绍他和集美的关系。他连忙要求我不要介绍他。当他去接一个集美校友打来的电话时，与他同来访港的集美校友张先生从旁给我介绍了他的为人：他把一生献给集美学校，勤勤恳恳，认真负责，作风正派，以身作则，所以一向深受全校师生的爱戴。但他为人谦逊，反对为他写赞扬文章。

现在，我不知是否违背了他的要求，我只是如实地写出了这篇记述史实的文章。

（路之）

（载《地平线》1982 年 12 月）

7.志在桃李吐芬芳——记业余英语教师齐子义

今年七十二岁的退休干部齐子义,身患高血压、心脏病,但他退而不休,不计报酬,热心业余英语教学。他说:“振兴中华,人人有责,我只要一息尚存,就要为国家培育人才。”

齐子义长期在我省海关和外贸部门从事英语翻译工作。1971年,正是十年动乱期间,有些家长不忍让孩子学业荒废,慕名前来请他教孩子学英语,渐渐地来学习的青年多达二百多人。他一家五口两个房间,学生一来挤不下,连走廊、楼梯都坐满了。他自己拿钱买纸,自己编写、刻印讲义送给学生;还买了电唱机和教学唱片播放给学生听。鼓屏居委会和省外贸局也给予积极支持,主动地腾出房间,方便他进行教学。经过他的辛勤培育,许多学生初步地掌握了英语基本知识。1977年全国恢复高考,他的学生中,就有三十三名考取了北京外语学院等大专院校。

近年来,齐子义曾应聘先后到省政协英语班、省地震局、市教师进修学校、市公安局、市业余大学任教。目前,他在省侨联创办的福州业余外语学校担任领导和教学工作,同时仍保持自己的义务教学班。他善于总结教学经验,努力提高学生的听说能力。为此,他还举办了别开生面的“周末英语晚会”,至今已持续了十余年。为传播英语知识,他还自编或与人合编了若干册英语参考书籍,有的已在本省出版,受到学习英语的人们的欢迎。

(冯度、良音)

(载《福建侨乡报》1982年5月13日)

8.倾注满腔爱国情——记归侨教师肖国才

福州十四中政治处副主任、团委书记肖国才,把满腔的爱国热情倾注在自己的工作和教学上,受到师生们的尊敬。

出生于印尼的肖国才,回国二十多年来矢志爱国不移。他从华侨大学毕业后走上工作岗位不久,便接到热恋多年女友的来信,要他办完婚事一道出国。经过反复的思想斗争,肖国才回信说:“党和人民把我们培养成才,现在祖国正需要我们贡献聪明才智,我不能离开祖国。”

肖国才把培养社会主义文明新一代,作为自己义不容辞的职责。他根据青少年的特点,运用生动活泼的形式,经常对学生进行精神文明教育。如举办歌曲欣赏会、组织影评活动,联系衣着、仪表谈美学等。在歌曲欣赏会上,根据学生们的最初反映,他选放了几首祖国内地歌唱家和港澳歌星演唱的歌曲,引导大家从思想内容和艺术形式两方面进行对比和讨论。学生们认为:前者热情奔放,清新感人,激励人们热爱祖国、热爱生活,献身四化;而后者主要围绕“我爱你”三个字,软绵绵的,越唱越提不起劲来。经过一番评论,提高了学生们对歌曲的鉴赏能力,自觉地抑制靡靡之音。

肖国才说:“爱祖国就要爱本职工作,要为祖国多尽力。”他在学校担负政治工作和团的工作已相当繁重,还向校领导申请参加数学教学工作,倾注全部精力于教育事业上。初一班有个学生,学习不好,喜欢打闹,他的母亲管不了。肖国才让这个孩子搬来和自己同住,帮助他料理生活,耐心辅导他的功课,同他生活了两年,建立了深厚的感情,入了团,当了班干部。

(良音、李彬)

(载《福建侨乡报》1982年5月13日)

9.慷慨捐资兴教育,满腔热情育英才

——黄仲山三兄弟爱国爱乡的事迹

省六届人大代表、省侨务工作者先进代表黄仲山和他的侨居国外的两位兄弟,竭心尽力为发展家乡的教育事业,培养四化建设人才,做出了贡献。

黄仲山家居南安县码头公社仙都大队。从1979年以来,他们兄弟三人先后捐资七十二万元,兴建了诗山中学三层教学大楼一座,成功中学教学楼一座和仙都小学校舍、仙都幼儿园所,还捐建了南安县医院传染病楼房、码头公社医院和南侨医院手术楼。对所有的捐建公益事业,他们一概不扬名求誉。每项工程,既不举行奠基仪式,也不搞剪彩落成典礼。黄仲

山说："建好就好，何必花钱搞这些仪式，把钱节约下来多办一些事，不是更好吗？"当学校、医院的楼房竣工，有人主张用他兄弟名字命名，黄仲山都婉言谢绝，只同意用大队名称"仙都"来命名。

为了鼓励家乡子弟勤奋学习，黄仲山三兄弟还建立了一个教育基金会，每年付出万元，作为奖教金、助学金和奖学金。

黄仲山为家乡公益事业慷慨解囊，而自己生活却过得俭朴。他居住的房屋简陋。他从不花钱搞封建迷信活动，也不做生日祝寿。他的兄弟几度返乡里，都不设宴请客，也不接受人家宴请。黄仲山有个孩子小学毕业后未考进中学，他就把孩子送到自己捐办的茶场去劳动，当了十二年茶场工人，让他在艰苦中磨炼成长。

黄仲山三兄弟的爱国爱乡精神，深得海外侨胞和侨乡群众的赞誉和尊敬。

（吴剑秋）

（载《福建日报》1983年8月28日）

五、胶林漫话赤子心——在农业战线上

1.胶林漫话赤子心——记李宗周

美丽富饶的西双版纳生长着品类繁多的热带珍贵林木，被人们誉为“植物王国”。芒果、槟榔苍翠欲滴，茶林、龙脑香流芳溢彩，然而，给人印象最深的，还是那遍布十二个“版纳”的橡胶林。在这茫茫无际的绿色世界里，种下第一棵橡胶树的是泰国归侨李宗周。

李宗周原籍福建古田，由于家境贫寒，十四岁的时候，就背井离乡，到南洋谋生。他先在马来亚，后到泰国，在橡胶园含辛茹苦熬了几十个年头，学会了育苗、移植、割胶、制胶片等一整套橡胶种植和加工技术。靠勤劳节俭攒了点钱，他与另一位华侨合伙，在泰国建起了一个规模不大的橡胶园。“卢沟桥事变”的炮声传到南洋后，李宗周的心里就像刀绞一样，从此，一个顽强的信念便成了他生活的目标：一定要回国去种橡胶，使祖国繁荣昌盛起来，不再受外敌的欺侮！他深知创业的艰辛，所以一直暗暗节衣缩食，寻找和等待着报效祖国的时机。

抗战胜利以后，有个华侨途经西双版纳，认为那里可以种植橡胶，就打算筹建一个股份公司，到那里去开辟橡胶种植园。李宗周得知这一消息后，立即变卖了自己的全部财产，购买了该公司的股票，并要求作为先遣人员,回国筹建中国自己的橡胶园。

他邀上四个伙伴,带着两万棵胶苗艰难跋涉了四十五天,于1948年来到西双版纳的橄榄坝。刚卸下马背上的胶苗,他就举起了创业的锄头。三个月后,苗圃建成了,他们五个人却挤居在一间望得见星星的小茅草棚里。

就在这时,股份公司由于财力不济,宣告破产。这无异于一场十二级台风,吹折了他们刚刚升起的风帆。上万株胶苗就像嗷嗷待哺的婴儿,放弃它们,就等于放弃十多年来的心愿。可干下去又谈何容易!

李宗周默默地思忖着。当四个伙伴都裹起行装另谋生路时,他却挥动砍刀,继续开辟新的胶园。在附近兄弟民族的帮助下,李宗周苦干了一年,开出了两百亩荒地,好容易才定植了七千株橡胶树。在这关键时刻,热带疟疾击倒了倔强的拓荒者。在这九死一生的时候,一位年轻善良的傣族姑娘来到他的胶园,帮他找药治病,修整被暴雨冲毁的胶园。终于,善战胜了恶,李宗周从死亡的边缘回到了人间。共同的奋斗使他们产生了爱情,李宗周结束了往昔的孤独生活。

对创业者的考验接踵而至,就在他成家不久,一场凶猛的山火吞没了刚刚复苏的胶园。李宗周夫妇和乡邻们冒死抢救,从火海中救下了最后的七十六棵三叶橡胶树。性格内向的刚强汉子第一次流下了眼泪。年轻的妻子安慰他:“别难过,我们还可以种田。”“不!就是只剩下一棵胶树,我也要干到底。要让它长大、开花、结果。我们老了,还有儿子、孙子。”

一个美好的时代终于来到了。1950年,伴随解放军的胜利步伐,李宗周和他的七十六棵橡胶树一起获得了新生。李宗周以他的赤诚,向新中国提供了宝贵的科学证明:西双版纳适宜种植橡胶。1952年,一支由中外专家和技术员组成的热带特种林木考察队,带着周恩来总理的嘱托来到这里,发现了李宗周的七十六棵橡胶树。1953年,西双版纳成立了热带特种林木试验场,开始大规模试种橡胶。李宗周把七十六棵橡胶树,作为珍贵的植物资源,献给了国家。1955年,李宗周在祖国土地上种植的橡胶树开割了,他万分激动地亲手割出了第一滴胶乳,制成了第一块胶片。从此,他干得更欢了。他不仅把毕生精力献给了祖国的橡胶事业,而且还经常用自己经历过的两种社会制度的事实教育子女。李宗周语重心长地对其女儿李瑞华说:“过去,我苦来苦去几十年,种的却不是自己的橡胶树。今天,你们能在祖国的土地上种植自己的橡胶树,已经是多么幸福和自豪的了……”李瑞华用行动继承了父亲的爱国精神,她在家门前栽下一排排树桩,苦练割胶本领。在李宗周的指点下,李瑞华后来成了名震橄榄坝的“神刀手”,创造了实生树(未嫁接过的胶树)单株年产十五点八公斤的纪录,光荣地出席了共青团第十二次全国代表大会,并被选为团中央候补委员。

如今,李宗周当年在西双版纳种植的七十六棵橡胶树,已经发展成六十万亩绿色的“金子”。继承李宗周的事业的,已经有十一个国营农场的六万多名橡胶工人。李宗周虽然退休了,仍然住在胶林里,继续传授经验,他盼望橡胶事业有更宏伟的发展飞跃。赤子之心,在绿色的胶林里永远闪烁着比金子还要璀璨夺目的光彩。

(晓飞)

(载《华声报》1983年5月8日)

2.园艺事业的耕耘者

——记上杭县农场场长、归侨农艺师李伟民

出席全国侨务系统表彰大会的先进工作者、上杭县农场场长李伟民,安心在山区从事果林园艺研究工作,做出创造性劳动的贡献。

出生在缅甸华侨家庭的李伟民,是在家乡一解放时,就回来升学的。1964年夏天,他从福建农学院园艺系毕业后,就自愿回到原籍上杭县工作。

1973年初,县政府领导把创办县农场的任务交给他,他愉快地接受这一任务,和农场职工一道披荆斩棘,将二百多亩的坟冢,满地的荒山改造成果园,接着,他埋头苦干从事果林育苗、嫁接、选优、试验新品种的科研工作。虽然他是一个知识分子,可是,他没有架子,干起农活来,从用锄头、扁担到机械作业,都能操作自如。

在这期间,海外他的父亲曾经三次汇进路费,要他出境团聚,可是他舍不得离开正在从事的园林果艺专业,只好写信婉言地向父亲解释,说明

离不开现有工作岗位的原因，取得亲人的谅解和支持。由于他热爱自己所从事的工作，辛勤劳动，解决了当地果林园艺工作中较为复杂的技术性问题。如：他通过实践，研究解决了酸桔砧温州蜜桔不能正常开花结果的原因，使温州蜜桔产量显著提高几倍。他对花生山地栽培技术的研究，采取各种有益的增产措施，使花生亩产从八十七斤激增到四百一十三斤。他还通过多年的调查试验证实了：上杭小区域自然条件可以发展药用价值高、供出口的杭梅。目前，他已建立了一百多亩母本园，为今后上杭发展杭梅打下良好的基础。此外，他还引进外地果蔬良种二十三种。……

1981年，被提升为农场场长以后，工作更加兢兢业业，通过职工民主讨论，全场进行了生产责任制，进一步采用耕作新技术，使这个原来三年亏损的农场开始转变了。

（钟容音、黄志祥、丘作龙）

（载《福建侨乡报》1983年4月14日）

3.兢兢业业，不计私利——记印尼老归侨邱景华

年近八旬的印尼老归侨邱景华，是厦门华侨亚热带植物引种园园长。他为我市侨联会义务工作二十年，兢兢业业，不计私利，受到各界的好评。

邱景华老先生是福建龙岩人。少年时被迫远涉重洋，到印尼棉兰谋生。他一面经商，一面同逃难到印尼的革命者和进步青年，组织文艺团体"青草社"，宣传爱国主义思想。新中国成立后，海外侨胞爱国热情高涨，一些爱国侨胞在雅加达开设"南星书业影业公司"，邱先生担任副经理，经销祖国出版的报刊、书籍、电影等。

1960年，邱先生回国在厦门定居。从1961年起，他开始为市侨联会做义务工作，不厌其烦，认真负责，经常深入街道搞调查研究，足迹遍布市区的大街小巷。邱老先生还担任侨联会理论学习班的领导工作，组织侨联委员和一些新归侨学习马列主义、毛泽东思想，学习党的侨务方针、政策，二十多年来，从未间断。

1979年厦门华侨亚热带植物引种园复办，市侨联请邱先生担任引种园的义务园长。几年来，邱老先生依靠全园职工，努力开展工作，先后建

立了标本室、育苗温室等。他还经常组织有关部门、单位和海外侨胞到该园参观座谈，宣传引种工作的意义和远景规划，得到社会各界和海外侨胞的重视和支持，促使国际引种工作取得很大进展，引种区域由东南亚各地逐步扩大到欧美、澳洲。

（杨晞）

（载《厦门日报》1982 年 9 月 29 日）

4.老黄忠不减当年勇

在出席莆田地区首次归侨、侨眷和侨务工作者“先代会”的一百四十多名代表中，有二十多位年逾古稀的老同志，他们大多数人在侨务战线工作了二三十年。记者在会议期间访问了这些焕发青春再立新功的“老黄忠”。

1960 年，福清渔溪公社有四百多名难侨回乡。侨联分会主席黄宗祥废寝忘食，及时地把政府安置难侨的款项、食品、衣服等挨家挨户送到他们手里，想方设法为他们解决各种困难，把祖国和人民政府的关怀送到每一位归侨心上。二十多年来，许多侨胞把钥匙和存折交给他，委托他保管财物和支付亲属生活费用。他对记者说：“侨联侨联，就是要把侨胞和归侨、侨眷的心与祖国紧紧联在一起，联不是用嘴巴联，而是要实打实地为他们办事，替他们解决困难。”

福建水利电力学校原校长林兆麟今年七十三岁了，几年前，他退休回莆田老家，不计报酬为侨联工作。过去，林老曾在吉隆坡中华中学长期担任校长，桃李满门墙。现在，他经常和散处海外的学生通信联系，宣传祖国的侨务政策，介绍家乡建设新貌。去年，他参加莆田编撰《兴化文献》工作，一个人就写了二十多万字。他深有体会地说：“广泛联系、深入宣传，是争取侨心做好侨务工作的重要环节。侨心所向，是难以用金钱估价的！”

闽清县退休副县长刘成辉是个老归侨，他感到自己年纪大了，应该尽快培养一批年青的归侨干部，把他们输送到各级侨务工作岗位上来。

老归侨陈佑，回国后一直在仙游侨联工作。他以做好枫亭公社一户侨眷的工作,从而激励了许多侨胞踊跃支援家乡建设为例,说明做好国内侨眷工作的重要性。他说,侨务工作不能“重外轻内”,更不能“重富轻贫、重大轻小”。

七十八岁的陈亚泉是福清城关侨联分会主席,他虽受过多年的委屈,却丝毫没有改变口直心快的性格。在座谈会上他激动地说:“华侨在国内的房子不一定很好,但是,这是他们的祖业,是他们与祖国、家乡联系的纽带,‘叶落归根’的根基。落实华侨房屋政策,刻不容缓,中央三申五令,可是还没解决好。我这个人爱讲话,爱管闲事,有生之年还要为这些事情大叫大喊。”

(郭成荣)

(载《福建侨乡报》1982 年 4 月 1 日)

5.武夷华侨农场的两位好干部

管理区的好当家——何兴

何兴出生于越南,祖籍云南河口。他在越南曾担任过合作社管理区主任并连续三届被选为人民代表。1978 年,越南黎笋集团反华时,何兴被撤职,遭诬陷。后来,他回到祖国,来到崇安武夷华侨农场。

到农场后,他在生产劳动中,样样干在前,走在先。1979 年,他被提拔担任管理区主任。为了当好这个家,他踏遍茶山查看了每一处茶园,改革经营管理,推行生产责任制,并带头开垦茶山。两年中,这个管理区新开垦茶山三百四十多亩,超过建场十二年来茶山面积总和。去年茶菁生产超额完成任务。全区连续两年盈利七千多元,职工生活水平得到了提高。

何兴关心职工健康,积极配合农场卫生部门防治当地流行的疟疾病。他还根据印支难民文化水平低的实际状况,创办职工夜校,帮助他们学普通话和文化知识。他还十分重视对职工进行遵纪守法教育,两年多来,全区极少出现盗窃、赌博现象。他待人诚恳,顾全大局,在他带动下,全区团结一致。

何兴任管理区主任两年来,在建设全区的物质文明与精神文明方面做出了成绩,深得群众的拥护,1980年他担任了崇安县政协委员。

甘当"黄牛"的黄世友

黄世友祖辈三代定居越南,他在越南一个合作社干了十八年的医务工作。当黎笋集团大肆反华时,黄世友一家活活被拆散,他含泪离别妻子,领着三个十岁以下的幼儿回来。

在武夷华侨农场,政府分配给住房,发给生活用品,使他感受到温暖。

前年1月,农场党委提拔他为生产队长兼卫生员。这副担子对于他这个家庭负担较重的人是十分艰巨的。但他想,担子虽重,我决不辜负党和群众的信任和期望。他妥善安排时间,连中午、晚上也坚持工作。除了生产劳动,他还肩负三百多人防病治病的重任。双目失明的五保户甘树宝去年患病卧床,黄世友天天登门送药打针,侍候床前,直至老人康复。在管理区,谁家有困难,也就主动去帮助,而对自己的困难他却从不对人说起。春节前,农场评议发放生活困难补助款时,职工们一致赞同要多给他补助,他却说什么也不要,实在推辞不过,才接受了最低一等的补助。

几年来,黄世友青春焕发,越干越欢。他连续三年被评为农场先进生产者。

(丁少康、李锦才)

(载《福建侨乡报》1982年4月8日)

6.艰苦创业　为国争光——记老归侨雷贤钟

1955年初冬,在南洋经营橡胶种植业的华侨雷贤钟,寄托着对祖国深沉的爱,从国外带回一批优良橡胶种子。从此,"绿色的金子"在海南岛这块肥沃的土地上扎根,又不断繁殖到雷州半岛、西双版纳。

雷贤钟原籍福建省古田梅坪村。1923年他二十岁时,因生活所迫,只身远渡重洋到国外谋生。在南洋,他经过苦心经营和长期积累,拥有大片橡胶园、规模较大的木板厂,还有洋楼、小汽车。尽管在异国有宽裕的物质生活条件,但他并不陶醉于多年经营起来的"安乐窝",经常思念着曾经抚育他长大的祖国,渴望有朝一日能为改变贫穷落后的中国出一份力量。新中国诞生后,侨居在马来西亚的雷贤钟同许许多多的华侨一样,欢欣鼓舞,更加向往祖国。不久,他在一家中文报纸上看到祖国号召华侨回国参加社会主义建设的消息,十分欣喜,决心回到祖国的怀抱。

1953 年春暖花开时节,雷贤钟带领十八名橡胶工人来到海南岛考察。当时,海南岛公路还未修通,交通工具十分落后。雷贤钟一行从海口市到崖县,除顺搭运煤货车外,还得步行,翻山越岭。他们在岛内的崖县、陵水、保亭、万宁等地考察数月后,最后确定在崖县藤桥地区的丛林定点开荒垦殖橡胶树,并于第二年年初返回侨居国,做回国植胶的准备工作。

雷贤钟在国外经营橡胶业有丰富的经验。他在考察时发现,海南岛原有的橡胶树,都是低劣的实生树。他想,要是能在自己的橡胶园里把优良的品种引进祖国那该多好啊！1955 年冬,他全家动身回来时,除了携带日常生活用品,其余的是一百来斤胶籽、三百株芽接桩、二百多米芽条等优良橡胶品种和一批芽接工具。这些胶种几经周折,带回了祖国,成为献给“母亲”的一份珍贵礼物。雷贤钟带回这些优良橡胶品种的消息,很快传到北京。1956 年初,雷贤钟出席了全国第一届侨联会议,并当选为侨联委员。周恩来总理听说雷贤钟到北京,一天上午,派了一部小车,把他接来,并走出办公室亲自给雷贤钟打开车门。此时,这位年过半百的海外赤子,紧紧地握住总理的手,热泪盈眶。周总理高兴地说:“你带优良橡胶品种回来,比带金子更金贵！金子中国有,良种橡胶树却少得很呐!”周总理还关切地问:“这些橡胶苗几年可以开割?”雷贤钟回答:“实生苗四年,芽接苗五年开割投产。”周总理听了高兴地点点头,连声说:“好!好!”周总理为使这位海外赤子看看祖国的大好河山,特地安排雷贤钟到青岛等地参观。祖国的山山水水是多么壮丽,令人依恋,但雷贤钟却没有心情欣赏,他的心早已飞到了海南岛。

几天后,他提前回到了广州。广东省人民政府非常关心雷贤钟的工作及生活,特地在羊城给他安排一幢房子定居。对于这种无微不至的关怀,他心里非常感动。但他想,发展祖国橡胶事业,还需要做很多工作,需要许多人去努力奋斗！他说:“我的事业在胶园!”就这样,雷贤钟毅然来到祖国最南端的崖县藤桥山区安家落户,和同来的侨工一道办起“侨福公司”,开始垦荒种植橡胶。

凭着多年在海外的植胶经验,雷贤钟爱上了宝岛这块热带土地,决心在这里培育出高产稳产的橡胶树,为中华民族争光。雷贤钟与侨工们经过辛勤的劳动,开垦出一千亩植胶园,还建立一块橡胶苗圃,培育繁殖优良橡胶品种,第三年便将大量优良橡胶芽接苗移植上山。后来侨福公司并入南田农场,雷贤钟又将大批优良橡胶种苗提供给农场大面积种植。

周总理日理万机,十分关心橡胶事业的发展。1958 年,专程来到海南岛视察,在西联农场接见了雷贤钟,详细询问了种下的橡胶树生长情况。雷贤钟向周总理汇报说:"这些橡胶品种在海南岛适应性强,保证五年可以开割。"周总理听后很高兴,说:"要多繁育优良种苗,加快发展我国橡胶事业。"雷贤钟遵照周总理的指示,同农场的工人和科技人员一起,扩大种植,培育优良品系,使南田农场结束了落后低产的植胶历史,优良橡胶芽接苗全部代替低产的实生苗上山。同时,还把繁殖的优良品种引种到岛内各地和雷州半岛、西双版纳等地。雷贤钟多年来的夙愿正在实现,但他知道祖国橡胶事业要达到先进水平,在品种改良、栽培技术等方面,还需要做许许多多的工作,他感到任重道远。

然而,"十年内乱"开始了。他原担任爱国作业区副主任的职务被撤销,一切权利被剥夺。"特务""反动资本家"……,一顶顶帽子往他头上戴。他被"罢"官下放种菜。逆境见真心。雷贤钟一颗对祖国无限热爱、无限忠诚的心并没有被坎坷的岁月所动摇。在蒙冤受屈的日子里,海外亲友多次劝他申请出国。他却坚持走自己的路。他脑海里常常浮现着当年周总理那亲切接见的幸福情景,耳中回响着周总理的谆谆教诲。他从中悟出一条道理:有中国共产党的领导,祖国就有希望,人民会给我作出公正的评价,也会再给我植胶的权利。粉碎"四人帮"后,南田农场领导对雷贤钟极为关心,1978 年 6 月,给他彻底平反,恢复了职务。人们高度赞扬他的爱国行动,赞叹他对祖国橡胶事业的贡献。他再次被选为全国侨联委员。老骥伏枥,志在千里。雷贤钟又回到原来的作业区领导岗位,他的足迹,踏遍片片胶林、座座山头,针对农场在橡胶高产栽培、速生快长林段、橡胶白粉病防治等方面存在的问题,提出了一些合理化建议。作业区举办割胶技术培训班时,他又亲自带班辅导,向农场新胶工传授割胶技术。

不久前,我们又走访了雷贤钟。这位归国老华侨看上去比前几年俨然是苍老了,但精神焕发。他同老伴还住在胶林环抱的那间木屋里。农场为照顾他家,几次要他搬进瓦房,老人家却留恋着创业时的地方,婉言谢绝农场的关心。他有十个孩子,有八个“成家立业”了。他们分别在农场当胶工、林管工、教师、护士、拖拉机手,踏着父辈创业的脚印,在不同的岗位上做出贡献,有二人还被评为农场先进生产者。我问雷贤钟:“您晚年过得愉快吗?”他抿了抿两鬓的银发,深情地说:“我已经老了,但孩子们都能为农场做些工作,我心里感到很宽慰!”末了,他兴奋地说:“前不久,看到叶剑英赞扬广东农垦为国立功的消息,心里十分激动。原来,外国专家认为北纬十七度以北不能种胶,是禁区。而我们农垦工人打开了禁区大门,种到了北纬二十四度。叶帅赞扬这个创举,我们归国华侨感到光荣和骄傲。”

雷贤钟已是年逾八十的老人了。当年他带来的金色橡胶种子,现已长成树变成林。人们在回顾我国橡胶业发展历史的时候,是永远不会忘记雷贤钟的。

(程小珥、吴国南)

(载《华声报》1984 年 2 月 19 日)

当今海外闽侨、外籍闽人名人选辑

一、闽侨、外籍闽人在东南亚

1.南洋大学理事会首任主席——陈六使先生

原籍

陈六使先生,1897 年诞生于中国福建省同安县集美乡。十几岁时,南渡星洲。1920 年,回乡娶亲。返星之后,就永远居留于此创业。

七兄弟

兄弟七人:文倚、文寝(永和、永进的父亲)、文确(永兴的父亲)、科斗(永裕的父亲)、文知、六使(永华的父亲)、文章。他们居住农村,只有六、七两弟得免费在集美学校读书。同学中有后来在陈嘉庚公司同事及友好刘玉水。据先生发达以后告诉人,玉水的程度比他俩兄弟高,他俩做功课遇疑难处,常向他请教。

南来谋生

陈家兄弟人多,而田地不足,有的须出海捕鱼,以补助家计。老大体弱多病,由老二文寝做家长。他见文确当渔船泊海边时,常觉晕船,不合这种生活,令他出外谋生。嗣后诸弟继续南来,兄弟们抵达星洲后,拜访同乡老前辈陈嘉庚先生。除四弟科斗自创建德号信局兼驳运业外,在陈先生的机构下工作,均能胜任愉快,逐渐升任要职,同时奠立了他们后来事业的基础。

自创事业

兄弟们积蓄了几年血汗钱,就静悄悄地设立联和橡胶公司,聘请一位老行家做经理。不料在一年多时间,资本亏折大半,乃由七弟文章亲自出面主持,先生及三哥暗中指示机宜。后来先生自动辞职,专心经营自己的事业。有志者事竟成,联和的基础,渐渐坚固起来。

1924 年,益和橡胶公司又宣布成立,由先生自任总经理。此时文确亦已离开谦益,来照顾自己兄弟的生意,惨淡经营,渐入佳境。在十年内,跃入星、马大树胶营业机构之林。及 1938 年,已扩展至全马来亚、印尼、泰国、越南各地。第二次世界大战结束后,尤其是在朝鲜战争期间,业务突飞猛进,与李光前氏的南益,同执南洋树胶业的牛耳。

其他事业

益和公司之外,自营或与人合营的其他公司很多,未遑一一细述。因时过境迁或已解散,或已自动收盘。近年来新创的最大营业,是怡保的大石水泥有限公司,由他担任董事会主席,资本雄厚,出产品除供给马来西亚及新加坡所需要外,还能在国际市场,为马来西亚争取大量外汇。此外,先生继其三兄文确任亚洲保险有限公司及亚洲人寿保险有限公司董事会主席,并曾任华侨银行董事及南洋商报董事长多年,建树良多。

与中华总商会的关系

1941 年 3 月至 1946 年 9 月(1942 年 2 月至 1945 年 9 月,星马被日军占领,会务停顿),先生任中华总商会副会长,当时中英均参战,总商会主要任务,在支持南侨筹赈总会的救济、本地的民防及招募工人等工作;迨胜利后,在帮助复员和恢复工商业及侨汇等工作。先生在此任内,贡献甚伟。

1950 年,被选为中华总商会正会长,陈锡九为副会长。当时新加坡的马来亚大学成立未久(1949 年,才由医学院及莱佛士文学院合并扩充而成。),处处需款,先生乃于 3 月 15 日就职时,宣布自捐星币三十万元,陈锡九副会长捐十万元,华兴公司及大通树胶厂各五万元,合计五十万元。以总商会名义捐助马大，以资倡导！

1951年，新加坡防痨协会募捐建筑防痨医院，先生在董事会议发动向各董事及会员募捐，共得206,220元，又以中华总商会名义捐赠该协会。……

与福建会馆的关系

新加坡福建会馆已有一百多年历史，在这个建立于帮派上的社会里，它具有相当大的影响力（比如在中华总商会的会员总数中，福建帮占过半数，而在五十一名董事中，即占有二十七名）。除管理福建公冢和天福宫外，属下有六间中小学：道南、爱同中小学、光华小学、崇福女子小学、南侨女子中小学两校。

第二次世界大战前后，陈嘉庚先生历任主席多年。迨1950年，陈氏离星，即由先生继任迄今。兹略述其任内所主持大事如下：

1954年7月17日，将裕廊坟地割赠南洋大学为校址，计五百二十三英亩另四分之三。

1960年4月，政府征用该馆在中峇汝路（应作新冢路）旧坟地三十余英亩；1962年9月，再征用十八英亩，两条共付值631,233元星币。嗣后由该会馆委员会一致议决捐赠南大六十万元，为建筑大礼堂之用。

1962年8月，政府征用麒麟山旧坟地五十余英亩，付值374,563元。1966年3月，又征用其对面空地三英亩余，付值62,260元。此两笔款因该会馆抗议估值不公平，暂存高等法院，以待判决。

1966年4月，政府征用裕廊云南园余地四十五余英亩，付值68,156元，该会馆不服，已于1967年7月16日，由黄瑞兆律师馆代为抗议。

以上被征用坟地，均须先把各坟遗骸移葬新地，这是一种繁重的工作，在陈主席主持下，顺利完成。

爱同及崇福两校校舍，原是普通店屋，不够理想，亦不够用；战后乃就崇福原址改建六层大厦，1955年落成。

光华学校及南侨女中新校舍，均在先生任内所兴建。

数年来，先生以年龄关系，在社会上已尽量减少活动，独对该会馆主席一职，仍徇众意，继续负责下去。

创办南洋大学

南洋大学,是海外第一所华文大学,由陈六使先生于1953年1月16日,在新加坡福建会馆执、监委员联席会议上正式倡议。同月21日,新加坡中华总商会(正副会长陈锡九、高德根)董事会议一致议决,表示热烈支持,并授权出席马华商联会第六届代表大会之新加坡代表,提出推动创办大学的方案。该案经由1月25日的代表大会一致通过。

南洋大学经过许多波折后,终于1956年3月15日举行首次开学典礼,3月30日开始上课。

南洋大学的成立,打破大英帝国在每个殖民地(当时新加坡及马来亚被视作一个政治区域)只限制设一所大学的定例,到现在为止,最少有下列重大影响:

(一)新加坡大学大量增加其新生人数,并保留若干名额,以备考取华文中学毕业生。此外加设中国语文系,并逐渐扩充,力求改善。

(二)马来西亚大学亦设中国语文系。近来马来西亚华人且有设立华文大学的倡议。

(三)在香港方面,除原有的香港大学(成立于1912年)外,先后成立新亚、崇基、联合三学院,最后合并为中文大学,经费由政府负责。

对先生本人来说,这是他一生事业中最大的成功。先生平生最佩服其乡老前辈陈嘉庚氏的为人。陈氏以办厦门大学为世人所推崇,今先生亦以创办南大受人尊敬。两人先后辉映,各有千秋,而先生出身更苦,回首前尘,可以自豪矣!

(宋哲美)

(《星马人物志》P51—54、55—57)

2.新加坡中华总商会前会长——孙炳炎先生

原籍

孙炳炎先生,原籍福建省同安县。1912年,诞生于故乡,在本乡学校受教育,聪明好学,又活泼喜欢运动。

出洋谋生

十四岁时,南来谋生,初在星洲商场学习贸易,数年间对会计工作,颇有心得,乃改任某黄梨厂书记职。他勤劳成性,常帮忙各同事工作,经验日益丰富。

弱冠创业

1932 年,二十岁时,乃倾其历年积蓄,在芽笼创办森林公司,经营建筑材料,营业得法,基础渐固;在十年期间,业务成绩相当可观。他不以自满,正在计划扩展业务之时,不料日军南侵,星、马相继沦陷。息影家园,韬光养晦。

战后发展

1945 年 9 月,星、马光复后,重整旗鼓,惨淡经营,扩展业务范围,乔迁小坡须涯路,并设货仓于加笼路,凡建筑所需各种材料,应有尽有。除星、马外,推销至泰国及印尼各岛,嗣迁往市中心罗敏申路大厦,将森林公司扩充为有限公司;为奖励同事起见,让给公司股份,有的举为董事,故能一心一德,力谋公司业务发展。

1952 年,在吉隆坡及槟城开设分公司。1959 年,在怡保及芙蓉设办事处。1960 年,开办香港森林有限公司。此外,同时组织普益实业有限公司、马来西亚地产有限公司、人民发展金融有限公司、森林金融有限公司,均由先生任董事主席。森林由私立有限公司,改组为公立股份有限公司,其股票在新加坡股票交易所正式买卖。为配合政府工业化政策,先生与吴水阁等创办大众钢铁有限公司和星马拆船有限公司,担任两公司的董事主席。

服务社会

先生参加社会服务,卓著声誉。历任新加坡筹赈会委员兼芽笼区分会主任、中华总商会董事多年;1960—1961 年,任副会长。1965—1966 年及 1967—1968 年,任正会长、福建会馆董事兼建设科主任、建筑材料商会会长(连任十年)、中华游泳会主席、篮球总会副会长、同安会馆常务委员、怡和轩俱乐部主席、圣约翰救伤队星洲分会总部理事、人民协会委员、东南亚摄影学会、家私商公会及孙氏公会名誉会长。本年 2 月总商会改选辞职，现任名誉会长，先生曾获新加坡元首颁赐公共服务（B.B.M）星章。

（宋哲美）

（《星马人物志》P95—97）

3.新加坡中华总商会前财政主任——黄望青先生

家庭

黄望青先生，原名谷云，祖籍福建同安，世代定居厦门鼓浪屿。1913年3月3日诞生，夫人吴慧宜女士，福建惠安县人，曾在集美、厦南等女校受教育。长公子黄朗，毕业马来亚大学机器工程科，得工学士衔，娶媳吴梅华，育一男，名黄震；次公子黄坚，获澳洲雪梨大学经济学士；次媛黄兰，前年修毕新加坡大学经济科，现在同校研究院，攻读硕士学位；幼女黄洁，亦在新加坡大学修读社会科学。黄先生不但“一门俊杰”，而且本人在新加坡金融界、船务、工商等界，甚至学术界，均有其相当重要地位。

破落的书香子弟

他出身书香世家，祖父黄九如和许多叔祖们，都是秀才举人。父亲黄长洲，读过鼓浪屿英华学堂。他的出生地，鼓浪屿“莲石山房”，便是先代吟读静修的书斋。到他出世时候，家道已经衰落。父亲远渡重洋，在爪哇商场当书记，家境贫苦，在儿童时代，伴着他的三个人只是高龄的祖母陈玉环、幼小的妹妹翠峦和独立支撑门面的母亲。黄家在鼓浪屿是个望族，族亲又多，喜丧大事，接二连三，随时都有。要顾面子，便得场场参加，次次送礼。黄先生年青时代，据他向最接近的朋友说，便是每当米瓮空空的时候，他的母亲还得从抽斗深处，找出一小件金饰，叫这独子前往当铺，换回三两块钱，有时候凑成送礼，有时付还学费。由于营养不足，他母亲患了钩虫症，一日泻腹三五次；但孝上慈下，他老人家还是强着笑颜，硬撑这一房的门面，在四十四岁时，主要由于医药不继，与世长辞！黄先生现在还时常训勉他的后辈说：他们今天的安乐，是由祖母洪悦治得来的！他们必须学习祖母伟大的舍身精神！

唯一给他母亲安慰的,便是他在校中优越的成绩。他小学进养元学校,初中是英华书院,高中是同文中学,都是厦、鼓一流的学府。在那十多年间,几乎都是名列前茅。

用着当铺换来的钱,他在 1931 年中学毕业。那时正值世界经济大恐慌,南洋树胶每担跌到四元,父亲失业,侨汇完全断绝。母亲知道他喜欢读书,有进取心,仍旧鼓励他升学。结果由叔父黄秋声介绍到厦门思明戏院担任英文书记,书写英文信札、翻译西片封白,半工半读,月赚三十元,一面安家,一面攻读厦门大学法学院政治经济系。厦门大学离思明戏院,记得是三英里左右,无钱坐车,来往步行;有时超过吃饭时间,躲在被窝里看书,结果染上了胃气病。1932 年 6 月 15 日,母亲逝世。望青先生继承她那不屈不挠的精神,从无路处打出路来,他在大学硬撑了四个学年。

二十世纪二三十年代,跟着五四新文化运动,日本对华提出“二十一条”,革命军誓师北伐,“九一八事变”;在那期间的中国,正是所谓抗日、反封建的大时代。他素性好学,又身受贫困之苦,在这股巨流冲涌之下,自然也跟当时万千学生一样,抱着一股救国的热情,喜欢阅览课外读物,都是救国救民不满现实的书籍,由梁启超的《饮冰室文集》到郭沫若、张资平、茅盾等人的著作。大学时代,对哲学社会科学发生兴趣。当然涉猎到唯物辩证法这些新理论。由于学业优越,喜写文章,加以组织力强,历经各校,都被推为学生领袖。当时国内政治斗争日益加剧,比较活跃的学生,难免受到注意;在他本人方面,也因于 1935 年 3 月成婚,必须找个职业养家,所以于同年 6 月,远渡缅甸仰光,就此告别了出生的祖国。

投身抗日工作

在仰光,由于小学时代老师邱立才先生的提拔,他在丘宗庭肥皂公司担任簿记和推销员。职务上的需要,使他走遍了半个缅甸。工作余暇,常到仰光图书馆借阅经济书报,再实地观察缅甸城乡经济,写作有关缅甸经济的学术性文章,发表在当时很有名的上海出版《世界知识》杂志。这篇文章,耸动了当时落后的仰光华人文化界,但也引起英政府的注意。刚好肥皂公司要到新加坡开设分处,他便申请前来,于 1936 年 10 月 26 日,抵达新加坡。

不久，邱氏兄弟意见不合，他和老师同进退，离开了肥皂公司。当时邵氏影业机构，物色中英兼优人才，他很快便被聘用，并于 1937 年 3 月，派往沙捞越美里，担任大光戏院经理。从职业上来说，那是年青人很好的去处。公司大，报酬好。但他觉得很空虚。在那偏僻小镇，每星期接到报纸，看到日军步步进迫，他总觉得自己对国家有一份责任。等到“七七事变”，再也忍耐不住了，他以痢疾为由，于同年 8 月间辞职，回到新加坡。

当时华侨中学校长薛永黍，原是厦大教授。他获聘为文、史、地教员，兼授英汉对译。跟着抗战展开，他和新加坡抗日运动发生密切关系，特别是从募捐、宣传、动员上，配合当时陈嘉庚主持的筹赈和机工回国运动。当时英国张伯伦政府，对日、德尽量宽容，并不鼓励华人抗日。他的教员执照，于 1938 年夏被取消，失业了将近一年。转到槟城《光华日报》担任电讯编辑，顺便领导北马抗日工作。欧洲大战爆发时，英政府对于远东安内工作，更加严厉。抗日分子大多转入地下。没有固定收入，只能靠微薄稿费度日，那时候他已有一男一女，有一段时期，全家四口每天花两分钱买小菜。根据菜市习惯，中国运来的白菜、高丽菜，外叶难免肮脏，菜贩必须拆开。黄夫人走遍菜市，专找这些菜叶，一分钱可拾很多；另外一分，便买牛肉贩不要了的牛骨。这样每天便有汤又有菜。

配合着纳粹在欧洲胜利，日军对远东的压力日见加强，英政府对抗日运动也取缔得更严酷。陈嘉庚先生左右手侯西反，终被驱逐出境。他也于 1941 年 5 月 13 日被捕，判监十四个月。

日军南侵战争，终于 1941 年 12 月 8 日爆发。英政府只得改变政策，邀请各方面抗日人士，在总督府举行会谈，由陈老先生领导，组织抗敌动员委员会。他和许多抗日志士，于 12 月 20 日获得特赦，参加督府会议，并由汤玛斯总督特别接见。记得那天报上有一则新闻，提到“昨日阶下囚，今天座上客” 等语。

由于英当局到紧急时才设法应付，新加坡官民的抗日战争，虽然极其壮烈辉煌，但却是短暂的。日军终于 1942 年 2 月 15 日，入占新加坡。唯有人民抗日军继续游击抗战，敌后抗日志士冒险活动，直到最后胜利。

日军入侵时期，黄先生还留在新加坡。没有抗日组织的命令，是不允许离开的。经过一小段四面虎狼的避难时期，联系终于恢复了。当时抗日志士的重大任务,便是入山打游击。他也接受了这样的安排。但由于最高领导人的叛变,1942 年 4 月 8 日,他准备入山的时候,落在日本宪兵魔掌中。

夫人依着原定计划,进入柔佛泗隆港,参加抗日军第四独立队。她随身还带着四岁的长女黄槟、六个月的次男黄坚。黄槟小姐在游击区因水土食物不合,过了两个月便夭折。

日军判他十年徒刑,后来又改成软禁。日军为着继续和最高领导人的勾结,必须有一个众所周知的"叛徒"来作掩盖,以免引起怀疑。这原是国际间谍常有的杰作。等到宣布投降时,他们决定下手杀人,只因太迟。黄先生早料到这一着,全家得以逃生!

近十多年来,谈到政党政治,他便尽量避开。朋友们问他是何原因,他说自己是一个书生,不好干政治工作。当年凭着一腔热情,参加抗日;获得胜利以后,总算尽了国民一分子的责任,这是他生命史上的一个光荣阶段。……

创办商会学术研究书刊

自从全神贯注商务之后,战后很少参加社会活动。只有经常量力所及,对学校、文化机关、慈善机关多做捐献。但是朋友们却不让他偷闲。1965 年 3 月,新加坡中华总商会改选董事,好友张允中事前未得他同意,向董事会将他提名,等到中选了才告诉他。他曾正式上函辞,但以情面太重,只好打消辞意。1966 年 3 月,总商会商务主任卓经端逝世,他被选接任;1967 年 3 月,连选连任迄今,建树良多!本年 2 月,总商会改选,先生荣任财政主任!

既然接受职位,他是不想挂空衔的。新加坡中华总商会是华人商业最高机关,成立于 1906 年,但六十年来没有机关刊物。他于 1967 年初,在商务组属下,成立"经济资料研究室";同年 5 月,由研究室出版《经济月报》和《工商业书》,主要报道会务活动,发表经济问题专论,介绍政府工商法规,编译重要经济资料。原印行一千五百本,由于反应太好,增至三千本。

担任政府社团要职

商务组主理华商重要经济事项,必须和政府财政部门时有联络。于是他又出任政府好多机关的委员。现任的就有金融公司咨询委员会委员、自由贸易区顾问委员会委员、出口保险研究委员会委员。商业代表团前往各国联络考察,也是一件重要工作。1966 年冬,曼谷亚远经济会议,他随团担任顾问。1967 年春,印尼对抗大马结束后,新加坡派第一次代表团前往椰加达,他也出任顾问。1967 年秋,新加坡派政府商业代表前往苏联、波兰、捷克、匈牙利、南斯拉夫、罗马尼亚和保加利亚等东欧国家,他又被选为财政顾问。1968 年春,总商会派贸易团前往东南亚、日本等地访问,他即任秘书长。常识丰富,享誉国际!

跟着商业方面的服务,文化慈善机关也来了。同济医院请他做经济委员,又担任厦门公会监察委员会主席、义安工艺学院副理事长兼财政委员会主席、教育部属下国立东南亚研究院常务委员、文艺界新社名誉理事长、南洋学会名誉会长。还有陈嘉庚奖学金及故厦门大学校长林文庆博士奖学金,他都是信托人,深受尊重!

(宋哲美)

(《星马人物志》P114—119、121—122)

4.精明强干的银行家——黄祖耀

在新加坡的金融中心地带,矗立着一座二十八层高的大楼,这就是新加坡四大银行之一——大华银行的办公地点。"大华"资产雄厚,除新马地区外,在香港、东京、伦敦、纽约和洛杉矶等地都设有分行及办事处,它的现任董事长就是该行创办人之一"沙捞越商界之王"黄庆昌之子黄祖耀。

黄祖耀 1929 年生于故乡金门。他的父亲黄庆昌,祖籍福建金门,却诞生在沙捞越古晋市,并在该地成长为一名有胆有识的生意人。他在沙捞越这个盛产木材、橡胶、胡椒和椰干等热带物产的富饶之邦建立了基业——"黄庆昌有限公司""联昌银行"及与人合营的"沙捞越轮船有限公司"。1935 年,黄庆昌与槟城的邱明昶、新加坡的王丙丁合创新加坡大华银行,并出任董事长,后来又兼任总理多年。黄庆昌关心社会,贡献良多,声誉卓著,曾获沙捞越州长颁赐的勋章和拿督荣衔,被誉为“沙捞越商界大王”。

黄祖耀在这个银行世家长大,深受父亲的熏陶。1942 年日本侵占新加坡时,正在读中学的黄祖耀随家逃难到骑虎难下,继续学习中文和英文,后到英国数月,考察商业与金融业务。

从 1950 年起,黄祖耀开始在父亲创立的庆隆有限公司当经理,经营土特产进出口业务。在父亲的培养下,他于 1958 年投身银行界,出任大华银行董事,从此,他一身兼营银行、贸易两项业务。1960 年他当了该银行常务董事,1970 年升任董事长。同年,他以一千二百万美元买下了“崇侨银行”的股份,使大华银行总资产从两亿一千万美元跃升五亿两千四百万美元,增加了一倍以上。随后他又买下“利华银行”,使大华银行总资产到 1973 年底超过十二亿八千万美元。以至到了 1981 年,黄祖耀与外资分庭抗礼,又用二亿一千九百三十万港元收购了香港“亨利·伍德房地产有限公司”全部股份。黄祖耀在短短的二十年金融生涯中这一系列颇具魄力的作为,显示了他作为一个银行家的精明强干和令人瞩目的雄心。他艰苦奋斗,继承并发展了父亲的事业,使大华银行这家原资产只有七百九十万美元的华人小银行,在八十年代初,一跃成为国际性大银行集团,总资产近三十亿美元。黄祖耀先生与同业们为新加坡共和国的经济繁荣做出了自己的贡献,权威人士认为,大华银行在八十年代将有更大发展。

黄先生是一位热心社会活动的人士。他是新加坡工商联合总会会长、福建会馆主席,还是前南洋大学理事会理事长和新加坡有影响的华文报纸《星洲日报》的董事长,曾率新加坡共和国经济代表团来中国访问。

黄祖耀每天九点半到办公室,直到下午六点离开,作风勤奋,雷厉风行,对工作人员的要求极为严格,但善于用人,他的周围有一个出色的智囊团。他招聘了许多经过训练的大学生,为大华银行积极培养新的一代。黄祖耀和他的大华银行将为新加坡共和国的经济繁荣做出更大的贡献。

(载《华声报》1983 年 2 月 13 日)

5.我所知道的潘受先生

潘受先生,又名国渠,字虚之,号虚舟。1911年出生于中国福建南安县。

先生十九岁南渡,便长居新加坡。最初,先生担任《叻报》编务,继任华侨中学教席,后任道南学校及麻坡中华中学校长。

中国抗日战争时期,新加坡有筹赈难民会的组织,继扩大为全马来亚的总机构,又扩大为全南洋的总机构,都公举陈嘉庚为主席,而以先生为主任秘书。先生谢绝薪给,数年间义务兼任,终始其事,历次宣言及重要文电,都出自先生的手笔。1940年,南洋各地区推派代表团组织回国(中国)慰劳团,先生膺任团长。那时,先生才二十九岁,而团员中有年高至七十的。

四十年代,先生在重庆、上海、香港等地,以至重返新加坡,前后超过十年是从事金融与工商事务。

1955年6月,先生受南洋大学执行委员会付托,洽聘教授,筹备南大开办事宜。翌年3月开学,出任秘书长,主持校政。1959年12月,各院系第一期学生毕业;次年初,校长也物色有人,先生乃告引退。

先生自少爱好文学,爱好书法。十七岁时,因所肄业的泉州培元中学学校当局的怂恿,参加全国拒毒运动论文比赛,荣获第一。评议会委员是蔡元培、伍连德医生等五名宿。先生在中学时期,仿效其师老举人名书法家曾遒(振仲)作书,不论是屏条、对联,或是擘窠大字,人们见到,都难以分辨,而曾先生忙不过来时,也乐意请先生代笔。

太平洋战争兴起,新加坡沦陷,先生流寓重庆。那时,重庆是中国战时首都,人才麇集,先生因此多获得机会与名儒宿学交游,学问大进。

先生在新加坡,徐悲鸿、郁达夫早称其诗。在重庆,刘成禺、章士钊、江庸、柳翼谋、乔大壮、沈尹默、王芃生、潘伯鹰、曾克耑;在香港,叶恭绰等,也都交相赞誉。

先生在诗歌方面,初从语体诗入手;弱冠后,才致力于旧格律的古近体诗,凡历代名家作品,涉猎殆遍,不为时代、地域、宗派之说所影响。他所瓣香的,首推杜少陵,其次是李玉谿、苏玉局。四十年前,徐悲鸿已有

"寄兴深远,属辞雄古,大似少陵"的评语。章士钊曾赞叹说:"诗在南洋矣!"潘伯鹰评先生四十年代后期的讲稿说:"岂特吾宗之高才,实乃当世之大手笔。"又说:"横绝九州。"叶恭绰评先生香港讲稿说:"郁勃。"又说:"合作。"又赠先生诗"已得骊龙颔下珠。"日本吉川幸次郎,是国际最负盛誉的汉学家,对唐一代诗歌,尤其扶微探奥,世所共仰。他在致友人书中评先生《入蜀诗》说:"淋漓感慨,少陵之遗,集杜诸篇,尤见功力,文信国不得擅美于前。"又论先生《海外庐诗》说:"闳雅壮丽,吐纳李杜而寝处之。"先生于词不多作,刘海粟评先生次韵题画的《水龙吟》和《水调歌头》诸作说:"气象磅礴。"又说:"老辣、豪放、浩瀚,直走辛稼轩、陈同甫一路!"总观先生的诗词,它的最大特色,在意境清新,有强烈时代感,能深入浅出反映时代;而格律之严,情韵之美,又无一稍减古人。

先生在书法方面,小时多作楷书,学颜,学虞。稍长,转入汉、魏、六朝,喜欢礼器、张迁、韩仁、史晨、张猛龙、张黑女、郑文公、石门铭、瘗鹤铭诸碑。后来,先生进一步抚钟鼎、监石鼓。中年时,先后研究草书,取径孙过庭、怀素以窥二王。近几年,先生专作行书,宗颜平原,尤其喜欢他的《争座位》及《祭侄稿》;参以清代钱、刘、何、翁四家的体势神韵而变化之,遂成一种朴茂、雄逸、跌宕而不失蕴藉之风貌。每次应人请求,当众挥笔,悬腕中锋,挟篆籀古拙浑厚之气,兔起鹘落,动辄数十纸而无倦色。当先生十二岁时,泉州老进士名书法家林翀鹤,惊异先生不寻常的书法常识,喜引为小友。因得时至老进士名书斋中看他写字。迨入中学时,其师曾老举人第一次见到先生所呈书课,特加硃批:"遒劲而无粗豪之气,为之不已,当可名家。"潘伯鹰在重庆初见先生所书立轴,谓"似黎二樵",后来在香港见先生新作,又说:"有翁味。"翁即松禅老人翁同龢;章士钊、沈君默、乔大壮、叶恭绰也至为推许。刘海粟先生近作诗说:"书法之精致,诗笔之美,并世所罕见!"陈兼与评先生最近的书法说:"龙虬夭矫,吴荷屋无其恣肆,何蝯叟亦让其潇洒,海内一人!"

先生论诗、论书,最恶俗、恶怪。以为应酬诗是旧格律诗圃中的恶草,应该全部除尽,语体诗虽还未臻成熟阶段,幸无此物。先生又以为,书法不先事模仿,终不能有所创造;舍先模仿而侈谈创造,非俗必怪,又怎么能希望他卓然有成而自树立于作者之林？书法如此，一切艺术无不如此。

先生有关文学、艺术的论著，散见历年报章杂志的不少，不过未见结集。已刊诗集有《海外庐诗》四卷，附《词》一卷，是先生 1937 年至 1966 年三十年间作品的一部分。

先生现任新加坡中华书学研究会顾问，是国家博物院 1979 年常年美展及文化部联合当地和美术团体主办“国庆美展”(1980)的评选员。

（陈声桂）

（载《地平线》1981 年 4 月 P8—9）

6.正兴建香港香格里拉酒店的巨商

——“亚洲糖王”郭鹤年

马来西亚的人们，包括内阁部长、工业家、银行家、商业家、大官员和老同事，其中有马来人、有印度人、有华人，在评论郭鹤年这位商场上的传奇人物时，都说他是一个高度活跃的企业活动家。有人说：“郭鹤年家族所处的地位比其他马来西亚家族能够更快地实现其事业计划，因为他们知道目前正在进行着的是什么。”

到底郭鹤年是怎样的一个人？

创立第一间公司——Rickwood

郭鹤年并不是第一代海外华人，他出生于 1924 年，祖籍福建。他的祖先早已在马来西亚最南端的柔佛新山建立相当规模的家庭企业，经营大米和糖。郭家家境甚好，有能力送郭鹤年及其两个兄弟到新山最好的英文学院念书。在那儿学生念的是莎士比亚和狄更斯的作品，而不是孔夫子的著作。可是，那种教育的结果并没有使得那些青年更加靠拢殖民政府，反而使他们培养起对殖民者深刻的反感，并且极力想要摆脱它的统治。在郭鹤年度过中学时期的新加坡莱佛士学院的学生，更是如此。新加坡和马来西亚的一些领袖如拉扎克（马来西亚前总理）、拉试·摩哈尔（马来西亚政府经济顾问）、胡先·翁（马来西亚总理）、李光耀（新加坡总理）、穆罕默德·卡萨利·宾东姑·苏莱曼（马来西亚国家企业机构主席）和星马的其他文官及外交官，都是出身于这间学校。

太平洋战争结束后，从1945年9月至1946年4月，英军在马来西亚实行军事统治，控制一切主要供应品和严格控制其价格，米、糖和煤油因此而出现了黑市。当许多人因受战争的影响而挨饿时，郭鹤年却很幸运。他比他的兄弟更喜欢沿着他家族世代经管的商业发展下去，他善于掌握供求规律。当他只有二十四岁的时候，便从马来西亚跑到新加坡，创立他的第一间公司——力克务公司（Rickwood），这间公司在1965年改名为郭（新加坡）私人有限公司。力克务公司向政府注册的是经营一般的商业、轮船经纪、轮船租赁和有关船务制造等生意，这是他后来事业发展的雏型。一年之后他回到新山，创办了郭氏兄弟私人有限公司，经营大米、糖和面粉的出入口和经纪业务。不久，郭鹤年在这两个地方的生意都开始赚钱了。

亚洲的“糖王”

五十年代初期，郭鹤年到了伦敦。在伦敦的那几年，郭鹤年虽然并不活跃，然而他通过对伦敦商品交易所工作方法的细心分析与研究，提高了他自己对商品贸易的才干。他对糖的买卖已经有了很大的兴趣，因此当他在五十年代末期回到马来亚后，他配合联邦土地发展局，创立了马来亚制糖公司，这是马来亚第一所炼糖厂，位于靠近槟榔屿的北海，但郭鹤年拥有的股份并不多。

炼糖厂建立的前四年，也就是1955年，郭家在新山设立了一所商品贸易公司，叫明田（Min Tien）私人有限公司，郭鹤年是台柱。

五十年代到七十年代，郭鹤年对糖业贸易的兴趣愈来愈浓，他的名字在国际经纪人当中已经十分响亮。他不仅在东南亚地区内进行贸易，还从古巴购糖，转卖给印尼，从泰国购买粗糖，运往新建立的马来亚糖厂提炼，然后通过他在中国香港的商品经纪公司万通（Ban Thong）有限公司转卖给中国内地，1968年，他进一步开展马来西亚糖业，设立玻璃市种植有限公司，其主要目的是要清除马来西亚北部玻璃市的丛林以种植甘蔗，向联邦土地发展局租来一万四千五百英亩土地种植甘蔗。1973年3月第一次有了收获，成为马来西亚走向食糖自给的第一步。在这之前数年，玻璃市和联邦土地发展局共同建立了玻璃市综合糖厂有限公司，位于种植园附近。1976年6月，郭鹤年策划玻璃市种植有限公司把马来西亚糖厂接收过来，收购99.3%的股份，股本总数增加到七千四百万元马币。

在这项规模宏大的投资项目中，郭鹤年扮演了工程师、董事长和小股东的角色，对马来西亚的商品活动做出了具体的贡献；同时他在私下继续经营他的糖业买卖，提高对伦敦和纽约糖业市场价格的预见力。1976年来香港后，他已经不像从前那样多的卷入国际活动，而是集中精力搞糖及其他消费商品。

伦敦糖业经纪商人说郭鹤年是亚洲的糖王。有人估计他在国际市场每年生产的一千六百万吨糖中控制了一百五十万吨。他是伦敦糖业联合会的成员，他和设在美国的科罗德斯公司有来往，泰国每年供应他三十万吨糖。郭鹤年的许多朋友都说郭鹤年最喜欢做糖生意，而糖的确是他一向发财致富的来源。不管他是贱买贵卖，或者是抽0.5%佣金，或者是在纽约、伦敦市场上买卖期货，他总能够在广阔的国际市场中捞取巨大的利润。

在商场上长袖善舞

除了糖之外，郭鹤年的大米与小麦贸易也十分成功。他从泰国买米，卖给马来西亚和新加坡，从北美和澳大利亚输入小麦，运到他的面粉厂——吉朗(Kelang)的联合面粉厂、新山的柔佛面粉厂、印尼的坡卡沙里面粉厂——碾磨。据联合面粉厂的年报透露，仅仅这一家面粉厂在缴纳税务后获得的纯利就达九百四十万元加币，作为大股东的郭鹤年，取得的利益当然不会少。

从1960年开始，郭鹤年又经营木材。那时他在柔佛设立马来亚木板厂(Malayan Veneer Bhd)制造薄木板和夹板。1965年在芒基坡尔(Mangkibol)设立木厂，后来成为闻名东南亚的木材加工厂。它的产品95%销售到欧洲、美国、东亚、西亚。从四千公顷的木材租赁地——马来西亚薄片厂每月生产三十六万平方英尺木片，十三万五千片夹板，二万四千块木块，1976年获得纳税前的利润三百五十万元叻币。郭鹤年在上述木厂的股份很小，然而他作为董事长，可以通过他家族在新加坡的商业机构指挥市场的贸易活动。

三十年来,郭鹤年深深卷入了地区活动,较少参加国际贸易活动。当他的贸易扩展时,他很快地认识到航运也是获取利润的一个方面。当时马来西亚的财政部长陈修信是头一个企图建立一支国家轮船队,以冲破远东货运航队的专利权的人,而郭鹤年便是筹集资金和实现计划的人。

郭鹤年在马来西亚国际航运公司中只占10%的股份,而政府则控制着65%的股份。1976年,公司从一亿六千万元的叻币收入中获得纳税后的利润一千八百五十万叻币。有人说:“郭鹤年是一个企业家,但他没有可能全力投入航运业,因为航运业是需要献身精神,需要整天的工作,不能像郭鹤年那样只用一部分时间去应付。”

在香港兴建香格里拉酒店

1976年,郭鹤年在香港扩展了业务范围。1977年4月,郭鹤年在香港建立了克利(Kerry)轮船公司,这家公司注册资本是一百万元港币。它拥有一支新的五艘货船队,总吨数达二万五千吨,每一艘轮船价值八百万美元,用以运载销售到世界各国的货物。

郭鹤年像其他企业家一样,不能抵御投资地产的诱惑。除了在吉隆坡和新山发展房屋建筑外,他把主要力量放在建筑和购买旅馆上。他是下列旅馆的主要股东:1971年落成的新加坡拥有五百二十个房间的香格里拉旅馆,这旅馆后来又增加了二百五十个房间;槟榔屿拥有三百二十个房间的拉沙沙央旅馆;槟榔屿拥有三十三个房间的金沙旅馆;拥有三百一十五个房间的菲济旅馆;拥有一百六十五个房间的摩甘波旅馆;还有正在香港建立、将在1981年落成的拥有七百四十二个房间的香港香格里拉酒店,对这个位于九龙海滨的旅馆,郭鹤年已经投资一亿六千三百万元港币。

由此可见,郭鹤年对旅游事业也抱有很深厚兴趣。大家知道,他曾任马来西亚、新加坡航空公司董事长呢!

(君愫)

(载《地平线》1979年2月)

7.新加坡同济医院主席拿督黄桂楠先生

出　身

拿督黄桂楠,福建省惠安县后蔡乡人。1920 年,诞生于故里。父亲永祺老先生,系新加坡闽侨,南洋黄氏总会永远名誉会长。其昆仲桂岩、桂丁、桂馥,子侄英杰等,均为商界知名之士。

学　业

五岁时,南来星洲。翌年,进崇正学校肄业。十四岁,毕业高小,回国深造。升入泉州晦鸣中学。在学时期,矢志勤读,孜孜不倦,每年考试,成绩斐然。十七岁学成,重返星洲。

经　历

返星之后,即进四美公司,襄助父兄事业。在此期间,潜心研究陶朱懋迁之术,对于树胶业,尤感兴趣。1940 年,四美公司扩展营业,注册为有限公司,乃兄桂岩任董事主席,他以年青担任董事经理职务,日理万机,应付裕如。

1941 年冬,日军南侵。星、马沦陷,先生避难于印尼,韬光养晦,息影山辄。迨 1945 年秋,星、马重光,始回星洲,重整旧业,发扬光大。

战后发展

1947 年,组织协和树胶有限公司,任董事主席;相继设立南合有限公司、联东树胶园有限公司、宏发有限公司、协发树胶有限公司、联兴(马来亚)有限公司、福兴(马来亚)有限公司、吉兰丹合成树胶有限公司、和裕有限公司、麦加多有限公司、新联发有限公司、黄桂楠实业有限公司,担任董事长或董事主席。

1963 年,新加坡远东银行增资,被选为新加坡苏联船务代理商董事主席,其侄英杰任董事经理,业务日益发展。近斥巨资,在实龙冈路兴建总统大厦。

服务社会

先生尚未及五十岁,服务社会已二十余年;关系最为密切者,首推同济医院,其次为树胶业机构。

历任同济医院董事、查账员、财政、产业受托人及主席多年。对于院务兴革,多所贡献,先后乐捐巨金,现正策划兴建同济大厦,以求一劳永逸。

他历任新加坡树胶装配商公会主席、新加坡树胶公会及新加坡树胶厂商公会要职、泛马树胶注册局委员。1957 年 5 月,曾赴伦敦,出席世界树胶装配及配船会议,由于其经验丰富,语多中肯,其所提建议多被采纳。1967 年,胶价惨跌,至每磅马币五角以下,马来西亚中央政府计划挽救胶市良策,特请先生代表星洲胶界赴吉隆坡,以备咨询,其受当局重视可知。

此外,曾任下列要职:

新加坡中华总商会副会长(1956—1957)、南洋大学理事会执委、新加坡福建会馆执行委员、南洋黄氏总会主席、惠安公会产业信托人、出入口商公会委员、南洋女子中学副董事主席、华侨中学财务董事、中华女子中学董事、崇正校友会主席、善济医社名誉主席、南安善堂名誉主席、圣约翰救伤队中西区主席、圣约翰救伤会武吉班让分会名誉会长、救伤总会委员、中国学会理事、新加坡中华体育促进会理事、马来亚体育促进会委员、新加坡篮球总会名誉主席。

据“南洋大学创校十周年纪念特刊”(1956—1966):南合有限公司对该校建校基金,先后共捐星币二十余万元。

1964 年 6 月 3 日,新加坡州元首颁赐公共服务星章。同年 10 月 28 日,柔佛州苏丹颁赐拿督勋衔。

(宋哲美)

(《星马人物志》P145—147)

8.南洋学会前会长连士升先生

小 引

南洋学会现任会长连士升先生的简史,连先生本人曾写一本《回首四十年》,记载他求学的经过以及抗战时期的经历。该书长达十四万言,已经翻版多次。

治学、做人、思想、著作

连先生为当代星、马名学人之一，他为人处世之道、治学精神，及其在学术上的成就，都是受人尊敬的。

新加坡电视与广播电台记者所写的一篇《马华作家浅介——连士升》（原文见《电视与广播》第64期，1965年7月19日出版），就有这样客观、翔实的记述：“连士升先生是今日马华文坛首屈一指的散文作家，十多年来他的文章都风靡着文化界，每一书出，便有被抢购的现象。尤其是一般热情诚挚、积极向上的青年人，更对他景仰崇拜备至。”

1907年，连先生出生于福建省福安县的一个书香世家。他家学渊源，业绍箕裘。幼年受私塾教育，饱览古籍，加以博闻强记，遂奠下旧学根基。继而先后入露浦作元汉英学校及福州英华斋就读。毕业后，考入北京燕京大学，攻研经济学，1931年，大学毕业。接着，在国立北京图书馆从事研究工作多年。1935年，开始创作，在著名的《东方杂志》《大公报》《食货半月刊》等刊物撰文。1937年，负责撰写《申报》的“星期论文”。不久，“七七事变”，遂逃难到香港。这期间，曾任国际通讯编辑兼岭南大学讲师。太平洋战争爆发后，又率眷避难越南农村，闭户读书译述，曾译了经济史名著二百万言（尚未出版）。1947年抵星，一直居留至今，服务报界。

连先生是名副其实的“读万卷书，行万里路。”不但足迹遍及中国多省、东南亚各地，且先后到过欧洲、印度及澳洲。他博学多才，学贯中西，所以得互相比较，取长补短，这才有机会接受更广泛的知识和学问，而作深入的研究。

这位著名的学者，现任《南洋商报》主笔、南洋学会会长、新加坡大学董事、国家剧场委员。他虽身兼数职，异常忙碌，却始终没有停止过研究工作和写作生涯。连先生著作的单行本问世的已有十多种，近年更将其作品集成《连士升文集》数厚册。其著作可分为三大类：散文方面有《给新青年》《闲人杂记》《回首四十年》《南行集》《春树集》及《海滨寄简》一至四集；传记方面计有《泰戈尔传》《甘地传》《尼赫纪行》《名山胜水》等。此外，尚有未出版的《澳洲纪行》以及其他著作多种。时下，新加坡、吉隆坡、香港等地有十多种教科书，选用连先生的文章；同时，美国威斯康辛大学(Wisconsin University),也选其作品为华文教材。由此可见其声誉与影响之一斑。

(宋哲美)

(《星马人物志》P166—168)

9.前南洋学会副会长、中国学会副会长陈维龙先生

籍 贯

陈维龙先生,字子超,1897 年生于福建永春县西向许内桃源乡。父亲凿深老先生,字承池,少随祖父世节公,往苏门答腊岛日里民礼埠(Bindjey,Deli Sumatre,离棉兰埠 Medan 十几公里)谋生。及长回乡,娶永春城郑德文公之女郑玉氏为妻,次年生先生,以后只再回家一次,终老海外。

学 业

先生六岁,启蒙于故乡私塾,因年纪幼稚,唯一记忆是,曾于下雨天跌落露天厕所(原是一个极高大木桶,上面放两条木板),几招灭顶之祸。次年(1904),随母亲往南洋寻父,经过新加坡(当年的马路还是黄色的),到槟榔屿(现称槟城,当时的电车有两层,与香港的一样。)换船往棉兰,隔夜抵达目的地。

第二年迁居棉兰,本来承池老先生在民礼火车站酒房做小生意,因他口齿伶俐,会说多种方言(包括马来话),并精文牍,被殷商黄瑞武(现时新加坡大法官黄宗仁的祖父)所赏识,聘为书记(后来升为其英荷属各公司的总巡),乃乘机劝东家礼聘通儒,在其瑞德美百货公司楼上,设立私塾,教其子女读汉文,东家从之,先后聘李忠石、林贻枢等先生,锦培(即宗仁的父亲)、锦派、锦龙和秀鸾、秀莲、秀娥受课。只有次男锦敬在槟城读英文是例外。先生和几位外人子弟,获准附骥。

塾师均由陈老先生推荐的,故对他管教特别严,常使他透不过气,暗中叫屈。及后转入新式学校因旧学有了根底,受惠无穷。

1910 年初,他与同窗黄锦派、黄茂俊、温清池同时转进华商学校,插

入高一班。未及三月，国内派来一位没有辫子的汪视学，要考取英、荷属华校优秀学生，升学南京暨南学堂（旧制中学附设高小），先生等四名新生和两名旧生王波、陈文福中选，当时他年仅十三岁，竟列第一名。暑假时，他们会同同埠敦本学校的张其南等六人，新加坡的胡载坤、赖载勋（现称赖伟文）、汤济光三兄弟，槟城的壮汝霖、许汉雄等，在新加坡乘双安号往香港，换广利号往上海，坐沪宁铁路特别快车上南京。他补习半年后，插入中学丁班，与后来主办吧城（印尼独立后改称椰城）中印尼版新报的洪渊源及后来编著《叶德来传》的王植原（当时名佐邦）同班。同时认识后来驰名星、马的李光前和何葆仁等。

次年10月10日，武昌起义，全国响应。学校停顿，学生星散，先生等返棉兰。他们自念归国不及两年，所学有限，但眼界已大开展，这对各人的前途影响非浅。

此后两年，先生与锦派同在槟城英华学校读英文，同时补习汉文。1914年，先生随父移居新加坡（母亲早于他才十一岁时去世，这对他是一个大打击），即转入该埠英华学校。至1918年底，与李俊英、叶平玉、陈森茂，同时毕业，均以成绩优异，获免剑桥大学入学考试，可惜只有陈森茂有经济能力升入该大学，三年后，即回星、马挂牌做大律师；叶平玉和李俊英先当母校小学教员半年，即获奖学金，升学香港大学。独先生错过机会，终身任职银行界及商界。

先生原希望能再深造，但因父亲非富有，且有十个儿子，而他居长，有分担家庭负担的责任，不得已结束学业，早去谋生。

服务银行界

1919年初，进入新加坡和丰银行，服务于来往户口部。当时他因未读商科，连簿记、打字或速写等起码技能都缺乏，只凭一些中、英文的基础和一颗学习而上进的心，就毅然走入这一家在当时最具规模的本地银行。幸赖该部主任马奇经的循循善诱，该行总经理萧保龄的多方鼓励，进步甚速。1922年，升任槟城分行襄理；1925年，任巨港分行经理；1930至1931年，署理上海分行经理职务；1932年，在三大银行合并前几个月辞职。……

学术研究著作

有许多人从其经常服务机构告老后，不久就在另一地方担任较轻的工作，最少跑商场或股票交易所，碰碰运气。唯有陈先生不这样做，说退休就真的退休，换一句话说，就是不为自己或他人做生意。

上面说过，先生于1963年底退休，那不是说，这四五年来他老坐在家中，等待末日的来临。他本来参加几个学会，如南洋学会、中国学会、亚洲学会马来亚分会、马来亚经济学会、国际关系研究会与暨南同学会等。这些年比较空闲，乃参加活动，连任中国学会副会长，兼1968—1969年编辑委员会委员、南洋学会副会长兼英文秘书，暨南同学会监察委员会主席、香港东南亚研究所顾问。

维龙先生先后撰稿十多篇，发表于《中国学报》，深受中外学术界重视：

(1)南洋诗人星洲寓公邱菽园(中英文)

附：康有为的《邱菽园》所著诗序。

(2)菽园诗选

(3)"Good-bye to Confucius"(别矣孔子！)

附：胡思杜的《我对我父亲胡适的批评》全文的英译。

(4)"Laotze & the Indian Masters"—A Striking Analogy as Revealed by Rabindranath Tagore 摘译自1924年四、五月间泰戈尔在中国的演讲词《文化与进步》

(5)槟城的辜鸿铭(Ku Hung Ming of Penang)(中英文)

(6)介绍英译离骚(林文庆博士原著)，附：陈维龙小引

(7)介绍"The Religion of Good Citizenship"by Ku Hung Ming。辜鸿铭为第一次世界大战对中西文化的比较)

(8)介绍曼殊诗选及其英译

(9)介绍林语堂英译中国诗选并附原诗

(10)介绍道德经选译(附原文)

(11)"Bi-Lingual Education—How A Student Struggled to Attain It"(一个学生学习中英文的奋斗过程)

(12)Some Questions in Translation(翻译的几个问题)

(13)林文庆博士传略

(14)陈长乐博士传略(中英文)

(15)忆黄锦培父子(星洲大法官的祖父及父亲)

(16)忆陈永辉(一位杰出的华侨银行家)

(17)悼白丙壬老同事(一个力求上进者的悲哀下场)(中英文)

(宋哲美)

(《星马人物志》P179—181、189—191)

10.新加坡中华美术研究会会长黄葆芳先生

新加坡名美术家黄葆芳先生,1912年出生在福建闽东福安县的书香之家。伯父黄晋铭公是名孝廉,做过连州府台,通经史,擅诗文,性情正直不苟,甚得乡梓爱戴。叔父黄晋锟,是一名士,精究书法,刻有字帖行世。他与同乡书家郭梁(杏春)、诗人陈文翰(西园),誉称福安三杰。葆芳先生生长书香世家,自幼即受艺术的薰陶,耳濡目染,无一不是诗的生活、画的生活。童年的环境对他影响很大,引起他学习绘画的兴趣,自幼即喜爱作画诵诗。后来走入上海美术专科学校,专攻绘画,兼修实用美术。上海美专,是中国历史最久,而人才荟萃的美术专科学校。他在校时,颇得师长器重。毕业后,因成绩优异,即为校长刘海粟聘请留校任教。他对校长的赏识感激不已,继续努力,希望在教学上有特殊表现。他更加刻苦勤修,东壁图书,西园翰墨,受益不浅。当时,上海美专的良好环境,对于研究美术的人,最为适宜;所以二年的教学生活,使他进步甚速,同时常接近名家,有了更多的请益机会。

1938年南来星、马,担任名校教职,他是一位多才多艺的人,除了书画金石之外,对于实用美术,独具匠心,有关工艺美术的书籍,搜罗甚富,公余之暇,手不释卷,无论韵文或散文,都喜欢阅读,凡美术有关的专集画册,更要博览精研。他的绘画及文章,常见报刊。经他设计的室内布置及大厦的装饰,均具不凡的超人手法,是目前新加坡有数的设计师。1958年,由中华美术研究会主办,假维多利亚纪念堂举行的"黄葆芳设计室内布置展览"轰动星马,为期十日,观众达四万余人。

他的中、西画，著有画集，由中华书局印行，获得美术界不少佳评。他的中画，初期颇受石涛、八大的影响，水墨淋漓，气魄纵横，有大家的风度。他生平最钦佩吴缶卢昌老的书画、金石、诗文等，故用笔设色，都可看出是走缶卢的道路；能于豪放中求细腻，明艳中求古朴，章法繁而不乱，简而不浮，能放能收，不流凡俗。题画诗，独出心裁，言人之所未言，别具情趣。

南洋学会会长连士升先生，在他的画集序文中曾说："葆芳得天独厚，他可以不必依靠卖书为生，这是他比较别人占便宜的地方。他的画，完全注重感情和兴会。高兴的时候，多画一幅；不高兴的时候，把画架色板搁在一边，用不着限期交卷；所以他不画则已，一下笔总有相当的收获。"本来，画家如果过分迁就他人的意见，或者为售画市场的倾向，以作为绘画的风格，那绝不会有优良的作品产生。

1938 年，南来之后，即参加中华美术研究会，在该会的常年美展中，都有精彩的作品，是新加坡美术界的中坚人物。历任该会执行委员、副会长、会长多年，能负责，肯牺牲，公尔忘私，对于会务，莫不全力以赴。鼓励后辈的热忱，甚得会友的爱护与合作。

他是一位名设计师，设有工场，配合其设计工作而服务。他性豪爽，喜交游，凡属外来或当地美术界、文化界朋友，很少不是他的座上客，对学者专家尤为尊敬，虽相违数十年，远离数千里，仍是鱼雁频通。朋友中有事相托，力之所及，从不加以拒绝。

他历任上海美术专科学校讲师、南洋美术专科学校教师、1958 年新加坡博览会布置组委员、新加坡中华总商会筹建新会所图样及布置组委员、新加坡艺术理事会主办 1967 年庆祝国庆美展评选委员、1968 年新加坡博览会美术组副主任及评选委员。1964 年起，任中华美术研究会会长至今。

（宋哲美）

（《星马人物志》P192—194）

11.新加坡华人青年会首任会长陈树楠医生

南来学医

陈树楠医生,中国福建省闽侯人。1885 年,诞生于福州。弱冠南来星洲学医,成家立业。现为新加坡共和国公民。

学　历

在国内时,肄业于福州协和书院,奠下中、英文很好的基础。嗣来星洲,于 1906 年,进英皇爱德华第七世医科专门学校(新加坡大学医学院前身),现为硕果仅存的该校第一届毕业生。

经　历

1911 年,毕业之后,开设神州药房悬壶济世,至 1965 年始退休。由长子继楠、幼子继伟继续经营。

他除行医外,注意社会和教育事业。1911—1912 年,任新加坡华人书报社社长(创办人是长老教会的 Rev. Cook 及郑聘庭牧师)。1923 年起,任中央接生委员会委员;1926—1940 年,英皇爱德华第七世医科专门学校理事;1929 年起,任新加坡禁烟会会长兼禁烟疗所所长、扶轮社主办肺病诊疗所及新加坡肺病预防会发起人。

1949—1950 年,英国医学会新加坡分会会长;扶轮社理事及前任副社长;陈笃生医院董事(自 1935 年起)。1949—1954 年,马来亚大学兼马来亚医学院董事。1945—1946 年,英国驻星军政府咨询委员会委员;1946—1947 年,华人青年会创办人及首任会长;1954—1964 年,再任会长,完成会所;1952 年,被选为英皇爱德华第七世医学院友会荣誉会长。

他捐献星币伍拾万元,设立陈树楠基金,作为慈善事业之用。

陈医生有五男两女,长子继楠、五子继伟,继承父业,其余子女,均受教育。

(宋哲美)

(《星马人物志》P204—205)

12.新加坡美术家刘抗先生

新加坡艺苑领袖刘抗先生,对于南洋艺术界的贡献独多,这不能不归功于他个人素养的深厚以及他长期跟恶劣环境奋斗的精神。

他原籍福建省永春县,自幼便跟他父母南来。十六岁回国,先后在上海美专、新华艺大学画。那时候,他学的是最基本的素描工夫和艺术理论。十八岁时,他到人文荟萃的艺术之都——巴黎,就在那年他的作品入选于秋季沙龙。巴黎报章对这位中国青年的特殊成就,竞相为文介绍。经过这番鼓励,他更努力学习。

他的画,深受后期印象派和野兽派的影响。他热爱举世推崇为新兴艺术之父——立体派艺术宗师的塞尚。他热爱富有南国情调和原始风味的哥更。尤其热爱情感奔放,色彩强烈,线条刚健的梵谷;梵谷每一幅如火如荼的画,烧毁了他的旧见解,燃起了他的新光辉。最后,他倾倒于马蒂斯——那个有着色彩诗人、线条诗人浑号的现代大画家,既尽兼西方绘画艺术的众长,而又善于撷取东方艺术的芬芳,无怪以东方人学西洋画的刘抗先生,这样地倾倒于他。

在留学巴黎的五年间,他经常到卢浮宫博物院,去欣赏历代大师的名画,往卢森堡公园的博物院去观摩近代名家的杰作。此外,各大画廊所收藏的珍品,他也继续不断地研讨。用力既久,自然豁然贯通。吸取古今中外的菁华,化为自己新生的血液,取精用宏,那五年的学画的生涯,奠定了巩固的基础。

他留学巴黎期间,是中国青年在法国研究美术的全盛时期,名家如刘海粟、汪亚尘、张弦、庞薰琴、刘开渠等,固然和他时常往来,即那位专攻艺术史、艺术批评的傅雷——傅聪的父亲,也把个人的心得和他互相切磋。师友挟持,见闻一天比一天丰富,久而久之,便养成独特的作风。跳出模仿的阶段,开辟创作的途径,这是学者和艺人必经的过程;而这一关,是一生最重要的关头,许多人很可能像鲤鱼跳龙门一样,可望而不可即,因而没法深入堂奥。

学成之后,他应上海美专之聘,担任西洋画专任教授。那时他不过是个年青小伙子,在班里研习的学生多数比他的年纪大。好在他没有上课前，美专当局已经把他的作品在陈列室展览。同学们闻他的大名，又亲见他的作品，在精神上已经有切实的了解。尤其心灵纯洁的学生，他们所要求的是胜任的教授；只要技熟艺精，得心应手，自然博得学生的爱戴。刘先生在美专任教时之能够叫座，并非偶然。

他往返法国的途中，欣赏瀚海汪洋；旅行瑞士及逗留国内的期间，恣情玩赏名山古刹。其中最得力处，还是黄山。古人说“五岳归来不看山”，可是黄山却具备五岳的一切特点。整个黄山固然有它独特的气魄，每个山峰又有与众不同的韵味。至于高岩巨石的峭削，苍松古柏的雄奇，以及风雨晦明的千变万化，真使人应接不暇。他如虚无飘缈的云霞烟雾，简直把游客弄得眼花缭乱，不知道是云霞烟雾在做把戏呢，还是个人自然陶醉得神志昏迷呢？

从黄山归来之后，他的画的意境，更见雄浑深远，而他所用的线条和色彩也更见粗犷浓厚。这可见读万卷书固然重要，行万里路是更为实在。因为耳闻不如一见。无论多么有素养的作家，有时总会有书不尽意的感觉，只有亲自阅历，亲自体会，才能够找出宇宙间的大道理。

在中国时，除任教美专外，也参加多方面的艺术活动，如百川书画会、国际剧艺社、全国美展等，都得到他的助力不少，全国美展且聘他为审查委员。

中日战争爆发后，刘先生即重返星、马。以后三年间，他一直在教育界服务。用“桃李满天下”这句话来形容他在教学上的成就，一点也不过分。

他连任中华美术研究会会长，达十余年之久，并且是新加坡艺术协会发起人之一。在新加坡，这是两个历史最久、会员最多的艺术团体。他领导有方，推动得力，对南洋文化水准的提高，贡献甚多！

在艺术界，固然有其超越的地位，即其他各团体，也是重要的负责人，如南洋学会、中国学会、音乐协会、欧美同学会、暨南校友会、教师总会、中学教师会、蓓蕾社等。

1957 年，为了纪念作画三十年，他举行了一次个人画展，把留法研究时期、上海任教时期及南洋旅游时期的作品，按程序的先后，陈列展览，规模宏大，内容充实，打破前此个展的纪录，各界佳评潮涌，洵为艺坛盛事。

他同时刊印了一本画集，彩色精致，编排美观，作为创作生涯的一块里程碑。马来西亚首相府的新闻主任苏里文氏，在一篇序文里这样写道："刘抗是三个世界的人物：出生于中国，受艺术教育于法兰西，而定居在南洋。他运用西洋的技法，撷取中国的神韵，来表现热带的生活及景物。他无异是一座东西洋艺术的活桥梁。"

他现在正是年富力强，创作欲与日俱增，而风格时在转变中。相信在这肥沃的亚洲土地上，一朵奇葩，会永远盛开芬芳！

（宋哲美）

（《星马人物志》P211—214）

13.从学徒成为亿万富翁的郭芳枫

被美国一家金融月刊誉为世界十二大银行家之一的郭芳枫，原籍福建同安，是新加坡丰隆集团主席，也是当今新加坡金融业、房地产业、旅店业、工业和其他不同企业的顶尖人物。他和他的兄弟，还有众多受过高等教育的子侄们，以现代化手段管理着丰隆集团下属六十家企业，雇佣着三千六百名员工。丰隆集团在新加坡的总资产额，约为三十六亿新元。

同许许多多第一代离开祖国、漂洋过海的福建人一样，小小年纪，仅受过三年教育的郭芳枫，在三十年代带着一领草席、一床被单，带着父母的辛酸叮咛，离开经济破产的家乡，买了一张半价船票，从厦门到达新加坡。当时，新加坡经济落后，又受欧美经济萧条影响，谋生殊属不易。郭芳枫在一家五金店当学徒，待遇菲薄，他却勤奋不息，清早即起身操业，夜间席地而眠，晚饭后还奋发自学进修，因聪明勤奋而深得老板器重。七八年之后，他的三个兄弟也先后到达新加坡，身为二哥的郭芳枫捧出不多的积蓄，在小坡办起一家小小的"丰隆公司"，经营五金、轮船用具、缆索、漆料、胶园器材等。丰隆集团即发轫于此。

郭芳枫的成功之路，大量是用汗水，更多是用智慧铺就。他说："做生意要有远大眼光，要配合时代需要。"他眼光敏锐而又计划周详，深谋远虑而又当机立断。1945 年第二次世界大战结束，他和他的兄弟在新加坡和邻近地区以廉价大量购进五金、建筑材料、轮船配备用品等战争剩余物资。此后的几年里，欧美各国和日本大力发展航运事业，新加坡本地建设也需大量五金材料。“丰隆”的战余物资十分旺市，财富日增，到1948年，注册有限公司，加上附属的六家公司，成为新加坡一家资金雄厚的商业大机构，不但把业务扩展到马来半岛，而且除了做传统生意外，还大量收购园丘、地产。1957年后，“丰隆”掌握时机，联合三井和黑龙洋灰公司设厂大量生产水泥。这些投资，都随着新加坡经济的旺盛发展而获得巨大的成功。

1962年，丰隆金融有限公司开业。经十多年的努力，现已被认为是新加坡组织最完美、规模最巨大的金融企业之一。1967年，丰隆实业有限公司成立，它把早期收购的房地产陆续建成新颖高尚的住宅区和现代化的办公大楼。这一时期，正是新加坡经济蓬勃发展时期，此举为公司带来了可观的利润，足见郭芳枫眼光之准。

郭芳枫深知创业难，守业也不易，1982年，又创立了丰隆投资控股有限公司，以更好地领导、管理和控制丰隆集团及属下各公司的业务，制订进一步发展之计划。

郭芳枫对访问他的新闻记者说，他生平有两件事最感快慰：一是1980年以二千万新元成立丰隆基金有限公司。他表示：丰隆投资控股公司将广邀专家顾问，使丰隆集团的组织更为完善，基础更臻稳固。

（载《福建侨乡报》1984年4月8日）

14.槟城中华总商会会长苏承球先生

原　籍

苏承球先生，原籍中国福建省晋江。1904年，诞生于故乡。少时，南来槟城，现为马来西亚公民。

他初时受中文教育，后因营业上的需要，再补习英文和马来文。

服务社会

他一向热心教育及社会公益事业，出钱出力，数十年如一日。兹简介其服务的学校及社团：钟灵中学执委会副主席，丽泽学校、中正学校主席，普提学校、协和学校前任主席，中华女校、中山学校名誉主席，联邦聋哑学校董事，中华总商会历任会长，槟城树胶公会、福建公会主席，南华医院、老人院主席，马来亚树胶交易所董事，马来亚树胶出口登记局委员，槟城树胶执照局委员，槟城博物院、平章会馆董事，伤兵赈款委员会主席，世界难民筹赈会槟城分会主席，槟城游泳公会副主席兼游泳池建筑委员会主席。

政党活动

战后，马来亚华人组织马华公会，从事政党组织活动，并争取独立，他热烈参加。近任该会吉隆坡总会副会长兼槟城分会主席。

（宋哲美）

（《星马人物志》P323—324）

15.艰苦创业，热心公益

——记马华工商联合会会长黄文彬先生

黄文彬虽年仅四十二岁，但在事业上，不论在工商业，或是在社团、社会福利慈善、文教事业方面，都已有颇多的建树。他目前除担任古晋中华总商会会长外，还任沙捞越中华工商联合会会长、沙捞越篮球总会名誉会长、古晋中华中学校友会会长、沙捞越乒乓总会会长，以及为数众多的社团与慈善团体之名誉主席或名誉顾问等要职。去年黄文彬又膺选为马华工商联合会会长高职，这是马来西亚华裔工商界最高代表机构历届最年轻的会长，也是东马砂沙两州中华商联会有史以来，第一位担任该高职荣誉者。

高中毕业，精通三种语言

黄文彬1936年出生于沙捞越第一省海口区实文然小镇，祖籍福建，其父黄承恩是当地华人领袖。但黄氏的家境并不是很富有，他的父亲没遗下多少财产给他，若不是凭藉刻苦耐劳的精神，黄文彬不至于有今天的成就。

黄文彬小时学习成绩优异，在实文然镇中华小学求学时，每次考试均名列前茅，后转入古晋中华中学接受中学教育，于 1956 年高中毕业。虽然他未上过大学，但刻苦自修，精通三种语言文字。

艰苦创业，迈开第一步

离校后他在其兄长之商行工作。这是一间经营白米入口商店，黄文彬不仅骑着脚车到处向人催收账款，而且其他杂务也得做，数年的繁忙工作，给他极好的锻炼机会，培养了刻苦耐劳精神，积累了些经商经验。

1960 年，黄文彬开始迈开了第一步：经营承包建筑业务。三年后，黄文彬抓住了木材业在世界市场发展的良机，同好友在沙巴合营木材业。由于经营得法，业务蒸蒸日上，奠下今天事业之基础。至六十年代末期，黄文彬已是东马沙捞越最活跃与最成功的商人之一，为时他是下列公司的主要负责人：黄佛德发展有限公司总经理、黄庆昌有限公司总经理及黄氏实业有限公司董事经理等。

大展鸿图，业务遍东南亚

1970 年，黄氏辞去了黄佛德发展有限公司总经理的职务，另创办黄文彬企业有限公司，经营地产买卖、房屋发展、承包伐木工程等，黄氏事业又有新的发展，他所兴建的为纪念父母而命名的“承恩花园”，占地广阔，为沙州最大房屋发展计划之一。目前黄文彬除了担任婆联有限公司、马来油厂及侨中旅行社等机构之董事长外，他也是遍布东南亚廿多家公司之董事主席或董事，包括在新加坡、香港、汶莱、马来亚半岛及沙巴等地，所涉及的业务计有木材业、石油业、建筑业、船运业、纺织业及旅游业等。为了有效地发展其庞大事业，黄氏更于去年初在古晋创设了金泉成控股有限公司。

创办《国际时报》

“取之于社会，用之于社会”这是华人社会的固有传统，黄文彬遵守了这一传统。他致力于沙捞越福利慈善教育文化事业，以利人群，以利国家，可谓出钱出力，任劳任怨，持之以恒。正如马来西亚国会议员拿督杨国斯在为祝贺黄文彬荣任马华工商联合会新会长而设的晚宴上致词时，对黄氏作了这样评价：“黄氏个人事业如日中天，但是他对社会事业，同胞福利，民族教育等工作更为积极，全心全意不遗余力地努力推进。”

早在六十年代末，黄文彬为了促进沙州文化事业，便不惜斥资独创婆罗洲出版有限公司，出版《国际时报》，而后于 1975 年办《国际晚报》，在他精心策划下，该两家报纸成为在沙州首府规模最大及拥有最多读者的华文报。

“有求必应”的慈善家

黄文彬被沙州华人社会誉为“有求必应”之慈善家。他每年为沙州社会福利、教育、慈善、文化及体育等各方面捐出的款项高达数十万元之巨。由于他热心公益事业，深受当地社会及政府之赞扬。

值得一提的是黄文彬为沙州华文独立中学筹募经费而提出的一劳永逸的办法。1976 年 5 月，他建议设立数百万元独立基金。在他的推动下，1977 年古晋中华总商会已倡议成立第一省华文独中永久教育基金委员会，负责策划如何在第一省广泛展开筹款运动，并制订一项估计筹募数百万元永久教育基金之目标。这倡议已获得华人社会良好反应，黄氏也希望在沙州其他地区展开类似的活动，掀起筹款高潮，以充实各地华文独中的办学基金。

黄氏认为要达到一个公平合理的社会以及全民团结的愿望，各民族必须首先自行团结，进而与各民族实行大团结。早在 1969 年，当他担任古晋中华总商会副主席时，便提出了筹组华人总公会之构想，及至 1976 年，当他接任古晋中华总商会会长之职后，便毅然发起倡组华人团结之总机构。由黄氏登高一呼，万山响应，第一省华人注册社团代表大会终于在 1976 年 8 月 7 日已成功召开，出席社团二百零六个单位，盛况空前，掀开沙州华人团结史之新页章。该大会选出以黄氏为首的筹委会，负责处理第一省华人注册社团联合总会之一切事宜。

促进当地医疗事业

黄氏日常的工商业务工作本来已够他忙了，还要应付社团的工作，尽管如此，凡对当地社会及华人有利的事他从来都无不热心关怀，予以大力协助，在文教、体育、福利、慈善事业方面如此，而关系到人民健康的医疗卫生方面就更是如此，特别在推广和发扬中医药，使中医药能为人民的健康服务这一点上，黄氏是出了不少力的。

1976年6月在吉隆坡苏丹街开设的中国成药药酒中心就是在黄氏的推动下创办起来的,他现任该公司董事主席。他在该成药药酒中心开幕致词中说:"药品不是奢侈品,医药服务其实是一种社会福利措施,我们中医是讲究仁心仁术,治病救人。"

从黄氏的成功史,从他在各方面做出的贡献,我们深信,马华社会在他领导之下定将更趋团结,为多元种族的马来西亚国家的发展做出更大的贡献。

(载《地平线》1979年2月)

16.马来西亚教育家沈慕羽先生

沈慕羽先生祖籍福建晋江,他出生于1913年。他的父亲沈鸿柏先生,是马来西亚种植先驱者之一。二十世纪初,英国人首次把橡胶树苗在马来西亚的马六甲沙汉试种成功后,沈鸿柏先生等侨领鼓励华人种植橡胶,而且沈鸿柏先生也是追随孙中山先生推翻满清的同盟会员,是同盟会马六甲分部主席,曾在马六甲创办数间小学和培风中学。

马六甲华人抗日领袖

中国在"七七"卢沟桥事变后,全面展开抗日运动。沈慕羽在马六甲担任华侨青年抗日团团长,领导华侨青年抗日,筹款赈济中国难民。1941年12月日寇南侵,占领整个马来亚,沈氏潜逃至新加坡。直到1942年2月15日,新加坡沦陷,日军下令所有外地居民须离开新加坡返回原地,沈氏才和其兄沈慕周乘火车返回马六甲。第二天,日本宪兵在汉奸的通报下,把沈氏和其兄慕周逮捕入狱。沈氏兄弟在狱中半载,时受酷刑,其后慕羽虽被释放,但其兄慕周却死在狱中。沈氏出狱不久,又有汉奸陷害,险遭毒手,幸亏他机警,逃到外地乡间,以制鱼绳为生,过着艰苦的隐居生活,一直到日本投降后,才返回马六甲。从七十年代以来,每年有不少研究新加坡和马来西亚华人社会问题的日本学者,都来马六甲拜访沈慕羽先生,请教有关华人教育、宗教等问题。沈氏并不记怀昔怨,反而都尽东道主之谊,热情招待他们一番。

献身华文教育

1945年战争结束后，沈氏立即出任公立培风第一小学校长。经过三年八个月的惨痛战争，学生大都超龄。过了不久，他又兼任平民小学校长及晨钟夜校校长。他在平民小学担任校长廿七年，直到1973年退休。沈氏在马六甲提倡讲华语，马六甲任何有华人地点，皆可以听到华人讲华语，这应归功于沈氏的积极提倡。沈氏退休后，至今还担任马来西亚华校教师总会主席以及晨钟夜校校长，晨钟夜校以华语教学，学生以受英文教育者和工商界人士较多。五十年代至六十年代初期，是晨钟夜校的黄金时代，学生人数达到一千余名。

沈慕羽一生为华文教育奋斗，历年来在马来西亚为了争取华文教育得到合理公平的地位，仆仆风尘，几无宁日。

沈慕羽并在1967年倡议创办华文大学，于1967年联合全国华人注册社团代表，进行筹办，命名为"独立大学"。沈氏被选为"独大"筹备委员会主席，几度上书元首，请赐恩批准"独大"成立，未获成功。去年6月下旬，再度申请准予成立"独大"，又被最高法院驳回，以致"独大"流产。

不久前，沈氏在柔佛州笨珍出席培群四校举办千人宴会上致词时，呼吁华裔子女送进华校接受母语教育。同时他也吁请家长将子女送进独中就读。他说，在独中受教育者，不但可学习母语，而且也能学习到其他语言，因此在独中就读出路比较广阔。他认为维护华教是每个华裔共同的责任，应以实际行动表现出爱护华教的热忱。中华文化已具有五千多年的历史，世界上有很多国家都承认这优秀文化的存在。如果华裔同胞尚抱着漠不关心的态度，不支持和爱护华教，那是不对的。他说，根据调查，修完华小升入独中就读者有十分之一，而大部分的华裔都将子女送进国民中学。他指出，造成这种现象的原因是很多家长认为，送进政府的国中就读可获更好的就业机会，沈氏认为这是错误的想法。

与马华公会的关系

沈慕羽虽然一生大部分时间花在教育界，但1949年，马华公会在马六甲成立时，他为了争取华人在政治上的平等地位而加入马华公会，并担任马六甲分会义务秘书。在他领导之下，马六甲州各乡间纷纷成立分会。

马华公会后来形成华人之政党。沈氏又以战前组织华侨青年抗日团之形式,在马六甲组织马华青年团。其后各州亦相继成立马华青年团。

1967年,沈氏以全国华校教师总会主席及全国马青副总团长身份,催促马华公会,实践1957年联盟政党从英国手中争取独立时所许下的给华文应有平等地位之诺言,并呈处《华文教育建议书》,被紧急召开的马华公会中央工作委员会开除党籍。

服务社会

在马来西亚的任何城市、乡村,凡有华人的地方,谁都认识沈慕羽,因为他服务社会,时有其新闻和照片刊登于报上。早在1956年时,他受英女皇封赐太平绅士,为马来西亚教育界首获荣衔之第一人。1959年又荣获马来西亚最高元首封赐JMN勋衔,为马来西亚各民族教师受此荣誉之第一人。1957年,沈氏曾获得美国国务院之邀请,赴美考察教育。

沈慕羽为人勤劳、廉洁,至今他每日工作常常超过十二三小时,白天在亚洲人寿保险公司担任经理,晚上负起晨钟夜校校长之责,时时应邀演讲、开会,现在他担任马六甲华校教师公会暨全职工会主席、全国华校教总主席、"独立大学"筹委会副主席、南洋晋江公会顾问、马六甲孔教会主席等要职。不管什么时候,只要是社会人士去找他办事,他总是有求必应,不辞劳苦地去做。他一生清廉,平日出门工作以自行车代步,数十年如一日。他还时常解囊相助穷苦亲友,自己的生活却很简朴,始终如一。

沈慕羽擅于书法,其墨迹遍布于马来西亚各地。沈氏太太曾月霭,端庄贤淑,育有六男三女,其中有医生、工程师、经理、记者。

(载《地平线》1983年6月)

17.林梧桐拿督的光荣标志——云顶

1937年2月的一个早晨,一个二十岁的青年离开了他在中国福建省安溪县的故乡。四年以前他父亲去世了。当他踏上开往马来亚的平底中国帆船时,他只有十块钱(旧中国币)。船费花去五元,吃饭用了二元,终于到达吉隆坡时,他口袋只剩下最后几分钱。第二天,他发现他破产了。

如今到马来西亚旅游,云顶高原是非去不可的地方。

云顶高原酒店度假中心，是马来西亚最理想的避暑胜地。目前，云顶高原可以说是马来西亚最大的度假胜地，它位于离吉隆坡市中心三十二英里处。从吉隆坡驾驶汽车，只需要一个小时便可以到达。如果搭云顶有限公司经营的直升机，就只需十分钟的路程。

海拔高达六千尺的云顶高山上，建了五家大酒店，它们是：

(1)斯里拉央酒店(也就是高尔夫球场所在地)，它离另外四家酒店约有五英里的路程。由此搭缆车前去那四家酒店，大约要用二十分钟的时间。

(2)丽雅酒店。

(3)丽影酒店。

(4)高原酒店。

(5)新云顶大酒店。

这五家酒店中，以新云顶大酒店的设备最为齐全。楼高十八层，耗资马币七千万元，客房有七百间。设备包括：

(1)一间二十四小时日夜服务的咖啡露台(Coffee Terrace)，富于巴黎情调，可以容纳八百名顾客，布置华丽，顾客可以在此享受美味西餐及当地著名餐食。

(2)Ulu Kat Bar，Library Bar。这是两间相毗邻的酒吧，最适宜喝酒谈心。

(3)船餐厅及毗连船餐厅的宝藏酒吧。船餐厅的设计模仿古代的船，别有一番情调。顾客可以在这里享受到丰富美味的中餐。

(4)新云顶赌场。这是马来西亚国内唯一达到国际水平的赌场，备有百家乐、二十一点、金路博彩、法国牛、轮盘、大小及角子机等。

此外，还有邮政局、马来银行、药房、购物拱廊、电影院、娱乐中心、会议中心等等。……

云顶胜地偶然建立

云顶高原胜地是在很偶然的情况下建立起来的。一个异常巧合的机会，便转变成为意想不到的幸运。建立云顶高原胜地的林梧桐拿督叙述了它是怎样建起来的："好些年前的一个晚上，我完成了在金马伦高原的水电站规划后，正在那里享受冷空气。我忽然想到，如果我们在吉隆坡附近有一处山顶游览胜地的话，那该有多好！”

“我查看了地图，并且找到了这座在吉隆坡附近的山。开始的时候，我只是想要建立一座度假用的洋房；但那座山实在太可爱了，所以我终于改变计划，决定申请那里的所有伸展地。”

“在那时候，我并不知道政府已经在计划发展这块地方。东姑·阿卜都尔·拉赫曼(Tengku Abdul Rahman)指令测量这块地方，结果发现费用太大了。国家没有那么多的财力预算到这方面上去。因此，内阁同意这个发展计划可以交给私人资本来执行。”

“我直到后来才知道政府有过类似的计划。但由于我是一个申请者，所以当政府放弃这项计划后，”林梧桐拿督相当自豪地谈道，“……当初我申请山上一万二千亩的土地时，我所有的朋友都认为我发了神经。如今，每一个人都想要在那里获得哪怕是一小块的土地。”

在某些方面来说，云顶高原胜地的开发与林梧桐拿督的生活经历相似。林梧桐拿督从一个无足轻重的普通人的地位冒出，变成一个令人十分羡慕的成功人士。就像云顶高原胜地的建成一样，那里充满了艰苦奋斗和坚忍不拔的故事。

开发云顶高原胜地这个壮举，是在这个国家里确实最值得冒险的事情之一。

建筑才智焕发出来了

今天，林梧桐拿督是马来西亚著名的百万富翁之一，他的成功使他的名字在国际间不胫而走。

1918 年，林梧桐出身在中国福建省安溪县。当他十六岁的时候，他父亲去世了。他曾从他哥哥那里听到过有关马来西亚的一些情况，到他二十岁的时候，他来到了这个国家。开始，他在他叔叔那里做一段时间的工人，后来他自己出来做小生意。

林梧桐这样描述他当时的生活：“直到日本南侵前，我是一个每天只赚取八十仙马币的木匠。日军在马来亚登陆后，局势比较安静下来时，我便在自行车的后座上售卖罐头食品。我必须从一个村走到另一个村，从这个屋子跑到另一个屋子挨户兜售。过了一些时候,我手中蓄存了三百元马币。”

接着他开始收售金属:铁块、铜块和铁管等,并把它出售给别人。“英国人卷土重来之后,对过时的机器及其备件曾经有过一次大拍卖,我以二万元马币的代价投标成功。后来我又把它们转卖出去,从中赚到了一些利润,我便加入了承包契约的工作。此外,我还利用空余时间做一些机器与金属器的买卖。”

从外表看,林梧桐拿督确实具有愚公的气质。他为人谦虚、忠厚、朴实无华。他的皮肤晒到黝黑,脸上刻下了皱纹,这都是他在与自然斗争中留下的光荣痕迹。

早在 1951 年,林梧桐拿督便开始了他的第一个建筑合同——在八打零·查雅(Petaling Jaya)建造第一条路,成本估计为四千元马币。“两年后,一个新加坡人和我合作,在峇都·巴哈特(Batu Pahat)开了一座铁矿井,这个矿井原先是为日本人所占据的。”林梧桐拿督这样说道。

1954 年,林梧桐拿督建造了如今从吉隆坡流到班带(Pantai)的污水管,价值约为三十万元马币。自从那时候开始,林梧桐拿督的建发建筑公司便成为全马来西亚最大的建筑公司之一。1957 年,当他在槟城(Penang)建造价值一千二百万元马币的 Ayer Itam Dam 时,他的才智焕发出来了;也正是在这一年,马来亚赢得了独立。

“1962 年,我在 Cha'ah Segamat 开了另一座铁矿井。第二年,价值五百万的买卖成功了,我负责建造哥打·巴鲁(Kota Bahru)的雅赫雅·布德拉·苏丹(Sultan Yahya Putra)桥。”

在建造云顶高原胜地之前,林梧桐拿督指挥他的手下,花了四天的时间彻底地勘察了那座山。他发现到那里并没有适合的去路。他们必须通过森林开辟道路。到了第四天,他们才到达如今成为电信中继站的那个地方。

增设赌场吸引赌客

1969 年 3 月 31 日,林梧桐拿督邀请东姑·阿卜都尔·拉赫曼为新建的酒店奠上基石。东姑在致词中提到,一间赌场将会使云顶高原胜地加速发展成为大量吸引游客的去处。林梧桐拿督很聪明地记下这个提议，并把它付诸实践。

“但他本人并不是赌徒”，云顶高原大酒店的总经理 K·S·Tan 为林梧桐拿督申辩说，“他最精通的，只是麻将而已。”

随着赌场许可证的批准，本来酒店预计设立六十间房间，也扩大成为具有二百间房间的规模了。经营赌场，是需要专门人才的。但当时没有一个当地人可以胜任这种工作。就这样，一个冒险公司成立了。“我们和一些韩国和美国的专家合作，他们占了百分之二十的股份。”K·S·Tan 总经理这样表示过。

但在半年后，本地人便百分之百地拥有了云顶高原酒店。

林梧桐拿督的信条

“要靠脑子解决问题，而不要感情用事。”林梧桐拿督的指导原则使他无往而不胜。

林梧桐拿督的一个原则是，他从来不会让他的情绪支配他。一个人有时候会发现他的想法可能会使他自己感到不快——但他应该学会克服它。

林梧桐拿督的另一个原则是：考虑大事情，敢于做大事情。他只决定主要的方针，而把具体的细节留给他的下属去执行，这样就给了他自己以更多的时间去制定计划。

如今，对于这个百万富翁来说，即便沉迷于奢侈的生活而不再工作了，也一点问题都没有，但他仍然不倦地工作。如果他不工作，他便会心常不安。他尽他的最大能力使人们可以像他那样。当他交个新朋友时，他便会赢得称赞，并且产生持久的影响。

“没有东西可以代替脑子和艰苦的工作。当机会来临时，你说要抓住它。要充分利用你的创造性的想像力和预见的能力。要做一个有勇气的人，一个有信用的人。”林梧桐拿督热烈地表示意见道。

他就是实践他所说的那些话的一个人。面对着荒山野岭，他以大无畏的精神把它开辟成为一个重要的旅游胜地。他在那里建成豪华的旅店，修筑道路，提供计程车、公共汽车和直升机，把这座山岭从不被人注意的情况下开发成为万众瞩目的名胜。如今,世界上许多的国家都听过云顶高原胜地和林梧桐拿督这个名字——一个拥有一座山的真正成功之人。

然而,谈起他在建筑业上的辉煌成就,现年六十一岁的林梧桐拿督强调:“我在先前根本没有受过任何有关建筑的训练。我的所有的知识都是在我作为受薪工人的那几年中积累起来的。”事实上,林梧桐拿督所受的教育并不多,甚至小学也没毕业。

谁能否认,林梧桐拿督的成功史是充满了传奇色彩的呢?

(载《地平线》1980 年 4 月)

18.马教育家许崇墉先生

许崇墉先生,字峻新,号静心,福建省安溪县崇善里中标人。父亲敬立先生,早年侨居星洲任《图南报》主笔兼教职,后改行经商。

1893 年,崇墉诞生于故里。少时南渡,随父亲经商。十六岁,即参加革命活动。嗣后到麻坡,与刘静山等组织“启智书报社”作为革命机关。不久,创办怡芳酒庄,以资挹注。当中华民国成立,他与诸同志,将麻坡各私塾改为中华学校。

1921 年,马来亚商场不景气,怡芳酒庄收盘,他迁居麻属峇吉里芳山树胶园,从事垦殖。因见当地儿童失学,乃倡办勤德学校,兼任义务校长,继创办造化学校。当地原有剧盗夥居,辈皆飞檐走壁,四出行劫,受先生潜移默化,皤然悔悟,改业耕作行猎,蔚然良民,地方大治,夜不闭户,路不拾遗。

抗日时期,他与当地侨领,响应陈嘉庚先生的号召,组织该区筹赈分会,被选为主席及东南区六区联合会主席。

1941 年 12 月,日军南侵,马来亚各埠瞬息相继沦陷,他避居双溪吉力后港,以种稻为生,幸免于难。

光复以后回到麻坡营业,对社会和教育事业,继续努力,数十年如一日。历任麻坡中华公会社会组主任,中华总商会、中化中小学、漳泉公会、福建会馆、启智书报社等执委,启智会堂信托人,柔州中华总商会正监察主任、中华中学建校委员会副总务兼督建。

（宋哲美）

（《星马人物志》P344—345）

19.极力推动马来西亚华文文学的作家年红

自1969年组成南马文艺研究会之后，十二年来连任会长职的马华作家年红，可谓十数年如一日，从未间断地推动着马来西亚华文文学活动，成为马来西亚华文文坛的一位中坚分子。

年红自1956年起便从事创作工作，已出版的著作达十余种，其中评论马来西亚华族、马来族和印度族文学发展的著作《文坛漫步》，颇受文艺界的重视，并获福建联合会颁予优秀奖。他的诗作《飞鸟》曾获官方颁予“首相文学奖”，为获此荣誉之首位华人。他编著的《泰来儿童文学丛书》，亦曾获马来西亚华人文化协会颁予文学奖。

然而，受文教界重视的，却是年红所推动的文艺活动。除了主编南马文艺研究会的《南马文丛》之外，他更发动设立马来西亚华人社会的首个文学奖，总奖金约合七千港币，每年颁发一次，对鼓励文艺工作者起积极作用。捐献奖金的人士包括王万才律师、萧畹香先生、刘南辉局绅等。年红认为既然马来西亚的华文文学必须自力更生，华人文教界人士就不能坐视。他认为必须要有“一分热，发一分光”的精神，马来西亚华文文学才会有光辉的前景。

年红原名张发，祖籍晋江。他精通马来西亚国家语文（马来文），也曾以马来文写作。他是一名华文小学校长。马仑著的《马华写作人小传》书中，称他为“南文会的巨子”。实际上，他的功绩不只限于南文会。他四处应邀主持文学讲座，鼓励年轻一代从事文艺工作，实为马来西亚华族文学播下种子。

年红对马华文学的前途有这么样的看法：“要所有的文艺工作者精诚团结，显然不是一件易事儿。不过，大家若能放宽视线，认真及负责地去从事写作，并不计成败，不遗余力地去促进文学发展，那么，作为我国多元文化一环的马华文学，将不至于毫无建树！”（见《文坛漫步》P5）。

对于整个马来西亚文坛，他则认为华人、马来人和印度人的写作者，“如果能够互相尊重，去促进文学的交流，进而努力去创造出新的马来西亚文学。那么，我国的文学史上，必将会有光辉灿烂的一页。……”（见《文坛漫步》P104）。

年红在十年来，先后翻译了近十万言的马来作家的佳作，介绍给华族读者，目的就是要促进文学的交流。所以，一些文艺界的人士都认为年红是位脚踏实地的文艺工作者。

（狄华）

（载《地平线》1982 年 6 月）

20.为华文教育鞠躬尽瘁的林连玉先生

提起林连玉先生，马来西亚教育界几乎无人不知道。他原名林采尼，祖籍福建省永春县，1924 年于集美师范学校第五组毕业。在学生时代，他就以擅长文学见称。1926 年大文豪鲁迅先生到集美学校演讲，就是他担任记录。陈嘉庚先生之弟陈敬贤请日本养生修炼专家藤田灵斋到集美学校讲“调和法”（即练气功），也是由他做笔录，后来还整理成书出版。

林连玉在集美师范毕业后，在母校师范部担任了二年国文教员，以后就去马来西亚任教。曾任巴生共和学校教员、加影育华学校教务主任、吉隆坡尊孔中学小学部主任。他学识渊博，办学认真、平易近人而又富于正义感，因此深受华文教育界和社会人士的尊敬与爱戴。

第二次世界大战期间，日军入侵马来西亚，他与著名医学家伍连德博士等赴新加坡，组织救护队，在保卫新加坡之战中奔赴前线，与队友救死扶伤，奋不顾身。当新加坡即将陷落之时，陈嘉庚先生自己犹不愿撤走。后来，就是林连玉劝说，他才避往印尼。他离开二天后，新加坡就沦陷了。

在日军侵占全马期间，他隐姓埋名潜居于巴生僻壤，自耕农田为生，以避日敌。日本投降后，他重回教育岗位，与尊孔中学的校董及教师、学生，组织尊孔中学复校委员会，被选为主席，多所筹划。复校后，他出任副校长之职。自 1951 年起，他连任吉隆坡华校教师会主席十年。自 1954

年起,又连任马来西亚教师总会主席八年。为争取华校平等地位及教师平等地位,他除积极领导全马华文教育界进行活动外,还在星、马各大报刊及公共场所,发表甚多言论,受到各方的重视。他为华文教育献身的精神,深受人们的赞誉与尊敬。当他离开教育岗位后,他仍然不放下他的如椽之笔,写了不少书。已出版的有《回忆片片录》《诗词选》《散文集》等。

前年(1980年)12月,马来西亚教师总会要为他庆祝八十大寿,他谦辞不受。后来教师总会以结合庆祝该会成立二十九周年,并邀请其他三位元老和华校教育界耆宿参加,他才接受下来。教师总会于12月27日假吉隆坡中华大会堂开千人联欢宴会。会上教师总会主席沈慕羽、华校校董会总会主席林晃升相继致词,他们盛赞林连玉、黎博文等四位元老对争取华文教育平等所做出的贡献。沈慕羽先生说:"林连玉先生为华校赴汤蹈火,应居第一功,每次事件发生,他都身先士卒、奔走呼号,可说无役不与。"给林连玉先生以极高的评价。

庆祝会原定一千人参加,不料嘉宾涌至,竟有二百多人无席位可坐。不得不临时接洽另一酒家排席。参加宴会的人都希望能听到林连玉先生的讲话,足见人们对他的敬爱之深。这一晚,他应付二个场面,作了两次演讲,以他的高龄足够辛苦的了,但他在精神上却是二十年来最愉快的。

(载《地平线》1982年12月)

21.算盘边的文学天才丁马成

被誉为算盘边文学天才的新加坡树胶巨商丁马成先生,在南洋一带和欧美等地胶业界中,备受赞誉。新、马树胶界的营业方式,不像外国洋行的重视买卖合同,而系着重承诺信用,有时数百万元的一桩交易,也只凭着一次电话,亏损从不推赖。也许因为这样,而奠定了他那不寻常的赫赫声誉。新马经营树胶业华人,视盈亏为寻常事,可能也因此养成他一种轻财重义、慷慨豪爽的性格,故对社会公益的贡献,真是不胜枚举。他虽为一巨贾,但从来没富人的高架子和阶级分别,因此甚得一般劳动大众所拥戴。名诗人和书法家潘受先生曾书赠他一首诗:"身无媚骨诺如山,几辈公卿免汗颜。我亦低昂同市井，拍肩屠狗卖浆间。”轻描淡写，道尽他的生平为人风度。

有一个时期，胶价发生震天大波动，丁君处此动荡局势中，蒙受惨重损失，但是他们轻弹琵琶，处处泰然，毫无愠色。一位极崇拜他为人作风的朋友，曾撰写一幅对联慰赠他：“看惯荣华轻富贵，曾鞭名马傲公侯。”可谓恰切之至。

丁马成先生祖籍福建，和一般华人一样，他廿岁时，空手赤拳，漂洋过海来到南洋，唯一的资本，就是一套旧布衣，裹着他那硕壮的身躯和深隐的智慧，赤手闯天下，其过程中，经历过许多荆棘和波折，足见他的成就确非偶然。

丁先生虽身为商人，但他却爱好诗词和书法，且擅南乐。他系新加坡湘灵音乐社社长。商余余暇，他不忘研究南乐，特别是近年来，着手于新曲的创作，作品流行于家乡泉州和南洋新、马、菲等地。在新、马这地方，因西方文化和流行歌曲的侵蚀，南乐曾一度涉于没落。他因不忍视此祖宗文化遗产渐趋绝迹，乃领导湘灵音乐社，进行“救亡”工作。1977 年，他带头举办亚细亚南乐大会奏。海外各国南乐团体集中新加坡，参与的人数多达几百人，轰动港、菲、印(尼)、新、马乐坛，经此大会奏后，因各地区热烈响应，区域扩大，遂改亚细亚组织为“东南亚南乐联谊会”，由各国成员分别担任主席、财政、秘书等职，共同策划有系统地发展南乐。几年后的今日，南乐在新、马可说已进入了发扬阶段，这该归功于丁马先生的醒觉和努力。

南乐音韵悠扬，曲词优雅，是历史悠久的民间文艺。但旧词的内容大都是一些儿女私情等类。如果有一些反映生活的戏剧作品，或会推广得更加普遍。丁先生因看出了这一点，近年埋首创作新曲，且出版一新曲集——《南乐精华大全第一集》，闻第二集亦将于不久问世。其内容充实，不少如对现实社会的褒贬和讽刺，内容通俗生动。

(小村)

(载《地平线》1982 年 6 月)

22.沙捞越史学家刘子政先生

沙捞越史学家刘子政先生,原籍福建闽清。他出生于1931年2月27日(旧历),1952年高中毕业于诗巫卫理高级中学,1953年进入诗巫中正中学,任文史地理教师,直至1960年4月为止。

刘子政先生还在高中读书的时候,就对写作发生兴趣,曾与朋友出版《三余集》,后来又办《华侨周报》,可惜只出了一期,便因为经济困难而停刊。

1960年5月开始,刘子政先生就在诗巫某木山工作,直到现在。在这期间,他利用业余时间,收集资料,从事探索沙捞越及东南亚的历史工作。他开辟了一间资料室,收集沙捞越及东南亚的历史资料。如今,他拥有资料之丰富,在沙捞越大约没有人可以和他相比;而他写过的沙捞越历史问题的文章,也已经有百万字以上。

二十多年以来,刘子政先生常常在当地各报和马来西亚《南洋商报》《星洲日报》发表文章,已出版的历史书籍有《诗巫劫后追记》(1955年自费出版),《沙捞越百年纪略》(1956年自费出版),《沙捞越散记》(1960年由新加坡青年书局出版,本书列为许云樵教授主编的亚非丛书之一,1964年出版),《婆罗洲史话》(1964年由诗巫拉让书局出版),《新福州与黄乃裳》(1970年发表于新加坡《东南亚研究》第六卷,1979年1月由新加坡南洋学会出版,列为该会丛书第二十一种),还未出版的书籍包括《沙捞越一百三十年大事记》《三代白色拉者统治下的沙捞越》《福州音地洋诗及情诗》《风下杂笔》《沙捞越史事论丛》《汶莱史事论集》《沙巴史事论集》《怀故集》等。《沙捞越一百三十年大事记》曾于1971年2月起在《星洲日报》青年知识版连续刊出,但到了1972年6月16日便由于某种原因而中断,已经刊出的部分只占全书的五分之二。

除了历史之外,刘子政先生也写些散文、悼文、纪念文章等,经常发表在各种报刊上。他的文章流畅,文章结构精密,甚获好评。

刘子政先生在进行历史写作时,力求站在正确的立场上,按照历史事实,尽可能写得客观一些。他反对人云亦云,保持自己独特的风格。他的写作态度十分严肃,经常反复修改,再三斟酌之后才拿出发表。他的文章常常显得有分量,并不是偶然的。他的《沙捞越一百三十年大事记》就重写了三次,才告完成。他写好初稿后,曾将它寄给前南大历史系讲师黄枝连先生请教,黄枝连先生指出其中的错误并给予必要的补充之后,刘子政先生又全部重写一遍,又再寄给黄枝连先生过目,然后又修改了一次,这本书才算完稿。

刘子政先生虚心好学,特别喜欢与各地的历史研究者和写作者交往。他说,他常常依靠通讯,与朋友们相互交换写作心得,受益不浅。他性情温和,对人和善,有文史学家的风度。他也喜欢研究中国古典诗词,经常书写诗词名句赠送别人。

作为沙捞越历史的研究者,他每日剪报,除了剪报外他还收集当地的各种报纸、创刊号、停刊号、特刊、历史相片以及东南亚及世界上著名的书籍。甚至1939年沙捞越诗巫最早的油印报纸《诗巫新闻日刊》,他也完整无缺。怪不得已故的星马著名文学家连士升在给他的信中这样说:"……以沙捞越图书的缺乏,你居然能够充分利用现有的资料,经常剪报,不断写作。到如今,在沙捞越问题方面,恐怕很少人能比你懂得更多。从此加功,再过相当时期,你不难成为沙捞越数一数二的专家了。……"

他喜欢的史书,包括司马迁的《史记》和钱穆的《国史大纲》;而他钦佩的历史学者,就有南大历史系讲师林肇刚、崔贵强和已离职前来香港的原南大历史系讲师黄枝连。

(赵飞仙)

(载《地平线》1982年2月)

23.大马书法家陈立惠

大马名书法家陈立惠先生,祖籍中国福建省古田县,诞生于沙捞越诗巫,现年四十九岁。早年毕业于沙捞越师训学院,现为中兴小学华文主任,诗巫美术协会秘书,诗潮吟社副秘书,诗巫太极学院教练以及陈氏书法学院院长。

陈君幼年即爱好各种艺术,尤其是书法一门最感兴趣。小学时代临摹柳公权、黄自元。中学时期临写颜真卿、黄山谷、何绍基。每次参加书法比赛，定占鳌头。一九五七年专攻二王书法，1962 年转习张旭、怀素之狂草，1965 年更旁习于右任、王世昭之草书，无一不能，尤精行草。且融各家于一炉而自成一格。

陈君自 1970 年起曾先后在沙捞越、沙巴、文莱、西马、香港等地个展十五次，和海内外名家联合展览三十七次，每次展出，好评如潮。

（载《地平线》1983 年 2 月）

24. 急公好义的谢兆连

沙捞越美里福州公会主席谢兆连先生现为马来西亚公民，祖籍中国福建闽清县。他曾受过良好华英教育并深谙国语，才华洋溢，学贯中西。为人慷慨好施，热心公益，富感情，重义气，处事审慎，讲求实际，任劳任怨，事成不居其功，业就不扬其名，故颇受人敬重。因众望所归，于 1963 年参加美里埔奕区竞选，被选为美里市议会参议员，并曾任市议会副主席和正主席等要职。

谢氏急公好义，为社团中坚分子，所任社团方面职位颇多。他是美里培民中学筹建校舍发起人之一，由 1961 年至 1978 年，历任该校董事、监学、财政、副董事长等职计十八年。1948 年筹建美里福州公会，他是发起人之一，并历任该会总务、监察、财政、副主席等职，1966 年被选为正主席至今，连以上各职，合计任职三十六年。

由 1963 年至 1969 年，谢氏曾任美里发展委员会委员。1963 年至 1968 年，任美里市政卫生组主席。1969 年至 1974 年任美里市政总务和交通主席。1965 年至 1972 年，任沙捞越第四省美里中央医院巡察员。他还曾担任其他许多团体及工商企业的要职。

现在，谢先生是沙捞越沙巴（东马）福州社团联合总会会长，美里福州公会主席和永久名誉主席，美里中华国术健身学院主席，美里华人婚姻注册官，美里福州公会产业信托会主席，沙捞越中国商品进口商会董事副秘书，及同祥房屋发展有限公司、谢氏企业发展有限公司、美里茂日加旅社、民都鲁京城旅社、茂昌入口商公司、福茂园有限公司的董事长。

（载《地平线》1983 年 2 月）

25.被誉为世界十二大银行家之一的林绍良

上期本栏向读者介绍了被美国一家金融月刊誉为世界十二大银行家之一、原籍同安的郭芳枫,这期介绍十二大银行家中的另一位——原籍福清的林绍良。他的“亚洲中央银行”被誉为世界第六大银行。以他为中心的印尼林氏集团控制着六十家公司。每年的营业总额超过了十亿美元。

成功之路

林绍良成功的钥匙是为顾客提供服务。1916年,他出生于福清,有兄弟三人。二十岁那年,他离开家乡,到达印尼中爪哇的库杜斯镇。林绍良和哥哥林绍喜一起,在叔父开设的一家卖花生油的小店里工作,不久,他自行经营丁香生意。他说:“做生意首先要在意的是为顾客服务。如果能为顾客做适当的服务,那么生意就会兴旺起来。”

1945至1949年,三十岁左右心怀大志的林绍良尽其所能,以粮食、衣服、药品等支持印尼人民争取国家独立的斗争。五十年代初期,他改变了营业策略,使自己的生意多元化,改营制造业,先搞纺织,后又从事制造铁钉和自行车零件,并把业务扩展到雅加达。1957年,他已初露头角,收购了雅加达的中亚银行。之后,他经营的丁香、面粉生意突飞猛进,财帛源源而来,奠定了林氏集团的基础。

近年来,林氏集团投资目标是重工业和制造业,包括重型机械、汽车、水泥、木材、药品、纺织等等。也经营房地产、酒店,但主要业务是金融和贸易。

两大业务

目前,林氏集团的主要成员是林绍良、林文镜两对父子。林文镜原籍也是福清。林氏集团规模有多大?人们可从它经营的金融、贸易两大业务中窥其一斑。

林氏集团属下的公司,大都以“第一太平”(First Pacific)为名,在“第一太平”之下,按不同经营范围而加上具体名称。林氏集团控制的金融企业中,就有第一太平投资有限公司、第一太平控股有限公司、第一太平控股公司、第一太平公司、希伯尼亚银行等等。这些公司中，有的还拥有当地其他公司的部分股权。

贸易是林氏集团经营的另一项主要业务。设在利比里亚的第一太平企业公司，拥有第一太平国际有限公司、哈米梅耶公司等八个机构的百分之百或不足百分之百的股权。其中，第一太平国际有限公司（香港）还投资于新加坡的小船坞中心工程、水泥碾磨工程以及香港的青州水泥厂和香格里拉酒店。

走出印尼

以林绍良为中心人物的林氏集团，虽以印尼为基础，但已走出印尼，扩展到邻近的新加坡和香港，远达非洲和利比里亚、欧洲的荷兰和荷兰的安第列斯群岛、美国的特拉华州和加利福尼亚州等地，成为一个足跨亚、欧、美、非四大洲的跨国公司。也许同欧、美、日本的某些跨国公司相比，林氏集团还自叹不如，但以它的雄心壮志和它与世界上不少有名财团之业务关系来说，它有理由感到自豪。

（载《福建侨乡报》1984 年 4 月 29 日）

26.巨港闻人刘樵山先生

出　身

刘樵山先生，原名源同。1881 年，生于福建省思明县。十一岁以后，曾在私塾读旧书三年，但因耕田，实际上课时间不过一年而已。十六岁，父亲栋梁公去世。在故乡难得工作，乃不得不出洋谋生。

谋　生

先生随母舅初往槟城，当时该岛和其隔海大陆产芫荽（是一种香料），他帮人制木箱，卖给商家装芫荽，月薪两元。九个月后，改作染工，将白布染成乌布，每日上午四时以前就须起身，工作甚苦。数月后，再改行，进港仔口著名的义香饼店做饼，月薪照旧只有两元。过了二三月，老店东丁道姑发现他略识字，并且心算很快，使他改任“雇店前”，即在店前卖货。因他工作表现很好，他的薪金接二连三升到最高峰的每月八元，全年九十六元,加赏四元,共为一百元。另外还有花红一二十元。他少年有大志,并不以现实生活为满足,力求上进。

服务社会

他少年时虽读书无多,但在经商时期,勤于阅读书报,渐渐通顺,且能深明事理,具决断力,有正义感,富爱国心,能言善辩,常为教育及公益服务。在战前的巨港华人中,堪称为一巨人,不单是一位出色的侨领而已。

他对巨港华人社会的贡献很多,今举其荦荦大者:

(1)倡办女校

1921年,与星洲和丰银行巨港分行长李详敏等倡办中华女校,李君为首任主席。后李君调任吧城,由号称大伯公的林扬誉继任,最后由先生接任,加设初级师范班,成绩更为进步。

(2)调解船务

初时巨港侨生资本家林金瑟、谢谦谐等合办华商轮船公司,与荷兰的KPM公司各有一船,每星期川行巨港、星洲间一次。议定划一运费及客票价,按月抽毛利百分之五,捐赠巨港中华总商会,供给该会及中华学校经费。但所有华商客货,均不得附配第三公司的轮船。初期相安无事。迨1926、1927年,巨港华侨意见不和,陈秉章、潘珠安、黄秋明、魏金嘉等另组怀利公司,与上述两公司作三角竞争,损失颇大,学校经费无着。先生与当时和丰银行分行长陈维龙窃恐长此下去,两华公司终必两败俱伤,使荷兰公司坐收渔人之利。乃会同郭珊瑚、郑锡藩出面调停,使两华船公司合并为中华轮船有限公司,而与荷兰公司重新合作,将船捐增加一倍为百分之十,以裕商会及学校经费。

(3)改组商会及学校

巨港中华总商会和中华学校董事部,久为侨生地主所把持,有时几年不改选,有时两个总理互相调换,他们都未受华文教育,有的连华语都不会说。而那些受中国教育的商人,因经济能力不及他们,且因多数租用他们的店屋,事事均让他们几分。先生早认为此种现象有碍华侨社会和教育的进步,有心加以改良。只以孤掌难鸣,静待时机。适逢第一次世界大战以后,巨港马来人小树胶园出产渐多,星洲胶厂谦益、志成、振成丰相继来设分公司,收买树胶,这些大公司的代表人曾应时、李火灶、殷祖峰,都具时代眼光,敢作敢为,先生乃与陈维龙联络他们及本地商家潘瑞文、李耀初(以上广府人),沈木清、沈清辉、吴郁文(以上潮州人)等,改组中华总商会及中华学校董事部。修改章程,改为主席制,他与陈维龙分任正、副主席,并举前任总理为名誉会长。不久,物色熟识印尼情形并通晓印尼文及荷文的叶长和为商会秘书,刷新会务。嗣后商会进入新会所,并呈准外交部,将中国驻巴东(Padang)领事馆迁来巨港。中华学校及女校亦均革新,有显著进步。

(4)扩充校舍,增设初中

中华学校经费,原靠巨、星航线船捐,及1933年11月起,荷印政府限定所有外来船只,均须由吧城港口输入,然后由KPM船转运巨港,以致船捐锐减,经总商会向该荷兰船公司交涉后,他们答应仿照星巨航线办法抽捐。自1934年6月1日起,始生效力。1934年下半年,先生乘赴全印尼中华商会联合会大会之便,与叶长和秘书同往KPM总公司,据理力争。适郭珊瑚声张要租船来争航线,以壮其声势。先生交涉胜利,携回以前六个月船捐七千余盾,即用以加建校舍二楼,并增设初中部,嘉惠学子,功德无量。

(5)遣送失业工人回乡

1930—1931年,南洋工商业大不景气,巨港两大油厂失业工人有数百人,他与总商会董事设法遣送回乡。由巨港出星洲,商请中华轮船公司的新垄号免费运送,星、港船票由七元减为五元,在星由建成发、新福盛两旅馆负责接送,每人只收费一元,另外每人赠送二十盾。先生等此举使巨港油厂全体工人非常感动;所以日后商情好转,油厂工人人数比前增加。中日战争发生,巨港总商会响应南侨筹赈总会筹募赈款时,各工人自动每月捐献薪水百分之十,使巨港埠的成绩,依照人口平均计算,为全南洋之冠,非偶然也。

(宋哲美)

(《星马人物志》P231—237)

27.印尼华人诗人——黄松鹤

黄松鹤,字亦梅,号漱园,福建厦门人。弱冠南游,旅居印尼,已半世纪。先生少时即耽韵语,初期刊《鹤泪集》义卖捐助抗战。日本南侵,以参加敌后工作,事败被捕,饱受苦刑,终定以"叛逆阴谋"罪定谳十年。和平后出狱,任集中社社长。当时侨社为六十多团体,筹组中华总会,大会中推先生为主席团之一,并委以筹备主任,会组成在选举期间,内部已有派别之争,先生不愿介于其间,乃辞职引退,后此即不再参加社会工作,以诗书自娱。与故南海女诗人张纫诗为文字知交,诗词益进。十年前花甲纪念,令郎念鹭、晓鸣、魁若三兄弟,为刊印《黄花草堂诗钞》,蜚声东南亚,颇得香江诸名家称誉,而山阴王孟蒲老诗人及书法家评其诗字曰:"足下诗词精纯而有逸气,书法清健而有姿。"先生今届古稀之年,其女公子璧如、菊如、瑾如三姐妹,又为刊印别集。先生收藏颇富,其间以明初王宗素之《墨梅册》及明何震所镌之"散雪残梅上"一印石更为可贵。先生乃颜其书室为梅石斋,香港书法家黎老心斋为之题楣。先生之子女六人,在其夫人李流芳女士的领导下,于印尼香港各有事业,颇多建树,是先生可优游林下,享受清福矣。

(李柏)

(载《地平线》1978 年 12 月)

28.苏焕德小传

苏焕德生于 1907 年,字纯人,号学佛,福建漳州龙溪县人。曾肄业于省立第二师范。年十九南渡,侨居印尼爪哇井里汶埠。从商数十年,业余致力社会公益,历任该埠中华会馆、中山学校董事,中华商会主席,及战前吧城《华文新报》特约通讯员。日本南进,与各埠侨领被视为敌性华侨,入集中营三年余。现年(指 1978 年时)已逾古稀。平生雅好文艺,少时见漳州故名书家魏森林先生之隶书而爱之,临习不遗余力。南渡后习曹全碑,颇得其神韵;间亦写华山、张迁等碑,更参以己意,不擅一体。真书初习赵,继习颜,进而二王兼行草及大小篆。其对篆刻,初无师承,身边置有秦汉明清印谱多种,努力自修,数十年如一日,章法刀法都有独到之处。

奏刀用左手。白文宗汉,朱文则兼采各家之长。尝有诗云:“欲通本艺本来难,金石忘言亦自欢。铁笔无花甘守拙,攻坚挫锐任心刓。”近在港刊行《苏焕德印集》一册,又有“心经印谱”一组,拓成条幅,各地友好索者,甚为珍赏云。

（载《地平线》1978 年 10 月）

29.愿晚辈成材不忘祖

——访泰国福建会馆理事长张笃生先生

见到张笃生先生,他一说话,我就听出他的口音,说:“张先生,您的云霄腔一点也没有变。”他一听,笑开了,说:“变不了,背井离乡四十八年,还是变不了。看来,今生是不会变的啰!”

真是乡音不变故乡亲。这位七十高龄的老人,一谈到家乡故园,便眉开眼笑。张先生前来参加集美学校创办七十周年庆典,身份与众不同。他不是校友,而是学生家长。他有一个十六岁的女儿,在集美中学念初中三年;两个儿子,一个十五岁,一个十三岁,念初中二年;还有一个儿子和儿媳在集美中国语言文化学校学习。这次,他是从泰国专程赶来的。

谈不多会儿,我就觉得,张先生是一位性格爽朗的长者。因此,我直截了当地问:“您为什么要送那么多孩子回国求学呢?”

他不假思索地回答:“很简单,一是学本事,二是不忘祖。孩子回来学校学好唐山话,学到故乡文化,就会时时记住自己是唐山人。”

这时,在座的王畅先生插了一句:“可以说,是送子回来寻根。”

张笃生先生是泰国福建会馆理事长,又是也拉府平民小学、培民中学理事长。王畅先生是会馆总干事。

张先生在集美学校学习的孩子,最小才十三岁,于是我问:“孩子那么小,让他们回来,您放心不放心?”

张先生朗声地笑了:“放心!放心!我非常放心!我知道,唐山人是讲互相帮助的。孩子们放假回家,都对我说,集美学校的老师爱他们,同窗同学帮他们。这我就更放心了!”

接着,我请他谈谈对侨生回国求学问题的建议。他说:“唐山生活是低的，而旅费却相当高。如能降低，许多中等收入的家庭也会送子女回国上学。”

王先生接过话茬，说：“国内如能办些短期侨生夏令营，时间一两个月。这样，海外侨生便可利用暑假回来参加，一来可学习，二来可观光，一举两得。”

他们告诉我，泰国放暑假，是3月中旬到5月中旬。要办夏令营这时最合适。

我告诉张先生，他的几个孩子在集美学校学习不错，表现也好，又很有礼貌。他说：“这还要请老师同学多帮助，将来才能长成材，不忘祖。这是我们做前辈的愿望。”

最后，我问张先生今后有什么打算，他高兴地说：“集美学校的学习环境很好，在东南亚也是少见的。今后我要把我的孙子送回唐山念书，还要动员更多的华侨子弟，永远不断地回唐山求学。”

（张元锦）

（载《福建日报》1983年10月24日）

30.菲律宾华裔实业家陈永栽

陈永栽先生是菲律宾著名的华裔实业家，他在实业界取得很大成就，有人认为他是“菲律宾现代化企业家的代表”。他现年五十多岁，祖籍福建省，生于菲律宾。十岁的时候，回到厦门上小学，后又返回菲律宾，在马尼拉读中学。

经过多年的努力奋斗，陈永栽先生的事业发展很快，经济实力雄厚，拥有福州烟草公司和亚洲啤酒公司、联盟银行等多家企业。产品在菲律宾国内很有竞争能力。亚洲啤酒公司生产的“豪申”啤酒质量可与慕尼黑佳品相媲美，称雄于亚洲。最近，陈永栽又拟同港商合资开办无线电工厂，生产卡式录音磁带和电视机。

陈先生所办企业大都与轻工业和农业有关，有利于合理使用菲律宾资源。他办的酒厂、农场，生产的啤酒、肉类等产品，在满足菲律宾国内市场的同时，还外销东南亚等地。

陈永栽对发展中菲两国人民友好往来做了不少工作。1979 年 4 月，他曾携眷访华，去年 11 月广州市市长梁灵光访菲，陈先生主持欢迎宴会。他在讲话中赞扬我国重视农业的做法，认为菲律宾也要开展农场经济。

陈先生现任菲华总商会副理事长，热心公益和教育事业，曾捐助华文学校，最近又提出要创建华文大学，得到华侨社团和报界的好评。

（香文）

（载《广东侨报》1983 年 6 月 10 日）

二、闽侨、外籍闽人在日本、美国等地

1.跻身当代日本大作家之列——陈舜臣

活跃于日本文坛的"当代日本十大作家"中,有一位颇具特色的人物——他也写了大量推理小说;但他更为倾注心血,也更为读者推崇的,却是根据中国历史上一幅幅壮丽画卷写成的作品——《郑成功》《太平天国》《鸦片战争》……他将中国历史典籍、中国古代文学名著——《史记》《十八史略》《唐宋传奇》《水浒传》《西游记》《聊斋志异》等加以改写,进而加工创作而成的历史小说介绍给日本读者。他的许多书一版再版,甚至重印十多次。他,就是陈舜臣。

1924年,陈舜臣生于日本神户一个商人家庭,祖籍福建泉州,家人很早就迁居台湾。他幼年就学于神户,1943年毕业于大阪外国语学校印度语科。陈舜臣自幼酷爱文学、历史,熟读了大量祖国和日本的古典文学作品和历史、地理书籍,并谙熟亚洲史。毕业后他曾从教、经商,但从小形成的读书、写作的爱好,终于驱使他在三十三岁那年开始写小说。1961年他弃商就文,专门从事文学创作。人们说他是"后来居上""大器晚成"。二十多年来,他那卷帙浩繁的文学作品,足以套一句中国的古话"著作等身"来形容。勤奋的写作、渊博的学识、精深的文学修养,使他的作品题材丰富、体裁多样、行文优美，迅速赢得了大量读者，受到了日本文坛的推崇，多次获得“直木”“大佛次郎”等日本文学奖。

陈舜臣虽然是用日文写作，但在他心目中，他是一个中国人。他一直保留着中国国籍。他将自己对祖国纯厚的感情，深深地凝聚于笔端。

1972年中日两国实现邦交正常化后，他几乎每年都要回国探访。他踏上祖国的土地，奔向久已向往的地方。古城北京、侨乡广东、“丝绸之路”所经的敦煌、广西“太平军”活动过的地方……都留下了他的足迹，开始出现了一片新天地——一个在古老文明基础上振兴起来的伟大民族。《敦煌之旅》《北京之旅》《新西游记》《中国古今游》《丝绸之路旅行记》等游记文学作品，便是他回国观光后的新作。

近年来，陈舜臣曾多次作为中国作家协会的客人，应邀回国访问。其间1979年秋，我曾有幸陪他到新疆南部的吐鲁番、库车、拜城、喀什等地参观。他留给我的印象是：严肃、多思、胸怀激情却言语不多。在浩瀚的戈壁滩上，他不顾旅途的劳顿与风沙，每天乘吉普车往来于一个个古城、洞窟间，寻觅那颗颗艺术明珠。在那一个个多姿多彩的千佛洞里，他入迷地观察、拍照、记录，看上去总是那样精力充沛。此次分别不到十个月，就收到他从日本寄来的厚厚一本装帧精美、图文并茂的《西域巡礼》。书中详细地记述了新疆的历史沿革、各民族风土人情、宗教信仰、艺术宝藏，字里行间渗透着他作为中国人的由衷的自豪。

1980年中日合拍的电视片《丝绸之路》在日本播放后，曾出现了一股向往“丝绸之路”的热潮，许多人纷纷涌向中国，争相奔赴新疆、敦煌一带考察、观光。以后得知：电视片中那简洁、优美、深沉、晓畅的日文解说词，也出自陈舜臣的手笔。

这里，还应该提到陈舜臣1980年出版的《中国历史之旅》。在这部已出十二卷、长达百万字的巨著中，上至富于神话色彩的三皇五帝、夏、商、周，到历代王朝的兴衰演变，直至当代中国社会的概貌，都得到洗炼、生动的描写。这部书综合了陈舜臣对中国历史的研究与对中国现状的调查，是一部既有知识性、趣味性，又颇富文学色彩的“中国古今”通俗读物，受到日本读者的热情赞扬。

1979年访日时，我曾应邀去神户陈先生家中做客。记得在他四壁琳琅的书房内，长长的一列书架上，满排着他已出版的日文书籍。我不由想到人们对陈先生的评价：有人说他是文学家，也有人说他是历史学家。我想，这些问题怕要留待专家去研究了；而我透过那些书籍看到的，是陈舜臣先生为中日两国文化交流、对促进两国公民相互了解做出的可贵贡献，以及他那挚爱祖国优秀文化的拳拳之心。

（林绍纲）

（载《华声报》1983 年 5 月 8 日）

2. “我们是炎黄子孙”

——访美国美东福建同乡会永远名誉会长陈永洽先生

7 月下旬的一天下午，我们叩开了福州华侨大厦七楼的一间房间，笑容满脸的美国美东福建同乡会永远名誉会长陈永洽先生热情地把我们迎进房间。

“这是二儿子陈建中、三儿子陈建华、二女儿陈美丽。”陈先生把身边的儿女一一介绍给我们。我打趣说：“好响亮的名字——‘美丽中华’。”陈先生和他的儿女们都笑了。陈先生说：“我这几个孩子，都没有回过祖国，没有见过故乡，我这次就是专门带他们回来认识认识的。”

陈会长今年六十三岁，祖籍长乐象屿，1940 年出洋谋生，二次大战后，携眷定居于美国费城，近四十年来，陈先生对祖国、对家乡一往情深。他经常对家人、对旅美乡亲说：“祖国就是我们的父母亲，不管你走到哪里，不管你有没有加入外国籍，都不能忘记自己是炎黄子孙。”近十年来，他主持美东福建同乡会的工作，和同乡会的常委、理事一道，为联系当地闽籍乡亲，促进团结，发扬爱国爱乡精神，推动中美两国人民的友好往来，做了许多有益的事情，深得旅美乡亲的拥戴。

陈会长告诉我们，美东福建同乡会成立将近半个世纪了，它是美国华人社会有影响的社团之一，同乡会有联系的闽籍乡亲有数万之众，其中百分之九十是福州十邑的乡亲。陈会长说，随着祖国日益繁荣富强，海外乡亲的腰杆挺直了。恢复中国在联合国的合法席位，中美建交，邓副总理访美，这几桩喜事，使旅美乡亲扬眉吐气，陈会长还说，美东福建同乡会还参予接待历史上第一位来唐人街访问的美国总统卡特,这足以说明旅美华人社会地位提高了。

我们请陈会长谈谈回乡观感。陈会长很高兴,他说,1973 年和 1980 年他曾两度回乡,这次是第三次了。家乡的变化一次比一次大,使他感到很欣慰。这次回来,看到家乡实行生产责任制后,生产发展很快,乡亲们的生活富裕,许多人家年收入在三四千元以上,几乎每户人家都盖了楼房;文化生活方面也日益丰富多彩,许多人家添置了电视机、收录机。这一切与中华人民共和国成立前相比,简直天差地别。

陈会长的三个儿子,很注意听他父亲同我们的交谈。他们都在美国大学里学习,这次回到思念多年的家乡,会见从未见面的亲人,祭扫了祖坟,拍了许多照片。陈建中激动地说:“回到故乡,真是太高兴了。家乡很美丽,乡亲们很热情。故乡永远牵挂在我们心上,因为我们是炎黄子孙。回去以后,我们可以自豪地对周围的人说我看到了历史悠久、生气蓬勃的祖国和故乡。”

向陈会长和他的子女告别时,我们说:“希望你们有机会多多回祖国、回家乡来看看。”陈会长说:“一定,一定,祖国富强了,海外乡亲都会经常回来的,因为我们是炎黄子孙。”

这是海外游子的心声。

(黄意华)

(载《福建侨乡报》1982 年 2 月 19 日)

3.“为了祖国的繁荣和统一”
——访美东福建同乡会主席郑忠高先生

他像一个鉴赏家,在我们周围的床上、茶几上摆满了彩色照片,然后指着这些照片,一桩桩,一件件地介绍美东福建同乡会的历史,也说他自己。

他颇有学者风度,但他说,他是一个农民哥。他今年五十三岁,长乐猴屿人,十八岁时曾到新加坡谋生,中华人民共和国成立初期回国,在福州台江开了间小五金店,1955 年 1 月 20 日蒋机轰炸福州,他的生意只好收盘,以后就辗转来到美国,以经营餐馆为业。

郑先生说,他一生坎坷,足迹遍布世界上的许多地方,岁月留给他的认识是:游子的命运维系于祖国的强大,为祖国的繁荣和富强效劳,是海外侨胞义不容辞的。他说,美东福建同乡会正是认定了这条真理,团结广大旅美乡亲,组织了许多有影响的活动,逐步发展成为美国华人社会的重要团体,为美国朝野政治力量所关注。

郑先生说,美东福建同乡会已有四十年的历史,近十余年来发展较快,特别是中美建交后,同乡会进入了全盛时期。他指着一张照片告诉我们,这是中美正式建交时,同乡会组织庆祝游行的情景:一辆辆彩车高悬着《中美联合公报》和象征着"乒乓外交"的图案,欢天喜地的旅美乡亲挥舞着五星红旗簇拥在周围。郑先生说,中美建交是具有划时代意义的事件,同乡会也就从这时开始登上了政治舞台,为祖国的繁荣富强和统一贡献力量。

他指着照片,如数家珍:

同乡会热烈欢迎邓小平副总理访美,中国政协代表团访美,有马兴元省长参加的七省长代表团访美。

纽约唐人街最大的餐饮"银宫酒家",盛大的国庆招待会,美东福建同乡会任主席团主席,五星红旗和星条旗下,郑忠高主席在发言。

"银宫酒家",美国前总统卡特来到同乡会领导成员中间赴宴,会员座谈,发表声明,表示坚决拥护,呼吁海外炎黄子孙为祖国统一大业携手努力……

郑主席说,他们还有一张珍贵的照片没有带来,那是中国女排再次夺魁后取道美东回国路过纽约的情景。他说,那时,他们正在"银宫酒家"举行盛大的庆祝国庆三十三周年的招待会,女排健儿们捧着奖杯来到了,乡亲们那喜悦和幸福的心情是无法形容的。郑先生说,能够在海外接待为祖国赢得荣誉的健儿,是他们最荣幸的事。他告诉我们:去年,中国女排应邀赴美国新泽西州比赛,由于旅途劳累和吃不惯西餐,比赛曾一度失利。于是,郑先生亲自开车,把最可口的中国饭菜送去,一天往返数次,直到女排取得最后胜利。

郑先生说,由于身居海外,对祖国的感情变得更为激切,对祖国的任何一个成就,都会欢欣鼓舞,对祖国提出的奋斗目标,也往往感到自己责任重大。他说,美东福建同乡会的历史,只能说明它的过去,今后还要做许多工作,他们已经拟定新的目标和任务,争取为祖国做出更大的贡献……

两个多小时的采访,我们一直沉浸在爱国主义激情之中。回来后,看到著名记者萧乾在《海外行踪》中写的一段话:“民族的感情是世上真正宝贵的东西。国籍的变换只是在本本上打几个图章,民族感情却永远刻在心上。”这是海外炎黄子孙所共有的深刻体会。

(黄意华)

(载《福建侨乡报》1982 年 11 月 4 日)

4.故乡啊，您变了样！

——访美籍华人电脑专家王宝硕博士

最近,我们来到仙游县侨联访问了应清华大学邀请回国讲学,又特地回乡探亲的美籍华人、电脑专家王宝硕博士。

王博士今年四十七岁,是美国公爵大学电机工程系的教授。他谈到回乡的感想时兴奋地说,三十二年前他离家时,仙游县城只有一条又窄又脏的旧街道,房屋破烂不堪,西门兜一带垃圾成堆,污水横流。如今街道清洁美观,高大的建筑物比比皆是,谈到这些变化,王教授激动地说:“故乡真是沧桑巨变,我简直认不出来!”

在座的副县长朱荣水告诉他,中华人民共和国成立前,仙游没有一家像样的工厂,如今已有三十多家大中型工厂,还有一千多个社办厂。去年工业总产值达一亿四千六百多万元。其中漆木碗、竹编、抽纱等产品畅销世界各地。王教授听了连声叫好,他说:“现在美国商店里有不少中国货,有一次我看到一位美国人胸前挂着一把中国造的梳子,想不到祖国的一把小梳子竟成了美国人的装饰品。”

王教授的老家石庄大队是盛产水果的“百果之乡”。当他品尝着家乡的水果时兴致勃勃地说:“在美国水果很贵,四颗荔枝卖三元多美元。这次我路过涵江时,拿了四元人民币去买荔枝,已装了一大篮,售货员还往里装,我以为他称错了,一问才知道一斤只有几角钱。家乡的水果又新鲜又便宜,在美国哪能买得到。”

王教授在国外得知故乡是全国闻名的蔗乡,甘蔗亩产素居全国首位。这次回乡,亲眼看到木兰溪两岸到处是碧绿的蔗园,长势喜人。他说,发展甘蔗生产也需要电脑指挥,建议成立一个综合性的甘蔗机构,对甘蔗进行研究。他还表示今后要多回来,帮助家乡做些事。

(陈金添、连捷禧)

(载《侨乡报》1981年10月22日)

5.研究美国华人社区问题的著名学者王灵智教授

走出象牙之塔

六十年代,美国国内反越战运动、人权运动以及黑人反对种族歧视、抗暴斗争为中心的少数民族斗争运动风起云涌,席卷从大西洋沿岸到太平海滨的广大地区。当时,一批富有正义感、出身少数民族的美国年青学者,积极地投身于这些运动当中,参与各种政治、社会活动,为少数民族争取平等待遇的斗争,做出了积极的贡献。这批青年学者当中的许多人,当时正在各大学研究院攻读博士学位,为了全身心地投入运动,不少人毅然走出书斋,放弃了获取博士学位的机会。当轰轰烈烈的群众斗争告一段落之后,他们当中的一些人又重新回到高等学校,为在高等学校中创立、发展少数民族研究的教学和研究机构,继续斗争。著名美籍华人学者、现任加州大学伯克利校少数人种学系主任的王灵智副教授,就是这批学者的代表之一。

王灵智先生(Lingchi Wang)祖籍福建,1938年生于厦门鼓浪屿,并在此上小学。1948年随家迁居香港,念中学。1957年,不满二十岁的王先生浮槎东渡,到美国念大学,专攻音乐、作曲。大学毕业之后,他先后在密执根霍普大学、芝加哥大学等院校念研究院。六十年代初,赴加州大学伯克利校攻读博士学位。在念研究院期间,王先生的专业是中东研究与中东语言。这位才华横溢的研究生埋首书丛,兴致勃勃地研究各种古代与当代的文字、活的和死的语言。他所研究过的语言包括:法语、德语、希腊语、阿拉伯语、希伯莱语、腓尼基语、尼基语、巴比伦语、赫梯语等等。

正当这位年青的学者在伯克利幽静的校园中日夜苦学,潜心研究中东问题和中东语言的时候,美国的反越战运动、人权运动、少数民族反对种族歧视运动交替兴起,汇成一股巨流,强烈地震撼和冲击着美国社会。伯克利校园也变成了学生运动的中心,六十年代后期,这间历史悠久的学府成了游行和示威的出发地,集会和演讲的场所。轰轰烈烈的社会运动与学生运动,把王灵智先生从书斋里吸引了出来。一投入实际的政治斗争,他就被美国社会严重的现实问题所深深震撼。他全身心地加入了为少数民族争取平等权利的斗争行列。他本来有可能成为一位语言学家和中东问题研究专家的,可现在他变成了一位积极的宣传鼓动家、活跃的社会活动家。当他走出学术的象牙塔时,这位炎黄子孙就把他深邃的目光,投注到华人社区问题上。

解决华人社区问题

六十年代中后期的美国华人社区,特别是位于旧金山、纽约等大城市的华人社区,面临着一场剧变。1965 年,美国修改了移民法例,华人获得每年二万移民名额。一时大量新移民进入美国华人社区,唐人街人口骤增,带来了一系列的社会经济问题,住屋十分缺乏,失业人口比例上升,青少年犯罪问题严重。

王灵智先生与其他一些研究生、社会工作者来到了旧金山的唐人街。他们研究唐人街的历史与现状,老的和新的问题。华人移民美国,已有一百多年的悠久历史。他们淘金开矿,修建铁路,拓荒垦殖,为美国西部开发做出过巨大的贡献。可是在长时期内,他们受到种族主义者的歧视、迫害,美国政府立法的排挤、限制,美国资本家的剥削和压榨。第二次世界大战以后,华人地位稍有提高,可并没有根本改善。华人在美国仍处于被排挤的地位,美国政府设立的社会服务、福利机构也长期忽视唐人街的各种问题。

王灵智先生和其他一些志愿到唐人街来进行社区工作的研究生、社会工作者认为,要反对美国社会根深蒂固的种族主义歧视,争取华人在美国社会中的平等合法权利,解决唐人街长期存在的各种问题以及由于大量移民涌入而引起的新的社会问题，华人必须组织起来，进行有组织的活动。1968年至1970年，王先生在旧金山唐人街发起组织了“华埠青年协进会”和“华埠青年中心”，帮助新移民青年提高英语水平，组织他们学习各种谋生技术，为他们提供咨询服务，并帮助他们解决各种法律问题。1969年，他又发起组织“华人就业协进会”，为华人争取平等就业机会，帮助失业人士和新移民寻找工作。1970年，他参与组织“华人广播协进会”，经过不懈的努力，终于在大众传播系统的主要工具——电视和电台创办了汉语节目，如“汉声”无线电节目等。除此以外，王先生还协助、促进在旧金山社区设立了其他的社会服务、教育文化和政治机构，例如“中华文化中心”“华人民主党协进会”“三藩市法律援助会”等。这一系列的社会服务机构的设立，在美国华人社区发展历史上有着极重大的意义。与传统的华人地域、宗亲组织只是在华人社会内部发展互助、解决矛盾不同，这些新设立的社会服务机构帮助华人在美国立法机关、社会福利机构争取权利，争取平等待遇和应享的福利待遇。美国社会曾有一种论调，说华人是“模范少数民族”，自己对自己照顾得很好，不需要社会服务机构的帮助。王灵智先生激烈抨击这种论调，指出它仍来源于种族偏见与种族歧视，企图以虚泛的颂词来抹杀华人社区的社会问题与社会需要，无视华人在美国社会中应享有的正当权利和合理待遇。他在华人社区创设和协助建立一系列的社会服务机构，正是他在推动华人争取平等权利运动中所做出的第一步行动。

这一时期，王灵智先生一方面风尘仆仆，在华人社区多方奔走，参与创办、发展一系列新的社会服务教育机构，以满足华人社会不断发展所产生的新的需要，帮助解决唐人街的各种问题；另一方面，作为一位华人争取平等权利运动的倡导者与组织者，他花费大量精力进行研究和宣传鼓动工作。从1968年到1974年，他担任华人举办的英文周刊《东西报》的编辑和主要撰稿人；从1971年到1972年，担任《旧金山周报》的专栏作家。在此期间，他撰写了大量文章，分析讨论美国华人社会的政治、移民、就业、教育、医疗保健等社会问题。这位自动放弃了博士学位的青年语言学者，把自己深深地抛进了社会活动的漩涡。他精力充沛，才思敏捷，差不多每星期就发表一篇文章。他组织、参加各种集会，发表演说，宏论滔滔。他在华人社区赢得了很高声望,在旧金山——奥克兰海湾地区名闻遐迩。

研究少数人种专家

美国实际的政治与社区建设活动,使王灵智先生对美国华人历史和现实问题以及少数人种问题产生了浓烈的理论研究兴趣,并产生了一种要为华人研究及少数人种研究在美国学术界争一席之地的欲望。1969年,加州大学伯克利校在广大亚裔学生的强烈要求与推动之下,设立了亚美人研究中心(Asian American Studier)。王先生受聘为该中心第一位教师。他开出的头两门课,为"亚裔美国人史"和"华裔美国人史"。这些大概是在美国高等学府中开出的第一批亚美人历史课程。1975年,王先生应聘担任该研究中心主任。

加州大学伯克利校的亚美人研究中心,以华裔、日裔、朝鲜裔、菲裔、越裔美国人以及由亚洲其他地区和太平洋群岛迁居美国的移民为研究对象。它与印第安人研究中心、墨西哥人研究中心一起共同构成"少数人种学系"。王灵智先生自担任该中心主任之后,网罗人才,广集资料,苦心经营,力谋发展。目前,美国由东到西约有五十来间大学开设有"亚美人研究"课程,而以加州大学伯克利校这间亚美人研究中心为规模最大的教学中心。该中心拥有强大的教师阵容,共开出三十五门课程,每年有上千学生在该中心注册选课。它所开出的三十五门课程,包括三方面的内容:亚美人历史,亚美人社区研究,亚美人文学。其中社区研究课程以帮助学生推进亚美人社区服务工作为目的。特别值得一提的是,该中心于1978年成立了一间"华人历史图书资料中心",到目前已收藏了许多珍贵的历史文献资料,成为全美最大的一间美国华人历史资料中心。

王灵智先生主持亚美人研究中心,成绩斐然,1981年被任命为少数人种学系系主任。时光流逝,世事变迁,当年的中东语言研究生,如今变成了少数人种研究领域里的教授、美国华人问题研究的专家,而他对自己选择的道路相当满意。他继续积极参加华人社区里的福利事业,为争取平等权利而斗争。他积极筹备在少数人种学系设立博士学位,以培养少数人种研究的专门人才,并提高少数人种研究的学术水平和学术地位。

他继续与其他少数人种研究学者合作，为将来最终在伯克利校建立“第三世界研究学院”而不断努力。

王灵智先生对华人研究、少数人种研究的前途充满信心，他认为这一事业正如日初升，前途无限。他在学术上雄心勃勃，准备在华人问题研究领域创设新的理论体系，编写大部头的美国华人历史著作。积累十多年来的研究心得，他已编就一部数百页的关于第二次世界大战以来美国华人历史的著作。该书正在修订，不久将问世，相信会引起学术界的重视和欢迎。

（筱瑜）

（载《地平线》1982 年 6 月）

6. 他设计了地震不倒的大厦

——记著名美籍华裔建筑师林同炎教授

1972 年 12 月 23 日，拉丁美洲尼加拉瓜的首都那瓜发生了强烈的地震，霎时间，地动山摇，石破天惊，市中心大部分地区——五百一十一个街区的房屋纷纷倒塌了。硕果仅存的一幢，二百英尺高的十八层美洲银行大厦。这幢大厦虽位于震中区，连大厦门前的街道都已下沉了二分之一英寸，而它仍巍然不动，屹立在一片残垣断壁的废墟之中。人们对这一奇迹不禁叹为观止，更不能不对这一奇迹的创造者衷心敬佩。他就是名震全球的美籍华裔桥梁结构工程学家、美国工程科学院院士林同炎教授。

年方二十　一鸣惊人

1911 年，林同炎出生在中国的东海之滨——福州。他的父亲是法官，由于调职，在他四岁的时候，就举家迁往京城——北京了。从小聪明好学的林同炎，充分接受了中国传统文化，特别是古典文学的熏陶。父亲教他四书五经，对《左传》讲说特详，还教他唐宋八大家之文。他根本没有进过小学，十一岁那年，就把哥哥的算术课本独自啃了半年，居然无师自通了。他凭相当程度考上了英国人创办的北京崇德中学，是初中三年级的插班生。在崇德仅读了一年书，“五卅”惨案就发生了。出于高度的民族自尊心，他愤然离开了这所学校，转入美国人创办的汇文中学，毕业时，年仅十四岁。在父兄的鼓励和督促下，小小年纪的林同炎，“初生之犊不怕虎”，竟报考了唐山交通大学。这在当时是一般学子高攀不上的学府。他在校选修土木工程，每试均列前茅。他的父亲长于算术，特别擅长“心算”，同炎也有此独特的禀赋。“唐山交大”毕业时，他的哥哥林同济正好在美国加利福尼亚州州立大学执教，就资助他在该校工科研究院深造。他果然不负所望，以优异成绩获得工科硕士学位。他的毕业论文《力距分配法》一鸣惊人，被命名为“林氏法”（Lin's Formula），受到美国建筑界高度的重视和普遍采用，一时间闻名遐迩，年方二十，真是少年俊杰之才。在美国学成回国后，他先后担任铁路工程师和成渝铁路指挥部主任工程师等职，后来成渝铁路的一千多个桥梁涵洞，就是根据他的原计划施工的。

一个直言不讳的故事

林同炎在成渝铁路工作时，还有一桩惊人之举。成渝铁路的总工程师孙宝琦教授，原来是同炎在“唐山交大”时的老师。有一天，孙教授出示一张大桥设计图，征求各方面的意见。林同炎本着对科学严肃认真的精神，当即直率地指出了设计图的缺陷。同炎以一后生小子，侃侃而谈，举座为之惶遽、窘迫。居然有位旁观者，出于“为尊者讳”的世俗旧习，竟怒斥同炎说：“还不快出去！你这小子，懂得什么？”林同炎见对方强词夺理，盛气凌人，不屑与之争辩，愤然而去了。但是，真理是颠扑不破的。大家在冷静思索和认真研究后，终于肯定了正确的还是林同炎。于是，虚怀若谷的孙宝琦教授，又把林同炎召到办公室，并且恳切地对他说：“同炎，你的意见是对的。从明天起，你就接替我的职务，当桥梁科科长。”

孙宝琦的从善如流，林同炎的直言不讳，都是为了科学和真理。这一对师生的高风格一直在工程学界传为佳话。

“美国预应力的功勋人”

1946 年，林同炎应美国加州大学之聘前往执教，并从此定居在美国。他在预应力学的研究上，确有独到的造诣。所谓“预应力混凝土结构”，就是使混凝土在发挥荷载作用之前预先受压的一种结构。预应力一般用张拉高强度钢筋或铁丝的方法产生，分先张法和后张法两种。前者先张拉钢筋，后浇灌混凝土，待其达到规定的强度后，就放于钢筋两端；后者在混凝土达到规定的强度后，将穿过混凝土内预留管道中的钢筋张拉，并在两端锚固。预应力能提高混凝土承受荷载的抗拉能力，防止或延迟裂缝的出现，并增加结构的钢度，节约钢材和水泥。如今，运用预应力混凝土结构已成为建筑工程的一股潮流，广泛应用在房屋、建筑、桥梁、铁路、港口等工程上。美国哥伦比亚河要造一座大桥，由于采用最新的预应力技术以取代七年前的技术，就一举而在造桥上节省了六百万美元，可见这一方面的发展潜力很大。林同炎为发展预应力学，殚精竭虑，曾发表了一百多篇高质量的论文。1956 年，他又写成了《预应力混凝土》一书，至今仍被公认为预应力学术界的权威著作，并被译成日、俄、西班牙等多种文字出版，因此，他被尊称为"美国预应力的功勋人"。1974 年，国际联合预应力协会颁给他"福森尼特"奖章和"佛里叶西聂夫"奖，这是该会的最高荣誉奖。他也就成为获得此奖的欧洲人士以外的第一人。美国土木工程学会为了表彰林同炎在桥梁和建筑方面的特殊功绩，特将该会的预应力奖改为"林同炎奖"。在美国科技界，以中国人名字命名的科学奖，这还是第一个。1976 年，加州大学特别授予他"终身荣誉教授"的称号和该校最高奖"柏克莱奖状"。

设计轰动全美的悬索桥

1977 年，林同炎再接再励，攀上高峰。精心设计了世界上第一座平面弧形的弯桥，即横跨美洲河的悬索桥。该桥全长一千二百英尺，没有一座桥墩，跨度长达四百米，两端共用了一百多根钢索，把大桥固定在地形险峻的山腰上。此桥造型蔚为壮观，且节约了开凿两边隧道和打桥墩的费用数百万美元，再度轰动了全美国。在 1979 年美国全国建筑设计比赛评奖中，他无可争辩地获得第一名。同年，美国科学研究院与工程研究院合办的房屋研究委员会，又颁发给他"四分之一世纪贡献成就奖"。

1980 年 2 月 17 日，美国《旧金山纪事报》(*San Francisco Chronicil*)刊载了一篇建筑评论，介绍林同炎所设计的莫斯康会议中心(Moscone Convention Center)地下展览厅的大拱门，跨长 285 英尺，一个接一个地伸长开去,宛如巨大的混凝土弯子,“是结构计算的奇迹,也是视觉的奇迹”。这所地下展览厅将成为全世界最大的地下室了。这篇评论的作者阿兰·梯科(Allan Temko)高度赞扬“林教授的丰富想象和他的大胆考虑问题”,终于谱写了“现代艺术建筑史中的独特的新的一页”。林同炎得到这样的高度评价,在世界各国确是罕见的。这个评价来之不易。他为了搞科学研究,几乎废寝忘食,每周工作达六十小时,退休后,还工作达四十小时以上,孜孜不倦,退而未休。

为了将理论和实践密切结合起来,他还创办了“林同炎国际公司”,承担了世界上重大的工程结构设计工作,在国际工程界享有盛誉。

林同炎教授十分眷念中国传统文化对他的哺育。他常常说:“茅以升、孙宝琦先生是我的老师,赵祖康先生是我的前辈,我要永远向他们学习。”

美国伯克莱加州大学将设立“林同炎纪念室”,需要他的肖像和油画,他就委托北京汇文中学的同窗、铁路同工、画家蔡上国给他绘制,并建议背景中要有绵延起伏的万里长城和加州大学的钟塔,用以象征中美文化的交融。

(蔡上国、张丹子、五季深)

(载《地平线》1981 年 4 月)

7.著名医学家李景昀教授

1980 年春,集美校友李景昀博士飞越重洋前来中国讲学。当他在广州完成讲学任务,又应中华医学会厦门分会的邀请来到鹭岛的时候,特地到母校集美中学来看望师生,给我们留下了深刻的印象。

那一天,初夏的骄阳高悬中天,天气已经相当热了。我们全体师生在团结楼前的操场上席地而坐,聆听他那风趣横生,富有哲理的讲话。他用优美的诗一般的语言,为我们叙述了他幼年时一个充满童话色彩的故事——他想爬上家乡最高的山峰,去摸那头顶上的苍穹。可是母亲把他管得很严,不许他去爬高爬低。后来得到哥哥的支持,终于费尽气力爬上了那高峰,但天是摸不到的。他才发现:山外有山,天外有天,宇宙是无边无际的。那次经历,使他悟出了一个道理:人是要有理想的。而凡是自己确定了的目标,只要有毅力,不怕困难,便可以到达彼岸。李景昀以他本身的学习经历和学术成就,证明了这一真理。对同学来说,他这一次讲话,是力学成才最生动不过的教材了;作为新时代的青年,又有什么理由不为崇高理想而去奋斗终身,攀登高峰呢?我们至今还念念不忘李景昀校友给我们的这份无价的礼物。

科学和感情是没有矛盾的。李景昀是一位科学家,但他的感情也是十分丰富、十分细致的。他一再称赞我们校园的优美和宁静是他走过世界不少国家所未曾见到的。他热爱母校,也爱护在校的弟弟妹妹们。他深情地殷切地勉励大家要珍惜这个难得的学习环境,勤奋学习,成为有用人才。时经二年,他在讲话中的第一句话"我回娘家了",还在我们的耳际回响,未曾消逝。我们掂得出这句话的分量,我们也理解这句话的情意。我们还记得,当我们的柯校长代表学校把一张装上镜框的校景照片赠送给他时,他热泪盈眶,激动异常,双手捧起镜框频频点头,向我们摆动答谢。欢乐的泪花,激动的掌声,把我们的心连在一起了,彼此的感情完全贯通了。

李景昀出生于福建省安溪县湖头村。1941 年 2 月毕业于集美高中 14 组。1947 年获广东岭南大学理学学士学位,后入加拿大萨斯喀切温大学医学院,1961 年及 1962 年先后获得哲学博士及医学博士学位。现在他是美国俄克拉荷马大学医学院解剖学教授及解剖学系主任,而且是终身教授。又被拥有七万余人的医学生协会推选为全美荣誉教授。除外,由于他在学术上的成就,还担任了香港大学校外考试委员、美国三大出版公司评审委员、瑞士 *International Journal of Blood and Lympatic Vessels* 杂志、美国德克萨州 *The Texas Journal of Science* 杂志评审委员、纽约布法罗医学史学会主席、美国与加拿大解剖学会主席、协会提名委员会委员等重要社会职务。多年来,他陆续发表了包括正常及病理的神经解剖、血脑屏障、脑缺血、脑缺氧、脑水肿、脑震荡以及脑瘤等的九十余篇著作。也被认为是美国著名的解剖学专家,神经系统超微结构学的权威。他曾数度被选为全美最佳教授、杰出教授,并获得金质奖章。他的名字被列于《美国科学家》《古今世界科学家名人录》《国际人物字典》《国际学者字典》《美国名人录》《科学成就名人录》等十二部名人录中。在1980年5月他应邀前来中国讲学,在广州暨南大学,他原计划在四天中每天各讲一个课题。但由于国内同道对他所研究的课题均感兴趣,结果四天排了八个讲题,上下午都讲,是他二十五年来最忙的一次讲学。他在厦门、福州以及在北京的讲学活动也是安排得十分紧凑的。他的伟大成就,他对科学的热爱和献身精神又是多么可贵呀!

李景昀博士回到母校的时间是很短暂的,充其量只有五六个小时,但他留给我们的教益却是无可估量的。除了他的钻研精神、热情洋溢,我们还感到他是非常平易近人、谦逊虚心的。细细思索,这些优秀的气质,不就是他成名的不可或少的因素吗?

他返回美国后,在百忙中曾写了二次信来,关心母校,怀念师长,记挂小同学的成长。我们愿藉此短文,遥寄我们对他的怀念,并祝他身体健康,在学术上做出更加卓越的成就!

(韵清)

(载《地平线》1982年12月)

8.事在人为——一位创业者的哲学

——记美籍华裔实业家陈霖

金秋季节,我同萧乾先生一道访问了美国,在大学里,我们遇到不少在学术上颇有成就的华人,在商业界,我们也有相同经历。陈霖便是一位给人印象深刻的人物。

陈霖1915年生于福建。1936年毕业于福州英华中学,同年考入燕京大学,1940年毕业于昆明西南联大。1948年他赴美留学,两年后获纽约大学商业管理硕士学位,同年任美国森美进口公司分部经理。当时,他虽是匹马单枪,但由于克勤克俭,每日工作十几个小时,在经营上采用一系列有效措施,不出几年,便使森美公司经营的食品种类扩大到数千种之多。1955年以来,他不仅担任该公司的副董事长和总经理,还兼金门、金国、金山、金都食品公司的董事长及纽约金洋银行董事和多间酒楼的董事长。现在,他经营的森美进口公司已成为一个跨国公司,其年营业额超过二十亿美元,金国、金门子公司的年营业额也在三千万美元以上。在纽约唐人街,陈霖是屈指可数的华裔巨富。……

我们参观了坐落在格林威治街上的森美进口公司。那是一座八层楼房,整整占了一个街区。我们先在二楼办公室休息了一阵。那里,几十个华裔和白种职员,有的拨着计算机,打着电话,有的里出外进地忙碌着。我们还参观了楼下的仓库。陈霖指着一堆堆的货箱说,国内来的东西货真价实,但是包装差,有的运到半路就破损了,只好堆在这里廉价处理。他还说,每次到中国参加广交会都感到,如果没有熟人,连小事往往也办不成,有了熟人,就很顺利,那里的货仿佛是会认人的。

在楼上的办公室。我们见到了森美的台柱子:陈霖的夫人范顺承女士。

范女士皮肤白皙,身材苗条,怎样也看不出已年近花甲了。她穿着笔挺的咖啡色上衣和裙子,同色的高跟鞋。她指着陡峭的楼梯说:“一天跑上跑下,不知多少趟!”

几十年来,这对夫妇始终保持着普通职员的生活习惯,无论风天雨天,都是早晨八点多钟离开新泽西州的公寓,傍晚六点左右驾车双双回家。陈霖告诉我们,亏得有这样一位贤慧能干的夫人,里里外外一把手,他才有了今天。

尽管陈霖前两次参加广交会不够顺利,但他依然向往祖国,还准备再度到中国参加广交会。我们告诉他,国内正在向“关系学”开刀,情况会有所变化。

陈霖力劝萧乾把心脏病治好,甚至要把他留下来就医。从治病,他谈起了自己的人生哲学。他认为一切都是事在人为。病,你认真治,它就会好。拖,就会更严重。……

(文洁若)

(载《华声报》1984年2月5日)

9.为祖国建设做出更大贡献

——访全美华人联合会会长刘文善先生

10月25日晚上,在福州侨联大厦七楼的一个房间,我们访问了应赵紫阳总理邀请,回国参加建国三十四周年庆祝活动的全美华人联合会会长刘文善先生。

刘文善会长是福建长乐人,年虽半百,但满头青丝,容光焕发,举止轻捷,交谈中,流露出爱国爱乡的炽热感情。

他说,这次从美国应邀回国参加国庆活动有十四个爱国华侨团体的代表。国庆期间,全国归侨联合会就邀请他参加在华侨大学举行的陈嘉庚先生纪念堂落成典礼;他是华侨大学董事,在泉州又参加了华侨大学第二次董事会。今天下午刚从泉州参加这两个会议后回到福州。他兴奋地对我们说:"华侨领袖、伟大的爱国主义者陈嘉庚先生,一生历尽艰辛、呕心沥血、倾资办学,为祖国和侨居国培育了大批人才,临终时还念念台湾回归祖国,完成祖国统一大业,真是我们华侨的楷模。"

其实,刘文善先生本身也是一位热爱祖国、乡土观念很强的华侨人士。六十年代中期,他在香港一家外国轮船公司当海员时,因不满帝国主义分子敌视我国的行为,曾参加罢工斗争,后来遭到迫害,只身赴美,在爱国华侨支持下,从事商业活动,苦心经营,付出了极大的精力。现在,他已是纽约东方贸易公司、东方酒家、东城产业公司三家大商号的董事长了,被誉为旅美华侨商界的后起之秀。他和他那位祖籍连江的太太热心家乡建设,屡有款物捐赠两县。当年,为争取恢复我国在联合国的合法席位和庆祝中美邦交等活动时,他和陈永浛、郑忠高、任积龙等人,曾率领广大爱国侨胞,尽了最大的努力。还不惜任何代价,无数次地热诚接待了国家和地方的各种访美代表团,他私人接待的体育、教育考察团等,就有八个。去年,我国女子排球队应邀访美,在纽约一次比赛中,由于运动员不习惯当地饮食,体力受影响,可能导致比赛失利,他和郑忠高等侨团领导人心里很着急,立即组织中国餐饮,另外做鸡蛋炒米饭,购买牛奶、糕点和高级饮料,用汽车送到比赛场,使女排运动员吃上适合口味的饭菜,精神抖擞参加比赛,打赢了这场球,为祖国争了光,为华侨添了彩!讲到这里,刘先生笑容可掬,流露出十分激动和自豪的心情。我们不禁称赞说:“刘会长为国家为民族真做出了不少贡献啊!”他却谦虚地说:“比起陈嘉庚老先生来,还差得远哩!”

刘文善先生还对我们说,国庆之后,他曾率领爱国侨胞代表在北京、西安、成都、桂林、昆明和广州参观访问。他过去多次回国观光,比较起来,他感到近几年国家各方面变化最大,各处工程建筑拔地而起,城乡面貌日新月异,市场物资丰富,人民收入增加,生活大大改善,商店百货品种也多姿多彩。商店、宾馆服务态度也好多了,更突出的印象是社会秩序安定了。他说,过去回国是从外边买衣服进来,这次在各地参观访问时,就选购了几十套新式服装,除了送国内亲友,还准备带出国自己穿或送朋友。他高兴地说,像这样下去,祖国兴旺发达是大有希望的。

刘文善先生有一颗火热的爱国心,事业心又强,在旅美华侨中颇孚众望,今年被选为全美华人联合会会长。我们请刘先生介绍一下这个组织的简况。他说,全美华人联合会首创于 1980 年,第一届会长是著名爱国华侨人士梅子强,他是第二届会长。著名美籍物理学家杨振宁和美国华侨总商会董事长应行久是联合会的高级顾问。这个联合会的代表人物,大都是各个爱国华侨社团的领导人,因此,它是最广泛的华人组织。宗旨是团结一致,发展会务,开展爱国活动,为台湾回归祖国,早日实现祖国统一而努力!为祖国四化建设做出更大贡献!

访问即将结束的时候,我们问刘先生这次回国还有何打算?刘先生从旅行箱里拿出一份复印的《兴建福建省华侨新区刍议》给我们看,他说,回国之前,曾与几位华侨朋友合议,计划投资在福州近郊兴建一批可供一千户归侨居住的华侨新村,准备和省市有关部门商谈。如果谈成,马上即可进行,这将为国家提供一大笔外汇收入。我们看到这个复印件共有十一页,分前言、方案、投资公司简介、建筑计划形成程序四个部分。还附有三张建筑设计草图。这个计划很有意义,临别时,我们祝他们成功!

(马非、刘友中)

10.要重视人才培养——访美籍华人学者叶芸英博士

在南安国光中学校庆的来宾席上,端坐着一位远渡重洋前来参加庆祝活动的嘉宾。他就是美籍华人学者叶芸英医学博士。

记者和叶博士在集美校庆期间就已相知,而后在参观南安县国光中学校园时,我们又相遇了。我直截了当地问:“叶先生,这几天来的观感如何?”叶博士立即打开了话匣子:“从厦门到集美、泉州、南安,一路所见,变化真大,与昔日比,真是不可同日而语。不仅新盖楼房多,马路漂亮,而且民众吃饱穿暖,精神焕发。中国几千年没有解决的问题,如今几十年就解决了,真不容易啊!”接着,他深有体会地说:“校主陈嘉庚倾资兴学和李光前先生热心培育人才的精神令人感动,这在全世界也是不多的。”

记者问道:“叶先生久居海外,见多识广,对家乡的振兴发展,有何高见?”他谦逊地答道:“不敢。不过综观世界,经济振兴在于人才,人才培养在于教育。”他说,美国十分重视人才引进,可以说是在全世界广为搜罗,其科学家大部分是外国人,其中不少是我们炎黄子孙。在航天、电脑、半导体等各个尖端科学领域,都有我们的同胞,说明中国人脑子不比人家笨。他又说,福建也是出人才的地方,在华侨中有不少大有作为的人。福建经济振兴发展,看来首先必须重视人才的培养。除了国内培养,也可选送出国进修,还可利用福建华侨多的有利条件,争取华侨学者的支持帮助。

叶先生祖籍南安,是集美中学早期毕业生,后来到福建医学院学习,大学毕业后到美国深造,荣获美国医学博士学位。他出洋四十年还未回过老家,这次是专程返回母校参加校庆的,同时也应邀参加了家乡国光中学校庆。叶先生虽然久别出生故土,但对家乡十分怀念。他返母校前夕,特寄了一笔钱给母校添置教学设备,在国外,他通过自己多年努力,学有成就,对外科、麻醉方面发展十分关心,他利用自己能看懂《灵枢》《黄帝甲乙经》等针灸经典著作的有利条件,结合西方先进科学技术,把中国古老的针灸技术用在美国临床上。……他听说福建中医学院开设了针灸专业,专门培养针灸人才,十分高兴,表示如有机会愿和家乡同行开展学术讨论。他说:“美国及西欧投入大批人力、物力,探讨针灸原理。针灸术是中国先人发明创造的,我们后人应当找出其原理。”他说,从临床看,美国有许多病人是社会原因造成的,只要适当改变环境,容易治好。他热情建议我省开办专为外国人治疗有关疾病的医院,组织有关轻病号来华旅游和治疗,这样,既可增加建设需要的外汇收入,又能使中国古老的医疗技术直接为世界各国人员服务,增进相互间的感情和友谊。同时也可通过多种渠道派人出去学习西方医疗技术,总结提高中医药,使之发展到一个新的水平。

当叶先生听说前一段有些青年向往西方时,他用自己几十年的亲身体会说:“不要以为一切都是国外的好,似乎月亮都是国外的圆,西方社会不是天堂。其物质生活虽然丰富,但人们精神空虚,许多人迷迷糊糊生活着,就像一架机器,没有灵魂。在国内,大家精神焕发,生活目标明确。物质条件虽差些,但生活充实而有意义。”

(赖任南)

(载《福建日报》1983 年 11 月 4 日)

11.澳籍华人语言学者——李全寿教授

1979 年 8 月,澳籍华人学者李全寿教授(祖籍福建同安)庆祝他六十五岁生日的时候,根据澳洲政府的条例,他向雪梨大学申请退休,从此,结束了他在雪梨大学十五年的值得纪念的教学生活。李教授的教学生活,应该从 1934 年算起,四十五年来,他在印尼、星马、澳洲等地所教育出来的莘莘学子,何止成千上万。

第一个用马来文编写现代马来文学史

李全寿教授以研究印尼语文、马来语文以及马来文学著名,他在雪梨大学正是讲授这些课程的。

李全寿教授不但专心于教学工作,而且勤力于学术研究和著述。他于 1966 年和 1967 年先后出版了用马来文写的两本关于马来文学史的著作——《1930—1945 年马来新文学史概要》和《1945—1965 年现代马来文学运动史概要》。用马来文写马来新文学史,李全寿教授是第一人,因而当时得到朋友的推崇和赞赏。近廿年来,李教授编写的关于印尼语文、马来语文和文学的著作不少于廿种,对于印尼和马来语文之教学的发展,起了一定的作用。李教授还用马来文翻译了中国著名文学家鲁迅的一些短篇小说和鲁迅自传,向马来文学界介绍了鲁迅。

李全寿教授1914年8月出生于印度尼西亚中爪哇的一个小城市加尔达苏拉(Kartasura),这小城离梭罗河畔的印尼著名古城梭罗只有十公里左右。当他到了启蒙年龄的时候,他进了当地的一间中华学校念小学。

献身于中国航海事业的理想

和当时许多华裔青年一样,李教授也向往回中国接受高等教育,当进入中学的时候就有这样的打算。但是家庭的经济不允许他很快实现他的理想。他曾经想靠自己工作积蓄回中国学习的经费,也这样做了,在念完初中二年级时,就到梭罗的中华学校代课。可是靠代课积钱升学谈何容易啊!然而,上天不负苦心人,李教授这种求学精神,得到了梭罗中华会馆主席叶九旺先生的赏识,资助他实现他的心愿。1931年6月,一个南国天清气朗的日子,十七岁的李教授和一位姓陈的同伴,从印尼的泗水启程前往中国的厦门。

当李教授在厦门念完初中的时候,决定将来把自己的精力贡献给中国的航海事业,他就投考了集美航海学校,这学校是新加坡著名侨商陈嘉庚先生为了发展中国的航海事业而创办的。

原来就是丹·马拉加

在航海学校,每月约需费用十盾钱(荷币),在当时,这对李教授的家庭是一个很大的负担,有时三个月才汇十盾钱给他。为了节省,他寄宿在一位英语老师的家,饭菜经常靠在学校食堂吃饭的同学供应。艰苦的生活更促使他发奋读书。

当时,和李教授同宿舍的有一位中年人,来自印尼,自称叫陈和声,能说点福建话。那房客每天关在房间里阅读英文报刊和写作,烧饭吃饭也在房间。那时李教授任集美、荷、印华侨学生会主席,学生会演出话剧时,那客人帮了很大忙。李教授在航海学校念了二年,就转到厦门大学当旁听生,那客人送了他一本关于测量的书。并在李教授的纪念册上题了词,以鼓励李教授。李教授很珍贵那本书和题词。直到1945年8月17日印尼宣布独立后,李教授才从印尼报刊的照片,得知那位同宿舍的陈和声,原来就是印尼的著名的政治人物丹·马拉加(Dan Malaka)。

从事教学工作的开始

1931 年 11 月,由于经济困难,李教授不得不离开厦门大学回到印尼,在梭罗的一个华侨团体任文书职。身在印尼,心向中国,李教授没有放弃有朝一日再到上海或北京继续念大学的强烈愿望。为了积蓄回中国的路费,他利用晚上工余的时间,给人家补习中英文。这是他从事教学工作的开始。

1937 年中,李教授已筹足回中国读书的钱,也做动身的准备。谁料 1937 年"七七"卢沟桥炮声一响,全面侵华战争爆发,李教授的美梦也随之破灭了。他决心投身于教育事业。回到自己出生地,在那里创办了一间华文小学,接着又在邻近的一个小城市,协助创办一间华文小学、两间小学,他只任名誉校长,不拿工资,只领车马费。他主要生活来源是做中学教师和家庭教师。

1941 年 12 月太平洋战争爆发,1942 年 3 月日军战领印尼,开始了日本统治时期。

当日本在梭罗建立军政府时,为了生活,他才被同学拉去当翻译员。他主要工作是翻译大量来自印尼各地的信件,有些信件是精通马来文的印尼人写的,为了做好工作,逼使他不得不认真地学习印尼语文。这对他往后在这方面的发展是有很大影响的。李教授曾经多次利用他工作的方便,暗中帮助一些印尼人和中国人。

李教授的顶头上司是一位在我国台湾长大的日本人。懂得福建话,李教授也懂福建话,在翻译上有了很大的方便。那日本人也很信任他。李教授利用了这信任,申请开办补习班,很快得到批准。补习班相当于中学程度,不少青年男女来学习中文。当时中文学校只准办到小学。

第一个取得印尼大学汉学院学位

1945 年 8 月 15 日日本投降,第二次世界大战结束。1948 年李教授搬到三宝垄,在一间中华学校教中文。1949 年,他考入印尼大学的汉学院,那时已经卅五岁了。当时汉学院的主持人之一,是著名学者曾祖森教授。1951 年李教授取得汉学学士位，以后专攻印尼语文，并选修马来文学，印尼著名学者、苏和诺时代曾任文教部长，世界和平奖获得者布里约诺（Prijono）教授，就是他的印尼老师。1953 年他先后取得印尼语学博士和马来文学学士学位，受聘于印尼大学汉学院，任曾祖森教授的助手。李教授是最早取得印尼大学汉学院学位的一个。

参加中印双重国籍谈判

最值得李教授怀念的日子，大概莫过于 1955 年中国和印尼两国政府代表团商谈华侨双重国籍问题时，他签了印尼代表团的翻译员。华侨双重国籍，是历史留下来的问题，1955 年中印两国本着友好协商的精神，首次在万隆举行亚洲会议前夕，双方代表团进行了会谈，达成了协议，于 4 月 22 日签署了协定，印尼方面由外交部长苏纳里奥（Sunario）为代表。对于中印两国的友好，李教授是出了力的。

1958 年李教授应新加坡南洋大学的聘请，前往任马来语文讲师，由于教学有成绩，1961 年被提升为副教授。1963 年 9 月发生印尼和马来西亚相对抗的局势，印尼驻新加坡总领事馆关闭，李教授的护照延长签证成了问题，不能在南洋大学再教下去，他只好另作打算，或到荷兰或到澳洲，结果选择了澳洲雪梨大学。向南洋大学辞职后，于 1964 年 6 月初前往澳洲，任雪梨大学印、马研究所讲师。当时没有教科书，只发给学生油印讲义，诸多不便，李教授立即亲自动手编写教科书，《印尼语入门》第一、二册先后于 1965 年和 1966 年出版，这是澳洲第一次出版的关于印尼语文和语法的教科书。不久，教授马来语和文学的琼斯博士辞职，李教授继承他的职务，讲授马来语和马来文学。1967 年雪梨大学提升他为高级讲师，这同时，新加坡大学也提他为正教授，聘请他回新加坡讲学，但因为考虑到女儿的学业，他决定留在澳洲。后来就入了澳洲籍。

四十多年的愿望实现了！

1979 年 9 月李教授应北京外语学院的聘请，任该学院的客席教授，讲授马来语和文学。四十多年前李教授到北京读书的愿望没有实现，现在却如愿以偿了，所不同的是他现在不是以学生而是以教授的身份在北京受到尊崇。

李教授只有一个女儿，已在澳洲新南威尔斯大学获得学士学位，已走上工作岗位。李太太也是一位长期从事教育工作的，现在新南威尔斯教育部教印尼文。现在，李教授已从中国讲学回归澳洲他的学术气氛很浓的家里，他虽然退休颐养之年，但绝不停止他的学术研究，他正把他的有生之年的精力用在一本"近代马华文学发展史"的论著上，生命不息，李教授的工作也不会停止。

（叶盛）

（载《地平线》1980年10月）

12.重洋难隔赤子心——记美籍华人黄秀玑教授

不久前，美国费城毕玛学院哲学教授黄秀玑两度应聘来华讲学，人们深深为她重洋难隔赤子心的事迹所感动！

一

黄秀玑1913年诞生于福建省南安县官桥镇一个自由职业者的家庭，是1936年获得福州协和大学"金锁钥"奖章的哲学系毕业生。为了继续深造，她于1939年远渡重洋，到美国宾夕法尼亚大学求学。

进入宾夕法尼亚大学后，她在研究院所主修的是西方哲学，但她选择的却是新儒家学说为博士论文的题目。这岂不是件怪事？其实不怪！因为那时，西方资本主义国家某些人士顽固地拒绝承认具有光辉灿烂文明的中华民族有哲学。而黄秀玑，却时刻忘不了自己是炎黄子孙，所以她把继承、发扬祖国优秀文化传统，作为自己的光荣职责。这种精神，多么难能可贵！

1944年，黄秀玑获得了宾夕法尼亚大学哲学博士学位。她在取得博士学位不久，就毅然回到祖国。

黄秀玑对高等教育有浓厚的兴趣，但她回国后学非所用，因此，1949年初，她接受美国俄亥俄大学的聘请，再次离开了祖国。

1950年，她从俄亥俄大学转到费城毕玛学院任教，1960年提为教授。三十多年来，她讲授西方哲学，又讲授中国哲学。

夏威夷大学是美国研究东方哲学的中心，1972—1973年，黄秀玑作为一个哲学教授，离开毕玛学院在那里当了一年访问教授，专门讲授中国哲学和中西哲学比较，并为英国皇家学会《全英百科全书》撰写介绍中国哲学的有关条目。1982 年 7 月，夏威夷大学举行“国际朱熹会议”，她被聘请为会议论文的评论员，这年 9 月，哥伦比亚大学授予我国北京大学著名的中国哲学史专家冯友兰教授名誉博士称号，黄秀玑应邀参加这次盛会。她作为一个美籍华人、哲学教授，为冯老对哲学的重要贡献而高兴和骄傲！

“老骥伏枥，志在千里。”1979 年，黄教授退休，但仍继续留在毕玛学院任教、带研究生，向学生讲授中国哲学，介绍新儒家学说。

古老的中华民族，孕育着千古灿烂的文明，她架起东西方哲学的桥梁，把它光耀于世界。

二

十多年前，中美关系处于对峙状态，但是，浩瀚的太平洋，隔不断黄教授对伟大祖国的思念之情。

1972 年尼克松访华后，中美关系开始松动。因此，1973 年 7 月，正当黄秀玑计划出席巴黎“国际东方学术会议”的时候，她接到了我国驻加拿大大使馆同意她回国探亲的签证。怎么办？她眼望东方，凝神思量，认为：“巴黎总是在法国，而生我育我的母亲——祖国，二十五年来的变化如何？年迈的母亲、兄弟姐妹，现在的情况怎样？”她这爱国爱家的强烈感情啊，催促着她毅然决定回国探亲参观。

那时，祖国天空，妖雾弥漫了神州大地，动荡不安，黄秀玑踏上国土，回到故乡，听到家里因所谓“海外关系”受到歧视、迫害。在南安五星中学任教的弟弟，被扣上“里通外国”的“黑帮”帽子；在南安官桥医院当妇科医生的妹妹，也被打成“反革命分子”开除公职。面对此情此景，她心情沉重……

1976 年，祖国大地上空扫除了阴霾，1978 年为了加强和居住国的互相了解，黄教授就亲自带领一队美籍华人回国参观祖国，给她的印象是：大有希望！现在，祖国百废待兴，显得生气勃勃，所接触的绝大多数人都表露出一种热烈情绪和对实现社会主义现代化的坚强信念。因此，为了祖国四化建设，增进中美文化交流，次年她又带领"中国研究访问团"来中国访问。

黄教授先后两次带领参观团回国参观访问期间，结识了国内许多著名专家学者，如北京大学朱光潜、冯友兰教授，中国社会科学院世界宗教研究所所长任继愈教授，等等。这对共同商讨学术问题，增进中美文化交流，起着不可泯灭的作用。

1979年初，邓小平副总理赴美访问，在美华人个个欢欣鼓舞，人人奔走相告。黄秀玑说，在那些日子里，她有一件终生难忘的喜事——她也荣幸地与其他中美人士，被邀参加了在华盛顿举行的欢迎邓副总理的盛大宴会。

三

黄教授年过花甲，但壮志不已，她愿在有生之年，把自己的知识献给祖国与人民。所以，她两次不辞劳苦，千里迢迢，应厦门大学和复旦大学的邀请，由美国回国讲学。

她的讲学，全国有二十多所大专院校的学者、教授前来听课。讲学结束后，厦门大学哲学系的师生，把她的录音记录整理成《二十世纪西方哲学学派及其主要哲学家》《中国哲学比较问题》两册。黄教授却放弃游览参观的机会，在三伏天里，不知疲倦地把它一一加以审阅校正，并先后寄赠了美国《哲学百科全书》《西方哲学史》、1949—1980年美国《哲学杂志》、1960—1980年《东方研究季刊》《亚洲研究季刊》，给厦门大学图书馆充实了新的内容！

重洋难隔赤子心！黄教授用自己辛勤的汗水，为增进中美两国人民之间的友谊、中美文化交流做出了贡献。1982年4月，美国毕玛学院还发表了一篇题为"黄博士——东西哲学的桥梁"的文章，对她作了很好的介绍。最近，黄秀玑教授还荣选为1983年至1985年"中国哲学国际学会"会长。

（吴金枣）

（载《科学与文化》1983年第6期）

13.团结广大华侨，争取民族平等

——记美籍学者王灵智的一次讲演

华侨大厦八楼会议厅坐满了听众，美国研究华人社区问题的著名学者、加州大学王灵智教授正讲演美国华人史及华人社区问题。

王灵智先生1938年出生在厦门鼓浪屿，后随家到香港念中学。未满二十岁时浮槎东渡，赴美读大学。1969年加州大学伯克利分校设立了亚美人研究中心，王先生受聘为第一位教师，1975年任该研究中心主任。

“战后那一段时期对美国华人社会可以说是一个恐怖的时期”，王灵智先生在讲演中强调了这个与众不同的观点。他说不少人只是看到当时战争所需的军火生产给华人带来一定程度上与白人平等的求职机会，而忽视贯穿始终的美国政府的排华政策。……王先生还从第三、四代侨生华人与老一代华人相反的前途观，他们想与白人“同化”“落地生根”讲到六七十年代华裔种族觉悟的变化过程，以及华人社区中老年华工、侨生华裔和四十年代赴美求学的华人知识分子三种成分的组成历史。他分析了美国华人社会这三方之间过去存在隔膜，而自中美关系正常化后出现了空前的团结局面和继承中华文化传统，回国访亲、寻根问祖热潮的原因。

六十年代初，美国反越战争、人权及反对种族歧视等运动交替兴起，强烈冲击着美国社会。他同当时许多富有正义感的美国年轻学者一样，放弃攻读博士学位，毅然走出书斋，加入了为少数民族争取平等权利的斗争行列。王灵智先生与其他志愿社会工作者研究了旧金山唐人街的历史与现状，看到华人一百多年来为开发美国西部做出了巨大贡献，却长期处于受歧视、被排挤、被压榨的地位，他们感到要根本改变这种状况，华人就必须组织起来。从六十到七十年代，王先生风尘仆仆，多方奔走，先后在旧金山等地发起了“华埠青年中心”“华人就业协进会”，并参与组织了“华人广播协进会”“中华文化中心”和“三藩市法律援助会”等机构，帮助解决华人社会的各种问题，争取在美国立法机关、社会福利机构中的权利及平等待遇，这在美国华人社区发展史上具有重大的意义。……

（吴梅梅）

（载《华声报》1983年1月2日）

三、中国香港、澳门闽胞

1.“母语为主，外语为辅”

——教育学者杜祖贻教授的真知灼见

香港中文大学教育学院院长杜祖贻博士,原籍福建同安。他的祖父杜四端先生,是五十多年前名扬一时的香港名流。当年杜公以八闽之英才,经商于香江,信誉昭著,为人热心公益,广行善举,深为各界人士所敬仰。至今犹为闽籍商界元老所津津乐道的,是杜公于民初与陈雨三、黄本立、陈渭臣、邻瑞甫等先生重建侨港福建商会,由于众望所归,被选连任会长三十年,直至1941年逝世为止。在任期间,联络乡谊,办学救灾,建树良多。他还当过香港保良局、东华医院、团防总局的总理及其许多重要社团如华商总会等的要职。其公子杜琢其先生(也即杜教授的父亲),曾任福建商会多届董事,在商界也多建树。

钻研教育

杜教授早年肄业于本港崇兰、培英、金文泰、葛量洪及联合书院等校。1962年赴美,入研究院,专修西方教育及哲学,先后于1963年及1967年获华盛顿大学文学硕士及南伊利诺大学哲学博士学位。

杜教授在美国从事研究及教学工作多年。1964年从事南伊利诺大学杜威研究及教学工作多年。1964 年任南伊利诺大学杜威研究所研究助理。1965 年任教育哲学讲师。1967 年受聘于著名的密西根大学。1976 年升任该校正教授,同时兼任该校教育社会基础学系系主任之职。

杜祖贻教授著作甚丰,曾发表研究论文四十余篇,并著有下列各书:《美国形象:美国文化发展的比较研究》(与麦德林、晓斯、诺德恩三位教授合著)、《实验主义之辅导理论》(与卢尔斯教授合著,此书的日文译本在东京出版)。杜教授目前正在撰作《教育优惠制度的研究》及《约翰杜威的辅导哲学》两书,后者由纽约杜威基金会赞助。

1979 年 10 月,杜教授应邀前来香港中文大学任教,出任教育学院院长及教育学讲座教授。

真知灼见

杜祖贻教授钻研西方教育多年,并积累了近二十年的教学经验,在教育和哲学方面有精辟独到的见解。回港两年间他在许多篇文章中,分析了香港的教育情况。当前香港社会偏重英文,轻视中文。一般家长以子女能进英文学校为喜,以被派中文学校为忧。学生则以就读中文学校而自卑。而教育理论和方法,差不多已全部西化。有关部门过分推重外国经验和资格,包括学位、著作和资历。一个学者如有文章在海外发表,立即声价百倍;相反地,如在本地刊物发表以中文写的文章,就难以获得应有的重视。此外,由于种种原因,中国人社会的学者专家,大都倾向于以外文名词和术语来表达学术观念和意见,使人产生了中国语文不足以表达复杂的观念和不能作为高深学术媒介的错误印象。而公私机构普遍以英文学校的英文标准,作为人员遴选和升迁的先决条件;中文学校学生的实际学识和能力,总是被低估和漠视。这种种情况,就造成了香港中文教育的日趋式微,中文中学学生人数锐减——在目前全港四十多万名中学生中,只有五万多人在中文中学就读,还不到总数的八分之一。

杜教授认为香港人在有意或无意间对自己的语言和文化的贬抑,已达到令人非常难堪的程度。也许有人说,中国传统文化太古老,中文太落后,不宜用以学习科技,也不能用以应付电脑时代的新事物,于是认为非全盘英语化不足以提高学术水平,不足以追随先进。杜教授曾经学过一个例子：曾有出身于香港和台湾大专院校的研究生，提出关于香港教育的研究论文计划书，他们的计划书都用英文写成，所引用数以百计的参考文献，也全是外文资料，而文中的主要论据却都是基于一种未经确定和验证的外来理论。这反映了一种对外来理论过分信赖和忽视本身社会文化特点的错误倾向。

杜教授认为，无论在任何社会，母语教学都是最自然的最合教育原理的方法，因为语言与思想可以直接联系，互相配合，于教学过程中最能表情达意，刺激思考，启发智能。反之，勉强将外语当作母语，违背了语言思想与习惯的自然法则，则教学的过程变得生硬脱节，思维与推理难以进行，讨论辩难更是障碍重重。只有原始落后的地区，没有健全的语言文字，才不得不借用外语。香港社会以华人为主，而中华文化是伟大的，中国文字是优美的。香港学校应以中文为主，外文为辅。这对于文化意义和教育原理来说，都是最合理不过的。

杜教授同时指出重视母语并不等于放弃外语，尊重本土文化并不等于排斥外来文化。在这个八十年代，教育的趋势是国际化，因此，母语之外，一定要学好外语，尤其是英语。但外语就是外语，不是母语，要学得好，一定要把握外语的特点，设计适当的教材，研究有效的教授法和学习法，才能引起学生的学习动机，获致良好的教学效果。

杜教授曾经举了日本的例子。近三十年来，日本人已发展到世界一流的科技和学术，但他们并没有放弃传统文化和风习，更没有在语言文化上妥协。日本文部省明文规定所有受教育的学童都要熟习至少一千八百五十个通用汉字；在高中阶段，人人必修汉文。日本人热爱他们的传统文化和艺术，他们的学报都以日文撰作出版。比中文并不简单的日文，并没有造成日本人生活不便、学术落后或经济迟滞。相反地，在各方面都突飞猛进了。这个例子是很能说明“母语为主，外语为辅”主张的正确。

杜教授曾经利用各种讲坛，一再吁请各界捐除对中文学校和中文课程的偏见，承认以本土文化为主及用母语作为教学媒介的中文学校的重要性。平等对待中文学校和中文学校的学生而不歧视他们。他建议香港高等教育机构，尽量取缔考试制度中不平等竞争的现象，而给中文学校毕业生平等的、成比例的升学机会。他也希望中文学校的教师和学生努力去教、去学，一方面发挥中文教育的优点，另一方面检讨课程和方法不足之处，不断改进。杜教授的主张，和他为实现这一主张所做的努力，深受知识界的赞赏和支持。

（路之）

（载《地平线》1982 年 6 月）

2. “退而不休”的郑德坤教授

许地山慧眼识英才

香港是个藏龙卧虎之地，英才济济，其中不乏国际闻名的佼佼学者。中文大学郑德坤教授，便是其中之一。

郑德坤教授是福建人，1907 年出生于厦门鼓浪屿，青年时就读于有名的燕京大学。他起初学地质，闲时也爱写小说。当时他的同乡、著名作家许地山先生（笔名落花生，已故）读了他的小说，觉得这是个在文科方面大可造就的人才，便劝他改读中文系。那时，燕大中文系人才济济，教授和导师有许地山、顾颉刚、郭绍虞、郑振铎、朱自清、容庚、黎锦熙等一大批赫赫有名的专家学者，学术研究的空气很浓。年青的郑德坤便在名师的指导和学术风气的薰陶下完成了大学课程。1930 年，他在燕大中文系毕业，一年后又在燕大研究院取得硕士学位，并留院当研究生。这段时间，他曾跟着顾颉刚教授等到河北、河南、山东等地去做访古工作，奠定了他以后从事考古研究文物的基础。如果当初不是许地山劝他改读中文系，现在他可能是一个地质学家。

1933 年，日军迫近平津，年青的郑德坤回到家乡，在厦门大学任教三年。任教之外曾致力福建考古工作，著有《厦大校址考》；还为大学创办文化陈列所及主编学报。1936 年，他被哈佛燕京社聘请到成都华西协合大学教书，同时在华西协合大学的博物馆做考古工作。那时，他访问了许多古迹，足迹印遍巴山蜀水。1938 年，他被哈佛燕京社派去美国哈佛大学专攻考古学和博物馆管理。三年后，他学成归来，出任华西协合大学博物馆馆长。

英国人的两次意外

英国大学聘请教授要求很高,因此当上英国大学教授是颇不简单的。而郑德坤教授却两次被聘为英国著名大学的教授,在英国住了二十多年。英国人两次发现他,两次聘请他,说起来有点戏剧性。

从前,中国学考古的留学生,多数把在外国学到的理论整套搬过来,并用外国教材教授。当郑德坤教授在华西协合大学出任博物馆馆长时,他计划着对该馆两万多件西南出土文物进行整理,并提倡利用这些古物作为"乡土教材",来讲考古学和人类学。他把那些出土文物整理出一个系统,作为教学之用;整个博物馆的工作和大学的课程配合起来。这样教考古学和民族学就不再是洋学和空谈了,每一课都有实物可供研究和实验。

1944年,英国的希腊文学专家、牛津大学的笃实教授作为英国文化协会的代表访问了华西协合大学博物馆。他大为惊奇:就像哥伦布发现美洲新大陆一样,他意外地发现在中国居然有个郑德坤教授用"乡土教材"来教授人类考古学和历史等科目。原来西洋人都以为西洋文化比任何文化都高明,现在却出了件从来没听说过的新鲜事。他邀请郑德坤教授到英国去介绍情况。

1947年,郑德坤教授终于利用休假时间应邀到英国去了。英国文化协会把他安排在著名的剑桥、牛津和伦敦三间大学轮流讲学。这是他第一次去英国讲学。

1948年,郑教授路经香港,打算回华西协合大学去,因国内时局动荡而滞留香港。在此后三年间,他曾在淘化大同公司当顾问。1950年,剑桥大学的夏伦教授来香港,又是一个意外使一个英国学者感到惊奇:他发现郑教授居然还留在香港。多么可惜的人才浪费呵!于是,他回到剑桥,立刻设法运用学术基金,把郑教授聘请到剑桥大学去任教。

心血——木扉图书馆

郑德坤教授有个非常出色的图书馆,叫"木扉图书馆"。"木扉"是他的斋名。当初他到剑桥时,原是两手空空。因为要用乡土教材来教中国考古和美术,便搜集了不少中国的古器物。此外,他还尽量搜集一切与中国考古文物有关的书籍和幻灯片。经过二十多年努力搜集,花了多少心血,才建成了这个图书馆。现在,这个图书馆已成为国际学术界研究中国美术考古的一个宝库,世界上许多研究中国考古学的学者,都曾经到那里去参观访问,找寻资料。

郑教授认为,中国文化非常古老,地下材料很多,如果不好好搜集资料就奢谈研究,甚至迫不及待地随便发表议论,那是很危险的。当前中国考古学最重要的是搜集、整理资料和建立基础。“木扉图书馆”正是为这个目的建立起来的。而目前他在香港中文大学中国考古艺术研究中心的工作,也是朝这个方向进行的。

郑教授是国际闻名的人类考古学家。他在考古学等方面的著作是很丰富的。早在燕京大学时代,他就写成了一部长达一百三十多万言的《山海经研究》,可惜这部巨著正待出版,原稿便在上海被日军炮火所毁。郑教授所编著的《中国考古和艺术导论课程纲要》,是集二十多年教学经验编成的。这本课程纲要不单为研究中国考古和美术等科目提供了一个完整的纲目,更可从中了解中华民族文化的特质。另一部极重要的著作是《中国考古学》,这部著作打算从史前一直写到明清。已经出版的包括史前、商、周和史前补篇共四册,目前他正在编写汉朝的。这几本研究中国考古、历史、文化的重要书籍都是用英文写的,可惜未有中译本,倒是日本人全部翻译成日文出版,定名《中国考古学大系》。郑教授在英国期间,曾多次到世界许多地方从事考古工作,并续有著述。他新近著的《中华民族文化史论》,用人类考古学观点来讨论中国文化史的演讲,内容新颖丰富,欧洲和日本的许多大学都采用作中国史课本。

和球王李惠堂赛过足球

在没有拜会郑教授之前,我以为他准是老态龙钟,而且必定很严肃。有名学者嘛,说不定还有点架子。可是一见面,才知道全不是那么回事!他并不老,很健康,神采奕奕,谈笑风生,没有一点架子。

“看上去你不过六十上下。”我说。

他笑着说:“不,七十五了!”

我由衷地赞叹道:“您不但看来年轻,而且风度翩翩。”

他呵呵地笑起来，说："你们当记者的就是会说话。"

我说："不是我会说话，是您和蔼可亲，没有架子，使我感到无拘无束。"我说的是实话。

这位名学者不但外表比实际岁数年轻，而且精力过人。按剑桥大学的规定，教授六十七岁退休，所以郑教授于 1974 年从剑桥大学退休了。香港中文大学前任校长李卓敏博士知道了，立刻邀请他来中大访问。郑教授一来，就被坚留在中大，当了一年文学院院长和两年副校长。到 1979 年，郑教授终于第二次退休。然而，实际上他仍然坚守在他的岗位上——担任中大中国文化研究所荣誉所长和中国考古艺术研究中心的荣誉主任，每天自己开着车从沙田世界花园他的住家到中大去上班，领导着两个研究机构开展工作。除这以外，他还是香港市政局的古籍保管委员会委员、香港博物馆和香港艺术馆的顾问，常常要出席各种会议，还得挤时间著作。他的太太黄文宗女士说他是"退而不休"。

幸福的家庭

郑教授有个美满幸福的家庭，而且满门皆学者。他的夫人黄文宗女士，是中国香港、新、马闻名的巨商和文人黄笃修先生（去年已故）的姐姐。她多才多艺，绘画、雕塑无所不能。她原是香港中文大学艺术系讲师（已退休），又是散文作家，写得一手好散文。他们有三个公子，大小两公子目前都在英国，一个是边缘学专家，一个在威尔斯大学当教授，两个都是博士。另一个儿子在香港，原来是淘化大同公司的总经理，现在还是该公司的董事。他担任着香港政府的大学拨款委员会和其他许多机构的职务。

（延陵）

（载《地平线》1982 年 6 月）

3. 乡情大好，乡谊如春——访香港知名人士陈伯流先生

金秋时节，福州十邑旅港同乡会回乡访问团一行三十四人，在福州市参加侨联大厦落成典礼之后，到闽侯、长东、福清等地参观访问。他们首次组团访问故里，受到乡亲们的热烈欢迎和盛情接待。在他们满载着乡亲们的盛情厚谊即将返港时，记者在他们下榻的福清渔溪侨联大队访问

了该团顾问陈伯流先生。

陈先生原籍闽侯南通，早年就读于燕京大学，毕业后，东渡日本深造金融学，现担任香港金城银行总经理。陈先生虽已年届古稀，仍精神矍铄，谈锋颇健。他一见到记者就提意见："回乡十多天，乡亲们安排我们游览武夷山、鼓山等名胜古迹，品尝家乡佳肴，观看闽剧，洗浴温泉……把我们当客人，大家很有意见。因为我们是一家人呀。"

我们请陈老谈谈回乡观感，他喜形于色："真是乡情大好，友谊如春啊。"

他说，前些天，团员们乘船畅游闽江，大家看到两岸新房林立，非常高兴。后来，他和一些团员回乡会亲，看到一些新房屋里还安装了抽水马桶、淋浴水龙头，炉灶都用白瓷砖镶砌，用电动小马达鼓风，倍感兴趣。

当陈老知道记者中有一位是福清人时，风趣地说，过去，福州有句取笑福清人的话："福清哥，吹牛皮，一顿吃了三头鸡（鲭）。"讥讽乡下人虽然不好，但是过去的福清也实在太苦了，一年到头连番薯干也吃不饱，那时候一餐饭能有三只鲭仔配饭，也就不错了。陈老风趣地说，这次有两位女团员到福清想买二斤番薯片尝尝，可是跑了好几个市场都没买到，看来，随着农业生产责任制的进一步完善，福清人吃番薯米的历史将成为过去的事情了。

福清，是访问团旅程的最后一站。在这里，大家参观了近年来侨资兴办的各项企业，受到很大的鼓舞。陈老说："我们这些游子，日夜盼望的就是祖国早日繁荣富强。能够为祖国、家乡的四化建设添砖加瓦，是我们的最大心愿。看到利用侨资兴办的企业产生效益，发挥作用，谁都从心里感到高兴。"

听了陈老的这番话，使我们想起他在福州市侨联大厦落成典礼上所说的话："希望祖国能理解我们的心，让我们有更多的机会，为祖国的繁荣、富强、统一贡献自己的力量。"这是陈老的心声，也是广大海外赤子共同的心愿。

（刘家良、郭成荣）

（载《福建侨乡报》1982年10月28日）

4.“高智力，高产品，这是规律”

——访旅港福建同乡会理事长张问强先生

“高智力,高产品,这是规律。”旅港福建同乡会理事长张问强先生日前在同记者的一次叙谈中,发表了上述见解。

在厦门华侨饭店的一间卧室里,记者访问了前来参加陈嘉庚兴办集美学校七十周年纪念活动和厦门国际机场通航典礼的张问强先生。爱国爱乡、从事半个世纪新闻工作的张先生,十分关心家乡的建设。我们的话题自然从如何发展生产、振兴福建开始。记者谈到,不久前,福建省领导人提出了“振兴福建靠什么,主要靠智力”一事。张问强认为这个提法很正确。他说,智力是生产力的一部分,它们相互之间成正比例,智力高一分,生产强一分。日本人是靠智力富起来的。我们在经济上所以不如美国、日本,重要的一个原因就是智力开展工作不如人家。振兴经济,振兴文化,要在这上头下功夫。中国是文明古国,中国人不比人家笨,只要认真学习,发奋努力,完全可能在建设现代文明中作出卓越成绩。

张老说,智力投资太重要了。工业、农业、外贸、文教,都要加强智力的投资、开掘,为发展经济创造必要的条件。谈到发展农业的智力问题时,他拿出一只拳头大的青皮柑,告诉我这是前几天在武夷山游览时当地农民送的。他说,这种柑子颗大汁甜,只要保持好的质量,完全可以销香港、东南亚。关键是质量。这方面,农业科学家要做研究工作,改良品种,改进种、育技术。他谈到,五十年代香港街头的美国柑、橙颗头很小,经过专家的努力,他们的这类水果越来越大,越来越好,现在美国产的“金山橙”(新奇斯)充斥香港水果市场(潮州柑数量太少)。福建如果生产出有足够数量的优质柑桔外销,鲜度强,运费少,价格比人家便宜,就具有强大的竞争能力。

张老说,福建山海资源丰富,几年来“念山海经”取得了显著成效,农村出现了丰衣足食、欣欣向荣的喜人景象。如果再在智力投资上多花力气,前景会更美。他提出应当学习陈嘉庚先生兴学育人的精神,努力发展教育事业,培养合格的建设人才,首先要解决师资问题。张问强先生是永定人,他听说闽西有的地方师资缺乏,小学“附设”初中,小学教师上初中课，感到焦虑。他希望这种情况尽快改变。

张老先生说，旅港福建人中有许多爱国人士。作为炎黄子孙，他们都希望祖国强盛，家乡繁荣，并愿为此效力。许多人受陈嘉庚先生爱国兴学思想的影响，热心家乡的教育事业，捐资捐物，以此为乐事。他说，不久前一些爱国人士听说家乡正在筹办闽西大学，非常高兴，立即筹集资金，购买电子教育器材和有关设备，准备捐赠。张老希望，有关办事部门热情支持这类益善举动，简化手续，使好事“一帆风顺”。

（沈扬）

（载《福建日报》1983 年 10 月 24 日）

5.报国之心未老——访香港集美校友会主席庄重文先生

本月 21 日，庄重文先生率领纪念集美学校七十周年校庆祝贺团，专程乘包机从香港抵达厦门。记者访问庄先生时，庄先生兴奋地用普通话和闽南话交替地谈了很多他对厦门国际机场通航的感想。他说：“世界处于新的时代，浪费时间就是浪费金钱，不通飞机，客商就不大愿意来厦门洽谈生意。我们建了国际机场，就要充分发挥作用，尽快增加收益。厦门国际机场要尽快同香港有班机通航，要开辟国外航班，同东南亚各国通航，同日本通航，这样，厦门同港澳的联系就更紧了，同各地华侨的关系就更亲了，福建同各国的距离就变近了，这都有利于吸引更多客商投资，吸引更多旅游者，方便侨胞回乡探亲，使厦门经济特区的发展有新的势头，开创新的局面。”

海外侨胞和港澳同胞爱国爱乡，是我们建设厦门经济特区的一支重要力量。庄先生熟悉香港社会，关心厦门经济特区建设。他于 1978 年 12 月，曾应福建省人民政府的邀请，来厦门对筹备建设特区进行考察，他于 1981 年 1 月，组织香港英国顾问工程师集合各种专业人才，实地考察湖里加工区，并作出初步规划建议书。他经常在香港报纸著文，宣传祖国家乡建设成就，赞扬“厦门经济特区成立至今虽然短短几年，成绩斐然”。

在谈到厦门特区的投资环境时，他认为厦门优点很多，基础设施逐步完善，教育水平高，要积极引进资金、技术，开发资源，老企业要引进新技术,加工区要发展先进工业,开辟市场,扩大出口,想象经过几年努力,厦门的面貌一定会焕然一新,经济一定会建设得更美好。我们国家地大物博,资源丰富,劳力充足,具有发展各种工业的优良条件。厦门经济特区建设好,对祖国四化有重要作用。庄先生表示愿意为厦门经济特区建设效力,并谈了他的一个倡议:“在港的福建同乡同外资、侨资、港资更广泛而深入地合作,在香港组织集团公司为厦门经济特区各项工作做出贡献。”

夜深了,庄先生毫无倦意,仍侃侃而谈。他转身到卧室拿来一张本月21日的香港《大公报》平展在桌上,指着他写的文章《集美校庆怀念陈嘉庚》让记者看,带着展望的口气说:“我们福建、江西、湖南三省省长在北京达成协议,组成经济协作区,进行长期广泛互惠互利的经济技术全面合作,这事很好。这样,三省将各自发挥有利条件,互相协作,彼此配合,共同繁荣。”这时,庄先生话锋一转,从几个省的经济协作,谈到了台湾省,他激动地说:“假如将来台湾省也参加这个协作区,其作用将不可估量。我衷心希望生活在世界各地特别是海峡彼岸台湾的同学、同乡、同胞,都能以陈嘉庚先生为光辉榜样,发扬爱国主义精神,投身到家乡火热的建设事业中,为实现祖国四个现代化,为祖国的统一安定,为人类的和平进步贡献力量。”

“很晚了,请老先生休息。”记者起身告辞。

庄先生笑着说:“我虽是古稀之人,但报国之心未老。”

(柳荣昌)

(载《福建日报》1983年10月26日)

6.体坛乡谊浓于酒

——访香港福建体育会理事长林诚致先生

今年2月初,香港福建体育会男、女篮球和南音队,应邀返回故里,欢度元宵佳节。体育会的男、女篮球健儿在厦门、福州、泉州等地分别同省男、女篮球队及当地球队进行了六场友谊赛。省委领导同志项南、伍洪祥以及厦、泉两地领导同志观看了比赛。南音队参加了泉州元宵南音大合唱,同海内外南音弦友欢聚一堂。篮球架下情谊深,弦歌台上乡情浓。香港体育会的这次故乡之行,受到了侨乡群众的热烈欢迎。

香港福建体育会是以在港福建籍同胞为主的群众性体育组织,多年来,为发展旅港乡亲间的联系,增强旅港乡亲的体质,促进闽港体育界之间的友谊做了许多工作,受到港九各界的注目。前些日子,体育会理事长林诚致先生来福州出席省政协四届四次会议,记者怀着很大的兴趣访问了他。

林先生原籍福建,体魄健壮,普通话十分流利。他告诉记者,福建体育会是1956年他在北京观礼时几个热心人酝酿复兴的,它的前身是一个由在港经营侨批业的福建籍同胞组织的社会团体。目前,体育会已拥有会员五六百人,组织了足球队,男、女篮球队,乒乓球队。这些运动队经常参加港九地区的体育比赛。体育会的乒乓球队还是一支闻名港九的劲旅。

林先生还告诉我们:除体育活动外,体育会的文娱活动也很活跃。体育会拥有一个面积四千平方英尺的永久性会所,场所宽敞,设备齐全,体育会的戏剧组、舞蹈组、南音组经常在那里举行活动。林先生说,南音最受旅港乡亲的欢迎,他们每星期举行两次活动,参加者都济济一堂,丝竹悠扬,箫管声声,给远离家乡的乡亲们带来很大的慰藉。

林先生还告诉记者,近几年来,体育会每年都派出代表队返乡,以此来密切在港乡亲同祖国的联系。他说,今后,体育会将适当开展一些商业活动,将盈利全部用作体育会经费,这样就更有条件开展更多的活动,进一步团结旅港乡亲,为祖国的"四化"做一些绵薄的贡献。

我们祝愿福建体育会成长壮大。

(黄意华)

(载《福建侨乡报》1982年3月18日)

7.掌握香港百亿资产的福建帮

1980年7月,印尼叶瑞基先生来香港出任伟豪财务公司主席,笔者在文华酒店总统套房访问叶先生。他知道我是福建人,就和我讲闽南话。

叶先生祖籍福建，是印尼有数的富豪，拥有几家银行，几个金矿、铜矿，大片的森林，与日本三井共同拥有印尼最大的轮胎厂、纸厂，有印尼“纸王”“橡胶王”之称。他到香港出任伟豪财务公司主席，意图进军本港金融界。

祖籍福建的郑周亩，在菲律宾是无人不识的大富豪，在中国台湾亦大名鼎鼎，因为他在那里有过亿的投资。1980年夏天，他的女儿郑绵绵出任中国香港一家公司的挂名总裁，亦踏上香港的土地。这时的郑周亩刚刚收购完美国加州的一家中型银行。

笔者要提这两位先生，是要说明，现时在香港福建人中，属于“超级大户”的一批，几乎都是“南洋帮”，都是近十年从东南亚各地杀到香港的“过江龙”。而著名的“南洋帮”中人几乎清一色是福建籍人士。

近年，最出风头的“南洋帮”自然是“佳宁”集团。三年前，香港无人识得“佳宁”为何物，但它第一炮就以九亿元收购金门大厦，一转手以十四亿抛出。反掌间赚了五亿港元，震惊了香港地产金融界，把香港的地产狂潮又推上新的高峰——炒大厦。“佳宁”被股民称为“收买佬”，它收购著名的“维达”船务，收购著名的“其昌”保险，在澳洲收购一个百货公司集团，在美国收购石油公司，收购美国在港的整个地产计划，谁也不知道它有多少钱。“佳宁”插手旅游业，现时已是全港第一把交椅；数以百架地购进“的士”，成立“佳宁”车队；现时连快餐店也玩，已经大开“佳宁娜”快餐店；佳宁主席陈松青说，目前计划开几家大百货公司；还买了航空公司，训练飞行人员及地勤人员，开航线飞世界……。总之，全面进攻的佳宁成为“南洋帮”进军香港的典型。尽管佳宁的背景传说纷纭，但几位大股东的祖籍都是福建，起码董事局主席陈松青的祖籍是福建，这是他自己亲口说的。

“佳宁”尽管锋芒毕露，但是香港有实力的财团多的是。有人问我：“×××与×××比，谁有钱？”不客气地说，提这样的问题的人本身是没有常识。但可以毫不犹疑地说，另一个福建人士黄庭芳主持“信和”集团，与本港任何一个超级华资集团相比，毫不逊色。黄庭芳祖籍福建，九岁便远渡重洋到新加坡。有人说，新加坡除了政府外，他拥有最多的物业。新加坡这层我不清楚，但信和地产一位负责人于尖沙咀东部落成不久的“尖沙咀中心”请若干新闻界人士吃饭时,笔者在场,听他说,尖沙咀东部十八幢建筑物,有十幢信和有股权,有的是全资。尖沙咀东部房屋现时每英尺多少钱,你算算?据估计,目前“信和”手上的资产,市值超过四十亿元之巨。

地产界另一福建南洋巨子则是钟氏兄弟(钟明辉、钟江海等),钟氏兄弟在前两年投地时都是风云人物,在五百万元一口价的竞争中,银弹乱飞。这些“南洋帮”巨头都是闽南话讲话,而且往往很大声,因为别人听不懂。

在银行界时,海外信托银行应该是福建“南洋帮”的重镇。可惜它的董事长福建人张明添先生上月在马来西亚酒店中暴毙。海外信托银行又控有香港工商银行及香港华人银行相当股份。这就形成一股不可小视的势力。福建“南洋帮”在银行界的另一重镇是恒隆银行。恒隆银行的庄氏家族及恒隆地产的陈氏家族祖籍都是福建。近年来,这个福建“南洋帮”集团无论在地产界与金融界都很活跃。

香港金融地产界的福建帮,准确地说应该是“南洋帮”。他们并非直接来自福建,而是福建籍人士在南洋一带发财致富,在近十年到香港发展的一帮人,人们对“南洋帮”庞大资金的很多猜测,其中许多是没有根据的。

福建“南洋帮”在香港地产金融界已形成与本港英资和华资集团鼎足而立。本港五个较大的福建“南洋帮”集团,他们掌握的资产总值超过一百亿港元,应是没有疑问的。

(张仰燕)

(载《地平线》1980年6月)

8.香港福州人的第三代——柯利德

如果把时光倒流到五十多年前的尖沙咀天星码头,人们就会经常见到有两个福州籍的兄弟在地上摆卖古董之类的小玩意儿。正是这两兄弟起早贪黑地干,结果拥有五间大的古董公司——光成、新记、北京、南京及中华。

这件事对今天的年轻人来说,仿佛是一个非常非常遥远的神话。然而,这却是真人真事。

这兄弟俩,就是后来在香港福州人中享有盛誉的柯伯爵、柯伯寿两位先生,也是今年 1 月 1 日,在英女皇授勋榜上有名,获得荣誉奖章(A Badge of Honour)的柯利德先生的父亲及叔公。

柯利德先生属于旅港的柯家第三代,今年才四十五岁。

乍一见面,柯利德先生就给人留下了极好的印象。在他身上,我们看到了福州人那种豪爽、好客的性格。

柯先生在商场上身兼数职,更是热心社会公益的人,他是 1982—1983 年的博爱医院主席、香港铜锣湾区童军会主席、世界至德总会副主席,世界柯蔡宗亲会副理事长……从他名片所罗列的职务来看,他的确是一位精力充沛的人。

“我始终抱着一个宗旨:帮人家好过人家帮你。既然我们的财富来自社会,那么应该把它用于社会。”柯先生就这样开始了我们之间的话题。

柯利德先生把自己的经历毫无保留地介绍给我:“我虽然是富家子弟,然而父亲对我要求始终很严格。在他公司工作,跟伙计的待遇是一样的。记得有一次,我向父亲借一千块钱,他都不给!”他满怀深情地说:“我倒应该感谢我父亲,要不是他当年对我这么严格,可能我不会有今天。我干了一个时期,不想在我父亲公司干了,我不甘心这么下去,便决意另找出路。我离开父亲的公司时,身上只有一百七十块钱!”

一百七十块钱这个数字,对柯利德来说简直终生难以忘怀。因为,他正是用这一百七十元去闯天下。他开始走他祖父的老路,买了一批首饰到码头,到船上卖给游客、海员与水兵。经过十年的苦干,他终于给自己的事业奠定了基础。

现在,柯先生的事业宛如日月中天,蒸蒸日上。他就任博爱医院主席之后,对医院的各项制度作了重大的改革。他首先请了中文大学社会系学生深入居民区,了解病人对医院的意见,然后在医院推动礼貌运动,每周出海报。

“我自己知道,病人最怕轮候挂号。看病的时间过长,为此,我们首先要求医院改善这种情况!”柯先生深有感触地说,“我自己也曾经是轮候过长的受害者!”

博爱医院正在扩展中,中央大楼的加高工程很快就会完成。到今年年底,将由原来220张病床增至320张病床;过几年之后,博爱医院将会成为全科性的地方医院。

柯先生在1966年,曾到关岛做生意,一直做中国手工艺品及珠宝生意。从那时起,他一呆就呆了十年。

去年11月9日,关岛总督委任柯利德为关岛驻香港“名誉大使”。

由于柯利德先生很忙,找他的人太多,我不便再打扰他的时间,只好告辞走了。

从柯先生的公司出来,我脑海里浮想联翩:一个人的成功并非靠侥幸,而是靠毅力与双手。柯先生的成功,就是不靠天不靠命,而是靠自己的努力。

(赵凌)

(载《地平线》1983年2月)

9.澳门书法家——梁披云

港澳的“书圃”中,有一朵鲜艳的艺术之花,他就是书法家梁披云先生。

梁披云是印尼归侨、澳门归侨总会主席、香港《书谱》出版社社长兼督印。今年七十六岁,福建永春县人。曾先后在武昌师范大学英语系、上海大学中国文学系、日本东京早稻田大学经济系学习。学历渊深,知识广博,多才多艺,教育家、诗人、书法家兼而有之。

笔者专程访问他。他神采奕奕,身体硕健,没有架子,和蔼可亲。

大作家巴金在回忆录《春天里的秋天》有这么一段描绘:“……1930年我第一次到晋江时候,那一次我在黎明高中作客,就住在武庙里面。我是到晋江过暑假的。学校的校长是我的朋友,还有两三个熟人在那里教书……”

文中提到的校长就是梁披云先生,至于“两三个熟人在那里教书”,就是指的当时有名的散文作家郭安人(丽尼)、名教授杨人楩、名生物学家朱洗、名小说家鲁彦等人,巴金本人也曾在这个学校任教。

三十年代,梁披云先生在泉州创办的黎明高中任校长。在封建色彩极为浓厚的泉州古城,梁披云先生敢于以开明的教育家姿态出现,聘请了当时全国一流名人任教,培养造就了不少人才。当时学校组织的话剧团,公演了不少世界名剧(其中有易卜生的《娜拉》),给这个南方古城带来了一股新空气,对社会风气颇有影响,引起了某些人的恐惧。后来学校被迫停办了。但学校已经播下了新思想的种子。

梁披云先生书法的成就,是勤学苦练得来的。他在上海读书时,遇到了商务印书馆的一位热情可嘉的编辑。这个编辑见他喜欢书法,便常常借一大叠碑帖给他。自此之后,他学习更起劲。有时一面与人谈话,一面把手指当笔,在空间"龙飞凤舞"地划来划去。在旅途中也是如此。回到家中,空闲之时,才贯注豪情,大力挥毫。他的字法度谨严,用笔劲利,既有颜体浑厚雄健、气势磅礴之气概,又有褚书疏朗开阔、险峻挺拔之风采。他的狂草书,用笔苍劲瘦挺,又圆润自然,洒落自如,飞舞活泼;结体布局大小错落,斜正参差,映带呼应,浑然一体。梁披云先生书法,博取众长,熔于一炉,终于形成了自己苍劲古朴、凝重沉厚、生动活泼、别具一格的体势。

梁披云先生对书法兴致勃勃,在印尼时结识了好友李秉仁先生(善行文,也喜爱金石书画)。由于志同道合,便在香港筹办了《书谱》杂志。这个杂志一问世,就受到广大书法爱好者的欢迎。此杂志风行港澳及海外,在东南亚和欧美,颇有影响。

1980 年 5 月,在沈阳市举行第一届全国书法篆刻展览时,梁披云先生有一幅作品《登岱顶》被选展出,深受重视。

梁披云先生在书法园圃中辛勤耕耘数十年,现在已有可喜的丰收。他出版《书谱》杂志,对宣扬中国的书法篆刻艺术,以及在海外培养新一代艺术力量起了很好的作用。——除此之外,他还致力于澳门的归侨联谊工作。

(卜仁亮)

(载《地平线》1982 年 6 月)

10.基础坚实起高楼

——访澳门归侨联合会主席梁披云先生

厦门“两会”期间,记者带着一份10月21日的《福建日报》,走访澳门归侨联合会主席梁披云先生。这张报纸上,刊登着梁先生作词、曾雨音副教授谱曲的一首歌曲,题为《集美学校七十年》,歌词情深意切。我们的谈话,就从这首歌曲开始。我问:“梁先生,您写这首词,当时想法如何?”

梁披云富有感情地说:“我是集美学校的老校友,与陈村牧先生同班。去年,村牧先生要我为母校七十大庆写一首诗,这正合我的心意。动笔前,我的思路是:回忆过去,看看现在,展望将来。在整首诗中,主要突出陈嘉庚先生的形象。集美能有今日,是他爱国主义精神的体现。他的一生,不争利而尽义务,这是永远值得我们学习的。现在,我们的大目标是建设四化,振兴中华。要做到这一点,就得学习陈嘉庚先生倾资兴学的精神,做好教育工作。”

七十八岁高龄的梁披云先生,身体硕健,神采奕奕。他是教育学家,也是诗人、书法家。三十年代,他就在泉州创办黎明高中,担任校长,培养造就了不少人才。后来,他先后担任过国立福建音专校长、国立海疆学校校长等职,对教育工作颇有研究。

我请梁披云先生谈谈当前我国的教育问题。他说,这个问题,过去在全国政协会议上谈过,今天只谈一点,就是要首先抓好小学教育。这好比建高楼大厦,基础不打牢固是不行的。小学教育就是基础。基础不坚实,中等教育、高等教育无法搞好。现在的问题是,小学教育,不管是师资、设备,还是小学教师的政治待遇和物质待遇,都不合理。一定要改变这种情况。提高小学教师的质量,必须重视师范教育。决不能把不适宜于教育工作的人塞到小学里去。抓好教育工作,培养后一代,是全党全国人民的事,全社会都要尽力。

(张元锦)

(载《福建日报》1983年10月25日)

11.香港的闽籍作家群

近几年来,在香港文坛上,出现了一支朝气蓬勃很能战斗的生力军——闽籍作家群。其特点有四:一、大都是在国内受过良好教育的归侨或侨属作家,跟海内外有广泛而密切的联系,颇具影响力;二、大都是中青年作家,风华正茂,精力充沛,很有拼搏精神,富有创造力;三、热爱祖国,热爱乡土,有深存的民族意识和乡土感情,常有爱国怀乡之作;四、矢志文学,坚韧不拔,勤于实践,勇于创新,作品内容健康,并有艺术魅力,可读性较高。因而硕果累累,给光怪陆离的香港文坛带来一股刚健清新之风,引起国内外文坛的注目和好评。

闽籍作家群,包括新进作者在内,据笔者所知,有三十多人,他们是:何达、原甸、璧华、巴桐(以上闽侯),梅子、张继春、陈金兰(以上福清),黄河浪、张诗剑、陈娟(以上长乐),彦火、陈浩泉、秦岭雪、杨贾郎、南思、林穆忠(以上南安),王尚政、施有朋、慕翼、白刃(以上晋江),董桥、古剑(以上泉州),余光中(永春),孙涛、王心果(惠安),吴煦斌、李伟生(以上同安),东瑞(金门),黄文宗、舒非(以上厦门),等等(遗漏尚多)。

参加这次台湾香港文学学术讨论会的香港作家代表团,其中有三位成员是闽籍作家,即梅子、陈浩泉和张诗剑。现将他们的情况简介如下:

香港文学评论家梅子(张志和)治学严谨,为人厚道。他主编过《中国现代文学丛书》和《海外文丛》,深受海内外读者欢迎和赞扬;他还写过大量评论文章,向海外介绍中国新文学和当代文学,起了很好的桥梁作用;他也研究香港文学,是研究刘以鬯、舒范城的专家。在香港文坛他被公认为持论公允,饮誉港九。近闻其有两本评论集和散文集即将出版。

青年作家兼诗人陈浩泉(陈维贤),才华横溢,勤奋异常,十年之间,出版长篇小说《香港狂人》《追情》等十部,中篇小说一部,诗集三本,散文集一本,共十五本,可谓多产作家。他的诗和小说受到老诗人何达和香港评论家黄维梁的好评,是个很有作为的作家。

青年张诗剑(张恩鉴),主要从事新闻工作。近年在祖国内地、香港乃至欧美等地,发表了两百多首诗和许多散文诗,是个后起新秀,他的爱人陈娟(陈秀娟)近年来发表了十多篇中短篇小说,其中短篇小说《初到贵境》,荣获香港 1982 年工人文学奖小说组冠军。

至于香港的其他闽籍新老作家,佼佼者不少:驰名于四十年代的老诗人何达,到港后发表了大量诗和散文,搞了二十多年的评论工作,蜚声海外文坛,尤其在奖掖后进方面贡献尤多。著名诗人余光中早年就读厦门大学外语系,其新诗最早发表于厦门报刊上。他的诗集、散文集、评论和译作达三十三本之多,饮誉海内外文坛。近年来国内已多次刊载他的作品,《当代文艺思潮》今年第一期发表了李元洛的长篇论文,对他评价颇高。散文家彦火(潘耀明)自学成才,现任三联香港分店编辑部主任,有散文和评论著作《当代中国作家风貌》等九种,擅长抒情,文字清丽可喜,去秋赴美爱荷华"国际写作计划"学习两年,前途未可限量。毕业于华侨大学的印尼归侨作家东瑞(黄东涛)十余年来出版了十五种(小说、散文、评论)著作,是个多面手,也是个多产作家,他的短篇小说集《香港一角》,受到著名散文家秦牧的好评。被称为"沙嗲"诗人的原甸(林估璋),有十来本诗集和评论,他的诗清新明朗,颇富战斗性和鼓动性。秦岭雪的诗丰富而含蓄,量少而质高,思乡感还尤其浓郁。黄文宗的散文款款而语,朴素无华,富有知识性、趣味性和异国情调。吴煦斌是个生物学硕士,她的小说集《牛》从生物学角度来写,被香港文坛翘首刘以鬯誉为"海峡两岸题材最新手法也最新的第一人"。诗人黄河浪已出版诗集《海外浪花》并即将出版两本诗集和一本散文集,他的散文《故乡的榕树》,曾荣获 1979 年香港首届中文文学奖散文组冠军。璧华致力于中国当代文学的观察和研究。古剑在评论方面也有所建树。《明报月刊》主编董桥的散文书卷味很浓,香港文坛给予很高评价。总之,香港闽籍作家精力、热力、冲力都很足,是香港文坛一支不可忽视的力量,随着时间的推移,形势的发展,必将更上一层楼,做出更大的贡献。

(潘亚暾)

(载《厦门日报》1984 年 4 月 25 日)